À La Vie À La Mort
+ Dix Ans Plus Tard

JACQUES PRINCE

Commander ce livre en ligne à www.trafford.com
Ou par courriel à orders@trafford.com

La plupart de nos titres sont aussi disponibles dans les librairies en ligne majeures.

Imprimé à États-Unis d'Amérique.

ISBN: 978-1-4907-2498-0 (sc)
ISBN: 978-1-4907-2497-3 (e)

Trafford rev. 02/04/2014

 www.trafford.com

North America & international
toll-free: 1 888 232 4444 (USA & Canada)
fax: 812 355 4082

À La Vie À La Mort

Le 30 décembre 2008

Chapitre 1

Notre histoire est pour le moins, je peux dire peu commune.

Elles étaient deux jeunes femmes munies d'une amitié inséparable qui durait déjà depuis leur jeune adolescence. Elles s'étaient dites l'une pour l'autre: 'À la vie, à la mort, à jamais et pour toujours, rien ni personne ne pourra briser notre amitié.'

L'une d'elles aux cheveux noirs et à la peau très blanche, ayant de beaux seins ronds et fermes qui en mettaient plein la vue et plein la main ou devrais-je plutôt dire, plein les mains. Elle est de ma grandeur, mince sans être maigre, une personne très agréable à tenir dans mes bras. Je suis tombé follement amoureux d'elle un soir où nous dansions tendrement enlacés.

Elle tout comme moi se foutait totalement du reste du monde. La musique douce nous envahissait totalement au point presque que nous pouvions sans aucun doute faire l'amour juste là au milieu de tous sur le plancher de danse. Je ne m'étais jamais senti aussi épris de toute ma vie.

À ma grande surprise lorsqu'elle a ouvert la bouche, moi qui m'attendais à quelque chose comme (chez toi ou chez moi) elle a plutôt dit:

'Il te faudra faire danser mon amie aussi.'

Je lui ai répondu sans hésiter. "Mais je ne veux que toi, je ne veux danser qu'avec toi. Je veux faire l'amour qu'avec toi. Je voudrais vivre et tout faire qu'avec toi." "Tu ne sais pas de quoi tu parles. Tu me connais à peine." "Peut-être bien, mais je sais ce que je veux dans la vie et surtout je sais comment je veux qu'elle soit et ça je l'ai trouvé en toi." "J'apprécie ce que tu dis, mais donne-toi du temps et en attendant fais danser mon amie." "Alors ce n'est que pour te faire plaisir. Quel est son nom?" "Elle se nomme Jeannine!" "Et que fait-elle dans la vie à part bien sûr être ta meilleure amie?" "Elle est infirmière à l'hôtel Dieu." "Et toi tu ne m'as pas dit ce que tu fais?" "La même chose au même endroit." "Intéressant! Est-ce que vous travaillez les mêmes heures?" "Pas toujours." "Très bien alors, présente-la-moi." "Allons-y."

La foule était très dense et nous avons dû marcher jusqu'à leur table en poussant l'un et l'autre pour se frayer un chemin.

"Pour tout dire j'aimerais beaucoup plus t'emmener dans mon lit que de danser avec ton amie." "Attends, tu verras. On a tout le temps, la soirée est jeune. On a eu que quelques danses."

Une fois rendues à leur table je me suis cru dans un rêve quelconque. Je faisais face à ce moment précis au plus beau spécimen de femme sur terre. La plus jolie des blondes qui existe.

Les deux sont à-peu-près de la même taille, mais d'un contraste inouï. Son amie était assise avec un homme un peu plus âgé, homme qu'elle nous a présenté sans tarder.

"Salut Danielle. Tu as l'air de bien t'amuser? Laisse-moi te présenter Jean. Il est camionneur et il voyage à travers le pays." "Enchanté Jean." Lui a dit Danielle en lui donnant la main.

"Je sais que tu connais mon frère." "Oui! Oui je le connais bien." Je lui ai donc donné la main aussi. "Salut!"

"Jeannine, j'ai un très gentil jeune homme à te présenter moi aussi. Je ne sais pas encore ce qu'il fait dans la vie, mais je peux te dire que c'est un danseur extraordinaire et il faut absolument que tu danses avec lui. Il peut danser n'importe quoi. Jeannine, je te présente Jacques."

"Non, non, je suis au contraire très ordinaire. Salut Jeannine, je suis enchanté." "Très enchantée."

Répliqua-t-elle en me serrant et en me retenant la main d'une façon chaleureuse et peu ordinaire. Je me suis pour un instant senti un peu mal à l'aise, puisque qu'il y a à peine quelques minutes je venais de dire à qui je crois être la femme de ma vie que je l'aimais.

Qui aurait pu pressentir une telle chose? Non pas que je me sente en amour également avec Jeannine, mais sûrement je me sentais ébloui par sa beauté. Jeannine s'est levée et elle a demandé à Danielle de l'accompagner aux chambres des femmes.

"Où as-tu déniché ce phénomène?" "Oh, il était là-bas accoté sur le mur attendant, je suppose qu'une belle fille lui souri. Il m'a paru très gentil, alors je lui ai souri et je me suis retrouvée dans ses bras. Je crois bien que je l'aime et que c'est réciproque." "Tu viens tout juste de le rencontrer. Je ne peux pas te blâmer, j'avoue qu'il est très attirant." "Tu trouves ça toi aussi? D'ordinaire tu n'as pas les mêmes goûts que moi." "D'ordinaire tes rencontres sont très ordinaires." "C'est vrai que Jacques est spécial.

Que fais-tu de Jean?" "Quel Jean?" "Celui qui est à notre table, avec qui tu étais assise." "Oh, celui-là, il est ennuyant. Il faut que tu m'en débarrasses. Il ne sait pas danser et puis il serait toujours parti. Puis, je n'aime pas tellement voyager en gros camion."

"Voici ce que nous ferons. Tu vas aller danser avec Jacques et rester sur le plancher de danse aussi longtemps que possible. Moi je vais rester assise avec Jean et bailler aux corneilles jusqu'à ce qu'il s'ennuie assez pour foutre le camp. Ça te va?" "Ça semble être un bon plan, mais ça va être ennuyant pour toi aussi." "Qu'est-ce qu'on ne ferait pas pour sa meilleure amie, hin? Ramène-moi Jacques en un seul morceau, c'est tout ce que je te demande." "OK."

Durant ce temps je m'ennuyais à en mourir avec Jean qui n'avait d'autre conversation que la route, les camions et les livraisons exécutées à temps et combien cela était important. Un vrai petit monde pour un homme qui parcoure le pays tout entier. Je ne pensais qu'à une seule chose et ça c'était de me retrouver de nouveau dans les bras de Danielle.

L'attente faisait l'effet d'une douche froide après la séance si intense que je venais de connaître avec elle. Jean venait de passer je ne sais combien de temps avec l'une des plus belles femmes au monde et tout ce qu'il avait en tête était son mosusse de camion. Pas étonnant que Jeannine a cherché à s'en débarrasser.

Je souhaitais seulement qu'il ne me cause pas la perte d'un temps précieux avec Danielle. Me voilà soudain très soulagé quand je les vois revenir à leur table alors que je commençais à craindre qu'elles ne reviennent plus à cause de lui.

"Vous voilà vous deux. Je commençais presque à désespérer." "Ha! Ha! Il faut savoir attendre." "C'est vrai Danielle, surtout si l'on est certain que ce qu'on attend reviendra." "Ne crains rien Jacques, quand on a trouvé un bon filon, il faut le garder précieusement. Je pense en avoir trouvé un ce soir." "Ha oui! Puises-tu avoir raison, car je pense aussi avoir trouvé un trésor dont je ne voudrais me passer trop longtemps."

"Jacques, tu vas me faire le plaisir de faire danser mon amie maintenant." "Tu es sûre de ce que tu fais, je pourrais peut-être y prendre goût tu sais?" "Je l'espère bien Jacques, elle est ma meilleure amie."

À ce moment-là j'ai eu un frisson de frayeur. Je me suis senti un peu, pas mal troublé par ce qu'elle venait de dire. Plusieurs questions me passaient par la tête. Veut-elle déjà se débarrasser de moi alors qu'elle a semblé si bien dans mes bras? Veut-elle me tester en me jetant dans les bras de son amie, une aussi belle femme? Veut-elle se distancer de moi parce qu'elle est elle-même intéressée à quelqu'un d'autre?

Je l'ai regardé intensément en me demandant si je ne faisais pas mieux de tout simplement refuser sa demande. Mais comment peut-on refuser à celle qu'on aime quoique ce soit en si peu de temps? Il y avait presque une supplication dans sa voix et puis Jeannine semblait impatiente de se retrouver sur le plancher de danse avec moi.

Peut-être bien que Jeannine voulait tout simplement s'éloigner de sa compagnie, le camionneur. Peut-être était-elle aussi intéressée à moi d'une façon charnelle, me rappelant la manière dont elle a retenu ma main un peu plus tôt. Il y avait bien une chose que je savais et ça, c'est que je n'avais pas beaucoup de temps pour une réponse à toutes mes questions. Que faire?

J'ai dit; à tantôt Danielle, puis j'ai pris Jeannine par la main et je l'ai entraîné sur le plancher de danse un peu contraint je dois le dire.

L'orchestre jouait un cha cha, une musique qui me met très vite dans l'ambiance. Nous l'avons dansé à fond de train ainsi que la pièce suivante qui était un rock and roll très rapide.

"Wow! Danielle a raison, tu sais danser." "Ha oui, un peu. Vaudrait mieux aller s'asseoir un peu pour retrouver notre souffle." "Il en n'est pas question, à moins que tu sois souffrant." "Je vais bien mais je ne voudrais pas que Danielle pense que je l'ai déjà abandonné surtout pour une aussi jolie femme qui est en plus sa meilleure amie. Ce n'est pas que ce soit très désagréable, mais es-tu toujours aussi collante?" "Il y a longtemps que je n'ai pas eu le goût de me coller à quelqu'un comme ça." "Tu n'as seulement qu'une heure de retard et cela aurait peut-être été différent si je t'avais rencontré la première. Je dois te l'avouer, tu es plaisante et très jolie, mais j'aime Danielle."

Un mambo suivi et je lui ai demandé si elle savait danser cette danse tout en espérant que sa réponse eut été négative.

"Bien sûr, c'est ma danse préférée." "Pas de chance alors, c'est aussi la mienne."

Il y en avait très peu sur le plancher qui dansait et seulement un autre couple qui faisait vraiment le mambo. Les gens tout autour nous regardaient je l'ai bien vu que c'était avec envie et c'était visible à l'œil nu. Aussitôt que la musique eut pris fin, ils nous ont applaudi au point presque que cela en était gênant. Jeannine s'est jetée à mon cou et elle m'a serré très fort dans ses bras en me disant qu'elle n'a pas pu danser comme ça depuis la dernière fois qu'elle l'a fait avec son prof de danse il y a six ans passés.

Elle était vêtue d'une très jolie robe blanche aux boutons rouge et des souliers de la même couleur. J'ai pensé à ce moment-là qu'il me serait possible de tomber en amour avec elle aussi. Elle avait un joli bronzage, un très beau tint et des cheveux dorés aux yeux d'un beau bleu. Elle pourrait j'en suis sûr faire rêver des milliers d'hommes. Ses seins sont un peu plus petits que ceux de Danielle, mais très fermes et pointant vers le haut. Son postérieur n'est ni trop gros, ni trop petit et elle a une taille à en faire rêver tous les modèles de haute couture du monde. C'est à se demander comment il se fait qu'une aussi jolie jeune femme soit encore célibataire alors que des milliers d'hommes voudraient en faire leur épouse.

Il serait pénible pour moi de danser un slow avec elle sans être tenté de mettre mes mains sur ses fesses. Parlant de slow les musiciens ont décidé que c'était le temps de nous en jouer un et c'est un des plus sentimental. Perdu dans mes pensées et dans mes observations pour celle qui m'accompagnait sur le plancher, j'en suis presque arrivé à oublier celle que j'aime. J'en ai ressenti malgré moi un peu de honte.

"Jeannine, il faut que je rejoigne Danielle maintenant." "Il en n'est pas question, pas avant d'avoir terminé cc beau slow, puis Danielle va nous rejoindre aussitôt qu'elle se sera débarrassée du niaiseux qui est à notre table." "Je ne comprends pas, s'il vous déplaît tant vous n'avez qu'à lui dire de s'éloigner." "Ce n'est pas aussi simple que ça, il est l'ami de son frère." "Ha! Je vois, elle se sent obligée. Mais si je comprends bien vous deux vous avez tout combiné."

Le temps a filé et je me vis coincé entre ses bras et entouré d'une centaine de personnes entrelacées sur la piste de danse.

De tout son corps et avec fermeté Jeannine se collait à moi comme une ventouse et j'ai décidé de lui donner un petit aperçu de ce que ça pourrait être entre nous deux si c'était possible. Elle a pris une de mes mains et elle l'a descendu sur son fessier qui m'a semblé enflammé. J'ai senti mon membre gonfler et je me suis retrouvé en sueur, ce qui me rendait passablement inconfortable. À l'instant même où j'allais la repousser légèrement, Danielle se joignait à nous.

"Ça va vous deux? Vous avez l'air bien, j'en suis heureuse."

Danielle a mis ses bras autour de nous deux, puis elle m'a enlacé par derrière et nous avons terminer la danse à trois.

Non seulement elle se serrait contre moi, mais elle pressait aussi Jeannine vers moi me coinçant fiévreusement entre ces deux paires de seins magnifiques. Croyez-moi, ça réchauffe son homme.

Finalement nous arrivions à la fin de cette superbe soirée de danse qui demeure pour moi la plus mémorable de toute ma vie. Cependant ce n'était pas encore pour moi la fin de mes sueurs. Je ne craignais pas tellement pour ma santé sachant très bien que j'étais entre bonnes mains. Je suis un homme assez robuste et dans une excellente forme physique, néanmoins je me posais toujours un tas de questions.

Que cherchaient vraiment ces deux jolies demoiselles? Pour commencer, sont-elles célibataires ou sont-elles mariées? La réalité n'est pas toujours ce que les gens disent. Qu'elles soient infirmières ça je n'ai eu aucun problème à le croire. C'était très évident aussi qu'elles étaient deux très grandes amies, mais sont-elles plus que des amies? Deux personnes du même sexe, ce n'est pas tellement rare de nos jours et la même chose va pour les personnes bisexuelles. De mon expérience les jeunes femmes regardent surtout pour des hommes plus grands, ce qui n'est pas mon cas. Je n'ai jamais eu de complexes à ce sujet, puisqu'il n'y a pas grand chose que les grands font que je ne puisse pas faire. En fait, j'ai connu des centaines de femmes qui ont épousées des grands hommes parce qu'ils étaient beaux et grands et qui ont pleurées amèrement. La beauté et la grandeur d'un homme ou d'une femme n'est pas garant du bonheur. Les femmes surtout devraient se souvenir de ça.

Il faut que je cesse de me questionner, je me suis dit soudainement. Il me faut vivre ce bonheur si court ou si long soit-il. Je ne savais toujours pas ce qu'elles avaient en tête pour le reste de la nuit. Je savais cependant que je vivais un rêve et que cela serait le rêve de milliers d'hommes.

"Que faisons-nous à partir d'ici Danielle?" "Toi, as-tu une idée?" "Tout ce que je sais c'est que je ne suis pas prêt à te dire bonne nuit." "Moi non plus Jacques!"

'Moi non plus!' S'exclama Jeannine.

"Qu'est-ce qu'on fait alors?" "Jeannine et moi nous avons un grand appartement, de quoi boire et de quoi manger, si tu veux nous t'invitons." "Moi j'ai une maison avec trois chambres à coucher, un sauna et un bain tourbillon. Alors que faisons-nous?" "Nous t'avons invité en premier, est-ce que tu viens?" "Pas juste là, mais je suis sûr que je viendrai. Comment pourrais-je refuser une aussi belle invitation? Bien sûr que je viens, je vous suis. Ne conduisez pas trop vite, je ne veux pas vous perdre de vu.

Danielle, tu devrais me donnez ton adresse et ton numéro de téléphone juste au cas qu'il arrive quelque chose. On ne sait jamais, tu sais?" "C'est vrai, mais je pense que jusqu'à présent le hasard a bien fait les choses ce soir." "C'est vrai, je te l'accorde." "Tiens voilà. À tantôt!"

Les deux m'ont donné un câlin inoubliable suivi d'un baiser et je me suis dirigé vers mon véhicule sans perdre de temps. Elles se sont rendues à leur auto aussi et elles m'ont semblé en discussion profonde dès leur départ. Sans hésiter j'ai démarré et j'ai conduit ma voiture derrière la leur. Elles ont prise la route et je les ai suivies. Elles semblaient toujours en grande discussion et je me demandais si elles n'allaient pas se disputer à mon sujet. La pire chose qui pouvait arriver en ce qui me concerne, c'est que l'une d'elle fasse une crise de jalousie. C'est très possible je me suis dit, mais encore là, je me pose trop de questions. Advienne que pourra, j'irai jusqu'au bout de cette aventure.

Entre temps dans l'autre voiture il se passait quelque chose.

"Jeannine, tu n'as jamais aimé les garçons qui m'intéressaient ou qui s'intéressaient à moi." "C'est vrai, mais tu n'as jamais connu quelqu'un comme celui-là. Il est très gentil et poli, il s'habille bien, il danse superbement bien, il a une voiture neuve, ce qui veut dire aussi qu'il a sûrement un bon travail." "Tu oublies qu'il a aussi une maison." "Il m'a semblé être un homme avec une force plus grande que l'ordinaire. As-tu remarqué ça toi aussi?" "C'est sûr que lorsqu'on danse dans ses bras on a l'impression d'être bien tenu sans avoir peur de tomber. C'est vrai ce que tu dis, il est spécial celui-là. Tu sembles l'aimer beaucoup, mais je sais que je pourrai l'aimer aussi." "Une chose est certaine, c'est que je ne veux pas de compétition entre nous ni de jalousie. Il n'y en a jamais eu et il ne faut pas que ça commence ce soir." "Danielle, quoiqu'il arrive, tu seras toujours ma meilleure amie." "Toi aussi Jeannine." "Qu'allons-nous faire alors?" "Qu'avons-nous fait ce soir?" "Nous nous le sommes partagés." "Ce n'était pas si mal, qu'en penses-tu?" "C'était superbe." "Cela n'a pas eu l'air de lui déplaire non plus." "Il était plutôt réticent à demeurer avec moi sur la piste de danse, surtout au début." "Qu'est-il arrivé par la suite?" "Je l'ai retenu comme tu me l'avais demandé." "Coquine! Cela ne t'a pas été trop difficile." "Cela a probablement été la plus agréable mission que tu m'aies jamais confiée. Il se faisait du souci à ton sujet. Je crois même qu'il est très épris de toi. J'ai eu du mal à le retenir, tu sais? Je crois qu'il a dansé avec moi pour te faire une faveur et il avait peur que ça te déplaise. Est-ce qu'on continu à se le partager?" "Oui! Je ferais tout pour toi et tu ferais tout pour moi, pourquoi pas? On verra ce qu'il en dira, d'accord?"

Les deux se sont donné la main haute d'un commun accord. Je les ai suivies dans un stationnement souterrain d'un immeuble à condos et j'ai stationné ma voiture tout près de leur auto où c'était indiqué invités seulement. Elles m'ont donné un autre câlin chaleureux, joyeuses je le sentais de ma présence.

'Viens Jacques.' M'a dit Danielle. L'une de chaque côté de moi en prenant, Danielle le bras droit et Jeannine le bras gauche.

"Nous allons prendre l'ascenseur qui mène au sixième étage."

C'était évident qu'elles n'étaient pas des filles dans la misère. Tout en montant dans l'ascenseur l'une et l'autre me cajolaient. Nous étions tout fin seuls étant à une heure tardive au milieu de la nuit. C'était évident aussi qu'elles ne m'avaient pas invité seulement que pour une tasse de thé. Mais quoiqu'il arrive je me sentais en forme pour toutes éventualités. L'une comme l'autre me démontraient une énorme quantité d'affection et moi j'appréciais cela autant de l'une comme de l'autre, même si j'avais un plus grand penchant pour Danielle. J'étais comme la chanson que Dalida chantait et qui dit: 'Heureux comme un Italien quand il sait qu'il aura de l'amour et du vin.'

Je n'étais peut-être pas au septième ciel, mais sûrement au sixième. Nous sommes sortis de l'ascenseur et elles m'ont fait entrer dans leur superbe condo de luxe.

Il y a une télévision de 48 pouces dans un très grand salon richement meublé. Elles m'ont guidé sur un confortable sofa et Danielle m'a demandé:

"Est-ce que tu veux quelque chose à boire Jacques?" "Seulement si vous aussi prenez quelque chose. Je prendrais bien un long baiser de toi Danielle." "Han! Han! Si tu m'embrasses, il te faut embrasser Jeannine aussi et ça de la même façon." "Quoi? Qu'est-ce que c'est que cette manigance?" "C'est tout simple Jacques, c'est ça ou ce n'est rien, mais c'est ton choix." "Est-ce un concours d'embrassade ou quelque chose du genre?" "Non, c'est juste que nous t'avons partagé toute la soirée et l'une comme l'autre avons trouvé cela très agréable. C'est aussi que l'une comme l'autre nous voudrions que cela continu, parce que toutes les deux nous t'aimons beaucoup." "Et bien, je m'attendais à presque tout, mais certainement pas à ça." "A quoi t'attendais-tu au juste Jacques?" "Je, je . . . . je m'attendais peut-être à finir ce que j'ai commencé avec toi Danielle." "Et quand avais-tu planifié terminer ce que tu as commencé avec Jeannine?" "Là, je m'excuse, mais je n'avais rien planifié du tout.

Et si ça va plus loin que le baiser?" "Nous sommes d'accord pour tout partager, si ça te va bien sûr." "Qu'arrivera-t-il si j'en ai juste assez pour une?" "Quand il y en a pour une, il y en a pour deux. Tu connais ce dicton, n'est-ce pas? Si tu ne peux nous donner qu'une seule portion, je suis sûre que nous pourrons nous en contenter." "Vous êtes sérieuses?" "Oui! Si c'est tout ce que tu peux nous donner ça sera une demi-portion pour moi et une demi-portion pour elle ou encore mieux que ça, ça sera Jeannine aujourd'hui et moi demain." "Et vous avez l'air tout à fait sérieuses?" "Tu as tout à fait raison, nous sommes très sérieuses."

"Étant des infirmières, pouvez-vous vous procurer les petites pilules bleues à meilleur prix?" "Si cela devenait nécessaire, on s'en occupera, mais ne crains rien, nous ne sommes pas des nymphomanes. Nous ne voulons pas te faire mourir ou te faire du mal, bien au contraire, nous prendrons soin de toi comme d'un bébé, notre bébé." "Wow! Je suis tout simplement dépassé. Pardonnez-moi, mai j'ai encore de la peine à assimiler tout ça. Par quoi commence-t-on?" "Nous t'avons fait suer ce soir, nous allons commencer par te donner un bon bain chaud." "Tien, tien, me voilà déjà dans l'eau chaude. Ça commence bien."

Je les ai fait bien rire toutes les deux.

"Pouvez-vous me promettre qu'il n'y aura jamais de jalousie entre vous deux?" "Oui, nous le pouvons."

M'ont elles affirmé toutes les deux avec un grand sourire. Je me suis mis à chanter ce qui les a bien fait rire d'avantage. 'Allons au bain mes mignonnettes, allons au bain nous trois.'

En entrant j'ai découvert que ce n'est pas qu'une chambre de bain ordinaire. Elle doit faire comme dix pieds par douze avec un bain rond qui doit mesurer au moins six pieds de diamètre et deux pieds de hauteur. En entrant j'ai dit: 'Mais ce n'est pas un bain, je dirais plutôt que c'est une piscine.'

Les deux s'étaient déshabillées en un temps record et cela ne me laissait aucun choix. Il fallait que je me grouille et il n'y avait pas de temps à perdre. Il va sans dire que j'étais encore sous l'effet d'un choc émotionnel. J'avais peine à y croire d'une part et de l'autre part, je ne pouvais pas cesser de contempler ces deux beaux corps nus de femmes qui m'éblouissaient. Sincèrement je ne pense pas qu'un million de dollars m'aurait rendu plus heureux.

"Saute là-dedans Jacques, nous allons nous occuper de toi."

"Allons, viens toi aussi Jeannine"

Danielle s'installa confortablement derrière moi tandis que Jeannine prenait place devant. C'était incroyablement agréable. De toute ma vie je n'ai jamais rien connu de plus spécial que ce moment-là.

"Ce soir Jacques, tu peux seulement regarder, tu ne peux pas toucher."

"Tu es d'accord Jeannine?" "Ça me va, pour moi tout est bien et merveilleux." "Attendez là, ça ce n'est pas seulement de la cruauté mentale, c'est aussi de la cruauté physique." "De quoi te plains-tu Jacques, tu n'es pas bien avec nous?" "Je suis merveilleusement bien, mais c'est quand même très cruel de regarder ces deux beaux nichons si près devant moi sans pouvoir les toucher, moi qui sens les tiens dans mon dos sans pouvoir les voir.

Allez, laissez-moi faire au moins juste une fois." "Qu'en penses-tu Jeannine?"

"Moi je veux bien, si cela ne t'ennuie pas Danielle." "Si cela vous fait plaisir à tous les deux, je ne mis opposerai certainement pas."

"Juste une fois hin, je sens que je vais faire durer ce moment-là très longtemps."

Pendant que je cajolais les seins adorables de Jeannine en la regardant directement dans les yeux, Danielle massait doucement mais fermement mon membre presque endolori qui était prêt à exploser à tout instant. À ce moment précis j'étais un peu confus, car je ne savais plus trop si j'aimais l'une plus que l'autre. Puis est venu le moment crucial où il n'y avait plus de retenue possible. Je continuais toujours à tenir ces belles boules dans mes mains quand l'explosion se produisit. Il y en avait pour tout le monde surtout pour Jeannine qui était bien placée pour tout recevoir. Elle en avait dans les cheveux, sur le visage, dans les yeux et si elle avait ouvert la bouche à ce moment-là, elle aurait aussi pu goûter au fruit de mon amour. Les seules fois dont je me souviens avoir été aussi généreux avec ce liquide étaient à mes premières expériences sexuelles lorsque je n'avais que quatorze ans.

"On dirait que je t'ai tombé dans l'œil Jeannine?" "Oui et pas à-peu-près. J'en ai partout. Tu es un vrai fruit de mer Jacques." "C'est bon?" "C'est surtout salé." "Ha oui! J'espère que tu aimes le sel." "J'ai un peu honte de le dire, mais oui, présentement j'aime ça."

En tirant gentiment sur ses seins je l'ai approché de moi pour lui donner un long baiser.

La séance d'éjaculation m'a semblé interminable au point que j'ai senti une certaine douleur derrière la nuque et que j'ai un peu craint d'avoir une faiblesse, cela même si j'étais entre bonnes mains. J'ai finalement laissé les seins de Jeannine et je me suis retourné pour faire face à Danielle. Je lui ai demandé si je pouvais toucher à ses seins seulement qu'une fois aussi et je l'ai embrassé longuement comme en guise de reconnaissance pour le plaisir qu'elle venait de me procurer. Je suis sûr qu'elle savait que j'ai tout apprécié. Durant ce moment d'exaltation Jeannine s'était collée sur moi et passait sa main dans mes cheveux tout en essayant de me ranimer de l'autre main. Puis, je suis allé m'installer derrière Jeannine et j'ai demandé à Danielle de me passer le shampoing.

"Danielle, nous allons donner un bain d'amour à cette jolie blonde qui en a vraiment besoin, veux-tu?" "Bien sûr." "Tu lui laves la tête et moi je m'occupe du reste, d'accord?" "C'est bon. Lave bien partout, ne laisse pas de recoins." "Ne crains pas Danielle, j'essaie de toujours bien faire les choses." "C'est plutôt plaisant de te découvrir Jacques." "Vous aimez ça?".

J'ai pris une barre de savon et j'ai savonné tout son dos du cou jusqu'aux fesses, ce qui la faisait frémir de toute part. Après l'avoir rincé, j'ai fait de même avec sa devanture tout en laissant glisser mes mains de la gorge au pubis, mais surtout en m'attardant longuement sur ses seins. Danielle qui n'était pas sans voir ce que je faisais, m'a dit: "Haye là, tu triches. On a dit une seule fois." "Je ne triche pas, car je ne touche pas maintenant je lave."

J'ai donc continué à promener mes mains sur toutes les parties dont j'avais accès et de temps à autre je les promenais aussi sur les cuisses de Danielle tout en frôlant du revers de la main sa chevelure intime. Elle ne s'en est pas plainte. Je revenais encore sur Jeannine et cette fois je me suis attardé là où ça chatouille le plus. Mais là, c'était plus que du frémissement, c'était du tortillement, j'irais même jusqu'à dire que c'était de la torture. Faut dire que là je trichais un peu en laissant glisser mon doigt dans l'ouverture de son intimité. Tout son corps me disait donne en plus. Je lui ai murmuré à l'oreille: "Je n'ai pas le droit d'aller plus loin, je regrette." "Ça suffi pour moi."

Nous a dit Jeannine. J'ai cru comprendre qu'il y avait là un soupçon de frustration dans sa voix. Elle s'est levée, elle s'est essuyée et elle nous a dit: 'Je vais vous attendre dans le lit.'

"Crois-tu que Jeannine est fâchée Danielle?" "Jeannine fâchée, non Jamais, elle est affamée peut-être mais pas fâchée." "Je suis heureux de l'entendre. Je vais te savonner et puis nous devrions aller la rejoindre avant qu'elle ne s'endorme." "Je suis tout à fait d'accord." "Va-t-elle se prendre à manger?" "Elle a faim, mais pas pour ce qu'on trouve dans l'armoire ou dans le réfrigérateur." "Je vois, c'est un peu de ma faute. Dépêchons-nous d'abord avant qu'elle ne refroidisse."

Nous sommes sortis de la baignoire en vitesse, nous nous sommes essuyés l'un l'autre et nous avons marché rapidement jusqu'à la chambre à coucher. Jeannine était là étendue de tout son long, nue, souriante et absolument radieuse. Elle avait une main sur un sein et l'autre près de son recoin velouté.

Danielle qui me tenait par la main m'a entraîné et elle m'a dit: 'C'est elle la première, elle travaille demain.'

Je me suis approché de Jeannine et je me suis mis à la caresser de toute ma connaissance en espérant être à la hauteur de la situation. Je le saurai seulement quand elle aura obtenu un ou plusieurs orgasmes. Son poil était si blond qu'il me semblait presque invisible. Je l'ai embrassé longuement et profondément tout en sachant qu'elle brûlait de désir. Tout en descendant sur le corps de Jeannine, je me suis aperçu que Danielle à ma droite avait pris une position semblable à celle que Jeannine avait lorsque nous sommes entrés dans la chambre. Sans tarder ma langue et mes lèvres assoiffés de ce jus d'amour se sont mises à l'œuvre. Jeannine n'a pas tardé à jouir et à jouir encore et encore. Elle va me noyer, je me suis dit, mais elle était tellement délicieuse que je n'osais plus m'arrêter.

C'est finalement Danielle en mettant sa main dans mes cheveux qui m'a indiqué que s'en était assez. Je me suis relevé sur mes genoux et Jeannine s'est mise à genoux devant moi et elle m'a serrer très fort en m'embrassant. Puis elle s'est mise à pleurer à chaudes larmes et elle a dit:

"Ça faisait cinq ans que je n'avais pas connu ça. Jacques, tu es merveilleux. Merci!" "Il n'y a pas de quoi, n'importe quand."

Il s'en est fallu de peu pour que Danielle s'éclate en sanglots elle aussi. Je crois même qu'elle a versé quelques larmes. Je me suis étendu entre les deux et nous sommes restés sans parler pour quelques minutes. Danielle a chuchoté:

'Jacques, elle dort. Je vais la couvrir et nous irons dormir dans l'autre chambre.'

J'étais presque triste de la quitter. Durant cette dernière séance j'étais venu très près d'éjaculer une autre fois. Après l'avoir recouverte, Danielle m'a entraîné par la main jusqu'à une autre chambre presque aussi luxueuse. Seul le lit était un peu plus petit.

"Es-tu trop fatigué Jacques? Si tu veux dormir, je comprendrai." "Nous ferons comme Jeannine, nous jouirons en premier. Nous aurons tout le temps de dormir demain."

Nous avons roulé les couvertures et nous avons sauté dans le lit.

"Sais-tu que j'attends ce moment depuis l'instant où j'ai levé les yeux sur toi?" "Sans mentir." "Je ne mens pas." "Jamais?" "Il faudrait que ce soit une situation incontrôlable, une situation très spéciale." "Donne-moi un exemple, veux-tu?" "Disons que je suis un policier et que je suis dans une situation où une personne veut se jeter en bas d'un pont et je lui dis en mentant. 'Tu ne seras pas poursuivi.'

C'est un bon mensonge, un mensonge nécessaire." "Peux-tu me donner un autre exemple?" "Plus tard, présentement je veux te caresser jusqu'à ce que j'en tombe de sommeil." "OK."

Je lui ai donné le même traitement que celui reçu par Jeannine.

"Es-tu en forme pour une relation complète?" "Certainement que je le suis, mais je ne suis pas un tricheur." "La vengeance est douce au cœur de Jacques." "Ce n'est pas de la vengeance, c'est de la fidélité." "Je te l'accorde, car je sais que tu as raison. J'aurais quand même bien aimer." "Jeannine aussi! Attends à demain comme ça je ne pourrai jamais dire que je t'ai eu le premier jour de notre rencontre." "Je te désir tellement." "Moi aussi, crois-moi." "C'est vrai qu'ils y a beaucoup de gens qui pensent que c'est mal pour une femme de se donner à l'homme le premier jour d'une rencontre." "Personnellement je pense que la décision et les conséquences appartiennent aux deux personnes concernées. Tu sais que nous ne savons jamais, je pourrais bien être un coureur de <u>bordels</u>." "Non, pas toi?" "Il y a des beaux gars qui sont gênés ou encore trop timides pour parler aux femmes et qui fréquentent ces endroits-là."

Au même moment je me suis assis au <u>bord d'elle</u> et je lui ai dit:

'Ne crains rien, ce n'est pas mon cas.'

Je l'ai embrassé une dernière fois et nous nous sommes endormis dans les bras l'un de l'autre. C'était notre première nuit d'amour et je n'ai pas oublié un seul détail.

Aux alentours de midi Jeannine est venue nous rejoindre et elle a dit:

"Je vois que vous m'avez déserté vous deux." "Bonjour toi!" "Bonjours vous aussi." "Tu dormais si bien qu'on n'a pas voulu te réveiller." "C'est vrai que j'ai dormi comme un bébé qui fait toutes ses nuits. Faudra me mettre au lit encore de cette façon-là. Je vais aller prendre un bain, je me sens collante." "Mets assez d'eau pour deux, je me sens collante aussi."

"Allez-y, moi j'aimerais dormir une autre heure si cela ne vous dérange pas. Ne me laissez pas dormir plus qu'une heure."

Danielle m'a donné un petit bec sur le bec et elle est allée rejoindre Jeannine dans la salle de bain. Moi je me remémorais la soirée et la nuit en me disant que ce n'était pas un rêve, elles sont bien là. J'étais sûr aussi qu'elles ne pouvaient certainement pas être lesbiennes. Ça aurait été impossible pour une lesbienne de voir Jeannine dans l'état où elle était couchée sur le lit comme ça et demeurer inerte. Puis, je me suis rendormis.

Entre temps ces deux-là avaient encore des plans en tête.

"Crois-tu que c'est possible Danielle?" "Bien sûr que ça l'est. Je crois que j'en ai assez." "Tu es sûre." "J'en suis sûre."

Elles sont venues me réveiller à quatorze heures quarante-cinq, juste avant le départ de Jeannine pour son travail. Jeannine est venue me donner un câlin en me donnant un baiser, puis elle nous a quitté en vitesse. Danielle est venue s'asseoir près de moi et elle m'a demandé:

"Qu'est-ce que tu veux manger?" "Cela dépend." "Cela dépend de quoi?" "Et bien, si nous allons faire l'amour tout le reste de la journée, j'aurai certainement besoin de quelques œufs." "Es-tu sûr que c'est bon pour ça?" "C'est ce qu'on dit. Connais-tu quelque chose de mieux?" "Je demanderai à mon ami, le docteur. Comment les aimes-tu?" "Tournés légèrement avec deux toasts au pain blanc et une tasse de thé, un sucre pas de lait. Je peux les faire si tu veux." "Donne-moi la chance d'essayer et si tu ne les aimes pas, alors tu pourras les faire toi-même." "Je te laisse aller, mais je dois t'avertir, je suis le plus mauvais client pour le meilleur cuisinier." "Que veux-tu dire par-là?" "Je veux dire que je ne mange pas n'importe quoi, n'importe comment, n'importe où. Je suis très difficile et en plus j'ai des allergies." "Nous apprendrons à te connaître. Je suis sûre qu'il y aura des compensations pour balancer les inconvénients." "J'apprécie ta compréhension, merci." "Le déjeuner est prêt." "Je suis affamé, je n'ai rien mangé depuis près de vingt-quatre heures." "Je m'excuse, nous ne t'avons rien offert à manger." "Bien au contraire, vous m'avez offert ce qu'il y a de mieux, mais pas pour l'estomac. Mmm, ils sont parfaits, exactement comme je les aime. Toi, tu ne manges pas?" "Nous avons mangé lorsque tu dormais." "Pourquoi ne m'avez-vous pas réveillé comme je l'ai demandé?" "Nous avons toutes les deux décidées que tu avais besoin d'un bon repos bien mérité." "Je vois, c'est gentil."

Nous parlions de choses et d'autres, de tout et de rien, lorsque le téléphone sonna aux alentours de dix-sept heures trente. Danielle décrocha le récepteur.

"Allô!" "Allô! Danielle, je ne peux pas te parler trop longtemps, nous attendons une urgence à tout instant, mais le résulta est négatif. Salut Jacques pour moi." "Je n'y m'enquerrai pas. Ça été rapide, merci."

Danielle reposa le récepteur et elle sembla très soucieuse.

"Quelque chose ne va pas Danielle?" "Non, non, bien au contraire, c'est une bonne nouvelle." "Pourquoi donc as-tu l'air aussi soucieuse?" "Ha, je suis toujours comme ça lorsqu'il me faut prendre une décision importante. C'était Jeannine, elle te dit salut. Tu as bien mangé? En veux-tu d'autre?" "Non, j'en ai eu assez, merci." "Qu'aimerais-tu faire maintenant?" "Si tu veux me prêter une brosse à dent et du dentifrice, j'aimerais me brosser les dents et me rincer la bouche. Puis, j'aimerais me laver un peu." "Va t'étendre un peu, je vais te faire couler un bain." "Est-ce que je rêve ou tu es toujours aussi gentille?" "C'est bon d'être soi-même avec la personne qu'on aime." "Tu m'aimes, c'est vrai?" "Moi non plus je ne mens pas Jacques."

Je l'ai prise tendrement dans mes bras et je l'ai embrassé très fort. Je me suis jeté sur le lit et elle est allée dans la chambre de bain. Lorsqu'elle est revenue pour me dire que c'était prêt, j'étais presque endormi, dans une sorte de demi-sommeil. Elle m'a aidé à me relever en me tirant par le bras et je suis allé sauter dans la baignoire. Après m'avoir brossé les dents je suis revenu dans la chambre pour la trouver étendue sur le lit. Elle était des plus désirables et moi j'étais nu comme un ver. Non, tout ce que je portais c'était mes verres. Je me suis approché d'elle et j'ai commencé gentiment à la déshabiller. De tout mon cœur je voulais lui faire l'amour et avec l'autre chose aussi, mais je n'étais pas sûr que cala serait la meilleure chose à faire.

"Peux-tu m'expliquer comment c'est possible qu'on puisse aimer une personne ou deux si intensément en si peu de temps?" "Non et je me posais la même question." "Je voudrais te faire l'amour, mais je crois que je devrais être testé en premier." "Pourquoi, penses-tu avoir une maladie?" "Je n'en sais rien, je n'ai jamais été examiné de ce coté-là." "Il faut que je te dise Jacques, je suis vierge." "Sérieusement?"

"Je suis très sérieuse." "Qui aurait pu croire une telle chose? Et tu es âgée de vingt-quatre ans." "Je n'ai jamais aimé personne assez pour me donner à lui jusqu'à ce jour." "Il y a aussi le risque de tomber enceinte. Je n'ai pas de protection, j'étais loin de penser me retrouver dans une telle situation." "J'ai pensé qu'un bel homme comme toi pouvait trouver et avoir du sexe chaque fois qu'il sortait." "Cela faisait deux ans que je n'étais pas sorti. Je suis sorti hier soir parce que c'était une occasion spéciale." "Quelle était l'occasion?" "C'était mon anniversaire de naissance." "Pas vrai? Sérieusement? C'est vrai, tu ne mens pas. Il faudra fêter ça. Quel âge as-tu?" "J'ai vingt-sept ans." "Bonne fête alors!" "Merci!" "Je veux que tu me fasses l'amour." "Maintenant?" "Maintenant!" "Ne penses-tu pas que je devrais être examiné en premier?" "Mais c'est fait." "Que veux-tu dire, c'est fait?" "Je veux dire que c'est déjà fait. Jeannine et moi nous te demandons pardon, mais Jeannine a emmené un échantillon de ton sperme au laboratoire et lorsqu'elle a appelé un peu plus tôt c'était pour me dire que le résultat était négatif. Tu n'as aucune maladie." "Mais vous m'avez volé." "Je crois plutôt que tu nous l'as donné." "Et comment, je ne suis pas venu comme ça depuis que j'ai quatorze ou quinze ans. Et bien c'est une bonne nouvelle, mais quoi faire pour éviter la famille?" "Je ne suis pas dans une période dangereuse, ne sois pas inquiet. Comme dirait l'autre! Allez en paix ou plutôt viens en paix." "OK d'abord, que la paix soit avec nous."

Durant le temps de cette conversation je n'avais pas cessé de la déshabiller. Mes mains n'avaient pas cessé de parcourir son corps frémissant. Je sentais que sa tension montait chaque fois que ma main approchait ses seins et son bas ventre. Ça faisait longtemps que je n'avais pas connu de femme, car c'est une chose que je ne donne pas à n'importe qui.

Je suis monté sur elle et je l'ai embrassé tendrement tout en tenant son sein gauche dans ma main. De tout mon cœur je voulais qu'elle jouisse de toute sa capacité. Je ne pense pas avoir laissé une seule partie de son corps sans être touchée.

L'érection de ses mamelons m'en disait long sur son état d'âme. Elle était tout à moi corps et âme et j'en étais pleinement conscient. Je l'ai oralement fait jouir à plusieurs reprises et j'ai soudain senti l'urgence de me positionner à l'intérieur de ce nid d'amour, car j'allais exploser à tout instant. Je l'ai monté et en un temps deux mouvements trois coups dedans c'était parti. Ma crainte était encore fondée, puisqu'une autre fois je venais d'éjaculer prématurément. L'engin qui est supposé donner la plus grande partie de la satisfaction à sa partenaire venait de perdre la majorité de sa puissance. Heureusement cette puissance s'est étirée assez longtemps pour lui donner le temps pour un autre orgasme.

"Je regrette, j'aurais tant voulu que ça dure beaucoup plus longtemps." "Ne regrette rien, c'était tellement bon." "Crois-moi, ça pourrait être encore mieux. Il me faudra trouver le moyen de faire durer le plaisir plus longtemps pour chacun de nous." "Je te crois et je te fais confiance." "Si tu veux nous pouvons nous laver et tout recommencer." "J'aimerais rester étendue près de toi et parler. Je me sens si bien dans tes bras et j'adore t'entendre parler." "De quoi veux-tu parler?" "De tout ce qui te passe par la tête." "Je me demandais ce que Jeannette Bertrand penserait de notre histoire, un ménage à trois." "Elle serait probablement scandalisée." "Je ne pense pas. Sais-tu qu'elle a fait radio sexe un bout de temps?" "Non, je ne le savais pas." "Je l'ai entendu dire une fois sur les ondes qu'il y avait plus de 50% du monde sportif, plus de 50% du monde artistique et plus de 50% du clergé qui était homosexuel. Ça fait beaucoup de monde." "Je ne le savais pas." "Moi je suis aux deux depuis hier soir." "Ha non! Ne me dis pas que tu es bisexuel." "Ne me fais pas rire, je suis aux deux . . . . femmes. C'est toute une expérience et j'espère bien que ce ne soit pas juste l'histoire d'un soir, parce que mes chères demoiselles, je vous aime toutes les deux." "Ne te moque pas de moi, cela ferait trop mal." "Danielle, je ne me moque pas, sérieusement je t'aime et je crois que j'aime Jeannine aussi. Cela me fait tout drôle de dire ça, parce que j'ai un peu l'impression d'être infidèle à chacune de vous." "Il ne faut pas que tu te sentes coupable, parce que c'est nous qui t'avons mis dans cette situation et c'est ce que nous voulions." "Quand avez-vous planifié ce petit complot?" "Hier soir! J'ai toujours su que je pouvais tout partager avec Jeannine, mais je ne savais pas qu'elle pouvait aimer le même homme. C'est la première fois qu'elle aime mon partenaire.

C'est actuellement la première fois qu'elle s'attarde et s'intéresse à quelqu'un depuis cinq ans." "Que s'est-il passé?" "Elle a eu une grande déception, mais elle pourra te le raconter elle-même." "Bien sûr! Je m'excuse. Je voulais juste comprendre. Vous êtes sérieuses, vous voulez une liaison à trois?" "Si tu es d'accord nous en serions très heureuses." "Vous ne m'avez même pas demandé ce que je faisais pour gagner ma vie." "C'est parce que nous n'avons pas besoin de ton argent." "Touché! Ha! C'est pour ça que les filles demandent toutes ce que nous faisons? Elles cherchent un <u>soutien financier</u>. Moi non plus je n'ai pas besoin de votre argent, je gagne bien ma vie." "Que fais-tu comme travail?" "Je suis un constructeur de maisons. Je suis menuisier charpentier." "Jeannine et moi nous avons parlé de se faire construire une grande maison un jour sur un grand terrain avec au moins trois chambres de bain. Si jamais c'est toi qui nous bâtis nous ne voudrions aucune faveur, je veux dire aucun rabais. Nous ne voudrions certainement pas abuser de toi." "Nous en reparlerons quand le temps sera venu." "Qu'elle heure est-il?" "Il est tout près de minuit." "Nous devrions nous habiller, Jeannine sera ici dans moins de vingt minutes. J'ai passé une très belle journée Jacques, je suis heureuse. Je vais faire du thé et préparer un petit casse-croûte pour nous trois." "Danielle, dis-moi que je ne rêve pas, j'ai peine à croire à tout ce bonheur." "Si tu rêves je rêve aussi, mais crois-moi, j'ai réellement perdu ma virginité ce soir et ça ne pouvait pas mieux tomber. J'ai toujours su du moins que ça serait quelqu'un de bien qui l'aurait." "Je dois te dire que je suis heureux que tu me l'aies gardé."

Sur ces paroles Jeannine faisait son entrée.

"Salut mes deux tourtereaux. Comment allez-vous?" "Nous allons bien et toi tu as eu une bonne soirée?" "Oui! C'était drôle, presque tous pensaient que j'avais gagné le gros lot. Dans un sens ils ont raison. Seul le docteur a deviné juste, je pense même qu'il est un peu jaloux." "Jaloux ou pas moi je voudrais bien un beau câlin et je ne suis pas prêt à te laisser aller."

J'ai pris Jeannine dans mes bras et je l'ai serré très fort en lui donnant un baiser prolongé. Mon idée était de bien goûter ce baiser, mais aussi de m'assurer qu'il n'y avait aucune jalousie entre ces deux jolies demoiselles que j'aimais désormais éperdument. Contrairement à ce que j'aurais pu m'attendre Danielle était sincèrement heureuse pour chacun de nous. S'en était presque désarment. Tout c'était passé si vite que j'avais peine à assimiler tout ça. Je déteste la jalousie et j'ai horreur de l'infidélité. L'une comme l'autre détruit les relations. C'est la jalousie qui a poussé Caïn à tuer son frère Abel.

"Jeannine, sais-tu quoi?" "Non, qui a-t-il?" "C'était l'anniversaire de Jacques hier." "Et c'est nous qui avons reçu les cadeaux. Ce n'est pas juste." "Bien au contraire, vous deux m'avez fait connaître le plus bel anniversaire de toute ma vie. Je n'en reviens toujours pas. Pardonnez-moi, mais j'ai encore peine à y croire. Dites-moi que tout ça ne va pas prendre fin demain."

Elles se sont regardé l'une et l'autre et Jeannine m'a dit:

"Penses-tu vraiment que nous voudrions qu'un tel bonheur cesse pour nous. Il faudra plutôt trouver le moyen de faire durer cette situation pour toujours." "Il ne faut pas oublier qu'il y a le reste du monde qui va nous juger sévèrement."

"Le reste du monde on s'en fout. Est-ce que nous jugeons tous ceux qui couchent à gauche et à droite avec tous et chacun, même les gens mariés?" "Ne te fâche pas Danielle, c'est juste une réalité dont nous ne pouvons pas y échapper." "Fais-moi confiance Jacques, nous trouverons le moyen. Quand on veut on peut." "Je te fais confiance et je suis sûr qu'à nous trois nous trouverons une solution pour être heureux dans le pire des mondes." "Bon bin moi je suis fatiguée, je m'endors et je vais me coucher. Je vous verrai demain. Bonne nuit Jacques."

"Bonne nuit Jeannine. Ne vous couchez pas trop tard."

Danielle est allée se coucher après nous avoir donné un câlin et nous avoir embrassé. Je me suis excusé auprès de Jeannine et je l'ai suivi dans sa chambre à coucher, puis je l'ai aidé à se mettre au lit. Je lui ai donné un tendre baiser en lui disant que je la verrai au petit jour. J'ai quitté la chambre après avoir remonté les couvertures pour la couvrir.

C'était probablement le pire lundi matin de toute ma vie qui m'attendait. De retour à la cuisine Jeannine s'était mise à nettoyer la vaisselle utilisée durant la journée. Je lui ai demandé:

"Où est le linge à essuyer?" "Là à côté du réfrigérateur, mais ce n'est pas nécessaire. Je peux m'arranger avec ça." "Profites-en, ça n'arrivera pas tellement souvent, surtout pas avec deux femmes dans la maison. Laisse-moi faire, toi tu as déjà une journée de travail derrière toi et puis j'aime bien être près de toi. Moi j'ai passé presque toute la journée au lit." "As-tu eu du bon temps." "J'ai eu une journée absolument merveilleuse." "J'oubliais, bon anniversaire."

Qu'elle m'a dit en mettant ses bras autour de mon cou et en m'embrassant de ses belles lèvres langoureuses et d'une langue délicieuse.

"Que veux-tu faire Jacques, regarder un film ou aller au lit?" "Vaudrait mieux que j'aille au lit, je dois travailler demain." "OK! Allons-y."

Après avoir pris un bon bain nous avons marché jusqu'à la chambre où elle a ouvert la porte et allumé la lumière et là je l'ai retenu. Je l'ai prise dans mes bras et je l'ai transporté dans ce beau grand lit qui m'a semblé vraiment nuptial. Elle était toute souriante et des plus invitantes. Nous nous sommes caressé mutuellement en se regardant les yeux dans les yeux.

Je déposais des petits baisers un peu partout sur son visage et puis, je me suis mis à descendre sur sa poitrine et finalement sur tout son corps. Elle faisait de même, ce qui nous a rendu tous les deux complètement extasiés. Nous nous sommes donnés l'un à l'autre d'une façon peu commune. Nous venions je pense de découvrir le royaume des cieux. 'Le royaume des cieux est semblable à un homme qui a trouvé une perle précieuse.' Matthieu 13, 45-46.

Nous nous sommes endormis dans les bras l'un de l'autre pour nous réveiller vers les sept heures trente du matin. Danielle qui c'était réveillée et qui s'était sentie toute seule aux alentours de quatre heures était venue nous rejoindre sans néanmoins nous déranger le moindrement. Jusqu'à ce jour je me demande s'il y a quelque chose de plus inquiétant que l'idée de perdre un tel bonheur. Jeannine qui était encore dans mes bras m'a dit bonjour en me donnant un baiser.

"Attends ma belle, j'ai mauvaise haleine le matin à cause de mon problème de sinus. Je vais aller me moucher et me rincer la bouche puis, je reviens à toute vitesse. Attendez-moi."

"Comment ça été?" "Il a été superbe Danielle. Je suis si heureuse. Comment ça été pour toi?" "C'était bon, mais pas extraordinaire, cependant je pense que c'était de ma faute." "Je t'en ai déjà parlé, te souviens-tu? La première fois nous les filles avons toutes un peu peur que ça nous fasse mal même si ce n'est pas toujours le cas. Cela dépend surtout de la gentillesse et de la délicatesse de notre partenaire." "Tu dois avoir raison, puisque tout allait très bien jusqu'au moment de la pénétration. J'ai juste senti un petit pincement, mais cela a immédiatement mis fin à mon plaisir." "Bienvenue au club des défleuries mon amie bien-aimée. Ça sera encore meilleur la prochaine fois. Tu auras la chance de te reprendre à mon prochain long congé de travail de quatre jours qui s'en vient, puisque je vais aller visiter mes parents et leur annoncer notre rencontre." "Ne penses-tu pas que c'est un peu tôt? Surtout si tu veux leur dire toute la vérité. Tu sais que nous le voulions ou pas, nos familles vont nous mettre de l'ombre sur notre bonheur. Nul ne pourra comprendre ce que nous vivons."

"Quoi qu'ils en disent Danielle, nul ne pourra m'empêcher de vivre mon amour de bonheur et j'espère bien qu'il en sera de même pour toi." "À la vie et à la mort, à jamais et pour toujours."

Les deux jeunes femmes se donnaient la main haute en riant lorsque j'ai réapparu dans la chambre.

26

"Ça va bien vous deux, je ne dérange pas trop?" "Déranger? C'est bien le contraire, tu nous arranges Jacques, mais tu as été bien long à revenir." "J'ai dû faire quelques appelles pour préparer mes hommes au travail et me libérer jusqu'à midi. Voilà ce que vous me faites faire vous deux."

"Jeannine va partir pour quatre jours et nous laisser tout seul." "Elle nous laisse déjà, elle va me manquer. Où va-t-elle?" "En Gaspésie pour visiter ses parents."

"Ha oui, j'espère que tu ne vas pas leur dire à notre propos. Je pense qu'il est trop tôt." "Ce n'est pas trop tôt si nous sommes tous sincères et sérieux." "Moi je le suis."

"Moi aussi!" "Ce qui fait que ce n'est pas trop tôt. Je leur dirai donc la semaine prochaine."

Nous nous sommes tous donnés la main haute et une étreinte suivi d'un baiser.

"Je ne veux pas te dire quoi faire Jeannine, ce qui fait que je vais te dire quelque chose en parabole pour ce qui concerne tes parents. Tu sais que le prix du gaz a monté très haut dernièrement et le monde n'a pas fait vraiment de grosses crises. Sais-tu pourquoi?" "Pourquoi le gaz a monté ou pourquoi le monde n'a pas fait de crise?" "Pourquoi il n'a pas fait de crise. Vois-tu, lorsque Jos Clack a monté le gaz de 0.25 sous le gallon, il y a quelques années le monde a été scandalisé et son gouvernement a été renversé. L'été dernier le gaz a monté de plus de 0.80 sous le litre, ce qui est de \$3.60 le gallon et il n'y a pas eu de crise. Aujourd'hui ce même gaz est redescendu à 0 .90 sous le litre et le monde va gazer avec le sourire et empressement. Je voudrais que tu médites sur ces paroles en espérant que tu vas les comprendre à temps. C'est un voyage de plus de huit cent milles allée et retour, j'espère que tu vas prendre le train." "J'avais l'intention d'y aller en auto." "Penses-y bien, deux jours à voyager, deux jours à te reposer, ça ne te laisse pas grand temps pour visiter." "En train c'est fatiguant aussi." "Mais en train au moins tu peux y dormir." "Mon auto va me manquer." "Tu peux toujours en louer une." "Pas dans ce petit coin du pays." "Tes parents doivent en avoir une. Tout ce que je souhaite c'est que tu nous reviennes en un seul beau morceau. Tu sais aussi qu'il y a des tempêtes a fermer toutes les routes très souvent au mois de mars?" "Je te remercie de te préoccuper pour moi, mais t'en fais pas, je serai prudente quoi que je fasse."

"Aie vous deux, vous devez commencer à avoir faim?" "Oui Danielle, c'est bien toi la plus maternelle de nous trois, comme ça ma mère me manque un peu moins." "Vis-tu encore avec ta mère?" "Non, pas depuis l'âge de seize ans. Voulez-vous que je vous fasse des crêpes de mémère?" "C'est quoi ça?" "Ce sont des bonnes crêpes que j'ai appris à faire de ma mère. C'est l'une de mes spécialités. Je les aime énormément surtout avec du sirop de poteau." "C'est quoi ça?" "Une autre de mes spécialités. Il est selon moi meilleur que le sirop d'érable." "Wow! Ça doit être bon. Une autre fois, tu n'auras pas le temps de faire ton sirop ce matin."

Elles s'étaient revêtues de leurs robes de chambre et moi qui n'avais que mes bobettes j'ai donc dû m'habiller pour ne pas me présenter à la table presque nu.

"Nous avons des corn flakes, du rice krispies ou du gruau, tout ça est bon pour la santé." "Avez-vous du pain blanc frais?" "Oui, pourquoi?" "C'est ce que j'aimerais manger avec du lait et du sucre." "Une autre de tes spécialités?" "Ce n'est rien de spécial mais j'aime ça." "Tu es drôle."

Nous avons déjeuné en parlant de choses et d'autres, de tout et de rien en particulier. Je devais désormais me dépêcher un peu pour me rendre au travail. Je ne me serais plus senti trop bien avec ces jolies dames jusqu'à ce que je sois fraîchement rasé de nouveau. Je les ai embrassé toutes les deux très fort en promettant de revenir aussitôt que possible.

"Tu veux nous donner ton numéro de téléphone avant de partir?" "Bien sûr, voilà!" "Quel est le nom de ta compagnie?" "Les constructions Fiab." "Ça semble fiable." "Ça l'est tout comme moi. À bientôt mes bien-aimées."

J'ai donc pris congé d'elles, mais non pas sans ressentir un certain vide. Je venais de passer deux jours extrêmement agréables et bien remplis. Je n'avais qu'un seul souci en tête et ça c'était concernant la polygamie, sachant très bien qu'elle était défendue et illégale au Canada. Je savais bien aussi qu'elle était permise dans certaines religions, mais je suis entièrement contre toute sorte de religion quelle qu'elle soit. Ça ne sera pas facile, je me suis dit. Je sais aussi qu'au Utah il y avait plusieurs sectes qui la permettaient, mais ce n'est pas le Canada.

Nous ne sommes pas au bout de nos peines. Comme je pensais à ces choses j'entendis sur les nouvelles à la radio que deux hommes venaient d'être arrêtés et accusés de polygamie tout près de Vancouver! C'était comme si l'on voulait me dire; penses-y bien mon ami. Il me faudra suivre cette histoire de près, je me suis dit. C'est quand même bien étrange, vu que je me demandais justement comment je pourrais m'y prendre pour marier celles que j'aime.

Il m'a fallu cesser de penser à ça pour le moment. Il fallait que je m'occupe de mes affaires et de mes hommes. Les clients comprennent difficilement les retards peu importe les raisons.

Même si j'ai un très bon personnel, le patron est celui qui critique ou félicite selon le cas, mais il se doit d'être responsable. Je n'avais quand même pas eu le temps de déléguer quoi que ce soit à qui que ce soit.

CHAPITRE 2

"*B*onjour patron! Qu'est-il arrivé? Vous n'êtes jamais arrivé en retard en deux ans?" "J'ai en quelque sorte fêté mon anniversaire cette fois-ci." "Ha oui! Bonne fête!" "Merci! Est-ce que le gyproc est arrivé?" "Pas encore! Les portes et fenêtres sont en place dans les trois maisons." "Bien, nous allons les installer cette après-midi. Le bois de finition n'est pas arrivé?" "Non! Il devrait arriver sous peu." "C'est bon, au travail maintenant."

J'ai terminé la journée qui m'a semblé interminable. Quand je suis arrivé chez moi ma mère et l'une de mes sœurs m'y attendaient!

"Que t'est-il arrivé? Ça fait deux jours que j'essaie de t'appeler." "Je m'excuse maman, j'aurais dû t'appeler." "Tu n'es pas raisonnable. Où est-ce que tu es allé? Tu n'étais pas chez toi." "J'ai eu envie de m'évader et puis j'ai tout oublié."

"Elle était si belle que ça?" "Oui Céline, elle est belle et très belle, crois-moi. Je te raconterai sûrement un jour."

"Tu n'étais pas au travail ce matin non plus et personne ne savait où tu étais." "Il s'en est fallu de peu pour que j'appelle la police, tu sais?" "Ho, je n'aurais pas voulu être dérangé par qui que ce soit, surtout pas par la police. Il faudra te mettre dans la tête maman que je suis assez âgé pour vivre ma vie comme je l'entends quoique tu en penses. Je n'ai pas voulu vous inquiéter, c'est juste que j'étais trop captivé pour même penser à vous appeler, c'est tout."

"Tu dois avoir un millier de messages sur ton répondeur et dans ta boite vocale." "Je vous inviterais bien à souper, mais je n'ai rien de préparé. Si vous voulez je peux vous emmener au restaurant."

"Ce n'est pas nécessaire, notre souper est prêt à la maison. Bonne fête mon grand et fais sûr que l'an prochain je puisse de parler le jour de ta fête." "Merci maman."

"Bonne fête mon frère et fais attention à toi." "Merci Céline. Je vais tous les appeler maintenant. J'en ai sûrement pour une couple d'heures." "Sûrement!" "Encore une fois, je regrette. On se voit très bientôt."

Elles ont pris congé et moi et je me suis mis à écouter mon répondeur.

"Bonne fête Jacques, c'est ta petite sœur Marcelle."

"Jacques, c'est ta mère, appelle-moi aussitôt que tu le pourras."

"C'est moi Céline, je t'embrasse pour ta fête."

"Bonne fête mon petit frère, c'est ta sœur Francine."

"Bonne fête Jacques, c'est moi Diane."

"Bonne fête Jacques, c'est moi Carole, je t'embrasse."

"Jacques, c'est encore moi ta mère, appelle-moi."

"Bonne fête, c'est ton amie Murielle."

"Bonne fête, c'est ton petit frère."

"Ici Rolland, j'ai un détail à discuter avec toi, Monique veut changer la couleur des armoires. Rappelle-moi si tu peux."

"C'est moi mon amour, Danielle qui s'ennuie déjà de toi. Je t'embrasse. Bye!"

Le tout a continué pour une vingtaine de minutes. On aime quand même savoir qui a appelé et qui ne l'a pas fait. Le pire était que j'avais la tête bien ailleurs des souhaits de bonnes fêtes. Malgré tout il me fallait faire une vingtaine d'appels pour les remercier tous de leurs bons souhaits.

Aucun d'entre eux cependant n'aurait pu me souhaiter un anniversaire comme celui que je venais de vivre. Néanmoins, plus j'y pensais et plus j'avais peur, moi qui ne suis pas d'ordinaire d'une nature peureuse. J'avais peur d'être obligé de changer de pays, peur d'être obligé de faire parti d'une religion pour pouvoir marier celles que j'aime. J'avais également peur qu'une ou l'autre ou même les deux se découragent devant les obstacles qui nous attendaient, mais c'était aussi dans ma nature de faire confiance à la vie qui m'a bien servi jusqu'à présent.

Au bout d'une heure et demie j'avais finalement terminé mes appels quand j'ai reçu un appel de Céline, ma sœur qui était bien intriguée à mon sujet.

"Salut toi! Tu as terminé tes téléphones?" "Enfin oui!" "Ça faisait plusieurs fois que j'essayais de t'appeler. Tu as passé une belle fin de semaine?" "Très belle, merci! Ça dépasse toute attente Céline." "J'ai cru comprendre que tu avais fait une rencontre." "Non deux!" "Deux quoi?" "J'ai fait deux rencontres, c'est-à-dire que j'ai rencontré deux filles, mais je ne voudrais pas m'attarder là-dessus au téléphone." "Compris! Quand est-ce que je peux te voir?" "Donne-moi une minute, je vais voir mon agenda. Mercredi soir si tu veux, je viendrai souper avec toi." "C'est noté. Viens dès la fin de ta journée de travail." "Je serai là, bonne nuit."

À dix heures trente j'étais au lit, mais pour ce qui est de dormir c'était peine perdue. Tout ce que j'avais vécu dans les trois derniers jours se renouvelait dans ma tête. Je savais très bien qu'il me fallait du sommeil pour pouvoir fonctionner normalement et joyeusement le lendemain. À minuit trente j'ai décidé de me lever et de faire un appel.

"Allô! Ici Danielle!" "Danielle, c'est moi. J'ai besoin d'une infirmière, car je n'arrive pas à dormir et je n'ai pas de somnifère." "C'est toi mon amour." "Connais-tu un autre moyen de m'aider à dormir. Je suis une personne qui a de la difficulté à fonctionner si je n'ai pas mes sept heures de sommeil." "J'ai trouvé que tu te débrouillais pas trop mal." "As-tu eu une bonne soirée?" "Oui, mais toutes les filles nous ont demandé ce qui nous arrive à Jeannine et à moi." "Le bonheur comme le malheur se lit sur la plupart des visages, tu sais?

Vous êtes heureuses et ça se voit, moi j'en suis bien content." "Bon, je vais te laisser, je comprends qu'il faut que tu dormes. Tu pourrais te faire une tisane et lire n'importe quoi jusqu'à ce que tu tombes de sommeil. Cela va t'aider à te changer les idées." "Et bien merci, dis bonne nuit à Jeannine pour moi." "Je n'y manquerai pas." "Bonne nuit toi aussi, je vous aime et je vous embrasse."

Il était aux alentours de deux heures trente quand j'ai finalement capituler devant les activités de la journée. Il m'a semblé que je ne dormais que depuis dix minutes lorsque l'alarme me réveillait à six heures trente le matin venu. J'avais le corps très lourd, mais j'ai quand même traîné mes pattes jusqu'à la chambre de bain et je me sentais beaucoup mieux après une douche tiède. J'ai pris mon déjeuner rapidement puis je me suis rendu au travaille où il y avait plusieurs tâches qui m'attendaient. Lorsque les douze coups eurent sonnés j'ai pris congé de mon personnel et j'en ai profité pour faire un appel important.

"Allô! C'est toi Jeannine, comment vas-tu?" "Je vais bien et toi Jacques?" "Je vais bien aussi, merci." "As-tu pu dormir finalement?" "Oui, mais, pas beaucoup d'heures. Vous me manquez." "Toi aussi tu nous manques. Je pars jeudi matin pour la Gaspésie." "Déjà?" "C'est moi ça, je ne traîne pas les choses." "As-tu bien pensé à ton affaire?" "Ne t'inquiètes pas, je sais ce que je fais." "J'aimerais passer la nuit avec toi avant ton départ, si tu veux bien entendu?" "Bien sûr que je veux, ça serait formidable si tu peux." "Je vous attendrai dans le même stationnement après votre travail. Est-ce que Danielle est là?" "Non, je regrette, elle est allée magasiner." "Et bien, tu la salueras pour moi et je vous vois mercredi soir. Il me faut y aller maintenant. Je t'embrasse très fort. Bye!"

Mercredi cinq heures trente j'entrais chez ma sœur à l'heure prévue pour le souper, mais surtout pour satisfaire la curiosité de Céline. Elle m'a bien reçu avec une accolade et la bise sur chaque joue. Son met préféré un bon gros spaghetti à la viande accompagné de patates pillées étaient au menu.

S'il y en a une dans toute ma grosse famille qui peut comprendre ma situation sans trop juger c'est bien elle. Nous avons bien mangé et je lui ai aidé à tout nettoyer et à essuyer la vaisselle. Puis, la série de questions a commencé.

"Maintenant tu vas me dire ce qui t'arrive Jacques, je dois t'avouer que je suis très intriguée." "Avant tout il faut que tu me promettes de garder tout ça pour toi." "C'est promis. J'ai cru comprendre que tu as fait deux rencontres de filles très jolies? Ne me dis pas que tu ne sais plus laquelle choisir?" "Si c'était le seul problème, il n'y aurait pas de problème du tout." "Que veux-tu dire? Je ne comprends pas." "Je n'ai pas fait deux rencontres, mais plutôt une rencontre de deux filles et c'est vrai qu'elles sont toutes les deux très jolies. Elles ne sont pas que jolies, mais très gentilles et intelligentes." "Que font-elles dans la vie?" "Elles sont toutes les deux infirmières." "Tu vas être entre bonnes mains." "À qui le dis-tu? Mais je le suis déjà." "Déjà? Que veux-tu dire?" "Je te dis que je suis déjà entre leurs mains." "Tu n'as pas perdu de temps." "Tu te trompes, ce sont elles qui n'ont pas perdu de temps. Moi je n'ai fait que de me laisser entraîner dans un tourbillon d'amour incroyable et d'un bonheur extraordinaire." "Aurais-tu changé au point d'accepter l'infidélité maintenant, toi qui l'avais en horreur?" "Je l'ai toujours en horreur Céline, c'est juste qu'il n'y a pas d'infidélité du tout." "Il te faudra choisir l'une ou l'autre ou bien être infidèle à l'une ou à l'autre." "C'est là la beauté de la chose, je n'ai pas à choisir n'y à être infidèle. Je les aime toutes les deux et elles m'aiment toutes les deux." "Là tu me tires le poil des jambes, tu te moques de moi." "Pas du tout, je te le dis tel que c'est." "Encore là, je comprends de moins en moins." "Je vais récapituler. Elles sont deux amies, elles sont tombées en amour avec moi toutes les deux et moi je les aime toutes les deux. C'est aussi simple que ça." "hin, hin, ce n'est pas simple du tout. Tôt ou tard la jalousie s'installera et ça sera le cauchemar." "Je les ai déjà mises à l'épreuve, elles sont contentes l'une pour l'autre chaque fois que j'embrasse l'une ou l'autre." "Et toi tu es aux oiseaux?" "Non, moi je suis aux deux . . . . femmes." "Quelle histoire! Quels sont leurs noms? L'une se nomme Jeannine et l'autre Danielle. Ce soir je verrai Jeannine puisqu'elle part demain matin pour quatre jours visiter ses parents. Elle a aussi l'intention de leur dire ce qui se passe. J'aurai donc quatre jours pour me permettre de connaître Danielle un peu mieux. Maintenant tu comprends pourquoi il vaut mieux n'en parler à personne pour le moment." "Il vaudrait peut-être mieux ne jamais en parler à qui que soit." "La vérité fini toujours par se faire connaître." "Je pense que tu n'es pas au bout de tes peines mon gars." "Je le pense aussi, mais le jeu en vaut la chandelle." "Je l'espère pour toi." "Selon ce qu'elles m'ont dit ça ne ferait aucune différence si j'étais nu comme un ver." "Tu leur as tombé dans l'œil bien comme il faut." "Tu n'as jamais si bien dit. IL va falloir que j'y aille bientôt, elles finissent de travailler à minuit." "Veux-tu dire que tu couches déjà avec elles?" "Oui, c'est un coup de foudre à trois." "Fais attention, la foudre ça peut être foudroyant." "Si c'est toujours comme la fin de semaine que je viens de passer, ça sera tout simplement merveilleux Céline, prends ma parole. Je n'avais jamais rien connu de tel. Il faut que je te laisse maintenant, je ne voudrais pas les faire attendre ni qu'elles ne s'inquiètent." "C'est vrai que tu les aimes. Bonne chance!" "Merci! Bonne nuit!" "Bonne nuit aussi et merci d'être venu." "Tout le plaisir fut pour moi."

Je me suis dirigé sans perdre de temps vers leur domicile et les rues étaient désertes ce qui fait que j'avais quelques minutes d'avance sur elles. En les attendant je relaxais tout en écoutant quelques belles chansons à la radio. Aussitôt que je les ai vu arriver dans leur petite voiture, je suis sorti de la mienne en verrouillant les portières et je me suis dirigé sans tarder vers elles. Jeannine est sortie de la voiture et elle s'est précipitée à ma rencontre pour se jeter dans mes bras. Elle m'a serré très fort comme si elle ne m'avait pas vu depuis des lunes. Elle m'a embrassé d'une façon qui en disait long sur son état d'âme. Lorsqu'elle s'est finalement retirée de cette étreinte, je l'ai regardé dans les yeux et je lui ai dit.

"Bonsoir Jeannine!" "Bonsoir Jacques!"

"Bonsoir Jacques!" "Bonsoir Danielle! Comment allez-vous, vous deux?" "Je pense que Jeannine avait un peu peur de ne pas te voir avant son départ." "Pourquoi avait-elle peur, je n'ai qu'une parole." "Oui, mais tu sais, n'importe quoi peut arriver." "C'est vrai ça, mais il ne faut pas toujours avoir peur." "Toi Jacques, tu n'as jamais peur?" "Tu as parfaitement raison, j'ai peur même en ce moment que tout ça ne soit qu'un rêve." "Moi aussi j'en tremble presque de peur que tout s'écroule." "Ne crains rien Danielle, je vous aime et je pense que rien au monde ne pourra rien n'y changer." "J'espère que tu dis vrai Jacques, sincèrement de tout mon cœur." "Il vaudrait mieux que nous montions, les murs ont des oreilles, vous savez ça, n'est-ce pas?"

Danielle était beaucoup moins enthousiaste que Jeannine ce soir-là. J'en ai conclu que c'était parce qu'elle savait que je passerais la nuit avec Jeannine. Jusqu'à ce jour elle a toujours été la même, c'est qu'elle ne veut pas se mettre dans une ambiance sensuelle alors qu'elle sait qu'elle n'aura pas de sexe. Je peux dire que je la comprends très bien. Je leur ai dit que je ne pouvais pas veiller trop tard, car il me fallait être au travail à huit heures au matin.

"Moi aussi je dois me lever tôt, mon train part à neuf heures." "Alors il vaut mieux prendre un bain rapide et aller au lit sans tarder." "Tu ne veux pas rien manger." "Non, je suis encore plein de spaghetti."

"Allez-y vous deux, moi je prendrai le mien demain, j'ai tout mon temps."

Jeannine s'est dirigée vers la chambre de bain et moi je suis allé m'asseoir au salon près de Danielle pour quelques minutes.

"Lâche-moi un cri quand le bain sera prêt Jeannine." "Je n'y manquerai pas."

"Tu n'as pas trop l'air dans ton assiette Danielle? Quelque chose ne va pas?" "Je suis toujours un peu inquiète quand Jeannine part toute seule pour un long voyage." "Ha! C'est ça mère poule. Jeannine est une adulte pleine de bon sens, je crois que tu t'inquiètes pour rien." "Je le sais bien, mais c'est plus fort que moi." "Si tu veux je ne te laisserai pas seule, je viendrai passer du temps avec toi." "Je l'espère bien."

"Jacques c'est prêt." "Je viens."

"Vas-tu te coucher tout de suite?" "Non, je vais écouter un bon film, je n'ai pas sommeil." "À tantôt, je viendrai te dire bonne nuit."

Je me suis précipité vers la chambre de bain où j'ai sauté dans cette eau chaude et savonneuse avec qui je crois toujours être la plus belle femme du monde, bien sûr après m'être déshabillé.

"Ho! Elle est chaude. Comment fais-tu?" "On s'habitue très vite." "Si j'étais un coq tu pourrais me plumer." "Tu es notre coq, mais nous ne te plumerons pas, du moins ce n'est pas notre intention."

Je lui ai fermé la bouche avec un baiser en profondeur tout en la tenant très fortement enlacé. Je l'ai lavé de la tête aux pieds tout en me retardant aux endroits qui font plaisir à l'un comme à l'autre.

Aussitôt qu'elle s'est sentie assez propre, elle a fait la même chose avec moi. Quel plaisir! Quel bonheur! Je lui ai suggéré de faire l'amour dans la baignoire et sans hésiter elle s'est assise sur ce qu'elle aime tout particulièrement. J'ai essayé de toutes mes forces de faire durer le plaisir pour elle surtout, mais aussi pour moi. Trop tôt hélas l'explosion s'était produite et j'étais certain cette fois-ci qu'elle aurait préféré chevaucher beaucoup plus longtemps et moi aussi. Je savais à ce moment-là qu'il me faudrait trouver une méthode pour améliorer cette situation avant que cela ne cause un problème émotionnel pour chacun de nous. Il était vrai qu'elle était des plus belles, mais quand même.

Il était vrai aussi que c'était pour moi tout nouveau. Il était vrai qu'avec Danielle c'était tellement serré que cela pouvait faire une différence. Il était aussi très vrai que je voulais leur donner à l'une comme à l'autre beaucoup plus de plaisir, c'est-à-dire autant qu'elles puissent l'endurer. Dès demain je me suis dit, je vais prendre rendez-vous avec un psychologue.

"Jeannine, toi qui travailles à l'hôpital, tu dois connaître un psychologue?" "Oui, j'en connais un. C'est une femme. As-tu un problème?" "Oui, j'ai un problème de retenue." "Qu'est-ce que tu veux dire?" "J'aurais voulu que ça dure beaucoup plus longtemps, au moins vingt, trente minutes de plus, pas toi?" "Oui mais je pense que c'est normal. Tu es jeune, je suis jolie, c'est tout nouveau. Je pense que ça peut s'améliorer avec le temps." "Moi je ne veux pas perdre de temps. Je veux vous donner beaucoup de plaisir, mais pas seulement dans un an ou plus, je veux vous donner du plaisir à profusion le plus tôt possible." "Quelle préoccupation! Je t'aime Jacques, je t'aime tellement. Je suis et je sais que je vais être très heureuse avec toi." "Moi aussi je t'aime Jeannine et je veux que ça ne s'arrête jamais. Il vaudrait mieux que nous allions dormir maintenant."

Nous sommes sortis de la baignoire et après s'être essuyés l'un l'autre Jeannine s'est recouverte de sa robe de chambre et moi je me suis recouvert avec une de leurs grandes serviettes, puis nous sommes allés dire bonne nuit à Danielle.

"Comment est le film?" "Il est bon." "Peux-tu le mettre sur pause pour une minute? Je voudrais te dire bonne nuit de la bonne manière." "Bien sûr que je peux."

"Bonne nuit Danielle. Dors bien." "Jeannine, je vais aller te reconduire à la gare demain matin." "C'est vrai? Oh! Je suis contente et ne t'en fais pas, tout va bien aller." "Je sais mais tu me connais, s'il fallait qu'il t'arrive quelque chose." "Il ne m'arrivera rien." "Tu as raison, je m'en fais pour rien." "Ce qui devait m'arriver m'est arrivé en fin de semaine passée et rien ne pourra atténuer ce bonheur, tu peux me croire. Je suis partie, bonne nuit."

Jeannine est allée dans sa chambre pendant que je souhaitais bonne nuit à Danielle à ma façon. Puis, je suis allé rejoindre Jeannine où elle n'était pas prête à dormir immédiatement. Je lui ai donc donné le traitement oral qui est en quelque sorte devenu une de mes spécialités. Pour tout dire, elle se débrouille pas trop mal elle aussi. C'est ce qui a fait qu'une bonne érection est revenue me permettre une autre pénétration plus intense encore que la première et plus satisfaisante pour elle comme pour moi.

Le matin est venu très vite, car à sept heures quinze nous étions tous les trois auprès de la table de cuisine. Notre mère poule avait déjà préparé un tas de choses. Le café et le thé ainsi que les toasts étaient déjà servis. Moi qui vie seul depuis presque une douzaine d'années, je peux vous assurer que je peux apprécier ce bienfait, même si je ne me trouvais pas à plaindre.

La conversation était concentrée surtout sur le voyage de Jeannine et la façon dont elle mettrait ses parents au courant de notre situation. Je leur ai fait part de ma visite avec Céline qui ne s'était pas trop mal déroulée. D'une chose à l'autre le temps était déjà venu pour moi de les quitter, mais ce n'était certainement pas sans peine.

Je n'aime pas les sanglots ni les séparations pénibles, alors je leur ai dit à bientôt tout en les enlaçant et en leur promettant de les appeler sous peu. C'était quand même une séparation pénible. Seule Jeannine était souriante et elle nous a lancé avec raison.

"Aie, vous deux, je ne m'en vais pas à un enterrement et je ne m'en vais pas pour toujours. Je serai de retour dimanche au soir, c'est promis."

"Bon voyage Jeannine, je te verrai dès ton retour." "Mais j'y compte bien, va, tout ira bien."

"Bonne journée Danielle. Si tu veux je peux venir ce soir pour que tu sois moins seule." "J'apprécierais Jacques, mais seulement si tu peux." "Bien sûr que je peux. Dieu merci, je n'ai pas d'autres femmes."

Ça les a bien fait rire, ce qui était presque une nécessité, puis je me suis éloigné tout doucement. Danielle est allée reconduire Jeannine à la gare et moi je me suis rendu à mon travail.

Jeannine qui semblait très sûre d'elle avait quand même des papillons dans l'estomac, cependant j'étais certain qu'elle pouvait se rendre maître de cette situation. Elle nous avait dit: 'Quoi qu'ils en disent, ça ne changera absolument rien à ma position.'

Le soir venu elle a téléphoné à Danielle et à moi pour nous dire qu'elle s'était bien rendue et que ses parents étaient de bonne humeur jusqu'à ce point. Elle nous a affirmé aussi qu'elle nous tiendrait au courant de la situation au fur et à mesure que les choses se dérouleraient. Vers minuit trente j'étais de retour avec Danielle pour y passer la nuit.

"Tu es encore toute triste Danielle, tu n'es pas raisonnable." "J'espère juste que ses parents ne lui donnent pas un mauvais temps. Tu sais les gens dans les terres ne pensent pas comme nous." "Je sais, mais Jeannine est une grande fille et elle saura se débrouiller avec eux, j'en suis sûr." "Tu dois avoir raison et nous devrions aller au lit et parler jusqu'à ce que nous tombions de sommeil. J'apprécie que tu sois venu, tu sais?" "Oui, je le sais, mais tout le plaisir est pour moi. J'adore aussi être avec toi.

C'est quand ta prochaine fin de semaine?" "Cette semaine j'ai samedi et dimanche off." "C'est superbe. Moi je ne travaille jamais le samedi et j'ai toutes mes fins de semaine en général. Je travaille le dimanche seulement s'il y a obligation." "Es-tu du septième jour?" "Je suis contre toutes les religions, car je pense que c'est le plus grand esclavage jamais inventé. Il y a des gens qui tuent au nom de leur religion et en plus, ils prétendent que c'est la volonté de Dieu. Faut-il qu'ils soient cruches à ton goût?" "Ce peut-il que des êtres humains puissent faire de telles choses aussi diaboliques?" "Oui, si c'est ce qu'ils ont appris de leur dirigeants spirituels et qu'ils sont assez méchants pour le faire.

C'est pour cette même raison aussi qu'ils ont tué Jésus." "Tu as l'air de t'y connaître?" "Toi, es-tu religieuse?" "Jeannine et moi nous sommes des catholiques de naissance, mais nous ne sommes pas pratiquantes. Je ne sais pas au juste ce qui s'est passé, mais nous avons toutes les deux cessé d'aller à l'église." "La routine peut devenir ennuyante. Je suis né catholique aussi, mais tout comme les petits chiots un jour mes yeux ce sont ouverts et je ne suis plus jamais retourné en arrière.

Les petits chiots ne prennent qu'une dizaine de jours, moi ça m'a pris dix-huit ans." "Mais tu crois en Dieu, n'est-ce pas?" "Moi et Dieu nous ne faisons qu'un." "Le prêtre du village de mon père dirait bien que c'est un blasphème que tu viens de prononcer là et mon père aussi." "Ça prouve bien qu'ils ne connaissent pas la parole de Dieu. As-tu une Bible?" "Oui, quelque part dans la petite bibliothèque." "Dès demain tu iras lire Jean 17, 21-23. C'était la volonté et la prière de Jésus que nous devenions un avec Dieu." "Pourquoi pas maintenant? Je suis curieuse et je voudrais bien dormir." "D'accord, mais il ne faudrait pas s'y attarder trop longtemps, moi je travaille de bonne heure."

Elle s'est levée et elle est allée chercher sa Bible de Louis Second, ma préférée.

"Voyons donc, tu disais Jean?" "Jean 17, 21-23." "Laisse-moi lire ici pour une minute. Mais tu as absolument raison Jacques." "Un des plus grands avertissements et probablement le plus important qui nous vient de Jésus se trouve dans Matthieu 24, 15. 'Que celui qui lit fasse attention!'

C'est donc dire que les pièges du diable sont dans les écritures (la Bible). C'est là qu'il nous faut regarder et pas ailleurs." "Mais Jacques, la Bible c'est le livre de vérité." "Oui Danielle, mais la vérité à propos des mensonges aussi. Je te l'expliquerai une autre fois si tu veux. C'est ce que j'aime à faire le samedi, le dernier jour de la semaine, le jour du sabbat, le jour du Seigneur." "Pourquoi pas le dimanche?" "Pour ne pas contrarier Dieu qui nous a dit dans sa loi de sanctifier le dernier jour de la semaine. Tu peux trouver ça dans Exode 20, 8-11. Aussi pour ne pas contrarier Jésus qui nous a dit que pas un seul trait de lettre ne disparaîtra de la loi tant et aussi longtemps que le ciel et la terre existeront. C'est écrit dans Matthieu 5, 17-18." "Laisse-moi voir. C'est bien trop vrai. Wow! C'est fort ça. Mais ce n'est pas ce qu'on nous a enseigné. On nous a dit: 'Les dimanches tu garderas en servant Dieu dévotement.'"

"Voilà! C'est quoi les dimanches?" "Les premiers jours de semaine." "Un enfant de quatre ans peut faire la différence. J'ai fait une petite chanson sur le sujet." "C'est quoi.?" "On m'a dupé, on m'a menti les dimanches avant-midi. On m'a dupé, on m'a menti, moi je l'prends pas et je le dis. Le Seigneur nous a dit; le Sabbat c'est le samedi, les dimanches c'est pour qui? C'est certainement pas pour Lui. On m'a dupé, on m'a menti." "Aie! C'est cute ça." "Merci!

J'aimerais bien continuer pendant des heures, mais pas maintenant, il faut que je dorme. Une dernière chose Danielle si tu veux?" "Vas-y, tout ça me passionne." "T'es sérieuse? Cela ennuie et choque la plupart des gens." "Pas moi, j'adore ça découvrir et j'aime la vérité." "Je suis heureux que ça ne tombe pas dans l'oreille d'une sourde. Si tu veux la prochaine fois que tu parles à ton père demande-lui s'il appel son prêtre père." "Je suis sûre qu'il le fait mais pourquoi?" "Parce que Jésus l'a défendu à ses disciples. Va lire Matthieu 23, 9." "'Et n'appelez personne sur la terre votre père; car un seul est votre Père, celui qui est dans les cieux.'" "WOW! Mon père va sûrement tomber sur le cul." "Demande-lui juste pour voir sa réaction." "Je le ferai." "J'ai hâte de voir la tienne." "Ma quoi?" "Ta réaction à la suite de la réaction de ton père. Je me doute fort bien de ce qu'il va dire." "Ah oui! C'est quoi?" "Je ne te le dis pas tout de suite. Je vais l'écrire et le cacher, tu le sauras après que tu auras parlée à ton père." "OK! Je vais l'appeler en fin de semaine." "Il faut dormir maintenant." "Je me sens très bien maintenant Jacques, cela m'a fait beaucoup de bien de parler avec toi. Toute ma tristesse et mon angoisse sont disparus. J'avais vraiment le cafard, tu sais?" "Je sais oui, mais c'est fort la parole de Dieu. J'ai une faveur à te demander Danielle." "Qu'est-ce que c'est? Je t'aiderai si je le peux." "J'aimerais que tu essais de m'obtenir un rendez-vous avec le psychologue de l'hôpital." "As-tu un problème dont nous devrions être au courant." "J'ai un problème dont vous êtes déjà au courant." "Je ne comprends pas, qu'est-ce que c'est?" "J'ai presque toujours une éjaculation prématurée et je veux résoudre ce problème sans tarder." "Je peux faire mieux, je vais m'informer pour toi pour voir s'il y a des méthodes ou des médicaments et je t'en informerai. Qu'en dis-tu?" "Mais c'est formidable. Merci beaucoup!

Bonne nuit Danielle!" "Bonne nuit Jacques, je t'aime." "Moi aussi."

Après s'être enlacés et embrassés, nous nous sommes endormis pour nous réveiller à sept heures le matin venu. Nous avons pris notre déjeuner et j'ai pris congé d'elle pour me rendre au travail.

En Gaspésie tout près du village même où je suis né, c'était une toute autre histoire qui se déroulait. Jeannine était aux prises de bec avec ses parents, mais surtout avec sa mère qui a la larme et la crise de nerfs facile.

"Maman, Danielle et moi nous nous connaissons depuis plus de dix ans maintenant et nous allons nous marier." "Danielle et toi vous marier? Dis-moi que je rêve, ça doit être un cauchemar. Une lesbienne dans ma famille. C'est elle qui t'a entraîné? Moi je sais très bien que tu n'es pas née comme ça." "Fais attention comment tu parles d'elle maman, elle est ma meilleure amie et c'est une amie pour toujours."

La mère, Anne-Marie s'est effondrée en larmes et René, son mari a demandé à Jeannine d'aller prendre une petite marche dehors pour lui donner le temps de calmer sa femme.

"Tu ne vas pas pleurer toute la journée, nous ne voyons notre fille qu'une fois par année et je voudrais que ça soit un peu plus joyeux." "Si elle va se marier avec une autre femme elle n'est plus ma fille." "Calme-toi voyons, tu dis des sottises. Jeannine sera toujours notre fille. Moi je lui fais confiance, elle est une fille très intelligente et je l'aimerai toujours quoi qu'elle fasse de sa vie." "Qu'allons nous faire mon mari? La nouvelle va se répandre partout autour d'ici. Quel scandale! Tout le monde va nous regarder de travers." "Tu exagères toujours voyons, nous ne sommes pas les premiers ni les derniers, crois-moi. Mon père disait souvent: 'La vie est haute sur pattes.'

Ce qui veut sûrement dire, que tout peut arriver. Jeannine revient, cache tes larmes, veux-tu?" "Comment pouvons-nous la féliciter comme c'est l'usage dans une telle situation?" "Nous ferons pour le mieux."

"Jeannine, ma fille, as-tu bien réfléchi à tout ça? Je veux que tu saches que quoique tu fasses, tu seras toujours ma fille préférée." "Je sais papa, je suis ta seule fille." "Oui mais je t'aimerai toujours." "Je sais papa, tu es un ange et je t'aime énormément aussi." "Quand avez-vous envisagé de vous marier?" "Probablement à l'été, nous n'avons pas choisi de datte encore."

"Est-ce que nous pouvons te demander de ne pas ébruiter ça par ici?" "Tu le peux maman, mais c'est peine perdue, parce que les nouvelles n'ont pas de frontière de nos jours. Tout ou presque se sait aujourd'hui." "Il ne faut pas que ça se sache Jeannine, il faut que ça reste secret." "Toi maman, pourras-tu le garder ce secret? Je paris que tu seras la première à en parler."

"Ça ne m'étonnerait pas moi non plus."

"Est-ce que nous serons invités?" "Bien sûr que vous serez invités voyons, nous ne sommes pas si sauvages. Est-ce dire que vous acceptez la situation?" "Je crois que nous n'avons pas tellement le choix." "Maintenant que vous êtes un peu revenus du choc premier, je vais vous dire toute la vérité." "Tu ne vas pas nous dire que vous avez l'intention de former un club de ces filles-là?" "Ne soit pas ridicule maman, c'est une toute autre histoire." "Qu'est-ce que tu vas nous sortir maintenant? Moi je pense que j'ai connu assez d'émotions pour aujourd'hui."

"Tais-toi dont pour une minute Anne et laisse-la parler, veux-tu?"

"Danielle et moi nous voulons nous marier, mais ce n'est pas l'une à l'autre, mais bien à un homme." "Vous n'êtes pas lesbiennes alors?" "Nous ne l'avons jamais été ni elle ni moi. Ce n'est pas parce que nous ne couchons pas à gauche et à droite avec tous et chacun et que nous nous aimons mutuellement que nous sommes nécessairement lesbiennes. Je sais qu'on nous a cataloguées ainsi parce que nous sommes deux amies, que nous demeurons ensemble et que nous sommes encore célibataires à vingt-cinq ans. C'est injuste." "Mais pourquoi nous avoir dit que vous l'étiez?" "Je n'ai jamais dit ça maman, c'était ta propre conclusion. Moi j'ai dit que nous allons nous marier et c'est vrai mais, je n'ai jamais dit que nous nous marierions ensemble. C'est possible cependant que nous nous mariions le même jour." "C'est quand même curieux que vous avez trouvé quelqu'un à marier en même temps." "Danielle m'a devancé seulement que d'une heure." "C'est bien étrange. Le tien, comment s'appelle-t-il?" "Jacques Prince! C'est un vrai prince." "Pourquoi ne nous l'as-tu pas emmené?" "Il a du travaille très important." "Que fait-il?" "Il construit des maisons."

"C'est un bon métier et c'est bon partout." "Tu connais ça papa." "Il est un homme merveilleux et je l'aime éperdument, sinon je ne serais pas venue ici, surtout pas à ce temps-ci de l'année."

"Danielle a aussi trouvé quelqu'un." "Quel est son nom?" "C'est là la clé de l'intrigue, c'est le même homme." "Quoi? Vous aimez toutes les deux le même homme." "Oui maman et c'est Danielle qui l'a trouvé. Nous sommes toutes les deux follement amoureuses de lui et ni elle ni moi ne pouvons le laisser aller et ni elle ni moi ne voulons qu'une de nous souffre de son absence. C'est pourquoi nous avons mutuellement décidé de se le partager." "Wow! C'est toute une nouvelle ça et c'est beaucoup plus acceptable qu'un mariage entre femmes. Mais vous allez le faire mourir le pauvre homme." "Ne crains rien maman, nous sommes infirmières et nous prendrons bien soin de lui. Jusqu'à présent il ne s'est pas plaint du tout, au contraire." "Vous allez rencontrer des problèmes avec les autorités." "Nous le savons bien. C'est fou, n'est-ce pas? Un homme peut avoir cinquante petites amies à travers le pays et avoir avec elles quelques deux cents enfants qui pour la plupart deviendront des enfants de l'état sans être ennuyé par la loi, mais s'il a deux épouses et une douzaine d'enfants auquel il prend bien soin, il est un criminel." "Il ne faut pas oublier qu'il peut se faire poursuivre pour pension alimentaire." "Pas nécessairement!" "Que veux-tu dire?" "Je veux dire que le gouvernement ne peut pas poursuivre le père si la mère déclare sur le certificat de naissance que le père est inconnu." "Il ne faut pas qu'il soit trop paternel." "Le chien se fout totalement de ce qui peut arriver à ses chiots et il est prêt à servir la femelle quelle qu'elle soit et en tout temps. Ce n'est pas le cas en ce qui concerne notre homme. Il est un homme bien et je sais qu'il fera tout en son pouvoir pour nous garder heureuses toutes les deux."

"Et bien Jeannine, il ne nous reste plus qu'à te féliciter et à te souhaiter bonne chance et beaucoup de bonheur. Si je peux vous aider n'hésitez pas à me le faire savoir." "Nous avons tout ce qu'il nous faut papa, il ne nous manquait que de la compréhension de votre part. Merci papa, maman! Je dois partir demain hélas, je travaille lundi matin. J'espère qu'il n'y a pas de tempête dans les prédictions de la météo. Il est important que je sois au travaille pour ne pas qu'il y aient des opérations reportées. Presque tous les hôpitaux du Québec sont à court de personnel, surtout de docteurs et d'infirmières." "Tu mérites amplement d'être heureuse Jeannine peu importe la façon." "Fais sûr que ton auto démarre demain matin papa, je ne peux pas me permettre de manquer mon train, tu sais?" "Je sais, ne t'inquiètes pas ma belle fille, tu seras là à temps. Dors bien." "Merci pour tout papa."

Le premier obstacle d'importance de notre aventure était désormais derrière nous, il fallait donc se concentrer sur le prochain. Il y a trois causes principales de divorce dans la vie et ce sont l'argent, les enfants et la religion. Je n'avais aucune crainte concernant l'argent, puisqu'elles en avaient assez pour tous leurs besoins et toutes deux avaient un travail très bien rémunéré ainsi qu'une sécurité de salaire. Elles avaient aussi la certitude d'une pension gratifiante qui les attendait à la fin de leur mandat.

Moi je gagnais très bien ma vie, quoique le risque est beaucoup plus élevé en affaire. Ce n'est pas toujours facile de forcer quelqu'un qui ne veut pas payer à le faire, cependant je n'avais aucune crainte du côté financier. Du côté de la famille je n'avais pas trop de crainte non plus, mais il me restait toujours à connaître les intentions de Jeannine sur ce sujet. Il me restait aussi à connaître ses vues sur la religion.

En ce qui concerne Danielle, pour moi tout était réglé. Je savais qu'il n'y avait pas de plus maternelle qu'elle et désormais, je savais aussi qu'elle ne détestait pas ma façon de voir les choses sur les religions et l'esclavage qu'elles imposent. Je ne m'inquiétais pas non plus outre mesure pour Jeannine, puisque j'avais en quelque sorte une alliée certaine avec Danielle en ce qui concerne la religion. Je suis très heureux de la réaction de Danielle, car je prends toujours plaisir à faire connaître mes découvertes sur les choses bibliques.

Le vendredi soir venu j'étais de nouveau près de Danielle pour y passer la nuit. Jusqu'à ce jour le vendredi soir est toujours mon préféré, puisque je peux veiller tard si je veux sans me préoccuper de quoique ce soit, car le lendemain est le repos total pour moi. C'est pour moi une vacance d'un jour et je me promettais de continuer ce que j'avais commencé avec Danielle, c'est-à-dire de continuer à l'instruire sur les messages de Jésus. Je ne sais pas exactement pourquoi, mais cela me rend tout particulièrement heureux de pouvoir le faire et cela même si la personne devant moi n'est pas très réceptive.

"Salut toi, comment vas-tu?" "Je vais superbement bien Jacques et toi." "Moi aussi, congé demain finalement." "Nous pouvons nous envoyer en l'air toute la nuit sans se préoccuper, puisque nous avons toute la journée de demain pour nous remettre sur pieds. As-tu des nouvelles de Jeannine?" "Très peu, nous avions une mauvaise réception sur le téléphone. Elle va bien et elle sera de retour dimanche. Si tu veux nous allons prendre un bain et aller au lit, j'ai quelque chose pour toi." "Tu viens de piquer ma curiosité, qu'est-ce que c'est?" "Ah! Tu verras." "Ah! Lance, ne me fais plus languir, c'est trop cruel." "Il te faut attendre quand même Jacques, c'est quelque chose que je vais te montrer." "Et tu ne peux pas me le dire?" "Non! Tu sais que la patience est une vertu?" "Je ne suis pas sûr d'être vraiment virtuel, tu sais?" "Peu importe, je ne te dis rien, je vais te montrer plus tard." "Dépêchons-nous alors." "Jacques nous avons toute la nuit pour nous." "Tu as raison, je m'excuse, mais je suis quand même curieux." "Tu vas aimer ça j'en suis pas mal sûre." "Laisse-moi te savonner, veux-tu?" "Je me demandais ce que tu attendais."

"J'ai comme été distrait par une certaine demoiselle intrigante qui aime le suspense. Ça te plaît?" "J'adore ça." "Tant mieux, parce que c'est un travail que j'aime beaucoup." "Ah! C'est une corvée maintenant?" "J'espère que je fais une bonne job?" "Trop bien, je suis sur le point de jouir." "Laisse-toi aller, nous avons toute la nuit." "Ah! Ahhhhhhhhhhh! Trop tard c'est parti."

Elle m'a serré dans ses bras longuement et j'ai compris qu'elle avait apprécié.

"Essuyons-nous et allons au lit, veux-tu?" "Tiens-moi, j'ai les jambes molles." "N'ait pas peur, je peux te porter si tu veux?" "Ce n'est pas nécessaire quoique, ça pourrait être le fun." "Aller oup, on s'en va au lit ma belle princesse avec ton prince." "Oui monsieur Prince! Wow! Tu n'es pas gros, mais tu es tout'là, Hercule." "Tu es légère comme une plume." "Cent vingt livres, une plume!" "Peut-être deux plumes!" "Ah! Ah! T'es bin drôle." "Lève les couvertes, veux-tu?" "Et voilà!" "Oup-là, à nous deux maintenant." "Non Jacques! C'est à mon tour de te donner du plaisir. Étends-toi sur le dos et laisse-moi faire, OK?" "Mmmmm, je veux bien, mais je n'ai pas l'habitude." "Tu t'y habitueras, crois-moi." "Je veux bien essayer. Mmmmm, Mmmm, c'est bon, c'est bon. Attttttttttention! Qu'est-ce que tu as fait? Tout à bloqué." "Ça marche. Laisse-moi faire si tu aimes ça, je vais recommencer." "Aimer ça, mais c'est superbe." "Ah! Tu as un petit goût salé maintenant. Un peu comme les huîtres." "J'espère que tu aimes ça parce que c'est bonnnnnnnnnn. Attttttttttention! Tout à bloqué encore." "Ça marche bien." "Mais qu'est-ce que tu fais?" "Je suis les recommandations de la psychologue et ça marche." "C'est une belle corvée." "C'est un vrai plaisir." "C'est donc ça que tu voulais me montrer." "C'est ça." "Là je comprends pourquoi tu ne voulais pas me le dire." "Tu en veux encore?" "Autant que tu voudras ma belle. Mmmm! Mmmm! Que c'est bon! Mmmm. Attttttttttt! Mmmm! Attttttt! Il est bon ton truc, j'ai réussi à me retenir deux fois." "Maintenant c'est moi qui suis toute excitée." "Ah oui! Je vais t'arranger ça ma belle princesse, tu vas voir."

J'ai donc pu lui faire l'amour pendant au moins trente minutes et je pouvais me retenir presque à volonté, ce qui ne m'était jamais arrivé auparavant.

Elle a compté quatre orgasmes et c'est au dernier qu'elle a voulu mettre fin à la séance, puis c'est là que je me suis laissé aller. Je n'avais jamais connu un tel plaisir sexuel de toute mon existence. Le plaisir de donner du plaisir à celle qu'on aime est immense, je ne peux mieux dire, il est immense.

"Jacques, je n'aurais jamais cru que ça pouvais être aussi bon." "Moi non plus!" "Attends que Jeannine apprenne ça." "S'il te plaît, ne lui dis rien, nous lui ferons la surprise." "Elle n'en croira pas son cul." "Tu es drôle toi aussi. Dis-moi, qu'est-ce qu'elle t'a dit ton amie psychologue?" "Elle a dit: 'Tu peux le faire avec lui ou il peut le faire tout seul. Le gars se masturbe ou il se fait masturber et lorsqu'il est prêt à éjaculer, tu étrangles le pénis juste au-dessous du gland. Cela a pour effet d'étouffer le processus d'éjaculation. Après quelques bonnes pratiques de ce procédé l'homme apprend à couper le flux de lui-même.'

Je peux dire que tu apprends vite, car tu as réussi dès la première fois." "Oh! Je suis sûr que nous aurons encore besoin de quelques bonnes pratiques." "T'as aimer ça, hin?" "J'ai adoré ça." "Je me demande pourquoi tant de femmes ne veulent rien savoir du sexe oral. Ça m'a tellement excité que j'étais prête à jouir avant même que tu me touches." "Il va falloir trouver une méthode pour que tu te retiennes toi aussi." "Ah! Ah!" "Il paraîtrait que la moitié des hommes aiment ça à la folie comme moi et que l'autre moitié a tout simplement dédain de ça. Je me demande si c'est parce qu'ils ne sont pas vraiment aux femmes ou si c'est parce que la moitié des femmes ne sont pas mangeables." "Qu'est-ce que tu veux dire, pas mangeable?" "Je veux dire qu'elles n'ont pas toutes bon goût. Les unes sont, je dirais sucrées comme vous deux et d'autres ont un goût amer ou surette. Moi, même si je l'aime de tout mon cœur, je ne pourrais pas avec celle qui a un goût amer sans que le cœur me lève. Ça serait bien triste, mais je ne pourrais pas. Ça pourrait faire deux personnes malheureuses." "Comme ça, Jeannine et moi nous sommes très chanceuses?" "Nous sommes tous les trois très chanceux, oui. Et bien, tout ça m'a ouvert l'appétit, pas toi?" "Veux-tu me manger?" "Un peu plus tard, maintenant je voudrais quelques toasts, si tu permets." "J'espère juste que j'aurai la force de me lever." "Je vais t'aider ou si tu veux, je peux te porter encore une fois?" "Non, ça va aller." "Il est quatre heures passées, il faudrait aussi dormir un peu." "J'ai cru t'entendre dire que nous avions toute la nuit." "Tu peux bien parler toi, tu as de la misère à te lever pour faire deux toasts." "Je me sens toute molle et je n'ai pas pris un seul verre." "Et tu es toute jeune." "N'oublies pas que c'est seulement ma deuxième fois." "J'oubliais, excuse-moi."

Nous avons donc pris un petit casse-croûte et retourné au lit pour se réveiller au son de la sonnerie du téléphone à une heure de l'après-midi. Danielle a donc pris le récepteur pour entendre la charmante voix de Jeannine.

"Allô, ici Danielle!" "C'est moi, comment ça va?" "Ça va très bien." "Jacques, c'est Jeannine." "Passe-la-moi, veux-tu?" "Tiens."

"Comment ça va dans ton coin?" "Il y a encore beaucoup de neige comme toujours jusqu'à la hauteur des toitures." "Ce n'était pas le meilleur temps de l'année pour aller par-là." "Il faut c'qui faut. La tempête est passée dans la maison aussi. Tu sais Jacques, j'ai compris ta parabole juste à temps." "Je suis content, puisque cela signifie que tu vas comprendre tout le reste aussi." "Ça veux dire quoi ça? Est-ce une autre parabole?" "Non, mais Danielle t'en parlera quand tu seras revenue. Ce n'est rien, t'en fais pas. Bon, je te passe Danielle, à bientôt je t'aime." "Moi aussi!"

"Allô! Danielle j'arriverai à la gare aux alentours de quatre heures." "Je viendrai te chercher, n'oublie pas ton cellulaire."

"Je viendrai aussi Danielle."

"Jacques viendra avec moi Jeannine." "C'est merveilleux. Bon bin, je te laisse, à demain." "À demain!"

"Tandis que je suis au téléphone, je vais en profiter pour appeler mes parents." "Ça tombe bien, moi j'ai besoin des toilettes."

Ring ring, ring ring. "Allô!" "C'est toi papa?" "Danielle ma belle fille, ça faisait longtemps que nous n'avions pas eu de tes nouvelles. Tu vas bien?"

"Jeanne c'est Danielle, prends l'autre appareil, vite."

"Je vais merveilleusement bien papa, j'ai rencontré un beau jeune homme dont je suis follement amoureuse." "Wow! Pour une nouvelle c'en est toute une venant de toi. D'ordinaire tu n'es pas aussi rapide." "C'est parce que celui-là est plutôt extraordinaire." "Qu'est-ce qu'il fait pour gagner sa vie?" "Il est constructeur de bâtiments, surtout

des maisons." "C'est un bon métier et c'est bon presque partout."
"Mais papa, je t'appelais pour une raison toute particulière." "Ah oui!
Qu'est-ce que c'est?" "As-tu encore ta Bible?" "Oh mon Dieu! Ça fait
des années que je ne l'ai pas prise, je laisse le père St-Germain nous la
lire à tous les dimanches." "Tu as déjà répondu à quelques-unes de mes
questions." "Donne-moi une minute ou deux, je vais aller la chercher."

"Allô maman! Tu vas bien?" "Oui mais, il faut que je te dise de
bien prendre ton temps avec ton nouvel amoureux. Il y a des gens pour
qui ça prend du temps avant de se faire connaître, tu sais?" "Pas celui-là
maman. Celui-là est tellement naturel que tu le connais en le voyant."

"Je suis là Danielle avec la Bible en main. Que veux-tu savoir?"
"Veux-tu l'ouvrir à Matthieu 23 verset 9." "Donne-moi une seconde
là. Ma fille, il ne faut pas parler de ces choses-là." "Pourquoi pas papa?
Faut-il supprimer la vérité ou tout simplement la cacher?" "Toi, tu as
parlé avec des Témoins de Jéhovah, n'est-ce pas?" "Pas du tout papa,
mais je connais quelqu'un qui semble connaître la vérité. As-tu un
crayon et du papier pour prendre quelques notes?" "Oui, j'ai ça ici
tout près." "Va lire exodes 20, c'est la loi de Dieu et réfléchi surtout
aux versets 8 à 11, ensuite va lire Matthieu 5 versets 17 et 18 et fais
bien attention à ce que tu lis, veux-tu?" "Tu sais que nous avons été
bien avertis que de lire la Bible pouvait nous rendre fou." "Est-ce un
psychologue qui t'a dit ça papa ou est-ce un prêtre?" "C'est un prêtre,
bien sûr. Mais tu dois faire attention à qui tu parles ma chérie, il n'y
pas que des trouble-fête là dehors, il y a aussi des trouble-tête. Tout ça
peut mener à la folie, tu sais?" "Si laisser sa religion parce qu'on s'est
trop fait mentir est de la folie, alors moi je suis folle aussi. Jésus nous a
dit qu'il valait mieux perdre une main que de brûler en enfer, peut-être
qu'il vaut mieux perdre l'esprit aussi.

Est-ce que tu crois en Jésus-Christ papa?" "Bien sûr que je crois
en lui." "Est-ce que tu crois plus en l'église qu'en Jésus?" "L'église est
infaillible Danielle." "Moi je crois que l'église a infailliblement menti et
les preuves sont à même la Bible. Je m'excuse, mais je prends la parole

de Jésus et la parole de Dieu avant celle de tout autre. Si tu crois en Jésus et que tu lui fais confiance va lire Matthieu 24, 15.

Cherchez et vous trouverez Jésus a dit, Matthieu 7, 7 et moi parce que je vous aime énormément, je veux que vous cherchiez et que vous trouviez la vérité, celle que les églises nous ont caché." "Mais tu es devenue une vraie prêtresse." "Ne m'insultes pas papa, moi j'aime la vérité." "Mais je n'ai pas voulu t'insulter ma chérie, je pense juste que tu es une bonne prédicatrice, c'est tout." "Bon je vais vous laisser sur ces mots. Il ne fait pas trop froid là-haut dans le Nord?" "On a vu pire crois-moi. Prends bien soin de toi ma fille." "Vous aussi, je vous aime. Bye!" "Bye!"

"T'es-tu endormi là-dedans Jacques?" "Non, je me reposais tout en t'attendant." "C'est vrai, c'est le sabbat."

"Tu devrais venir me rejoindre, on est bien dans l'eau." "Penses-tu que c'est mal pour nous de coucher ensemble?" "Ça dépend!" "De quoi?" "Si tu couches avec moi parce que tu m'aimes et que tu veux être ma femme, alors tu n'as pas péché. Tu es tout simplement devenue ma femme. Tu iras lire comment Isaac a marié Rebecca dans Genèse 24, 67." "Je le ferai dès que nous serons sortis du bain. C'est de cette façon aussi que Joseph, père de Jésus a pris Marie son épouse." "Que penses-tu des prêtres, des religieux et des religieuses qui ne se marient pas?" "Je pense que s'ils le font pour plaire à Dieu ils se sont mis le doigt dans l'œil et ailleurs, ils se sont terriblement trompés." "Vraiment?" "Dieu après avoir créé l'homme Il lui a fait une femme et Il lui a donné en lui disant que ce n'était pas bon pour lui d'être seul. C'est encore vrai aujourd'hui. Il leur a dit d'être féconds, de multiplier et de remplir la terre. C'est écrit juste au début de la Bible. Ils ont écouté Paul, pas Dieu. Je ne pense pas que Dieu soit en faveur de l'avortement ni du célibat. Ça prend une femme et un homme pour multiplier. Dieu nous a fait créateurs à son image. C'est d'ailleurs pour cette raison qu'Il a fait le sexe aussi agréable. Des prêtres ont condamné ma mère à l'enfer pour avoir évité la famille après avoir eu treize enfants et eux tous évitent la famille en ne se mariant pas.

Pour son dernier c'était presque du suicide et du meurtre et elle a même été prononcée décédée à son dernier accouchement, mais par miracle Dieu l'a ranimé. Le bébé n'a vécu que vingt trois heures. La mère de ma mère est morte avec deux petites jumelles dans son vendre, parce que son curé lui avait dit qu'elle devait faire son devoir. Une infirmière a gardé son corps chaud jusqu'à ce que le docteur arrive pour lui faire une césarienne. Une d'elles a vécu un gros quinze minutes et l'autre un gros vingt minutes. Son docteur lui avait dit qu'elle ne pouvait plus avoir d'enfants à cause de l'asthme qui l'affligeait. La mère de mon père est morte jeune pour des raisons semblables.

Les résultats ont été tels que mes parents ont à peine connu leurs mères et moi je n'ai jamais connu mes deux grand-mères. Ces dernières années les docteurs décident sans consulter les prêtres ou les pasteurs, ce qui résulte à modérer cette série de meurtres sordides. Maintenant quand tu lis Jean 8, 44, il est écrit: 'Il a été meurtrier dès le commencement, il est menteur et le père du mensonge.'

Est-ce que ça te rappelle quelqu'un?" "L'église, la religion!" "Laisse-moi te dire que tu es en route pour devenir un grand disciple. Il faudrait peut-être sortir d'ici, l'eau s'est refroidie considérablement." "Comment fais-tu? Je pourrais t'écouter pendant des heures." "C'est parce que tu aimes la parole de Dieu." "Tu connais tous ces versets par cœur." "Moi aussi j'aime la parole de Dieu." "Mais comment fais-tu pour savoir toutes ces choses?" "C'est simple, je suis Jésus de Nazareth, celui qu'on a crucifié. Je suis le Dieu d'Israël, celui qui a tout créé."

"Pardonne-moi, mais tu ne vas quand même pas me dire que tu es Dieu." "Mais je n'ai jamais dit une telle chose." "C'est exactement ce que tu viens de me dire." "Mais pas du tout!" "Je suis confuse." "Je suis Jésus, je suis Dieu. Quel mal y a-t-il à suivre l'un et l'autre? Je suis, suivre. Je suis, tu suis, il suit." "Oh là! Tu m'as bien eu." "Il faut faire attention quand on lit et quand on écoute aussi."

Quoique selon ce que la chrétienté enseigne, je suis vraiment le frère de Dieu." "Toi, tu serais le frère de Dieu?" "Exactement!" "Il faudra que tu m'expliques." "On t'a bien enseigné que Jésus est le fils unique de Dieu et qu'il serait Dieu fait homme." "Oui, mais qu'est-ce que cela a à voir avec toi?" "Lis Matthieu 12, 50. 'Car quiconque fait la volonté de mon Père qui est dans les cieux, celui-là est mon frère, et ma sœur, et ma mère.'" "Mais tu as absolument raison." "Je peux aussi te dire que je guéris les malades et que je ressuscite les morts."

"C'est une autre poigne ça encore?" "Il n'y a pas de poigne comme tu dis et rappelle-toi que j'aime la vérité." "Mais je n'arrive pas à te suivre." "Ça viendra. Va lire Ézéchiel 18 au complet et tu y verras deux choses très importantes. Premièrement que nous ne sommes pas responsables des péchés de nos parents ni de nos premiers parents comme l'église nous l'a imputé (le péché originel) ni des péchés de nos enfants. Jésus guérissait les ignorants en leur prêchant la parole de Dieu et il les ressuscitait en les dirigeant vers Dieu. C'est ce qu'il a fait et qu'il continue de faire encore aujourd'hui. Le remède est la parole de Dieu. C'est ce que j'ai commencé à faire avec toi." "C'est vrai que je suis ignorante et c'est vrai que je ne connais pas Dieu, mais grâce à toi tout ça va changer." "C'est bien parti.

Il est cinq heures, est-ce que tu fais à souper?" "Je ne travaille plus le jour du sabbat si je peux remettre ça à demain et je n'ai pas vraiment le goût de cuisiner." "Dans une heure le sabbat sera terminé, mais si tu veux, je peux t'emmener à ton restaurant préféré." "Ça serait chouette." "Allons-y et plus tard nous pourrions aller danser." "Ça, c'est encore plus chouette." "Habillons-nous et allons prendre l'air."

Nous sommes donc allés souper et parler de choses et d'autres. Après le souper nous avons marché jusqu'à ce que l'heure de la danse arrive. Nous avons aussi dansé à en perdre l'haleine. Cette journée-là fut pour Danielle et moi une autre journée d'une longue série de journées complètes de bonheur. Quelques semaines plus tard son père l'a contacté et il lui a annoncé qu'il commençait à avoir des doutes sur sa religion et sur l'enseignement de son église. La bonne semence était plantée.

Le lendemain Jeannine rentrait de son voyage toute heureuse de nous revenir. Danielle qui aime la parole de Dieu autant que moi n'a pas perdu de temps avec Jeannine pour pratiquer son évangélisation. Jeannine a vite compris de quoi je parlais quand elle pensait que c'était une autre parabole. Il y a une autre chose aussi qu'elle a vite comprise.

"Tu as dû rencontrer un psychologue, parce que depuis que je suis revenue de chez mes parents tu réussis à me faire jouir sans bon sens?" "Je ne l'ai pas rencontré, mais j'ai quand même appris à l'écouter." "Comment as-tu eu l'information?" "C'est Danielle qui me l'a procuré et elle me l'a transmis d'une façon assez spéciale. L'important c'est que ça fonctionne très bien."

Nous avons continué ce train de vie pendant plusieurs mois jusqu'au jour où Danielle a constaté un changement dans son système hormonal.

"Jacques, il faut que je te parle d'un sujet très important." "Je veux bien, qu'y a-t-il ma chérie?" "Je ne veux surtout pas que tu te sentes obligé à quoi que ce soit, main tu vas être papa dans quelques sept mois." "Mais c'est une merveilleuse nouvelle. l'as-tu dit à Jeannine aussi?" "Pas encore, tu es le premier à le savoir à part mon gynécologue." "Comment as-tu fait pour cacher ça à ta meilleure amie?" "Je viens tout juste d'avoir la confirmation moi-même. Je pense aussi qu'il est temps de parler de se faire construire une maison, car je ne veux pas élever notre enfant dans un condo. Je veux qu'il ait un endroit pour courir et jouer." "Tu as parfaitement raison ma chérie, mais cette conversation concerne Jeannine aussi et elle devrait en faire parti." "Bien sûr que cela la concerne, mais je voulais connaître ta réaction en premier." "Danielle, mon cœur, je suis prêt pour ce jour depuis la première fois où j'ai levé les yeux sur toi. Tu as dû remarquer que je n'ai jamais pris de protection pour aller avec toi." "Je croyais que tu comptais sur moi pour éviter la famille." "Je comptais surtout sur toi pour décider quand tu voudrais fonder une famille. Moi je suis prêt depuis longtemps." "Je t'aime mon amour et j'ai toujours su que tu es l'homme qu'il me fallait." "Tu veux dire, qu'il vous fallait." "C'est c'que je disais d'ailleurs."

"Quand est-ce qu'on peut continuer cette conversation à trois?" "La semaine prochaine nous travaillons toutes les deux de jour, ce qui fait que nous aurons toutes les soirées ensemble pour discuter." "C'est merveilleux. Dis-moi, l'as-tu fait exprès?" "Exprès quoi?" "Pour tomber enceinte?" "Disons que j'étais prête et que je ne faisais plus attention du tout."

"J'ai eu comme l'impression que tu me cherchais plus souvent que d'habitude ces derniers mois. Cela va emmener beaucoup de changements dans notre vie, tu l'as réalisé, n'est-ce pas?" "Moi je suis prête et tu dis l'être toi aussi, ce qui fait qu'il n'y a pas de problème." "Il y a quand même un problème." "Qu'est-ce que c'est?" "Je ne veux pas qu'il soit un enfant illégitime, un enfant de l'état. Il faudra donc se marier." "Je ne veux surtout pas que tu te sentes obligé, tu sais?" "Je ne me sens pas obligé du tout, mais tu vois, nous les enfants de mes parents nous avons été traités comme des bâtards dans le village où nous avons grandi." "Pourquoi? Tes parents, n'étaient-ils pas mariés?" "Ils étaient mariés, mais c'était comme s'ils ne l'étaient pas." "Je ne comprends vraiment pas." "Et bien, le curé du village a fait venir comme il se doit leurs baptistères d'où ils venaient et où ils avaient été baptisés." "Où est le problème?" "Le curé d'où ils venaient a omis d'écrire sur leurs certificats de naissance qu'ils avaient été mariés. Heureusement mais tardivement leurs témoins étaient encore vivants. Cependant pour nous les enfants il était trop tard." "Que vous est-il arrivé?" "Nous avons été bafoués dans presque la totalité de nos années d'école." "Mais c'est terrible ça." "Qu'est-ce que tu veux, l'église est infaillible." "Pauvre toi! Vous avez eu une enfance malheureuse." "Oui mais j'en suis heureux aujourd'hui." "Comment peux-tu être heureux aujourd'hui d'avoir eu une enfance malheureuse?" "Parce que cela m'a conduit à chercher et à trouver la vérité que je connais aujourd'hui et que je peux partager avec toi et tous ceux que je rencontre, puis crois-moi, il n'y a pas de plus grand bonheur.

Comprends-tu, je suis libre comme le vent, libéré de toute esclavage. Même s'il n'y avait eu que toi qui m'écoute cela en valait la peine." "Tu as une grandeur d'âme incroyable, le sais-tu?" "Si tu le dis, je veux bien le croire." "Quoi d'autre peux-tu me dire aujourd'hui sur les mensonges et les contradictions que tu as trouvés?" "Il y en a de très grands et de très flagrants. Dans Jean 3, 16 par exemple, il est dit là que Dieu a tant aimé le monde alors qu'Il demande à ses disciples de se retirer du monde, de ne pas vivre dans le monde, que le monde est un lieu de perdition. Il est dit que Dieu a sacrifier son fils unique, ce qui laisse entendre que Jésus est son premier-né, alors qu'il est écrit dans Luc 3, 38 qu'Adam est le premier homme et fils de Dieu. Et finalement il est écrit que Jésus est fils <u>unique</u> de Dieu alors qu'Adam est aussi fils de Dieu. Il est aussi écrit dans Genèse 6, 2: 'Les fils de Dieu virent que les filles des hommes étaient belles, et ils en prirent pour femmes parmi toutes celles qu'ils choisirent.'

Ce qui laisse entendre que les anges avaient des désirs sexuels. Regarde aussi dans Deutéronome 32, 19: 'L'Éternel l'a vu et Il a été irrité, indigné contre <u>ses fils et ses filles</u>.'

Dieu en a beaucoup de filles et de fils.

Ce qui me surprend vraiment et le plus Danielle est le fait que je n'ai jamais entendu personne en parler avant moi.

Penses à tous les enseignants, les chercheurs, les savants et érudits, les pasteurs, les prédicateurs, les prêtres, les évêques et infaillibles papes et j'en passe qui sont et qui sont passés sur terre. La Bible est selon mes connaissances le livre le plus vendu au monde.

Ce peut-il que des milliards et des milliards de personnes puissent avoir été aveuglés à ce point?" "C'est peut-être parce que le temps n'était pas encore venu ou ce qui me fait très peur, ça serait que tous ceux qui en ont parlé ont été assassinés comme Jésus." "Là tu viens de marquer un point.

Ce n'est pas du tout impossible, puisque Jésus l'a déjà prédit. Maintenant je viens de lire que les fils de Dieu prirent les filles des hommes, te souviens-tu?" "Oui! Pourquoi?" "Et bien, Dieu en était tellement fâché qu'Il a envoyé le déluge." "Oui, mais cela me paraît juste." "Les fils de Dieu, qui penses-tu qu'ils étaient?" "Je dirais des mauvais anges." "Moi aussi!" "Je ne vois toujours pas où est le problème."

"Dieu a condamné les habitants de la terre parce que des anges, des esprits ont pris des femmes, puis Lui-même aurait rendu Marie, mère de Jésus enceinte? Puis Jésus pour être le messie, selon tous les prophètes qui en ont parlé, se doit d'être descendant direct et paternellement de la lignée du roi David." "Alors cela signifie qu'on nous a menti sur la conception, la naissance et sur la mort de Jésus aussi. Ça ne tient vraiment pas debout. Mais c'est une abomination." "Maintenant va lire encore une fois Jésus dans Matthieu 24, 15." "'C'est pourquoi, lorsque vous verrez l'abomination de la désolation, dont a parlé le prophète Daniel, établie en <u>lieu saint</u>,—que celui qui lit fasse attention.'

La Bible est bien appelée sainte, n'est-ce pas?" "Mon Dieu Jacques, mais cela signifie que nous sommes rendus à la fin des âges." "C'est pourquoi qu'il nous reste à faire des disciples de toutes les nations comme Jésus nous l'a demandé et à leur enseigner tout ce qu'il a prescrit, vois Matthieu 28, 19-20."

"Nous avons du pain sur la planche." "J'espère juste pouvoir en faire la multiplication tout comme Jésus." "Tu as déjà commencé Jacques." "Je vais donc commencer une chaîne de lettre venant d'un disciple de Jésus afin de réveiller quelques-uns de ceux qui la liront tout en espérant qu'eux aussi se mettre à faire la multiplication du pain de vie." "Bon mais, c'en est assez pour moi aujourd'hui." "Une seule autre question, si tu permets?" "Qu'est-ce que tu as en tête?" "Le bébé et le baptême!" "Tu me demandes ce que j'en pense?" "Oui!'" "Je ne sais pas vraiment quoi te dire, mais je te fais confiance." "Jésus a été circoncis à l'âge de huit jours et il a été baptisé à l'âge de trente ans. Selon moi, il faut croire en Dieu pour être baptisé et Jésus a bien dit que les enfants font déjà parti du royaume des cieux. Puis personne ne peut répondre pour d'autres. Jean-Baptiste a dit qu'il baptisait avec de l'eau mais que Jésus qui est plus puissant que lui baptiserait de feu et du l'Esprit-Saint. Tous les deux ont fait cela pour emmener le monde à la repentance. Tu peux voir cela dans Matthieu 3, 11 et Matthieu 4, 17.

Présentement tu te fais baptiser par l'Esprit-Saint, la parole de Dieu. Nous sommes donc d'accord, l'enfant sera baptisé s'il le veut et lorsqu'il le choisira lui-même." "C'en fait du bagage ça." "Tu fais bien de m'arrêter quand tu en as assez. Tu sais, moi j'en ai pour le reste de ma vie. Bonne nuit ma chérie." "Bonne nuit mon homme."

Quelques jours plus tard nous avions cette fameuse conversation sur la nouvelle vie qui nous attendait tous. Même si l'enfant était grandement bienvenu il allait quand même changer plusieurs de nos habitudes.

"Il va nous falloir une grande maison." "Oui Jeannine et je pense qu'elle serait mieux d'être en campagne pour éviter les ragots et les commérages des villes. Il y aura des jasettes en grands nombres à partir du moment où quelqu'un me verra embrasser l'une et l'autre de vous deux."

"Jeannine et moi nous nous foutons des qu'en-dira-t-on." "Vous changerez d'avis lorsqu'ils s'attaqueront aux enfants." "Je n'avais pas pensé à cet aspect-là. Qu'est-ce que tu suggères?" "Je pense qu'il vaudrait mieux trouver un terrain d'une superficie de cinq âcres au moins ou encore mieux, essayer de trouver une ferme abandonnée quelque part pas trop loin de la ville. Pour tout dire, j'aimerais bien faire un peu d'élevage, à part la famille bien sûr." "Nous ne connaissions pas ce côté-là de toi." "Mais Danielle, tu devrais savoir à l'heure qui court que je suis plein de surprises. J'espère que ce n'est pas trop désagréable." "Pas du tout, même que je pense que tu as de très bonnes idées."

"Quand penses-tu Jeannine?" "Je pense que nous avons un homme qui m'étonne de plus en plus." "Moi aussi! Alors qu'est-ce qu'on fait?"

"Nous cherchons une ferme même si elle est toute nue?" "Moi je suis d'accord." "On pourrait y bâtir une ou deux ou même trois maisons, selon nos désirs et nos moyens."

"On pourrait y bâtir un duplex où nous aurions chacun nos cartiers. Tu pourrais voyager d'un logis à l'autre au lieu d'une chambre à l'autre." "Est-ce que je peux faire une autre suggestion?" "Bien sûr, tu es la pierre angulaire de notre vie." "Je suggère un triplex plat où une aurait son logis à gauche et l'autre à droite, mais tous les deux attachés à mes cartiers qui seront au milieu des deux. Ça serait à notre image." "C'est tout simplement une idée merveilleuse."

"Moi je veux trois grandes chambres à coucher, une grande chambre de bain et une moyenne, un grand salon, une grande cuisine ainsi qu'une grande salle à manger." "Moi aussi!"

"Je peux bâtir à la grandeur que vous voulez et de vos moyens." "Ça sera presque un château." "Ce n'est qu'en campagne que nous pouvons nous le permettre." "Tu as bien raison, moi je vote pour ça."

"Moi aussi!" "Alors nous sommes tous d'accord. Ça va coûter beaucoup de sous." "As-tu une petite idée?" "Ça se situera entre quatre cent et cinq cents milles dollars si c'est moi qui la bâti." "Notre condo vaut un peu plus de deux cents milles et il est presque tout payé et chacune de nous avons près de cent milles à la banque." "Moi j'ai une offre de cent quatre-vingt mille sur ma maison depuis un bon bout de temps et le gars s'impatiente, puis elle est claire à moi. Ce qui fait que l'argent n'est pas un problème." "Combien de temps penses-tu avoir besoin pour compléter les travaux?" "De cinq à six mois, mais il me faut d'abord que nous terminions nos travaux en cours." "En as-tu pour longtemps?" "J'en ai pour de trente à quarante-cinq jours en remettant une maison à plus tard." "Ça veux dire que notre maison pourrait être terminée pour la venue de notre bébé." "Il y a de bonnes chances." "Oh! Ça serait merveilleux." "Ne m'étouffe pas Danielle, comme tu dis si bien, j'ai du pain sur la planche." "Multiplie chéri, multiplie je t'en prie." "Entre temps nous avons un mariage à atteindre. Auras-tu le temps de t'occuper des préparations Danielle?" "Jeannine va m'aider et je n'y vois aucun obstacle pour le moment."

"Parlant de multiplication, moi je me fais vieille et il ne faudra pas tarder trop longtemps parce que j'en veux quatre." "Es-tu sûre que trois chambres à coucher seront assez Jeannine?" "Nous mettrons deux filles dans une chambre, deux garçons dans une autre et la troisième pour papa et maman. Nous pourrons toujours finir le sous-sol plus tard." "Alors tout est bien qui fini bien. Avec vous deux et tous mes travaux, je serai très occupé. Est-ce que vous pouvez aussi jeter un coup d'œil sur les propriétés à vendre? Peut-être vaudra-t-il mieux mettre un article dans le journal spécifiant exactement ce que nous cherchons. Si nous achetons une terre dont personne ne veut, elle sera bon marché. Tout ce qui nous importe vraiment c'est qu'elle ne soit pas trop loin de notre travail. Cela me rappelle que j'ai une dure journée de travaille qui m'attend demain, il vaudrait mieux que j'aille dormir un peu.

C'est ton tour ce soir Jeannine, ne tarde pas trop si tu veux ton nanane." "Si je te manque ce soir je me rattraperai au matin." "C'est comme tu voudras. Allez, donnez-moi un câlin vous deux avant que je disparaisse dans les rêves de la nuit."

J'avais bien senti qu'elles avaient besoin d'une conversation entre elles et je ne voulais certainement pas m'interposer. En plus, un soir sans sexe était presque bienvenu pour moi.

À ce stage de notre vie nos familles avaient accepté bon gré mal gré notre situation maritale. Il restait cependant la question de la polygamie. Il était certain que l'une comme l'autre voulait le mariage. Il nous fallait et ça sous peu trouver une solution à notre dilemme.

Je me suis donc affairé à des recherches sur l'Internet. Du coté des mormons j'ai pu trouver toutes sortes de réponses sur la chrétienté et sur les évangiles, mais aucune sur le mariage, comme si c'était un sujet tabou. Je pense qu'il me faudra aller rencontrer un de leurs ministres en personne pour obtenir des réponses. La seule pensée d'être obligé de faire parti d'une religion pour quelques raisons que se soient me donne des frissons dans le dos. Il y a une déclaration de Jésus qui en dit long dans Matthieu 6, 24. 'Vous ne pouvez pas servir Dieu et Mamon.'

Il faudra donc trouver un autre moyen. En ce qui me concerne dans mon fond intérieur je suis déjà marié à chacune d'elles autant que l'était Salomon à ses sept cents femmes ou le roi David, homme qui marchait selon le cœur de Dieu.

"Tu vas donc l'épouser avant moi." "Jacques insiste pour que nous soyons mariés avant la naissance du bébé." "Ça serait formidable si nous pouvions nous marier le même jour." "Je ne pense pas qu'il y aura une solution facile. Quoi qu'il arrive, tu ne seras jamais laissée de coté ni en arrière. Ce n'est certainement pas une question de cœur pour Jacques mais plutôt une question de l'égalité. Il est autant amoureux de toi qu'il l'est de moi." "Pauvre lui, ça ne doit pas toujours être facile dans sa tête. Je lui fais confiance, il semble toujours trouver une solution à tout. As-tu pensé à combien d'enfants tu voulais?" "Non! Je veux seulement prendre ça un jour à la fois." "J'en reviens pas de la façon dont il projette de nous installer dans une sorte de château pour nous tous loin des yeux et des oreilles mesquines." "Je pense aussi que ça sera merveilleux de demeurer sur une petite ferme bien à nous. Je sais que les enfants y grandiront dans le bonheur. Tu es sérieuse quand tu dis vouloir quatre enfants." "On ne peut pas être plus sérieuse que moi." "À nous deux nous pourrions avoir une douzaine d'enfants." "Ça n'en prend plus de deux comme nous pour en valoir une comme sa mère." "T'imagines-tu treize enfants la même femme?" "Non! Pas moi! Ça ne te fait pas peur à toi ses connaissances bibliques?" "Un peu, surtout sachant qu'il n'y a pas si longtemps les personnes comme lui on les faisait brûler sur un bûché et vivant en plus, les accusant de sorcellerie."

"Heureusement nous ne vivons plus ça de nos jours." "Moi je n'en suis pas si sûre." "Arrête là, tu me fais peur." "Il y a des assassinats dans le monde dont nous ne saurons jamais ce qui s'est passé ni pourquoi." "Arrête-toi, je ne pourrai plus dormir." "Louis Riel est l'un des derniers connus et nous savons tous comment on s'en est débarrassé. Sa femme est devenue une jeune veuve et ses enfants de jeunes orphelins." "Comment est-il mort et pourquoi?" "On l'a accusé de trahison, mais selon Jacques, c'est plutôt parce qu'il avait une trop grande connaissance de la vérité et il a eu le malheur d'en parler avec son supposé ami, un évêque. On l'a accusé de trahison contre l'état alors qu'il avait trahi sa religion. Son dernier souhait à son procès lorsque le juge lui a demandé, il a dit: 'Je souhaite votre honneur que nous nous séparions de Rome, puisqu'elle est la cause des divisions dans le monde.'

Cela a suffi pour le déclarer coupable. C'en était fait du pauvre homme. Il a été pendu haut et court et la vérité a été étouffée avec lui pour un autre centenaire." "Mais cela signifie que la vie de Jacques ne tient qu'à un fil." "N'aie pas peur, car la vie de tous ne tient qu'à un fil, mais la sienne au moins vaut la peine d'être vécue. Il est d'une force physique et spirituelle hors du commun et il saura répandre la vérité d'une façon sécuritaire. Il l'a fait jusqu'à ce jour." "C'est vrai que grâce à lui nous ne sommes plus aussi endormies que nous l'étions." "Quoiqu'il en soit, nous ferions peut-être mieux d'aller dormir un peu." "Il n'est pas deux heures?" "Oui ma chouette, il est tard." "Il ne nous reste que cinq heures de sommeille. Il vaut mieux mettre plus qu'un réveille-matin. Bonne nuit!" "Bonne nuit! Dors bien."

"Jeannine, Jeannine il est temps de te lever, tu travailles ce matin." "Quoioioioi? Je veux dormir." "Il est tout près de sept heures, il faut que tu ailles travailler. Tu as veillé trop tard, n'est-ce pas? Je dois partir maintenant, bonne journée." "Byeeeeeeeee."

"Danielle, je dois partir et te laisser te débrouiller avec Jeannine. Elle a du mal à se lever. Bonne journée!" "Toi aussi mon chéri!"

CHAPITRE 3

*J*e m'en suis allé chez moi et j'ai téléphoné à mon contremaître pour déléguer du travaille pour la journée. Ensuite après avoir pris mon déjeuner, je me suis installé à ma table de dessin afin de mettre sur papier les plans que j'avais en tête. Ce n'était pas facile de me concentrer sur ce travail avec une multitude d'appels téléphoniques qui ne cessaient d'entrer. Trois des interlocuteurs insistaient pour que leur maison soit bâtie par mon entreprise. Le seul problème fut le timing, car je n'étais pas disponible avant le mois d'août à moins que je n'engage plus de personnel. Du personnel sur lequel tu ne peux pas garder un œil averti et constant et une oreille attentive peut être très dangereux et coûteux. J'ai déjà perdu de fortes sommes d'argent après avoir fait confiance à des sous-traitants qui ne se sont pas gênés pour faire des coches mal taillées. Ce sont des leçons de vie qui ne s'oublient pas facilement. Il vaut mieux faire un peu moins d'argent que d'en perdre. Faire, défaire et refaire sont des manœuvres qui sont dispendieuses. Tout compte fait, il vaut mieux remettre à plus tard ce que tu ne peux pas faire maintenant.

'Que celui qui a des oreilles pour entendre, entende!' Malgré tout à la fin de la journée j'étais quand même pas mal avancé et il ne restait que quelques minuscules détails à compléter. Bien sûr il resterait plusieurs choses à discuter avec mes deux femmes adorables, mais j'étais certain que ça ne serait que des détails insignifiants comme la couleur des armoires et des murs. Les calcules pour les coûts de cette fameuse maison étaient terminés, mais j'avais pris la décision de ne pas en parler avant d'avoir complètement en mains tous les plans et devis. J'avais appris à mes dépends de ne jamais donner un pris final à un client avant de pouvoir lui montrer ce qu'il recevra pour son argent. Il était vrai que j'avais mes propres épouses pour clientes, mais les mêmes règles devaient s'appliquer. Elles voulaient quelques chose de grand, je pense qu'elles auront quelque chose de grandiose. La superficie de cette maison sera de 5472 pi. carrés, sans compter le garage sous mes cartiers et le sous-sol de chaque côté. J'ai déjà bâti un immeuble de sept logements qui était plus petit que cette maison-là. Néanmoins, ce que mes femmes veulent moi je le veux. Il restait encore à trouver un endroit pour l'édifier.

À quatre heures cinquante-cinq le téléphone sonna une dernière fois et j'entendis la merveilleuse voix douce de ma charmante future maman.

"C'est toi Jacques?" "Est-ce moi que tu veux mon ange?" "Personne d'autre! Le souper est presque prêt et nous t'attendons, le couvert est déjà mis, tu ne peux plus refuser." "Le temps de me laver un peu et de me raser, puis je viendrai." "Ne tardes pas c'est bon quand c'est chaud." "Donne-moi une trentaine de minutes et j'arrive." "À bientôt, je t'aime." "Moi aussi!"

Je me suis donc empressé, car je ne voulais pas faire attendre ces deux dames qui n'ont pas tellement souvent l'occasion de nous réunir tous les trois ensemble pour un souper causerie. Elles doivent malheureusement tour à tour faire des quarts de soirées et de nuits. Trente-cinq minutes plus tard j'étais à table avec elles pour une soirée que j'avais anticipé n'être que de discutions sur nos projets de nouvelle habitation. Il en fut tout autrement quand j'entendis soudain:

'Toi mon cher Jacques, c'est à ton tour de te laisser parler d'amour. Toi mon cher Jacques, c'est à ton tour de te laisser parler d'amour.'

Bonne fête à toi! Bonne fête à toi! Bonne fête mon cher Jacques! Bonne fête à toi.`

Une vingtaine d'invités qui étaient cachés dans les chambres s'étaient donnés le mot pour sortir tous ensemble au moment précis où le dessert allait être servi.

Ma mère et quelques-unes de mes sœurs faisaient parti des invités qui avaient répondu à l'invitation ainsi que les parents de Danielle et de quelques amis et de leurs confrères et consœurs de travaille. Je ne raffole pas tellement de ces soirées surprises, mais néanmoins, cette soirée-là s'est avérée grandement utile pour ce qui devait se passer quelques temps plus tard. J'étais plus que ravi de faire la connaissance des parents de Danielle qui en avaient long à dire sur la religion catholique et ils avaient aussi une série interminable de questions concernant les mensonges et les contradictions qui se trouvent dans la sainte Bible.

Ils n'en finissaient plus et j'ai dû être presque impoli pour les introduire à ma mère afin de pouvoir m'approcher de Danielle qui elle avait du mal à se distancer du jeune docteur. Jeannine semblait bien s'amuser en compagnie de mes sœurs qui elles voulaient tout savoir sur la nature de notre relation à trois. Je me suis senti très concerné à propos du comportement étrange du docteur qui lui était plutôt du genre à faire des reproches. J'ai donc invité Danielle à venir me parler dans une chambre pour quelques minutes.

"IL semble y avoir un problème avec ton ami le docteur Danielle?" "Il ne s'est jamais comporté de cette façon auparavant." "Connais-tu la nature de son problème?" "J'ai comme l'impression qu'il sait à propos de Jeannine et moi te concernant." "Mais cela n'est aucunement de ses affaires même s'il le savait." "Es-tu sûre qu'il n'y a rien d'autre?"

"Je crois qu'il est jaloux de toi et qu'il voudrait bien être dans tes souliers." "Mes souliers sont bien trop petits pour lui, mais là n'est pas la question, il a semblé t'embêter pour la dernière demi-heure." "Il est dans une position pour me causer du trouble au travail." "Tu ne vas certainement pas céder au chantage, n'est-ce pas?" "Ce n'est pas mon intention, mais quand même, j'aime mon travail." "Il ne faudrait pas que tu sacrifies ton bonheur pour ton travail." "Ne crains rien, c'est toi qui compte le plus et tu seras toujours ma priorité." "Je le savais, mais c'est quand même bon de l'entendre.

Veux-tu que je lui parle?" "Non, je vais lui répéter ce que je viens de te dire et s'il ne comprend pas, alors tu lui parleras. Est-ce que cela te va?" "C'est comme tu voudras ma chérie et en ce qui me concerne, il n'est pas bienvenu à mon party." "Je serais heureux que tu lui demandes de prendre congé." "Je le ferai et je te demande pardon pour l'avoir invité." "Ce n'est pas de ta faute s'il agit comme un idiot. Allons-y avant que nos invités se demandent si nous ne sommes pas en train de faire l'amour." "Franchement, ça ne serait pas une si mauvaise idée."

Nous sommes sortis aux regards de tous, mais le docteur avait déjà fait ses excuses et pris congé de l'assemblée. Je pense qu'il avait senti la soupe chaude et il avait deviné ce qui se tramait. Je savais dès lors que c'était une histoire à suivre. Il faudra tôt ou tard tirer les choses au clair avec mes deux amoureuses. La fête avait commencé tôt et elle devait se terminer tôt, puisque presque tous devaient travailler le lendemain. À dix heures tous les invités étaient sur leur départ et il nous restait à ramasser les verres et les bouteilles. Les verres ont pris le bord de la laveuse à vaisselle accompagnés des assiettes à gâteau. Les bouteilles et les canettes dans une boite que je devrai emmener au magasin ou encore dans un dépôt.

"Ce n'est pas la peine de te demander si tu as aimé ta soirée, mon chéri." "C'était une fête surprise avec quelques surprises. Mais ma fête est seulement la semaine prochaine." "Nous avons quelque chose autre d'organisé pour la semaine prochaine et c'est pourquoi nous avons choisi ce soir où nous pouvions réunir un certain nombre de personnes." "J'ai trouvé tes parents très gentils, intéressants et intéressés." "Ils dévorent la vérité tout comme moi et c'est pour moi un grand bonheur."

"Je voudrais bien pouvoir en dire autant des miens." "Cela viendra peut-être un jour Jeannine, il faut seulement qu'ils comprennent qu'il faut aimer Dieu et sa parole plus qu'eux-mêmes et surtout plus que leur religion."

"Danielle dis-moi, que s'est-il passé avec Raymond?" "Il a semblé vouloir me faire comprendre quelque chose te concernant Jeannine, comme s'il voulait semer la brouille entre nous." "Je connais son problème." "Dis-le-nous, c'est quoi?" "L'an dernier il me courrait après et je pense qu'il en a après toi maintenant. Il pense que Jacques te trompe avec moi. Je lui ai fait comprendre que je n'étais pas du tout intéressé a lui et je pense qu'il te faudra faire de même si tu n'es pas intéressée." "Moi être intéressée à lui, mais j'aimerais mieux mourir. Ni à lui ni à personne d'autre, j'ai l'homme qu'il me faut."

"Dis-moi Danielle, pourquoi l'as-tu invité au juste?" "Il s'était montré gentil et il s'est pratiquement invité lui-même. Je ne crois pas qu'il a beaucoup d'amis et j'ai cédé. Je vais le mettre à sa place pas plus tard que demain." "Bon, assez parlé de lui. Que dire si nous allions nous coucher maintenant? À qui le tour?" "C'est encore mon tour, mais Danielle a besoin de toi plus que moi ce soir, elle a de la peine. Elle a un grand besoin d'être cajoler. J'ai eu un bon temps avec tes sœurs Jacques. Elles étaient très curieuses à savoir comment tu faisais pour nous satisfaire toutes les deux et comment il se pouvait qu'il n'y ait pas de jalousie entre nous. Je pense les avoir convaincu, du moins elles ont semblé l'être." "Tu es superbe, je t'aime, bonne nuit."

"Bonne nuit Danielle, profites-en." "Je vais y mettre toute l'ardeur que tu y aurais mis toi-même. Merci!" "Tu es bienvenue, mais pas trop souvent."

"T'en fais pas Jeannine, tu ne perds rien pour attendre." "Dors bien jeudi soir parce que vendredi soir je te garderai éveillée toute la nuit." "Ça promet."

Après s'être débarbouillés quelque peu nous sommes tous allés au lit. J'ai regardé Jeannine s'éloigner, je dois l'avouer avec un peu de regrets, mais quand même, je savais que je ne serais pas à plaindre entre les jambes de Danielle.

"Tu ne m'en veux pas trop?" "Je n'ai rien et tu n'as rien à te reprocher mon bel amour et qui sait, l'avenir nous le dira, ça sera peut-être un jour la meilleure chose que tu aies faite." "Je ne comprends pas, mais si tu le dis, c'est que ça doit être vrai." "Maintenant assez parlé de tout ça, tais-toi et laisse-moi t'aimer à ma manière, veux-tu? Et essai de ne pas trop crier, Jeannine a besoin de sommeil." "Quand je crie c'est parce que c'est tellement bon que je pense ne pas pouvoir y survivre." "Je veux te faire l'amour tant tu puisses en jouir, je veux te faire l'amour tant tu veuilles en mourir. J'ai déjà mis ces paroles-là dans une chanson." "Il faudra que tu me la chantes au complet un jour." "Pas maintenant, là j'ai faim." "Sers-toi, le repas est servi." "Hum, le fruit est juteux et délicieux.

Je lui ai fait l'amour sans répit jusqu'au milieu de la nuit tout en espérant que les murs de ce condo n'avaient pas des oreilles trop fines et que Jeannine, elle avait des protège-tympan.

La levée du corps n'a pas été facile ce matin-là ni pour Danielle ni pour moi. Ce n'est pas facile pour moi surtout de demeurer de bonne humeur toute la journée dans ces cas-là. Cependant, lorsque je semble perdre patience je n'ai qu'à penser à ce qui m'a tenu éveillé et le mal passe.

Danielle n'a pas perdu de temps pour confronter Raymond, le docteur qui est presque toujours sur le même quart qu'elle.

"Raymond, quand tu auras quelques minutes, j'aurais à te parler." "J'ai du temps maintenant, allons dans la salle de conférence. Tu es bien ravissante ce matin, qu'as-tu mangé pour déjeuner?" "La même chose que d'habitude, mais j'ai fait l'amour presque toute la nuit et je suis enceinte de Jacques, c'est peut-être la ou les raisons de mon épanouissement. Est-ce que je peux savoir quel était ton problème hier soir? Est-ce que tu sais que tu as gâché notre soirée? Je n'ai vraiment pas apprécié." "Je m'excuse, car ce n'était pas mon intention du tout." "Dis-moi alors, quelle était ton intention?" "Es-tu sûre que ton Jacques est totalement honnête avec toi?" "Il n'y a pas un homme sur terre plus honnête que lui. Sans vouloir te blesser je peux te dire que tu ne lui arrives pas à la cheville du pied." "Ça reste à voir." "Pour toi peut-être, mais moi j'ai déjà tout vu." "Je pense qu'il te trompe avec Jeannine. Une chose est certaine, c'est que Jeannine est grandement amoureuse de lui et ça se voit à l'œil nu." "Qui pourrait la blâmer? Il est un homme merveilleux en plus d'être très séduisant." "Ça ne te dérange pas qu'il te trompe avec ta meilleure amie?" "Jeannine est l'amie la plus fidèle qu'on puisse trouver. Elle est fidèle comme qui dirait, à la vie, à la mort." "Si c'est comme ça que tu vois les choses, moi je n'ai plus rien à dire." "Moi j'espère que tu ne diras plus jamais rien à ce sujet. Est-ce que je me fais bien comprendre?" "C'est assez clair, merci." "C'est tout ce que j'avais à dire. Bonjour!"

Elle est sortie de la salle en le laissant songeur derrière elle. Elle n'était cependant pas convaincue que cela avait été suffisant pour qu'il cesse son obsession.

De mon côté après avoir vu à ce que les travaux continuent en bon roulement sur mes chantiers je me suis consacré sur les plans de notre maison dont je rêvais de plus en plus. Il va sans dire aussi que je mourrais d'envie de leur en faire part. Une seule chose m'inquiétait un peu, c'est que le coût total allait s'élever un peu plus que prévu. Toutes les deux voyaient grand, ce qui a fait que j'ai dessiné grand. La longueur totale de la maison est de cent cinquante-deux pieds. Les taxes d'une pareille maison dans une ville seraient d'au moins vingt milles dollars annuellement.

À trois heures trente j'ai appelé au condo pour leur annoncer que j'irais souper avec ma mère ce soir-là et que je viendrais les voir vers neuf heures. Ma mère est toujours convaincue que nous sommes dans l'erreur de vivre comme nous le faisons.

"Êtes-vous conscients que vous aurez toute la société contre vous?" "Ce n'est pas vrai maman, il y a des communautés au Canada où les hommes ont plus d'une femme et plusieurs enfants." "Ce n'est quand même pas bien vu." "Moi tout ce qui m'occupe est que je sois en règle avec Dieu." "Dieu n'a donné qu'une seule femme à Adam et elle se nommait Ève." "Dieu n'était quand même pas pour le désosser au complet juste après l'avoir créé pour lui donner plus d'une femme. Cela a dû sûrement être assez douloureux comme ça.

Nous saurons bien un jour combien de femmes Adam et Jésus ont eu. Jésus n'a pas eu de femme." "Je n'en suis pas si sûr." "Qu'est-ce qui te fait dire une telle chose?" "Premièrement, dans Jean 3, 2 un pharisien de la loi s'adresse à Jésus en l'appelant Rabbi. Alors moi je sais que pour être un Rabbin en ces jours-là, il fallait être âgé de trente ans, être marié et avoir au moins dix adeptes." "Ça, ça me dépasse." "Tu sais aussi qu'il y avait des femmes qui le suivaient et le servaient. Avait-il besoin de quatre femmes pour le servir, lui qui n'avait même pas un endroit pour se reposer la tête? Puis on a découvert dernièrement la tombe de Jésus sur laquelle il est inscrit le nom de Marie Magdala et pour se faire, il fallait qu'elle soit ou bien sa sœur ou soit sa femme." "Ça, ce n'est que des suppositions pour l'instant." "Peut-être bien. Les vérités inconnues et cachées sortiront tôt ou tard, c'est lui-même qui l'a dit. Regarde dans Matthieu 10, 26. 'Car il n'y a rien de caché qui ne doive être découvert, ni rien de secret qui ne doive être connu.'

Il y a une autre chose très importante qu'il faut que je te dise maman et c'est que Jésus avait à cœur de faire toute la volonté de son Père qui est dans les cieux. Une des premières volontés du Père c'est que l'homme ait une ou des femmes, qu'il soit fécond, qu'il multiplie et qu'il aide à peupler la terre." "Il a plutôt dit que chaque homme ait sa femme." "Ça vaut encore mieux que de dire: 'Si tu ne te maries pas tu fais mieux.' Et 'Je souhaite que tous les hommes soient comme moi.'

Sans femme et sans enfant, messages de Paul." "Il faudra remettre cette conversation à plus tard maman, j'ai dit aux filles que je serais là vers neuf heures. Ça ne me laisse pas grand temps pour m'y rendre."

Ce qui m'étonne le plus dans toutes mes conversations avec la plupart des gens, y compris ma mère, c'est le fait que presque tous aient avalé les mensonges à grandes bouchées, qu'ils les aient bien digérés et qu'il faut leur donner la vérité à petite cuillère et ça encore avec précaution. Il est vrai que la vérité est un remède à leur maladie, mais pour moi elle est comme un bon miel doux. Ce n'est pas pour rien que Jésus a dit à ses disciples dans Matthieu 10, 8: 'Guérissez les malades.'

C'est vrai aussi qu'un malade qui sait qu'il est malade est moins malade que celui qui ne le sait pas. Il était déjà neuf heures quinze lorsque je me trouvais à la porte de mes charmantes dames qui m'attendaient impatientes.

Pour Danielle c'était pour me faire part de sa conversation avec le docteur et Jeannine pour avoir trouvé quatre propriétés susceptibles de nous intéresser tous.

"Je pense que Raymond a compris le message. T'aurais dû lui voir la face quand je lui ai dit que nous avons fait l'amour presque toute la nuit et que j'étais enceinte de toi." "Il ne t'a pas suggéré l'avortement j'espère?" "Non, mais ce n'est sûrement pas l'envie qui lui a manqué. Je pense qu'il va nous laisser tranquille à partir d'aujourd'hui." "C'est à espérer."

"Toi Jeannine, tu sembles anxieuse de m'annoncer des bonnes nouvelles." "Oui, depuis que nous en avons parlé je meurs d'envie de connaître l'endroit où nous allons vivre et surtout de voir cette maison de rêve." "Et bien, les plans sont pratiquement terminés et je suis presque sûr que vous allez aimer. J'y ai consacré presque toute la semaine." "Tu as vraiment notre bonheur à cœur, n'est-ce pas?" "Mes chéries, il n'y a que ça qui compte." "Quel homme charmant! C'est mon tour ce soir, mais tu ne vas pas me faire l'amour." "Est-ce que j'ai fait quelque chose de croche?" "Bien au contraire, mais c'est moi qui vais t'en donner. Tu vas recevoir le traitement au complet." "Ça promet."

"Arrêtez-vous deux, vous allez me faire jouir juste à vous écouter." "Excuse-moi Danielle, mais ce n'était mon but." "J'le sais bien, mais vous entendre est comme écouter un film sensuel."

"Vas-tu faire ton bonheur toi-même?" "J'aime mieux attendre que de me sentir trop seule."

"Bon c'est assez, revenons à nos moutons."

"J'ai trouvé deux différentes sections de cinq âcres, une vielle ferme abandonnée sur laquelle coule une petite rivière. Il y a une vielle grange et une petite maison qui tombe en ruine." "Sais-tu à quelle distance elle se trouve?" "Attends un p'tit peu, j'ai ça ici. Elle est à dix-huit kilomètres des limites de la ville." "Est-ce que c'est trop loin pour vous deux?" "Non, pas pour moi!"

"Pour moi non plus, sans compter que nous pourrons souvent voyager avec toi."

"Moi je ferais encore plus de millage pour me rendre au pays des rêves." "Il y a cependant un énorme problème." "Qu'est-ce que c'est?" "Il y a beaucoup de repoussé et un peu plus des trois quarts de la propriété sont boisés." "Nous pourrions peut-être tourner ça à notre avantage. As-tu pu savoir dans quel zonage elle se trouve?" "Oui, elle est dans une zone d'agriculture et on m'a dit qu'elle ne va pour ainsi dire jamais changer." "Ça, c'est une très bonne nouvelle." "Que veux-tu dire?" "Je veux dire que cela signifie qu'il n'y aura jamais personne trop près de nous."

"C'est vrai ça, nous y serions comme au paradis. Nous pourrions nous faire une petite plage à même la rivière." "Ça ce n'est pas si sûr." "Pourquoi?" "Parce que le gouvernement aurait son mot à dire sur ce sujet." "Sur notre propriété?" "Oui, tous les cours d'eau leur appartiennent. Il y a peut-être une plage naturelle et ça ils n'y peuvent rien." "C'est à espérer. La meilleure des nouvelles c'est qu'elle est à un bon prix, je pense." "La question qui tue. C'est quoi le prix?" "Vingt mille dollars! Considérant que les parcelles de cinq âcres se vendent pour cinquante milles chacun en comparaison avec cent soixante âcres." "C'est sûrement que les sections sont zonées commerciales. Et qu'en est-il de la quatrième?" "C'est une ferme plus nouvelle avec une maison presque neuve, une grande grange, soixante-dix vaches et un gros bœuf. Le prix est de trois cent cinquante milles dollars. Il y a aussi un gros berger allemand." "Est-ce que celle-là vous intéresse?" "Pas vraiment!" "Est-ce que tu as un numéro de téléphone pour la petite ferme?" "Oui, le vieux monsieur demeure dans la ville de

Québec." "Est-ce que tu sais s'il y a de l'électricité à proximité de cette propriété?" "Oui, c'est écrit qu'elle est accessible et que le chemin est entretenu à l'année longue." "Alors, je ne sais pas ce que vous en pensez, mais moi j'aimerais aller marcher celle-là." "Tu sais Jacques que nous te faisons confiance pour ça." "Donne-moi ce numéro et je prendrai rendez-vous demain matin et c'est seulement parce qu'il est trop tard ce soir." "Ça ne te fait pas peur tout ce bois?" "Bien au contraire, ça m'arrange." "Tu veux bien nous dire pourquoi?" "Et si j'en faisais mon petit secret pour un certain temps?" "Nous, nous n'avons pas de secret pour toi." "Et mon party de fête, ce n'était pas gardé secret?" "Oui mais ça, ce n'est pas pareil." "Au contraire, c'est exactement pareil. Et puis, il se fait tard et il vaudrait mieux aller au lit maintenant." "Ça m'étonne que tu aies mis si long, je commençais à penser que tu avais oublié." "Une si belle invitation, tu veux rire? Donne-moi quelques minutes, je vais d'abord mettre Danielle au lit."

"Il faut que je te dise Danielle, je suis très fier de toi." "Veux-tu rester quelques minutes de plus, je suis très excité et j'aimerais être soulagé quelque peu." "Il ne faudrait pas que ce soit long." "Ne perds pas de temps à parler, vas-y." "Essaie de ne pas crier trop fort si tu peux, je ne veux pas que Jeannine pense que j'ai encore sauté son tour." "Vas-y." "Juteuse comme toi ça ne se peut pas. Bonne nuit!" "Bonne nuit! Maintenant je vais bien dormir."

Je suis allé me débarbouiller en vitesse et j'ai rejoint Jeannine qui elle aussi avait fait des plans pour me rendre heureux. Mais heureux c'est peu dire, car je dois avouer que je déborde de bonheur et qui ne le serait pas?

Au matin, dès que j'ai eu terminé le déjeuner j'ai signalé le numéro de téléphone que Jeannine m'avait remis.

"Allô!" "Allô!" "Parles plus fort, je n'entends pas très bien." "Je vous appelle pour la petite ferme que vous avez en Mauricie." "Elle est à vendre." "Je sais et je suis intéressé. C'est pour ça que je vous appelle." "Il faut que vous soyez très intéressé, parce que je suis trop vieux pour voyager si loin." "J'aimerais la marcher pour voir ce que vous avez." "Il faudra que vous marchiez seul, moi j'ai de la peine à me traîner." "Ça ira, vous n'avez qu'à m'indiquer la direction. Quand pouvez-vous venir par ici?" "Dimanche, s'il fait beau, je pourrai être là vers midi." "Amenez tous les documents nécessaires parce que je suis très sérieux." "Quel est votre nom?" "Je me nomme Jacques Prince." "Moi c'est André Fillion. Il nous faut un endroit de rencontre précis." "Connaissez-vous le restaurant Chez Grandma?" "Oui, j'y allais assez souvent et en plus c'est sur notre chemin. Je serai là dimanche à midi, si je suis encore vivant." "Ne me faites pas cette bêtise-là, je veux que vous voyiez ce que je vais faire de cette propriété." "Vous m'avez l'air assez gentil, j'ai hâte de vous rencontrer." "À dimanche alors et soyez prudent."

Je me suis dirigé vers mes chantiers que j'ai un peu négligé ces derniers jours, devoir oblige. Tout semblait correct et après avoir discuté avec mon contremaître de quelques détails je m'en suis retourné terminer les plans de notre maison.

Je lui ai indiqué que nous aurions probablement un triplex à construire sous peu et qu'il fallait terminer tous les travaux auparavant. Il a semblé heureux de savoir que le travail était assuré pour la plupart de l'année. Je savais aussi que c'était un message qu'il transmettrait aux autres employés.

À midi tout était prêt pour la demande de permis qui était nécessaire, idée de demeurer dans la légalité. Il restait quand même à obtenir le contrat de propriété qui espérons-le ne retarderait pas le début des travaux. Je savais même avant de voir qu'à part un détail extrême c'était le terrain qu'il nous fallait.

Après avoir bien mangé, je suis allé présenter une copie des plans et devis à qui il se doit, sachant qu'il ne manquerait que le plan du terrain pour compléter la transaction. De cette façon je savais pouvoir gagner beaucoup de temps. J'ai aussi contacté l'arpenteur qui m'a assuré de sa présence le jour où j'en aurai besoin. J'étais personnellement tout fin prêt à l'attaque pour ce magnifique projet. Ce n'est pas le plus colossal de ma carrière, mais c'est sûrement celui dont je suis le plus fier jusqu'à ce jour.

La raison en est très simple, c'est que ce triplex a gagné le prix de la maison de l'année au Canada. Le prix en question est venu avec un trophée et un chèque de cent mille dollars. Ça aide à éliminer une hypothèque. Au début je n'étais pas trop sûr si je devais accepter, car je voulais garder la propriété aussi privée que possible, mais les femmes ont insisté pour que j'aie là récompense de mes mérites. J'ai donc pris arrangement avec l'association pour limiter la propagande.

D'une chose à l'autre les jours se sont déroulés à une allure époustouflante et les filles m'ont demandé d'aller les attendre là où nous nous sommes rencontrés, il y a un an jour pour jour, afin de revivre cette merveilleuse soirée. J'ai donc revêtu le même complet et je suis allé m'accoter sur le même mur.

Quelques femmes sont venues m'inviter, mais il n'était pas question pour moi de ne pas être prêt le moment venu. Une d'elles m'a dit:

"Quoi, je ne suis pas assez bien pour toi?" "Ce n'est pas ça, c'est juste que j'attends la femme fatale." "Fais attention qu'elle ne te soit pas fatale." "Celles que je veux, je mourrais pour elles." "Tu es trop romantique pour notre ère." "Peut-être, mais j'aime ça de même."

"Est-ce que je peux vous inviter à danser monsieur?" "Bien sûr que vous le pouvez belle demoiselle."

"Ha, c'est ça, tu aimes les blondes?" "Seulement si elles sont fatales. Celle-ci est belle à mourir."

"C'est quoi cette histoire?" "J'ai refusé de danser avec elle et elle n'est pas contente. Vous en avez mis du temps vous deux. Où est Danielle?" "Elle est là où j'étais assise l'an dernier." "A-t-elle trouvé un camionneur épais elle aussi?" "S'il ne l'avait pas été je serais peut-être parti avec lui." "Qu'est-ce que tu aurais manqué?" "Arrête, je ne veux pas y penser. J'ai vraiment vécu une année de bonheur Jacques et je tenais à te le dire en dansant." "J'ai du mal à croire que tu sois plus heureuse que moi Jeannine." "Il va te falloir faire danser ma meilleure amie aussi." "Je ne saurais te refuser rien au monde tellement je t'aime chérie de mon cœur." "Où as-tu appris à parler aux femmes comme tu le fais?" "Je l'apprends au fur et à mesure que je vie avec vous deux. Il faudra que j'invente une ou deux danses à trois pour nous, parce lorsque je suis avec une je déteste faire attendre l'autre." "Tu nous aimes vraiment toutes les deux, n'est-ce pas?" "Je vous aime infiniment toutes les deux, oui. Allons rejoindre Danielle maintenant."

Il y avait presque autant de monde que l'an dernier sinon plus où il fallait pousser les uns et les autres pour se faire un chemin. Danielle était assise avec son frère et sa petite amie Sylvie et elle nous avait réservé deux chaises, ce qui n'a pas dû être trop facile. Son frère, Normand m'a surnommé le Don Juan, ce qui n'est vraiment pas le cas.

"Vous vous amusez bien tous les deux?" "C'est vrai qu'on est bien, mais il y a un peu trop de monde à mon goût."

"J'ai appris que tu bâtissais de belles maisons Jacques et je veux me faire bâtir éventuellement." "Je ne veux pas que tu penses que je suis indépendant ou quoique ce soit, mais il faudra que tu me contacts au bureau pour ça, car je ne mêle jamais le travail au plaisir."

"Chapeau Danielle, tu avais raison." "Je te l'avais dit."

"C'est une belle cha cha Danielle, tu viens danser?" "Rien ne pourrait me faire plus plaisir." "Es-tu sûre de ça?" "Entre toi et moi, disons presque rien."

Puis l'orchestre a quelque peu ralentit le tempo pour jouer le premier morceau sur lequel nous avons danser l'an dernier.

"Tu en as fais la demande." "Non, je pensais que c'était toi peut-être." "Ça se pourrait que ce soit le hasard ou peut-être Jeannine." "Peu importe, c'est aussi bon que la première fois." "Puissons-nous toujours le revivre comme ce soir, car c'était le début de la plus merveilleuse des aventures. Nous avons toute une vie devant nous et je ferai tout mon possible pour vous la rendre des plus agréable." "Je dois avouer que je suis un peu inquiète en ce qui concerne le mariage." "De quoi as-tu peur chérie?" "Je ne crains pas pour le mien, mais j'ai peur que tu aies de la difficulté à te marier avec Jeannine une fois que tu seras marié avec moi." "C'est très possible que tes craintes soient fondées, mais quoiqu'il en soit, moi je me considère déjà marié à vous deux devant Dieu. Les papiers ne sont que de simples formalités." "Je t'aime tellement, c'est presque inexplicable." "Je sais exactement ce que tu veux dire." "Alors on se comprend." "J'ai hâte de t'amener au lit, le sais-tu?" "Je l'ai senti." "Ça t'a plu?" "Comme toujours, je suis extrêmement bien dans tes bras." "On entre de bonne heure?" "Fais danser Jeannine une autre fois, elle tout comme moi aime tellement ça danser avec toi." "Moi aussi j'adore ça."

La foule était encore très dense et je me disais que s'il y avait un incendie, nous serions cuits comme des rats. Je serais bien impuissant devant cette meute de personnes. Il suffirait qu'un idiot se mettre à crier au feu, même s'il n'y a rien pour que la panique s'installe. C'est l'amour que j'ai pour ces deux filles qui m'a inspiré à m'abstenir de ces endroits à grands risques. Il n'y a pas de peur comme celle de perdre ceux qu'on aime.

"T'as l'air bien songeur Jacques, tu vas bien?" "Je t'expliquerai plus tard, si tu veux."

Lorsque nous sommes arrivés à notre table Jeannine était absente. Danielle a demandé à Normand où elle était étant elle-même surprise de son absence, lorsqu'elle surgie soudainement. Elle n'avait vraiment pas l'air de bonne humeur. Elle était suivie d'un homme qui s'excusait tout en la suivant. Au moment où elle approchait de notre table, elle s'est retournée pour faire face à cet homme et elle lui a crié: "Fous le camp avant que je te griffe." "Je ne voul . . ." "Fous le camp, je t'ai dit."

Je me suis levé au même moment et j'ai dit à cet homme le regardant droit dans les yeux: "Tu as entendu la dame, fous le camp quand il en est encore temps." "OK! OK! Je m'en vais. Pas la peine de crier au meurtre."

"Calme-toi Jeannine, c'est fini. Que s'est-il passé pour que tu sois dans un tel état?" "Il n'a pas voulu me laisser partir quand je le voulais. Il m'a forcé à insister et je n'aime pas être forcée en quoique ce soit." "Je comprends qu'un homme pourrait avoir envie de te retenir. Le moins qu'on puisse dire c'est qu'il a du goût." "Du goût mon œil, il ne faut pas me forcer, c'est tout." "Si nous allions ailleurs?" "Non, je veux danser avec toi encore un peu, veux-tu?" "Bien sûr que je veux, mais seulement si tu es calmée. Je ne voudrais pas que tu me griffes." "T'es bin drôle, allons-y."

Nous avons dansé un mambo, un tango, une samba, une rumba et nous entreprenions un beau slow quand j'ai senti une touche sur mon épaule gauche. J'ai quand même continué à danser, mais la touche se faisait de plus en plus insistante.

"Jacques, c'est encore lui." "Continue à danser et recule-toi un peu, veux-tu?" "Que vas-tu faire?" "Tu verras, fais-moi confiance. Garde l'œil bien ouvert et au moment même où il mettra sa main sur mon épaule, recule-toi très rapidement, OK?" "OK!"

J'attendais patiemment le moment où il allait me toucher une autre fois et lorsqu'il l'a fait, Jeannine qui a très bien suivi mes instructions s'est reculée rapidement et au même moment j'attrapais les doigts de cet individu qui s'est retrouvé à genoux faisant toutes sortes de grimaces. Quelques personnes se sont mises à crier et en peu de temps les portiers étaient sur les lieux. L'un d'eux a demandé ce qui s'est passé et Jeannine sans perdre de temps lui a dit que cet homme l'importunait. Ils se sont saisi du lui et lui ont montré la porte, laquelle lui sera bannie l'entrée pour plusieurs années à venir.

"Tu ne cesseras donc jamais de me surprendre." "Ce n'est pas quelque chose dont j'aime à parler Jeannine, car ce qui fait ma force c'est la surprise et l'ignorance de l'ennemi. Tu vois, ce gars-là s'est fait surprendre parce qu'il ne savait pas de quoi j'étais capable. Il fait presque deux fois mon poids et il pensait n'avoir rien à craindre. Maintenant j'espère seulement que la chose ne s'ébruite pas trop ou pas du tout. Si nous sortions d'ici maintenant?" "Il nous attend peut-être dehors." "Ne crains rien, il a eu sa leçon. Le monde est plein d'embûches, il suffit d'être prêt à les affronter.

J'ai reconduit Jeannine à notre table et je me suis absenté quelques minutes afin d'obtenir le nom de cet homme. Je suis allé parler aux portiers qui se sont occupés de lui et ils m'ont dit qu'ils ne pouvaient pas me divulguer son nom.

"Si cet homme est une menace pour ma famille j'ai le droit de savoir. S'il faut que je fasse venir la police pour l'obtenir, je le ferai."

L'un d'eux me connaissait assez bien pour savoir que je n'hésiterais pas à le faire.

"Nous ne voulons pas mêler la police à ça, pour un incident aussi insignifiant. La police, ce n'est jamais bon pour notre image. Son nom est Bernard Sinclair." "Merci!" "Nous ne te l'avons jamais dit." "C'est compris, j'ai ce que je voulais."

Je suis rapidement retourné à notre table pour les retrouver tous dans une conversation que je classerais d'un peu passionnée.

"Où es-tu allé, tu sembles concerné?" "J'avais juste besoin d'une petite information, c'est tout. Il vaudrait mieux partir d'ici maintenant. Avez-vous faim? On pourrait aller manger une bouchée au restaurant." "Merci quand même, mais nous avons préparé un petit gueuleton à la maison, si ça t'intéresse bien sûr." "Moi ça m'va, allons-y. Une petite chose avant de partir, faites sûr que personne autre que moi vous suit."

Nous sommes donc entrés sans problème au logis conjugal. Elles avaient tout préparé avant leur départ, ce qui était sûrement la raison de leur retard à la soirée. Elles m'avaient préparé une fête comme personne j'en suis sûr n'a jamais connu. Sur la table il y avait de tout pour plaire au palais. Danielle s'est soudainement levée et elle est allée faire couler l'eau dans la baignoire.

"Tu te souviens de l'an dernier?" "Je ne l'oublierai jamais." "Nous aimerions le répéter juste au cas où ça pourrait t'arriver, juste pour te rafraîchir la mémoire." "Laquelle va recevoir le jet ce soir?"

"C'est au tour de Danielle." "Ne me dites pas que vous avez encore besoin d'un échantillon, vous êtes les seules avec qui je couche depuis qu'on se connaît?" "Non, on a confiance en toi à cent pour cent, mais Danielle n'a pas connu ce que c'est que d'être arrosé de la sorte." "Ça ira si elle aime les surprises, parce que ça part sans avertissement. Vas-y doucement Jeannine, j'ai tout mon temps et ce soir je fais plus que de regarder."

Pour ce qui est du reste vous connaissez sûrement la suite, puisqu'elle est la même que l'an dernier.

Au matin je me suis levé vers les dix heures et j'ai allumé la télévision pour prendre les nouvelles du jour dont je suis presque toujours intéressé.

"Oh my God! Oh my God!"

Je suis retourné au lit à la course pour parler avec Jeannine.

"Laisse-moi dormir encore un peu Jacques, veux-tu?" "Jeannine il y a de mauvaises nouvelles." "Qu'est-ce que c'est?" "Le gars avec qui nous avons eu du trouble hier soir a été arrêté." "Tu appels ça une mauvaise nouvelle. C'est bon pour lui, il le mérite." "Il est retourné au club avec une arme à feu en guise de vengeance. Il nous cherchait." "Quoi?" "Il nous cherchait." "Il est fou, ils vont le renfermer." "Je n'en suis pas si sûr." "Qu'allons-nous faire?" "Tant qu'il sera en prison il n'y a pas de danger, mais quand il sera sorti, c'est une autre histoire. Je ne pense pas qu'il sait où nous demeurons, mais encore là, nous n'en sommes pas sûrs. Il faudra que j'aille au poste pour en savoir plus long. Il a fait des menaces de mort en agissant comme il l'a fait. Il en aura pour quelques années. Il y a sûrement plusieurs témoins. Son nom est Bernard Sinclair." "J'ai déjà entendu ce nom-là." "Essaies de te souvenir, chaque détail est important."

Je me suis habillé et j'ai décidé d'aller tout de suite au post de police pour en savoir plus long sur cette histoire.

"Puis-je parler à l'officier qui est sur le dossier Sinclair s'il vous plaît?" "Avez-vous une raison spéciale?" "J'ai une raison de croire que c'est moi qu'il cherchait hier soir." "Quel est ton nom?" "Mon nom est Prince." "Ce n'est pas ce qu'il nous a dit. Il nous a dit qu'il cherchait un des portiers qui l'a quelque peu bousculé." "Je me serais donc trompé. Excusez-moi." "Il n'y a pas de problème."

Je suis donc retourné au condo, mais je n'étais certainement pas convaincu de ce que je venais d'entendre.

Il y avait là quelque chose de suspect et je savais qu'il me fallait garder l'œil ouvert et l'oreille bien tendue.

"C'est moi les filles, êtes-vous levées?" "Jacques, c'est toi? Nous sommes peut-être en danger." "Qu'est-ce qui vous fait croire ça?" "Tu as bien dit que son nom est Bernard Sinclair?" "Oui, pourquoi? "Il se peut qu'il soit le frère de Raymond, le docteur Raymond Sinclair!" "Alors hier soir, ce n'était peut-être pas du hasard, c'était un complot. Je pense qu'il vous faudra déménager, vous n'êtes plus en sécurité ici. Ils savent tous les deux où vous demeurez. Il vaut mieux que vous mettiez ce condo à vendre le plus tôt possible." "Mais où irons-nous?" "C'est modeste chez moi, mais j'ai de la place pour vous deux et vous y serez en sécurité." "Si c'est bon pour toi, c'est bon pour nous." "C'est seulement pour quelques mois, notre maison neuve devrait être terminée pour le mois de septembre.

Si vous emballez tout je peux louer un camion et utiliser mes hommes pour le charger. Nous pouvons vider cet endroit en un seul jour, même si c'est avec regrets. Il faudra être prudent en tout temps, vous savez ça, n'est-ce pas?" "Nous le savons. Tu dis que la maison peut être prête en dedans de six mois?" "Oui, j'ai déjà fait la demande de permis." "Mais il te fallait les plans."

"Je les ai présentés avec la demande de permis. J'ai passé toute la semaine sur ce projet." "Quel amour tu es!" "Voulez-vous les voir?" "Tu les as?" "Bien sûr que je les ai, c'est moi qui les ai fait. Attendez-moi, je reviens tout de suite." "Sois prudent toi aussi." "Je le serai, ne crains rien.

C'est moi les filles. Regardez-moi ça?" "Oh qu'elle est belle. C'est toi qui as fait ça?" "C'est moi." "Mais tu es un grand artiste." "Je n'ai fait que dessiner ce que vous m'avez demandé. Il ne vous reste qu'à choisir les couleurs qui vous plaisent et les meubles pour la décorer. Tiens, regardez le plan du plancher." "C'est encore mieux de ce que j'avais pensé. Une très grande cuisine avec un îlot et des armoires à profusion. Un grand salon, trois belles grandes chambres à coucher! C'est quoi ça?" "Il y a une chambre de bain entre chaque chambre à coucher." "Mais quelle idée fantastique." "Entre chaque mur il y a une épaisseur de panneau isolant. C'est le même matériel qui est utilisé pour construire les congélateurs. Si tu veux en connaître l'efficacité tu mets un radio à batteries au son élevé dans un congélateur et ferme le couvercle. Danielle surtout a bien besoin de murs comme ceux-là." "Il y a de grandes fenêtres, un beau balcon qui fait la grandeur de la maison qui est de?" "Cinquante-huit pieds de long." "C'est presque une piste de course. Les enfants vont s'en donner à cœur joie avec leurs tricycles." "Après ce qui s'est passé hier soir je pense que j'aimerais faire une piste de danse dans un des sous-sols avec votre permission, bien entendu.

Prenez votre temps et discutez-en entre vous, nous avons le temps pour ça. Ça pourrait faire une belle salle de jeux pour les enfants les jours de pluie également. Le chauffage est un système de tuyauterie dans lequel circule l'eau chaude à l'intérieur même du plancher. J'ai aussi l'intention d'installer un poêle à combustion lente dans chaque logement muni de tuyauterie comme un système à air chaud poussé par des fanes à batterie au cas où l'électricité manquerait. Nous aurons également un système de batteries capable de fournir le strict nécessaire de courant pendant une semaine. J'aurai également toujours sous la main une génératrice à gaz en cas de besoin. Les murs entre le garage et votre demeure ainsi que mon plancher seront en béton armé capable de résister à une explosion, sachant qu'une auto est une source d'incendie. Les murs de chaque côté sont également à l'épreuve du feu ainsi que les portes communicantes. Il y aura aussi un système de communication dans toute la maison.

Vous pourrez peut-être me perdre de vue, mais pas d'oreille. Il y aura dans le garage un système d'évacuation automatique pour la fumée si c'était nécessaire. À l'intérieur de chaque fenêtre il y a un store vénitien qui se ferme automatiquement à l'instant où vous mettez de la lumière." "T'es pas sérieux?" "Oh oui je le suis!" "Bien sûr il y a un système d'aspirateur central avec une prise dans chaque pièce. J'aurai une grande chambre froide au fond du garage ainsi qu'un emplacement pour le bois de chauffage. Vous pouvez entrer dans votre demeure respective à partir du garage et moi aussi pour mes cartiers.

C'est à-peu-près tout. Ah oui! La plus petite chambre de bain est assez grande pour y insérer votre buanderie et si vous aimez mieux je peux l'installer au sous-sol. Si c'est le cas pour cette dernière je vous ferai une chute pour le linge sale qu'on lavera en famille j'en suis sûr. Je m'efforcerai de trouver une baignoire comme la votre si vous en voulez une comme de raison. Vous ne dites plus rien?" "C'est simple, nous sommes bouche bées. Tout a été dit, il n'y a plus rien à dire. Mais comment tu fais, c'est tout simplement génial." "Vous aimez?" "Si on aime? Aurons-nous assez d'argent pour tout ça?" "Je pense que oui." "Quel est le grand total?" "J'ai les chiffres ici quelque part. C'est un peu plus que j'avais dit initialement. Ça se monte à cinq cent quarante sept milles deux cents.

Votre part à chacune revient à deux cents huit milles huit cents. Vous ne payez rien pour le garage, puisqu'il est dessous mes cartiers."

"Il nous manque environs dix milles dollars et on a pas encore le terrain." "Vous avez toutes les deux une bonne position bien assurée et les banques se fendent le derrière pour prêter. Nous reviendrons là-dessus un peu plus tard si vous voulez.

Pour ce qui est du terrain je m'en charge, en fait, je rencontre le vendeur de la petite terre demain à midi. Je vais sûrement dîner avec le vieux monsieur. Je vais la marcher et prendre une décision par la suite. Si elle me va, je l'achèterai, mais je mettrai votre nom sur le contrat. Elle appartiendra à nous trois à part égale. Tout ce que je demande c'est la liberté de l'utiliser à ma façon." "Je n'y vois aucun inconvénient."

"Moi non plus!" "Alors nous sommes d'accord." "Dis-moi Jacques, pourquoi fais-tu ça?" "Tout ce que j'achète à partir du temps où nous vivons ensemble se sépare à part égale devant les tribunaux en cas de séparation de toutes façons. Aussi bien le faire maintenant." "Dieu nous a réuni et personne ne va nous séparer. C'est pour le meilleur et pour le pire." "Il faudra que vous veniez signer pour les permis vous aussi, puisque nous serons propriétaires et responsables pour chacun de nos cartiers et c'est mieux comme ça." "Mais nous n'avons quand même pas assez d'argent pour tout ça." "Est-ce que c'est ce que vous voulez?" "C'est beaucoup plus qu'on espérait." "Vous êtes bien sûres." "Oui, nous le sommes." "Pas vrai, vous êtes sucrées." "Ah! Ah! Comique!"

"Voici ce que je vous suggère. Vous avez quatre cents dix milles et vous avez besoin de quatre cent trente milles." "C'est ça." "Alors il vous faut aller voir votre gérant de banque et emprunter un gros cent milles chacune." "Quoi?" "Tu as bien entendu. Il ne faut jamais être à sec si on peut faire autrement.

Desmarais a fait une fortune colossale avec l'argent de la banque et vous pouvez en faire tout autant. Les banques prêtent en général jusqu'à quatre-vingt-dix ou quatre-vingt-quinze pour cent sur les propriétés et vous n'emprunteriez qu'un maigre vingt-cinq pour cent sur lequel vous ne prendriez que dix pour cent pour vos besoins. Vous gardez environs dix milles dans votre compte en cas de nécessité et placez le reste à un intérêt de quinze pour cent ou plus pour un prêt qui vous coûte cinq pour cent, ce qui est le taux préférentiel. De cette façon au lieu de payer pour avoir emprunté, vous vous faites payer." "Mais ça me fait peur ce genre de transactions." "Même si je me porte garant de vos investissements?" "Alors là, je me ferme les yeux." "Prenez vite rendez-vous avec votre gérant et je m'occupe du reste.

Vous vous êtes bien amusées? Moi aussi, car je ne travaille pas le samedi. Qu'est-ce qu'on mange pour souper?" "As-tu faim?" "Un peu!"

"Tout sera prêt dans cinq minutes, moi non plus je n'aime pas travailler le samedi, alors j'ai tout préparé hier." "Avez-vous quelques bons films pour la soirée? J'aimerais bien faire du salon avec vous deux." "On va t'arranger ça mon beau, mais tu vas peut-être nous trouver collantes." "Collé hier, collé aujourd'hui et collé tout le temps, ça j'aime ça."

Je ne sais pas trop si c'est parce que les filles étaient lécheuses et flatteuses, mais le film ne me disait rien qui vaille. Elles m'ont fait monter la température et d'autre chose aussi.

"Je ne sais plus au juste où j'en suis, à qui le tour?" "C'est à Danielle, allez-y et ne perdez pas de temps, moi aussi j'en veux." "Et bin, Jeannine, veux-tu faire couler le bain? Nous en aurons de besoin, comme ça, ça ira plus vite."

"Viens Danielle, ne faisons pas attendre Jeannine trop longtemps."

Cela n'a en effet pas été très long, puisque nous étions tous les deux prêts à exploser à tous moments. Nous avons sauté dans la baignoire où nous nous sommes savonnés l'un l'autre.

"C'est à ton tour de m'avoir pour la nuit, est-ce que tu vas m'attendre?" "Si tu n'es pas trop long, je vais aller visionner le film que nous étions supposés écouter." "Alors je viendrai écouter la fin avec toi. À tantôt, je t'aime."

Je suis allé passer trente-cinq minutes pour faire le bonheur de Jeannine et lorsque je l'ai quitté, elle était prête à dormir pour la nuit. J'ai écouté le reste du film avec Danielle, film qui n'était pas aussi plate après tout. Nous sommes allés au lit où j'ai repris là où nous en étions un peu plus tôt.

J'étais très satisfait de mon samedi, puisque j'avais totalement réussi à leur faire oublier la menace qui planait au-dessus de nos têtes avec les Sinclairs.

Le lendemain à midi, ce dimanche-là j'étais au rendez-vous comme prévu à la rencontre de monsieur Fillion, le genre d'homme que vous auriez toujours voulu avoir connu et avoir pour ami. Après avoir bien mangé au restaurant du rendez-vous, nous sommes montés dans ma voiture et il m'a guidé jusqu'à la propriété dont j'étais intéressé.

"Comme je voudrais être encore jeune juste pour pouvoir marcher dans ce bois-là avec toi. J'espère que tu as une arme à feu, car il se peut qu'il y aient des loups. On en a déjà vu, tu sais?" "Oui, j'y ai pensé." "Cette petite terre ne serait pas à vendre si j'étais encore capable de marcher comme avant." "Connaissez-vous les voisins de chaque côté." "Oui, c'est du bon monde et ils sont âgés eux aussi." "Pensez-vous qu'ils sont à vendre eux aussi?" "Je suis sûr qu'ils vendraient s'ils trouvaient preneur. Ils ont déjà essayé de vendre, mais personne ne veut de ces terres abandonnées et éloignées. En plus elles ne sont pas profitables. Ce sont des endroits de crève-la-faim." "Vous n'êtes pas un très bon vendeur." "Je suis honnête, je dis les choses comme elles sont." "Vous dites qu'il y a une petite rivière, est-ce qu'il y a du poisson?" "Mon ami j'en ai mangé de la bonne truite." "Il y aurait-il assez d'eau pour se faire une petite plage?" "Elle est là toute naturelle et il y a à-peu-près six pieds de profondeur. C'est aussi là que je prenais toutes les belles truites de douze pouces." "Est-ce qu'il y a du chevreuil?" "Tu n'auras jamais besoin d'aller ailleurs pour chasser, ça je te le promets." "Intéressant! Vous dites vouloir vingt milles dollars pour cette propriété?" "C'est le prix demandé." "L'entrée est-elle Nord, Sud, Est ou Ouest?" "Elle est au Sud. Quelle importance que cela?" "Pour moi ça l'est. Vous avez amené les papiers?" "Oui!" "Il n'y a pas de danger que je me perde dans ce bois-là?" "Pas vraiment, il y a un chemin de chaque côté et c'est bien clôturé au bout de la propriété. Tu ne peux pas te perdre, tu montes jusqu'au nord et tu reviens vers le sud." "Ça va sûrement me prendre quelques heures." "Si ce n'était pas du repoussé, nous pourrions y aller en voiture." "J'aurai du ménage à faire si j'achète. Vous allez m'attendre dans la voiture, je vais vous laisser les clefs pour la radio et si vous avez froid vous n'aurez qu'à démarrer."

Quand je suis entré dans le bois il faisait beau soleil et sans avertissement il s'était mis à neiger au point que je n'y voyais ni ciel ni terre. Cela faisait deux heures et trente minutes que j'étais parti et mon vieil ami avait commencé à s'inquiéter sérieusement.

Je me suis mis à prier pour qu'il ne quitte pas l'auto dans un élan de compassion pour venir à ma recherche. C'est toujours plus facile de chercher une personne que d'en chercher deux, puis pour lui de marcher dans un pareil temps lui aurait sûrement causé la mort. Il a cependant fait ce qu'il se devait en klaxonnant jusqu'à ce qu'il me voie. Je pouvais à ce moment-là entendre beaucoup plus loin que je pouvais voir. Le moins qu'on puisse dire c'est qu'il était bien soulagé de me voir apparaître.

J'étais sorti du bois, mais je n'étais pas encore sorti de la tempête. En très peu de temps il était tombé presque huit pouces de neige.

Mon père m'a souvent mentionné les tempêtes du mois de mars. Heureusement j'étais très bien chaussé et je possédais un véhicule à traction avant. J'étais aussi plus que convaincu qu'il me faudrait acheter un tracteur le plus tôt possible. Le problème était surtout de me retourner sans rester pris. Ma crainte était fondée, car après avoir reculé la voiture s'était enlisée jusqu'à ne plus pouvoir bouger.

"J'espère que tu as une pelle. Je ne suis plus bien fort, mais je peux peut-être pousser un peu." "Ça ne sera pas nécessaire, j'ai ce qu'il me faut." "Tu crois ça?" "Non, j'en suis sûr." "On verra bien."

Je suis sorti et j'ai retiré la pelle pour dégager la neige qui montait jusqu'aux portières et qui embarrassait les quatre roues de la voiture. Je suis remonté après avoir rangé ma pelle, mais la neige était mouillante et il s'est formée une espèce de glace empêchant toutes sortes de tractions.

"Tu vas avoir besoin que je pousse ou que je prenne le volant." "Même si vous preniez le volant, il faudrait que vous arrêtiez pour me prendre et nous en serions encore au même point. J'ai mieux que ça."

Je suis sorti de nouveau et j'ai mis ce qu'il fallait sous les roues de devant, puis je suis remonté.

"Tenez-vous bien on est parti." "Ah, tu crois ça?" "Oui!" "Ah bien tu parles. Qu'est ce que tu as fait?" "J'ai mis un bardeau à couverture sous chaque roue. Une fois parti il ne faut plus s'arrêter. Il faut mettre le côté le plus rude en dessous pour ne pas qu'il glisse et le tour est joué. Il est aussi très mince et s'enfile facilement sous la roue. C'est bon marché et c'est très efficace, puis ce n'est pas la peine d'arrêter pour les ramasser." "Ne dis plus rien, je suis convaincu. On apprend bien à tout âge." "À quelle fréquence on ouvre le chemin dans ce coin-ci?" "Nous n'avons jamais eu de problème. Il faudra peut-être que tu contactes le district si tu n'es pas satisfait."

"Vous ne pourrez pas retourner chez vous cet après-midi et si vous voulez vous pouvez coucher chez moi ce soir et nous pourrions rencontrer le notaire demain matin." "Cela veut dire que tu achètes, mais tu n'as pas pu tout voir." "J'ai vu ce que je voulais voir et je suis heureux de vous l'enlever." "Ne me dis pas que tu as trouvé de l'or." "L'or ne ferait pas mon bonheur, mais cet endroit le fera." "Woin, c'est vrai que tu étais sérieux." "Vous venez coucher chez moi?" "Je ne veux pas déranger. Ça sera mieux qu'à l'hôtel je pense." "Je vous emmène donc chez moi et je dois prendre quelques amies à moi et je reviens tout de suite."

Je suis donc allé installer cet homme chez moi en lui demandant de se mettre à l'aise et je suis allé chercher mes deux filles, ne voulant pas les laisser seules pour la nuit, sachant très bien qu'elles n'étaient pas en sécurité dans leur appartement.

"Allô, c'est moi." "C'est toi Jacques? Nous étions inquiètes pour toi avec cette tempête dehors." "Et moi j'étais inquiet pour vous. Vous venez coucher chez moi, car je ne crois pas que vous êtes en sécurité ici." "Tu crois vraiment?" "Oui je le crois." "Ce Sinclair qui nous cherchait avant hier soir nous cherchera encore." "Mais tu disais qu'il était en prison." "Il peut en sortir aussitôt que quelqu'un payera sa caution et cela peut se produire plus tôt que nous le souhaiterions. En ce qui me concerne il est peut-être déjà sorti et je ne suis pas prêt à prendre le risque. Est-ce que vous avez emballé vos affaires?" "Non, nous ne savions pas que ça pouvait être aussi urgent." "Les filles, ce gars-là est venu après nous l'autre soir avec un pistolet et vous ne pensez pas que c'est urgent?" "Comment ça été sur la propriété? Ça n'a pas dû être facile avec cette tempête?" "J'ai eu le temps d'en voir assez pour être satisfait et je l'achète. Le vendeur est chez moi qui nous attend." "Tu as laissé les plans ici, tu veux les prendre maintenant." "Oui, il me les faut.

À quelle heure travaillez-vous demain?" "Jeannine travaille de jour et moi dans la soirée." "Nous n'avons pas de preuves solides, mais je suis convaincu qu'ils vont essayer de s'en prendre à l'un de nous sinon à nous tous. Alors prenez ce que vous avez besoin pour ce soir et demain nous viendrons prendre le reste. Ne vous inquiétez pas je m'occupe de tout. Demain Danielle, il faudra que tu t'occupes d'annoncer le condo et il devrait se vendre assez rapidement, puisqu'il en manque sur le marché. Tu devrais aussi contacter ton gérant de banque le plus tôt possible." "J'y verrai." "Vous êtes prêtes?" "Nous le sommes." "Allons-y. Laissez-moi descendre en premier pour m'assurer que le chemin est sécuritaire et je vous laisserai savoir par l'intercome." "Excuses-nous, nous n'avons pas pensé que c'était si sérieux." "C'est de ma faute, je ne voulais pas trop vous alarmer, mais le danger lui est réel. Quand un individu armé est assez fou pour entrer dans un club et menace de tirer, c'est sérieux et il ne faut pas le prendre à la légère." "Maintenant j'ai peur." "Il vaut mieux que vous ayez peur et que vous soyez prudentes que sans peur et trop audacieuses, mais tout va s'arranger, j'en suis sûr. Il vous faudra aussi être sur vos gardes au travail, car nous ne savons pas de quoi est capable le docteur Sinclair."

"Ça ne sera pas facile, il travaille directement avec nous." "Gardez l'œil ouvert, c'est tout. Bon, je descends, à tout à l'heure."

Tout c'est bien passé ce soir-là et pour les quelques semaines qui ont suivies. Nous sommes rentrés chez moi pour trouver mon vieil ami endormi sur le divan devant la télévision. Ça dû être une grosse journée pour lui tout ce chambardement en plus de son voyage de Québec à Trois-Rivières. Nous l'avons laissé dormir jusqu'à ce que le souper soit prêt.

J'ai offert aux femmes un bon gros spaghetti à la viande qu'elles ont immédiatement accepté, sachant très bien que j'étais l'ôte pour la soirée. C'était un repas à l'ancienne servi à la moderne. Vous auriez dû voir les yeux du vieux monsieur lorsqu'il a aperçu mes deux charmantes invitées.

"Est-ce que je suis toujours vivant ou si je suis mort et au paradis? J'ai l'impression d'être en face de deux anges du ciel."

Il nous a tous bien fait rire. Il était âgé, mais pas aveugle et il savait apprécier la beauté. Il a aussi semblé se questionner sur ce que je faisais avec deux aussi jolies dames. Je n'ai pas senti le besoin de l'en informer. Après avoir discuté du prix du terrain et être arrivé à un commun accord, je lui ai montré le plan de la maison que nous voulions construire sur cette propriété. Il n'en revenait tout simplement pas.

Vu qu'il était un très mauvais vendeur j'ai pris la décision de me vendre sa terre à sa place. Il en était venu au prix de dix milles dollars, mais je lui ai fait un chèque de vingt milles. Il a semblé tout déboussolé et il s'est vraiment demandé s'il était encore de ce monde. J'ai aussi payé les frais de notaire et d'enregistrement puis j'aurais voulu qu'il puisse encaisser son chèque immédiatement, mais le notaire s'y est opposé.

"L'argent va dans un trust et il sera déposé au compte de monsieur Fillion aussitôt que nous avons la confirmation que le terrain lui appartient vraiment et qu'il est clair de tout lien."

André a vite compris que c'était la procédure normale. Le tout a quand même pu se faire la même journée. C'était visible qu'il aimait énormément cette propriété et que la seule raison pour s'en départir était le fait qu'il ne puisse plus s'en occuper. Il a été une des rares personnes privilégiées à être invité pour l'inauguration de notre maison.

"J'arrive à ma quatre-vingtième année et je n'ai jamais rencontré quelqu'un comme toi. Il y a quelque chose en toi qui n'est pas comme tout le monde." "C'est peut-être parce que Dieu marche avec moi ou que je marche avec Lui." "Ah, Lui, je n'y crois pas vraiment." "C'est peut-être parce que vous ne le connaissez pas vraiment." "On nous a dit qu'Il voit tout, mais tu n'as pas vu ton chemin dans la tempête." "Est-ce que je me suis perdu?" "Non, mais c'est sûrement parce que j'ai klaxonné." "Moi je dirais que c'est parce qu'Il vous a donné l'occasion, l'opportunité de vous faire valoir, vous qui quelques fois pensez n'être plus bon à rien." "Ça pourrait être une façon de voir les choses." "D'où pensez-vous que viennent vos idées et vos pensées?" "Je n'en sais trop rien, mais elles sont sûrement en nous." "Bien au contraire, moi je sais que les esprits nous les communiquent et que les uns savent écouter et que d'autres ne savent pas, que les uns écoutent l'esprit du bien et d'autres l'esprit du mal." "Où as-tu trouvé une telle affirmation?" "Dans Matthieu 16, 17, Jésus dit à Pierre: 'Tu es heureux, Simon, fils de Jonas; car ce ne sont pas la chair et le sang qui t'ont révélé cela, mais c'est mon Père qui est dans les cieux.'

Et puis pratiquement dans la même conversation, dans Matthieu 16, 23, il dit encore à Pierre quelques minutes plus tard: 'Arrière de moi, Satan! Tu m'es à scandale; car tes pensées ne sont pas les pensées de Dieu, mais celles des hommes.'"

"Jamais de toute ma vie je n'ai entendu parler quelqu'un comme tu le fais." "C'est juste parce que vous n'avez pas écouté Jésus. Plusieurs pensent qu'ils sont athées parce qu'ils ne croient plus aux religions et aux hommes qui sont supposés enseigner la vérité sans se préoccuper de savoir si ce sont vraiment des hommes de Dieu.

Ceux qui ont menti ne sont pas de Dieu, mais du diable et il y a là un nombre presque incalculable." "Heureux de te connaître Jacques et c'est un énorme plaisir de faire des affaires avec toi."

C'est ce qu'il m'a dit en me serrant chaleureusement la main. Il a par la suite pris congé de moi avec regret je l'ai bien senti. J'avais cependant d'autres chats à fouetter. J'avais aussi très hâte de retrouver Danielle qui en avait beaucoup à faire de son côté. Je suis aussi passé au post de police pour obtenir des informations sur les derniers développements dans l'affaire Sinclair. J'ai appris que le criminel avait été libéré sous caution payé par son frère, le charmant docteur.

J'étais presque certain qu'ils tenteraient encore quelque chose de pas trop sain, mais je n'avais aucune idée de ce que ça pouvait être. Danielle et moi nous nous sommes retrouvés à l'heure du dîner chez moi.

"Comment est-ce que ça s'est passé à la banque?" "Très bien je pense, il m'a dit qu'il n'y aura pas de problème. Es-tu trop occupé pour m'embrasser aujourd'hui?" "Je te demande pardon, mais j'ai tellement de choses en tête présentement. Il faut encore que j'aille louer un camion." "J'ai bien pensé à tout ça et je ne pense pas que ce soit nécessaire." "Tu ne veux pas déménager chez moi." "Ce n'est pas ça, mais je ne pense pas avoir besoin de toutes nos choses.

Tu as presque tout ce qu'il nous faut chez toi. Nous pourrions juste prendre la nourriture qui peut se perdre et quelques petites choses que nous avons besoin, mais pour le reste, c'est peut-être mieux de le laisser en place. Tu sais qu'un appartement meublé se vend plus facilement qu'un tout vide." "Tu as peut-être raison, alors oublions le camion. Nous pouvons transporter ce peu de choses dans ma wagonnette. Est-ce que tu as mis l'annonce dans le journal?" "Dans le journal et sur l'Internet." "Très bonne idée! As-tu parlé avec Jeannine?" "Oui, elle va bien. Toi comment ça été de ton côté?" "La propriété est à nous." "C'est vrai? Oh, je suis contente." "Monsieur Fillion est retourné chez lui." "Il est peut-être un mauvais vendeur, mais toi tu es un mauvais acheteur. Tu as perdu dix milles dollars par ta faute." "Combien as-tu demandé pour votre condo?" "Deux cents vingt milles!" "Que dirais-tu si quelqu'un vous le payait sans poser de question?" "Ça serait chouette." "C'est ça, faites aux autres ce que vous voudriez que les autres fassent pour vous." "Encore une bonne leçon!" "C'est gratuit." "Qu'est-ce qu'on fait maintenant?" "Tu as deux heures devant toi, aussi bien aller chercher vos affaires au condo." "Allons-y." "Je vais appeler mon contremaître pour annuler le déménagement." "Le vrai surhomme ce n'est pas de la fiction, c'est toi." "Ne me fais pas rougir, veux-tu? Je ne fais rien qui n'est pas normal." "Mais tu en fais tant, c'est du jamais vu." "Tu exagères voyons, allons-y."

Danielle est allée travailler aussitôt que nous étions revenus chez moi avec leurs bagages. Elle n'était certainement pas dans une position enviable. Les uns pourront dire ce qu'ils veulent, ce n'est pas toujours facile de rendre le bien pour le mal, de tourner l'autre joue et de pardonner à ceux qui nous méprisent. Il lui fallait avoir une force de caractère incroyable. Nous ne pouvions pas en parler à qui que ce soit sans risquer des représailles légales. La situation n'était certes pas facile du tout.

Je suis passé sur mes chantiers et j'ai constaté que les travaux allaient bon train. Raoul, le contremaître avait rencontré les nouveaux propriétaires qui se sont dits satisfaits de nos chefs-d'œuvre. Je ne me suis pas trop attardé, puisque je voulais être à la maison pour l'arrivée de Jeannine et lui souhaiter la bienvenue. Après lui avoir fait part de toutes les activités de la journée, je me suis affairé à préparer le souper.

CHAPITRE 4

"Qu'est-ce que tu vas faire?" "Je fais une fricassée. Est-ce que tu en as entendu parler?" "Oui, mais je ne me souviens pas en avoir mangé." "Moi j'aime l'Afrique assez." "Ça doit, puisque tu en fais une." "Es-tu déjà allé en Afrique?" "L'Afrique assez! Ah toué! Comique!" "Quand tout sera presque cuit, je ferai des pâtes que j'ajouterai à la marmite. Moi j'en raffole surtout quand elles sont bien réussies, ce qui fait que si tu n'aimes pas ça, tu me les laisses." "Qu'est-ce que tu mets dedans au juste? Il te faudra me montrer comment faire pour que je puisse t'en faire un jour aussi." "Pour commencer je fais frire des cubes de bœuf ou du bœuf haché dans un poêlon en les assaisonnant de sel et de poivre. Lorsqu'il est cuit à soixante-quinze pour cent, je verse le tout dans un grand chaudron et j'y ajoute de l'eau et encore du sel et du poivre. Je mets une tasse d'eau dans le poêlon et verse le tout aussi dans le chaudron pour ne rien perdre de ce qui donne du goût. Puis je laisse le tout bouillir pendant une vingtaine de minutes durant lequel je vais préparer les légumes que j'aime. Je commence par les carottes, puisqu'elles prennent plus longtemps à cuire que les autres. Ensuite j'épluche les patates pendant que les carottes cuisent. J'y ajoute les patates en y ajoutant encore un peu de sel. Je laisse cuir pendant un autre dix minutes durant lesquelles je prépare mes pâtes. Une tasse de farine, deux cuillères à soupe d'huile, une culière à soupe et demie de poudre magique et tout ça mixé bien comme il faut en y ajoutant le lait au besoin. Il faut que la pâte demeure assez pâteuse, assez épaisse. Ajoutez la pâte à la marmite et laissez cuir jusqu'à ce que les pâtes soient toutes bien levées.

Tra-la-la; et voilà madame est servie." "Aie, c'est bon ça. Il n'y a pas à dire tu es un homme à marier."

"Ça ne sera peut-être pas facile, même si je t'aime de tout mon corps, de tout mon cœur et de toute mon âme. Quoiqu'il en soit, je ferai tout ce qui est possible pour que ça se réalise, mais je te dis tout de suite qu'il n'est pas question que nous joignons une religion, car cela équivaudrait à faire un pacte avec le diable pour moi.

Salomon a été l'un des plus grands roi de la terre et le plus sage et il avait des richesses à n'en plus finir, mais il a tout perdu, même les faveurs de Dieu lorsqu'il s'est prostitué aux dieux des religions de ses dernières femmes. Avec l'aide de Dieu je ne ferai certainement pas la même erreur." "Es-tu en train de me dire que tu ne m'épouseras pas?" "Pas du tout, je te dis que je ne rejoindrai aucune religions même si je t'aime de tout mon cœur." "C'est ça le plus important, c'est que tu m'aimes. Tout ce que je sais est que je ne pourrais jamais vivre sans toi." "Moi non plus je ne pourrais pas." "En tous les cas, si tu te débarrasses des problèmes comme tu t'es débarrassé de ce grand niaiseux l'autre soir, tout va aller très bien." "Je voudrais en être aussi sûr que toi." "Est-ce qu'il y a un autre problème?" "Il est déjà sorti de prison, votre docteur a payé la caution." "L'enfant de ch . . . . ! Qu'allons-nous faire?" "Il faut malheureusement attendre qu'il se compromette et alors seulement nous pourrons réagir." "En attendant, il faut vivre dans l'incertitude tous les jours." "C'est exact, nous ne savons rien de ce qu'ils vont tenter la prochaine fois." "Tu as dit; 'ils?'" "Oui, je pense que le docteur est aussi dangereux que son frère et peut-être même plus." "Est-ce que Danielle le sait?" "Je lui ai demandé de demeurer sur ses gardes." "Changeant de sujet, comment ça été avec la propriété?" "Je me suis presque perdu dans la tempête, mais je l'ai quand même acheté." "Tu vrai? Oh, que je suis contente.

Ça veut dire que tu vas commencer les travaux sous peu." "Aussitôt que la terre sera dégelée. Je vais acheter une excavatrice pour enlever la neige et j'installerai les toiles chauffantes que j'ai inventées, question de savoir dès demain si ça fonctionne bien pour dégeler la terre." "Une excavatrice, c'est beaucoup d'argent?" "Près de cent milles, mais j'ai beaucoup de travail qui l'attend avec l'excavation et tout le défrichage qu'il y a à faire. En fait, c'est mieux qu'un simple tracteur et c'est une machine qui va se payer d'elle-même.

J'ai payé mon excavateur près de vingt-cinq milles dollars par année pour les trois dernières années. La durée de vie d'une telle machine est plus de trente ans. Crois-moi c'est une bonne affaire." "Mais ça ne te mettras pas trop de court pour la maison? Selon tes chiffres tu nous construis pratiquement au prix coûtant sans aucun profit." "Où as-tu pris cette information?" "Tu as laissé les plans à la maison et nous avons demandé à un autre contracteur un estimé approximatif, parce que nous avons pensé que tu ne chargeais pas assez. L'autre contracteur nous a dit que ce n'était pas un prix final, mais que ça serait au moins sept cent milles. Il y a une différence de plus de cent cinquante milles." "Je ne veux pas faire de profit avec mes épouses et je suis sûr que si j'ai besoin d'aide vous serez là pour moi. Et puis, j'ai tout fait mes calculs et si je manque un peu d'argent je suis sûr aussi de pouvoir compter sur quelques amis pour m'aider.

Mes cartiers ne sont pas tellement grands, ce qui ne coûte pas énormément et cette maison-ci va presque tout payer y compris l'excavatrice." "Tu es pratiquement un génie des affaires." "Je ne suis pas certain de ça, surtout pas selon M. Fillion et Danielle." "Qu'est-ce qui te fait dire une telle chose?" "J'ai payé la propriété vingt milles quand j'aurais pu l'avoir pour dix milles." "Qu'est-ce qui t'a pris?" "Il était vulnérable et je n'ai pas voulu profiter de lui." "Ça, c'est tout à ton honneur et je suis certaine que Dieu te le rendra." "Maintenant je sais que tu Le connais bien.

Je ne sais pas ce qu'il en est pour toi, mais moi je suis exténué." "Viens t'étendre, je vais te donner un massage." "Qu'est-ce que tu as des mains douces! C'est très agréable." "Jacques! Jacques! Tu dors? Pas de nanane pour moi ce soir. 'Temps en temps du nanane, du nanane, temps en temps du nanane c'est bon.'

J'espère que je n'aurai pas à chanter ça trop souvent. Et bien, je vais me mettre un film."

Jeannine s'est endormie elle aussi sur un autre divan devant le téléviseur. Elle m'avait recouvert avec un couvre-pied. C'était la première fois en plus d'un an que je fus impuissant à satisfaire l'une d'elles, mais croyez-moi, ce n'était quand même pas sans regret.

Comme il y a une raison pour tout, le seul fait d'être près de la porte a permis à Jeannine de se réveiller rapidement à l'arrivée de Danielle qui avait oublié de prendre une clef. J'ai ressenti un frisson juste à l'idée qu'elle aurait pu décider d'aller coucher au condo toute seule si elle n'avait pas pu entrer. J'en ai profité pour réaffirmer mon avertissement de ne jamais prendre de risque. J'aimerais mieux perdre une vitre que de la perdre.

"Qu'est-ce que Jacques fait sur le divan?" "Il était exténué et il s'est endormi. J'ai pensé qu'il valait mieux le laisser se reposer." "Tu ne vas pas le faire mourir d'amour Jeannine, c'est vrai qu'il est fort mais quand même?" "Non Danielle! Je n'ai pas eu de nanane ce soir, mais je dois t'avouer que ce n'est pas l'envie qui m'a manqué." "Il devrait aller dormir dans son lit." "Il dort si bien, moi je pense qu'il vaut mieux le laisser dormir là."

Toutes les deux sont allées se coucher sans nanane ce soir-là, quoique je suis allé rejoindre Danielle à quatre heures trente du matin, mais en faisant très attention de ne pas la réveiller. Lorsque nous nous sommes réveillés Jeannine était déjà parti au travail.

Après avoir pris notre déjeuner Danielle est allée sur l'ordinateur pour prendre ses courriels. Il y avait comme d'habitude une énorme quantité de messages insensés quand soudain ses yeux ce sont arrêtés sur un courriel plutôt intéressant. Elle m'a lâché un cri qui croyez-moi m'a fait peur au début.

"Qu'est-ce que c'est Danielle? Tu m'as fait peur." "Lis-moi ça ici."

"'Très intéressé à votre condo, s'il vous plaît ne vendez pas avant que j'aie pu le voir. S'il est toujours disponible je prendrai l'avion ce soir et je serai là à midi demain. J'attends votre réponse. Laurent.'"

"Qu'en penses-tu Jacques?" "C'est un acheteur potentiel. Qu'attends-tu pour lui répondre? Surtout n'aies pas l'air de vouloir vendre à tout prix!" "Je te laisserai lire ma réponse avant de l'envoyer, qu'en penses-tu?" "C'est comme tu voudras."

'Le condo est toujours disponible, mais la demande est très forte. Si vous êtes très sérieux et que je peux vous faire confiance j'attendrai jusqu'à demain. Danielle.'

"Que penses-tu de ça Jacques?" "C'est parfait, c'est court et ça sème le doute. C'est ce qu'il faut pour le faire bouger rapidement s'il est vraiment sérieux. Je dirais oui, envoie lui ça on verra bien." "C'est parti. As-tu encore du thé?" "Oui, je te l'emmène tout de suite. Veux-tu quelques biscuits aussi?" "Ça serait bon, merci." "Voilà, madame est servie." "Tu es un trésor." "Ce n'est rien voyons." "Tu n'as aucune idée de ce que c'est pour nous, n'est-ce pas?" "Oh oui, j'ai ma p'tite idée." "Dis-moi, qu'est-ce que c'est alors?" "C'est un pot de nanane dans lequel je peux me bourrer la face." "T'as pas mal raison.

Aie, viens voir ça, il m'a répondu."

'Donnez-moi le nom de votre banque ainsi que l'adresse et je vous enverrai immédiatement cinq milles dollars au comptoir à votre nom. Si je suis là comme attendu le montant ira comme dépôt sur le condo et si je n'y suis pas ça sera un cadeau pour vous, Laurent.'

Aie, c'est vite l'Internet." "Donne-lui le OK et nous irons à la banque pour voir si l'argent y est."

Danielle lui a donné le OK tout en lui donnant toutes les informations dont il avait besoin pour compléter la transaction, puis nous sommes allés à la banque.

"Ce n'est pas nécessaire que tu viennes avec moi Jacques." "Ah, tu penses ça? Et si c'était un piège? Si c'était un des Sinclairs qui t'a écrit?" "C'est bien trop vrai, on ne sait pas vraiment de qui ça vient." "À partir de maintenant je suis ton garde du corps. Je t'emmène au travail et je te reprends à la fin de ton quart et quand je te dis baisse-toi, tu te baisses, si je te dis cours, tu cours, t'as bien compris?" "Oui, c'est clair." "On ne peut même pas aller à la police sans faire rire de nous.

Il ne faut compter que sur nous-mêmes." "J'ai compris, j'ai compris, allons-y." "Il vaut mieux prévenir que de guérir même si on est une bonne infirmière comme toi."

Nous sommes donc allés à la banque pour y trouver l'argent comme attendu. Cela m'a fait encore plus peur, car je me suis dit que s'il était prêt à perdre cinq milles dollars pour piéger Danielle, c'est qu'il est vraiment décidé à agir.

Le lendemain à midi un homme d'une soixantaine d'années s'est présenté à l'endroit indiqué où il est descendu d'une limousine blanche. Il était d'une corpulence peu commune, bâtit comme un joueur de football. Il se devait d'être six pieds six et peser au-delà de deux cent cinquante livres. Il a immédiatement demandé à voir le condo en nous disant qu'il était très pressé.

"Je suis Laurent." "Moi c'est Danielle et voici mon mari Jacques." "Alors montons si vous voulez bien." "Oui, c'est au sixième.

Nous sommes montés tous les quatre, car le chauffeur qui était tout aussi imposant que Laurent l'accompagnait tout comme s'il était son garde de sécurité. Je me suis demandé s'ils n'étaient pas de la mafia ou du gouvernement, ce qui est du pareil au même dans bien des cas. D'une manière ou d'une autre c'était plutôt inquiétant.

Aussitôt entrés ils ont fait le tour de tout l'appartement en regardant même dans les gardes robes et en testant les lits et ce qu'il y avait dessous et tout ça sans dire un seul mot. J'avais commencé à penser avoir besoin de me servir de mes arts martiaux quand Laurent a ouvert la bouche pour dire:

"Que diriez-vous si je vous donnais trois cent milles pour ce condo et tous les meubles? Vous ne prendriez que vos affaires personnelles." "Il faudrait que j'en parle avec ma partenaire."

"Non, nous sommes d'accord." "Mais Jacques!"

"Nous sommes d'accord monsieur?"

"Laurent Charron est mon nom. Très bien alors, mon agent vous contactera dans moins de deux heures. Je veux aménager et pas plus tard que demain. Vous lui remettrez les, toutes les clefs s'il vous plaît." "Il les aura monsieur et tous nos effets personnels seront hors d'ici avant minuit. Cela vous va?" "Ça ira. C'est bon, il faut que j'y aille maintenant. Bonjour!" "Bonjour monsieur."

Ils s'en sont allés et j'avais devant moi une dame très concernée, complètement déconcertée avec des yeux très questionneurs.

"Mais Jacques, Jeannine va vouloir nous tuer." "Pourquoi, lui avoir fait gagner plus en une heure qu'elle en gagne dans une année complète? Je ne pense pas." "Mais il aurait fallu lui en parler avant." "Ce monsieur n'avait pas le temps de niaiser. C'était là ou jamais. Qu'est-ce que votre ménage vous a coûté?" "Environ quinze milles, si je me souviens bien!" "C'est ce que j'ai pensé. Il vous en donne quatre-vingt-dix milles. Je ne connais pas ses raisons et je ne veux pas le savoir, mais cet homme est vraiment pressé pour trouver un endroit et il le veut tout meublé, puis vous deux vous êtes plus riche de soixante-quinze milles." "C'est toi qui l'as mérité, moi je l'aurais perdu." "Sûrement si tu avais insisté pour le faire attendre, c'est pourquoi je me suis interposé. Pardonne-moi?" "Te pardonner pourquoi? Nous avoir enrichie! Qu'est-ce que nous ferions sans toi?" "La même chose qu'avant!" "Avant, je ne veux pas y penser."

Nous sommes allés chez moi pour attendre le coup de téléphone qui nous importait. Ça n'a pas été très long. En moins de quinze minutes on nous avait donné un rendez-vous chez le notaire.

"Tu as les papiers du condo?" "Ils sont là chez le notaire." "Mais où est votre copie?" "Elle est là chez le notaire. Nous avons pensé que c'était l'endroit le plus sûr." "Mon Dieu mais!" "Qu'est-ce qu'il y a?" "T'es mieux de prier pour que ce notaire soit honnête." "Pourquoi? C'est un homme de loi?" "Danielle, s'il l'a voulu ce condo est déjà à son nom et vous ne pourriez rien n'y faire." "Ça ne se peut pas." "Oh oui ça se peut. J'en ai connu un à Victoriaville qui m'a fait payer mes intérêts deux fois.

Je l'ai emmené en cour pour me faire dire par le juge qu'il était désolé pour ma perte, car il était fort probable que je les avais payés une première fois, puisque les intérêts se paient toujours avant le capital, mais vu que je n'avais pas de preuve, je devais les payer de nouveau.

Le notaire m'avait dit lorsque je lui ai demandé un reçu que ce n'était pas nécessaire, qu'il l'écrirait dans le contrat. Voilà, c'était un homme de loi. J'ai su beaucoup plus tard que ce notaire avait été destitué, mais ça ne m'a jamais rendu mon argent." "Ça serait toute une shoot de gagner soixante-quinze milles dans une journée et en perdre trois cents milles." "Ne ris pas, ça se peut très bien." "Je ne ris pas, je suis plutôt nerveuse." "Des papiers comme ceux-là tu les mets ou bien dans un coffre fort ou dans un coffret à la banque, mais au grand jamais tu les laisses où tu pourrais ne plus jamais les revoir." "Jeannine et moi nous lui faisons confiance." "C'est correct de faire confiance aux gens, mais ce n'est pas correct de se mettre dans une position aussi vulnérable.

Prends par exemple, qu'est-ce qui aurait pu arriver s'il était décédé et que celui qui aurait pris sa relève était le docteur Sinclair." "Nous perdrions tout, tu as encore raison." "Bien sûr que j'ai raison, ne faites plus jamais une chose pareille.

C'est à espérer que tout ira bien, sinon tout notre beau projet est à l'eau. J'espère aussi que nous serons là avant quiconque pour demander vos papiers. Ne pleures pas Danielle, mais il faut que tu comprennes que la grosse majorité des hommes d'affaire de ce monde prend avantage de la vulnérabilité des plus faibles." "Je sais, j'ai bien vu ce qui aurait pu arriver au vieux monsieur Fillion si tu l'avais voulu." "Nous sommes arrivés. Je t'en pris chérie, quoiqu'il arrive reste calme, veux-tu?" "Je le serai, ne t'en fais pas." "Allons-y maintenant."

Nous sommes entrés et même si nous avions vingt minutes d'avance ils nous attendaient déjà. Ça, c'était la bonne nouvelle, puisque cela signifiait que nous étions encore dans le portrait.

"Tout va très bien Danielle." "Tu es sûr?" "Oui, je le suis."

Il va sans dire qu'elle était très soulagée de l'entendre. Tout s'est bien déroulé et il ne manquait seulement que la signature de Jeannine. Aussitôt que nous étions sortis de cet immeuble j'ai rejoint Jeannine sur mon cellulaire.

"Ici l'hôtel Dieu!" "Allô, est-ce que je pourrais parler avec Jeannine, s'il vous plaît?" "Juste une minute."

"Ici Jeannine!" "Jeannine, est-ce que tu as quelques minutes?" "C'est toi Jacques, tout va bien?" "Oui, tout va bien. Jeannine, si je voulais acheter tout ton ménage, tu me le vendrais combien?" "Je ne sais pas, je n'y ai jamais pensé. Danielle et moi l'avons acheté ensemble et je crois qu'il nous a coûté aux alentours de quinze milles." "Tu me le vendrais combien?" "Je ne sais pas, dix, douze milles peut-être. Que dirais-tu si je te faisais avoir quatre-vingt dix milles?" "Je dirais que tu te moques de moi." "Pas du tout, sais-tu où est le notaire Tremblai?" "Oui, c'est là que nous avons fait faire notre contrat pour le condo." "Il est vendu. Va m'attendre là après ton travail, veux-tu?" "Bien sûr, mais tu es sérieux?" "Oui, il est vendu, il ne manque que ta signature." "J'y serai." "Comment ça va au travail?" "Pour moi ça va, mais tu sais qui travaille ce soir." "Ah oui, je préviendrai Danielle. Il te faudra travailler quelques heures ce soir toi aussi." "Ça ira, je suis en forme, j'ai eu une nuit complète de sommeille." "Je m'excuse, je ne voulais pas te laisser tomber." "Tu en avais besoin, c'est compréhensible et pardonnable." "À tantôt. Il se peut qu'on se rencontre à ta sortie de l'hôpital, je vais aller reconduire Danielle au travail. Bye!" "Bye!"

Après avoir reconduit Danielle à l'hôpital, je me suis rendu chez le notaire Tremblai pour y attendre Jeannine qui n'a pas tardé à se montrer. Aussitôt que les papiers en question furent signés et que nous en avions une copie complète en mains, j'ai demandé à Jeannine de bien vouloir m'attendre à l'extérieur pour quelques minutes. Elle a semblé soucieuse de ma demande, mais elle y a quand même accédé.

"M. Tremblai, vous êtes un homme de loi très sérieux?" "Je pense bien l'être, oui." "Comment se fait-il alors que vous avez laissé ces deux filles sans aucune protection?"

"Elles étaient sous ma protection personnelle et ça sur leur demande M. Prince." "Qu'aurait-il pu se passer s'il vous était arrivé quelque chose de fâcheux et que celui ou celle qui aurait pris votre relève serait déshonnête?" "Tout ça ne sont que des suppositions." "Ce sont des suppositions qui auraient pu conduire à la perte de trois cent milles dollars pour ces deux filles et ça, c'est inacceptable.

Vous avez l'obligation de protéger vos clients envers et contre tous et ça contre eux-mêmes." "Ça sera tout M. Prince?" "C'est tout, mais ne me forcer pas à venir témoigner contre vous M. Tremblai, parce que je le ferai sans hésiter."

Jeannine qui se demandait bien ce que je pouvais fabriquer derrière cette porte m'a quand même forcé la main pour tout savoir.

"Vous auriez pu tout perdre et c'est cinq années de vos revenus pour chacune de vous." "Mais c'est nous qui lui avons demandé de garder nos papiers, parce que nous ne savions pas où les mettre." "Il avait le devoir professionnel de vous protéger contre vous-mêmes. C'est facile pour n'importe qui de dire; 'Mettez-les dans un coffret à la banque ou dans un coffre-fort ou encore, faites faire une copie et laissez-la chez vos parents.' Ça me fâche juste de penser que vous auriez pu tout perdre quand vous méritez toute la sécurité possible.

Bon, c'est assez pour ça, il nous faut aller chercher vos affaires personnelles maintenant. Nous n'avons que quelques heures et il nous faut leur remettre les clefs avant huit heures ce soir." "J'en reviens pas, quatre-vingt-dix milles pour notre ménage. C'est bien vrai tout ça, je ne rêve pas?" "C'est écrit en noir et blanc sur le contrat qui sera mis dans un coffre-fort, barré a double tour et l'argent sera dans votre compte dans un jour ou deux.

Danielle voulait t'en parler avant de lui donner une réponse, mais l'acheteur n'avait pas le temps d'attendre, c'était là sur l'heure ou jamais. Alors j'ai pris sur-le-champ la décision pour toi." "Tu as bien fait, mais pourquoi Danielle n'a pas décidé elle-même?" "Elle a extrêmement de respect pour toi. Vous deux vous êtes unies comme je n'ai jamais entendu parler." "Ça tu peux le dire, c'est comme qui dirait: À la vie, à la mort."

Nous sommes donc allés chercher le reste de leurs affaires au condo juste après avoir ramassé une douzaine de boîtes de carton. Ceci fait nous avons retourné les clefs à qui il se devait.

"Je n'en reviens toujours pas de voir à quelle vitesse ce condo s'est vendu. Peut-être devrais-tu te lancer dans la construction de ceux-ci." "Pour ça il me faudrait quelques millions que je n'ai pas et en plus les risques sont énormes." "Tu dois avoir raison sans compter que les maisons que tu bâtis sont tellement plus jolies." "Tu trouves, vraiment?" "Oui et la nôtre sera vraiment magnifique, j'ai tellement hâte de l'habiter." "Ça viendra, je commence l'excavation la semaine prochaine." "Mais la terre doit être encore gelée?" "Elle est en train de dégeler à l'emplacement de notre maison." "Déjà? Mais tu dois travailler même dans tes rêves?" "C'est dans mes rêves que je trouve ma direction." "Qu'est-ce que tu veux dire?" "Je te dis que Dieu me parle et me guide à travers mes rêves." "Tu inventes ça?" "Pas du tout. Si je te disais que j'ai appris à jouer du violon dans un rêve, que j'ai composé un grand nombre de chansons où les idées sont venues des rêves, que mes idées pour les livres que j'ai écrits sont venues des rêves, que j'ai dix inventions extraordinaires venues des rêves, que j'ai connu l'identité de l'antéchrist et de la bête dans un rêve et que j'ai même appris à danser le cha cha dans un rêve.

Une fois je me suis réveillé au milieu de la nuit et j'étais tout en pleures. Dans ce rêve je vivais et je chantais un terrible cauchemar." "C'était quoi ton rêve?" "Je chantais mon histoire et si tu le veux je peux te la chanter." "J'aimerais bien ça." "Son titre est: Toujours Obsédé et elle va comme ceci.

> Toujours obsédé, je ne peux oublier
> ce qui se passa ce soir-là.
> C'est vrai que j'ai trop bu, j'ai pris un verre de plus que je ne
> peux vraiment porter.

Lorsque sur mon chemin, ce qui fut si soudain
ma voiture frappa je'ne sais quoi.
Je saute hors de l'auto et je vis aussitôt, c'était là, c'était ma
faute à moi.
Gisant sur le pavé elle est gravement blessée
cette fille ressemble à mon aînée.
Quand elle me regarda, elle me dit: 'Me voilà,
c'est fini pour moi c'est terminé.'
Elle n'a que seize ans et elle est très jolie,
pourquoi ce terrible accident?
Elle a dit: 'Pourquoi moi, ai-je mérité ça?
Pas plus que ma sœur ou mon frère?
Trouvez mon papa et dites à maman
que je m'en revenais chez-moi.'
Jamais je n'oublierai lorsque j'ai annoncé à sa mère, ce fut
terrible à faire.
C'est en ouvrant la porte, qu'elle a su de la sorte, c'était
mauvais ce que j'apportais.
Puis m'ayant écouté, elle m'a raconté et
j'ai dû croire toute la vérité.
Quand il y a deux ans, quand en les quittant,
elle aussi parti pour me ramener.
Elle chercha partout oui son père un peu fou,
mais qu'elle aimait par-dessus tout."

"Arrêtes ça Jacques, arrêtes ça tout de suite, c'est trop triste. Il y a plus encore, car cette histoire aurait très bien pu être la mienne. J'ai juste eu un peu plus de chance que cette fille. Moi j'ai réussi à ramener mon père à la maison avant qu'il n'y eut un accident." "Comme je regrette ma chérie, la dernière chose que je souhaite est bien de te faire pleurer." "Ce n'est pas de ta faute, tu ne pouvais pas savoir ce qui s'est passé dans mon enfance et ce n'est pas quelque chose dont j'aime à parler." "S'il te plaît chérie? Cesse de pleurer, cela me crève le cœur comme le ferait des fléchettes. C'est ce que font des larmes dans tes yeux.

Je pleurais aussi quand je me suis réveillé au milieu de cette nuit-là. Puis, je me suis levé et je suis allé m'asseoir à la table pour écrire cette même chanson que je chantais dans mon rêve. C'était une histoire dont je n'avais jamais entendu parler et elle ne m'avait jamais traversé l'esprit non plus. Ce n'est pas facile de comprendre tout ça." "Ce n'est pas surprenant que tu sois plein de sagesse." "Tu dis connaître l'identité de l'antéchrist et de la bête?" "Il m'a été révélé dans un rêve aussi. Mon deuxième livre est intitulé; Le Vrai Visage De L'Antéchrist, écrit à la suite d'une étude de plus de cinq milles heures. C'est l'antéchrist lui-même qui défie le monde d'être assez intelligent pour trouver le nom de la bête qu'il a créé, son numéro est six, six, six." "Mais quel est son nom?" "Pardonne-moi Jeannine, mais je ne suis pas prêt à le dévoiler au monde maintenant? Le temps n'est pas encore venu et n'oublie pas que lorsque son nom sera dévoilé, elle rugira de fureur et plusieurs disciples comme nous se feront assassiner.

Le jour où je dévoilerai son nom, c'est le jour où je signerai mon certificat de mortalité à moins d'avoir des millions pour me cacher et je ne suis pas vraiment pressé pour ça.

Elle a toujours été cruelle et meurtrière cette bête-là." "C'est quand même très apeurant tout ça." "Mais Jésus nous a donné un très bon message à ce sujet dans Matthieu 10, 28. 'Ne craignez pas ceux qui tuent le corps et qui ne peuvent tuer l'âme; craignez plutôt Celui qui peut faire périr l'âme et le corps dans la géhenne.'

J'aime la parole de Dieu, elle est instructive, elle est réconfortante et elle est pleine de vie. Je ne comprends pas que tant de personnes l'ont lu sans la suivre." "On ne peut certainement pas dire que toi tu ne la suis pas." "J'adore marcher avec Dieu. Parlons un peu de faire sa volonté maintenant. Quand est-ce que tu penses commencer à faire des enfants?" "Aussitôt que tu le voudras mon cher amour. Et si on s'y mettait dès maintenant?" "Tu veux dire, si on se mettait?" "J'ai travaillé de longues heures aujourd'hui, vaut mieux prendre un bain."

"N'oublies pas que je dois aller chercher Danielle à onze heures trente."
"C'est vrai, allons-y tout de suite, il ne reste pas tellement de temps."
"Nous avons deux heures devant nous, ça devrait être assez pour faire ton bonheur et un beau bébé." "Tu fais toujours mon bonheur Jacques, c'est tellement bon d'être avec toi. Tu réussis à me faire jouir sans bon sens. Le sexe se doit d'être l'une des plus belles choses que Dieu ait fait!" "S'Il ne l'avait pas fait aussi bon certainement que sa volonté de remplir la terre ne s'accomplirait pas."

C'est ce soir-là je pense, selon les calculs que mon deuxième fils fut conçu. J'étais quand même à l'heure pour prendre Danielle à la fin de son quart. Tous comptes fait cette journée-là en fut une assez spéciale dans notre vie.

Une semaine plus tard je commençais juste à m'accoutumer à bien manipuler ma nouvelle excavatrice dont beaucoup de gens appellent pépine. J'ai réussi à creuser environ trois pieds de profondeur avant d'être arrêter par la gelée de nouveau. Dans deux jour j'aurai atteint la profondeur nécessaire pour commencer les fondations en autant qu'il n'y ait plus de terre gelée. Il est important que la gelée ne puisse pas atteindre le dessous des fondations, car si elle le fait, elle peut tout casser.

Un soir en prenant Danielle comme je le faisais déjà depuis plus de dix jours, elle était tout en larmes. Il n'y a rien au monde qui me crève le cœur comme ça.

"Mais qu'est-ce qui t'arrive pour l'amour du ciel?" "Je me suis trompée de médicament et une patiente est très malade à cause de moi. Elle est tellement enflée qu'elle est méconnaissable." "Mais tu ne dois pas te morfondre à ce point-là, sinon tu ne pourras plus faire ce travail." "C'est la première fois que ça m'arrive." "Une erreur en huit ans, ce n'est quand même pas exagéré." "Dans notre métier on ne peut pas se tromper comme ça, des gens pourraient en mourir." "Tu es trop dure avec toi-même, même les médecins font des erreurs. Qui était de garde ce soir?" "C'était Raymond, heureusement il connaissait l'antidote. Il a dit qu'elle devrait s'en remettre.

Je ne sais pas s'il m'a rapporté." "Il ne manquera pas une aussi belle occasion de se venger." "C'est vrai que l'occasion lui serait belle." "Allons quand même se coucher, ça ne sert à rien de s'arracher les cheveux et les tiens sont beaucoup trop jolis."

Cela m'a pris quelques heures, mais j'ai quand même réussi à la consoler. Au matin elle m'a demandé si elle pouvait m'accompagner au travail insistant pour connaître les bases de mon métier.

"Je ne vais pas sur notre projet ce matin, la terre est encore gelée, cependant si tu le veux toujours demain matin je vais terminer l'excavation. Retournes au lit et repose-toi bien, je te réveillerai demain matin."

Elle est retournée au lit et moi je me suis rendu sur mes chantiers. Raoul avait les choses bien en mains et il ne restait plus qu'une dizaine de jours pour tout terminer les travaux en cours. C'était trois maisons dont deux me procuraient de bons profits, mais beaucoup moindre pour la troisième. Il faudra que je m'attarde sur ce problème pour voir ce qui n'a pas marché pour celle-là. Je savais qu'il y avait eu une erreur quelque part.

"Voudrais-tu terminer en ordre le 222, puis le 228 et terminer avec le 224." "Je ne vois aucun problème, mais as-tu une raison particulière?" "Oui Raoul, ces deux-là me rapportent un profit et celle-là pour une raison que je ne connais pas encore me rapporte presque rien." "C'est quand même étrange. C'est toi qui as fait tous les calculs?" "Oui, et c'est pourquoi je suis intrigué, mais je trouverai t'en fais pas. OK, dans dix jours je vous veux tous à ma ferme, tu as les directions?" "Oui, tu me les as déjà données l'autre jour." "C'est tout ce que j'avais à dire, as-tu des questions?" "Non, je pense avoir tout ce que nous avons besoin." "C'est bon, appelle-moi s'il vous manque quelque chose."

Je suis retourné chez moi pour trouver Danielle en train de préparer la table et le repas était prêt à servir. Il n'y a pas plus joli qu'une femme enceinte qui vous sert à manger. J'ai ressentis tellement d'amour pour cette femme à ce moment précis que j'ai eu peine à retenir des larmes de joie. Je remercie mon Dieu tous les jours qu'Il fait pour mes amours et pour le bonheur qu'elles me procurent.

"Salut toi, comment vas-tu?" "Je vais bien grâce à toi." "Moi aussi je vais bien grâce à toi. On est quitte." "Tu as reçu quelques lettres, je les ai mises sur ton bureau." "Merci, je verrai après le dîner. Je n'ai eu aucun appel?" "Non, on m'a laissé dormir comme un ange." "Mais tu es un ange." "Pour toi seulement!" "Là, je veux bien être un peu égoïste et te garder pour moi seul." "Ne crains rien, je suis tout à toi et rien qu'à toi." "Tu es des plus charmantes, c'est pas pour rien que je t'aime tant, embrasse-moi, c'est tout ce que je veux pour dessert." "Moi aussi, je ne veux pas prendre trop de poids." "Moi je ne veux pas que tu aies de mal à mettre bas."

Le dîner terminé je suis allé ouvrir mon courrier. Il y avait là une lettre de la cour provinciale et une autre confirmant que la nouvelle propriété a été enregistrée au non de Jeannine, de Danielle et de moi-même.

La première lettre m'obligeait à comparaître à la cour de Sa Majesté la Reine à telle adresse le 31 Mars à dix heures pour témoigner au procès de M. Bernard Sinclair. Je me suis demandé qui aurait bien pu me citer comme témoin. Ce n'était certainement pas un des Sinclairs.

Ça se devait d'être un des portiers qui voulait prouver qu'il avait eu une raison valable de foutre Sinclair dehors. Mais pourquoi moi, il y avait une grande quantité de personnes qui pouvait témoigner de ce fait-là. Finalement je me suis dit; pas la peine de me casser la tête, on verra bien.

Jeannine pouvait être aussi un des principaux témoins, mais ni elle ni moi n'était là lorsque Sinclair est revenu au club armé d'un pistolet. En réalité il n'y avait pas du tout de raison pour moi d'être appelé à témoigner pour un crime dont je n'avais pas été témoin. Il fallait quand même que je me présente à la cour si je ne voulais pas me rendre coupable d'un crime contre Sa Majesté. En attendant la vie continue.

Le lendemain matin Danielle m'accompagnait et je l'ai fait monter avec moi dans l'excavatrice. J'ai donc continué l'excavation en sa compagnie. J'étais heureux d'apprendre que le terrain était plutôt sec. Les matériaux nécessaires avaient été délivrés la veille. J'ai étendu une bonne couche de pierres concassées qui est un élément très important pour empêcher les mouvements de la terre sous la maison. Tout y était, les barres d'acier, les matériaux pour les formes, le drain agricole perforé pour l'écoulement des eaux superflues, le papier d'étanchement bleu et collant qui rend la fondation aussi étanche qu'une piscine et le stirfoam pour empêcher le ciment de geler.

Comme de raison Danielle voulait tout savoir et tout apprendre la même journée. Elle n'était certes pas faite pour des travaux de ce genre, elle qui est si féminine et si délicate. Demain, il me faudra emmener un aide capable de clouer et d'enfoncer les piquets. Il m'a fallu ramener Danielle pour qu'elle se prépare pour son travail et il va sans dire que j'aimais de moins en moins sa situation à l'hôpital.

Quoi qu'il en soit, il s'est passé une autre semaine sans qu'il y eut un autre accrochage. Le lendemain matin je terminais la première phase des fondations à l'aide de mon transit et de mon nouvel apprenti. À la fin de la journée tout était prêt pour recevoir le ciment. Il faut dire que j'ai découvert une méthode pour couler le tout en un seul coup, je veux dire la base et les murs. L'étanchéité y est beaucoup plus assurée.

Je fais mon salage quatre pieds et demi de haut pour l'emmener à deux pouces au-dessus du sol, ce qui revient à meilleur marché et donne une maison beaucoup plus chaude. Le reste je le construis avec du deux par huit et comme ça je peux y mettre de belles grandes fenêtres pour le sous-sol et une bonne doublure d'isolation. Des fenêtres dans lesquelles je peux faire glisser des feuilles complètes de contre plaqué et de plâtre. Croyez-moi ça n'en vaut le coût. C'est aussi très avantageux si un jour vous voulez louer le sous-sol.

Le lendemain la température était idéale pour la coulée avec un beau huit degrés. La plupart des poseurs de formes vont aligner les murs à l'extérieur, mais moi je le fais à l'intérieur, de cette façon j'ai presque un mur fini, c'est-à-dire qu'il ne me reste plus qu'à installer un stirfoam et de le strapper avec des 1 x 2 ou des 1 x 3 aux seize pouces quelques jours plus tard alors que les clous pénètrent le ciment comme dans du bois mou et lorsque le ciment est durci, il n'y a plus moyen de les arracher. Voilà le tour est joué et vous venez juste de sauver quelques milliers de dollars et ça très facilement. Le soubassement était coulé à midi et par le fait même cela me libérait pour le reste de l'après-midi.

Il me faudra revenir dans deux jours pour enlever les formes. J'ai ramené mon aide à mes autres chantiers et je m'en suis allé chez moi. Je tenais vraiment à savoir si mes voisins étaient prêts à vendre leurs propriétés eux aussi. Bien sûr je voulais acheter avant qu'elles ne prennent trop de valeur. Elles contiennent beaucoup de bois dans lequel j'étais très intéressé.

"Bonjour, c'est m. Fillion?" "Oui c'est moi, que puis-je faire pour vous?" "C'est moi Jacques. Comment allez-vous?" "Jacques qui?" "Jacques Prince voyons, vous m'avez déjà oublié."

"Non, je ne t'ai pas oublié, mais j'ai du mal à reconnaître les voix au téléphone." "C'est comprenable à votre âge." "Est-ce qu'il y a un problème?" "Pas du tout, j'ai seulement besoin d'informations." "Si je peux t'aider, je vais le faire." "Je voudrais connaître les noms de mes deux voisins, est-ce que c'est possible?" "Bien sûr, celui du côté droit c'est Jean St Amant et sur le côté gauche c'est Maurice Doiron." "Est-ce que vous savez où ils demeurent?" "Oui, ils demeurent tous les deux à Trois-Rivières." "Vous n'avez pas déjà tout dépensé vos vingt milles?" "Non, mais j'ai une sacrée de belle télé de quarante-huit pouces par exemple." "C'est bon pour vous, profitez-en, vous savez qu'on ne l'emmène pas en terre. Bon, c'est tout pour moi, je vous remercie, ça m'est très utile." "Je suis heureux de pouvoir t'aider Jacques." "Prenez soin de vous, à la revoiyure."

Il était déjà presque l'heure d'aller reconduire Danielle à l'ouvrage, mais dans le but de m'éviter des ennuies et de me sauver du temps elle a suggéré qu'elle devrait voyager seule dorénavant.

"Il en n'est pas question Danielle, tant et aussi longtemps que Bernard Sinclair n'est pas derrière les barreaux. Il ne reste que quelques jours avant le procès. Prends ton mal en patience, veux-tu?" "Mais tu pourrais accomplir tellement plus si ce n'était pas de ça." "Mais j'aime passer ces vingt minutes de plus avec toi."

Cela mettait fin à cette discussion. Quatre jours plus tard c'était le procès finalement. Je me suis présenté à l'heure et à l'endroit de l'invitation. Bernard Sinclair était déjà assis dans la boite des prisonniers et les procédures commençaient lorsque j'ai aperçu entre autres une figure qui ne m'était pas inconnue mais qui m'intriguait grandement. L'agent de l'acheteur du condo était là présent. Je me suis longuement demandé en quoi cette affaire pouvait le concerner. Puis mon tour de témoigner est venu. Je me suis assis dans la boite à témoins et un officier s'est approché de moi en me demandant de mettre la main sur la Bible.

"Je ne jure pas monsieur." "Vous devez jurer monsieur Prince." "Non monsieur, je ne suis pas obligé de jurer."

"Monsieur Prince, voulez-vous dire à la cour pourquoi vous ne voulez pas jurer?" "Oui monsieur le juge, je peux vous le dire, mais encore mieux, si vous le permettez j'aimerais que votre officier lise dans la Bible la raison en question. S'il veut bien ouvrir cette même Bible dans Matthieu 5, de 34 à 37 et lire ce qui y est écrit."

"Allez-y officier." "'Mais moi je vous dis de ne jurer aucunement, ni par le ciel, parce que c'est le trône de Dieu; ni par la terre, parce que c'est son marchepied; ni par Jérusalem, parce que c'est la ville du grand Roi. Ne jure pas non plus par ta tête, car tu ne peux rendre blanc ou noir un seul cheveu. Que votre parole soit oui, oui, non, non, ce qu'on y ajoute vient du diable.'

"Officier, voulez-vous demander au témoin de promette au lieu de jurer s'il vous plaît?"

"Vous comprenez monsieur Prince que vous pouvez être pénaliser au même degré si vous êtes pris à mentir à la cour au même titre qu'un parjure." "J'en suis conscient monsieur le juge."

"Monsieur Prince, promettez-vous de dire la vérité, toute la vérité et rien que la vérité? Levez la main droite et dites, je le promets." "Je le promets."

"Qui est-ce qui a dit ça dans la Bible?" "C'est le Christ lui-même votre honneur. En ce qui me concerne les cours de justice et pratiquement tous les gouvernements sont antéchrist." "Taisez-vous monsieur Prince." "Mais votre honneur, on m'a fait promette de dire toute la vérité." "Si vous ne vous taisez pas monsieur Prince vous serez accusé d'outrage au tribunal."

"Pouvez-nous dire à la cour monsieur Prince ce qui c'est passé le treize mars au soir à ou aux alentours de minuit trente au club Le Tourbillon?"

"Veillez répondre à la question monsieur Prince. Veillez répondre Monsieur Prince." "Mais là je ne comprends vraiment plus. On me fait promette de dire toute la vérité et quand j'ai à peine commencé, on me dit de me taire. Je décide donc de me taire et on me dit de répondre.

À minuit trente ce soir-là j'étais avec ma fiancée et son amie à leur appartement en train de bouffer un buffet hors paire."

"Faites descendre ce témoin officier, j'en ai assez entendu et faites venir le prochain témoin."

Je suis donc descendu de la boite à serments et une femme est venue prendre le siège que j'occupais. La même procédure se poursuivait et la femme en question a dit à la cour qu'elle ne savait pas trop si elle devait ou pas jurer. Le juge lui a demandé de se faire une idée.

"Ou bien vous jurer ou bien vous promettez."

Elle et presque la moitié des témoins suivants ont aussi choisi de promette au lieu de jurer. Je n'ai pas pu faire autrement que de me rappeler un autre message de Jésus dans Matthieu 10, 18. 'Vous serez menés, à cause de moi, devant des gouverneurs et devant des rois, pour servir de témoignage à eux et aux païens.'

Le juge a condamné le défendeur monsieur Bernard Sinclair à deux ans moins un jour d'incarcération dans une institution à mesures minimales, puisqu'il n'avait pas d'antécédent judiciaire. C'est à ce moment-là que j'ai compris ce que l'agent de notre acheteur faisait là quand en sortant il a dit au prisonnier qu'il était chanceux que la justice l'ait trouvé avant lui. J'ai su un peu plus tard que Bernard

Sinclair avait forcé la porte du condo pensant qu'il appartenait encore à mes femmes.

Ce qu'il n'avait pas prévu c'est que le nouveau propriétaire a fait installer des caméras à l'extérieur et à l'intérieur. Mais la plus grande surprise est venue lorsque le juge c'est levé et a déclaré que c'était son dernier procès, qu'il ne serait plus jamais accusé d'être antéchrist.

Il a de ce fait demandé de lui trouver un remplaçant sur-le-champ. Il m'a jeter un regard triste et il s'est retiré. Ce qui m'a également surpris, c'est que le docteur n'était pas présent pour le procès de son frère. Il savait sûrement que son frère était dans la merde à cause de lui.

Trois jours plus tard Danielle a commis la même erreur à l'hôpital, mais cette fois-là elle a été sermonnée par le directeur qui ne l'a pas trouvé drôle du tout. Il y a toujours le risque d'être actionner par le patient. Encore une fois Danielle était dévastée et ne comprenait pas ce qui lui arrivait. Elle s'est même demandé si ce n'était pas parce qu'elle était enceinte.

"Si ça m'arrive une autre fois je serai suspendue." "Mais non voyons, il manque beaucoup trop d'infirmières au Québec pour que tu sois mise à la retraite, même temporairement. Ils vont te mettre sur surveillance avant ça.

Pourquoi ne demandes-tu pas d'être sur le même quart que Jeannine?" "Ça, c'est une brillante de bonne idée. J'ai comme l'impression que j'aurai besoin d'elle. Je verrai ce qu'ils en disent. Une chance que je t'ai toi."

Je ne sais pas trop pourquoi ni pour quelle raison, mais j'avais des doutes sur sa culpabilité, comme si soudainement elle n'était plus responsable. Ça ne faisait tout simplement pas de sens.

C'est alors que j'ai imaginé un plan pour découvrir le vrai coupable. Bien sûr je me doutais bien que le docteur y était pour quelque chose, mais il fallait quand même le prouver et il n'y avait pas de temps à perdre.

Je ne pouvais pas non plus en parler à Danielle de peur qu'elle ne donne la chandelle. Il m'a donc fallu garder ça pour moi, mais ce ne fut pas du tout facile. J'ai contacté un ami à moi qui est D.P., détective privé. Le docteur n'avait pas beaucoup d'amis, mais il était sur le point de s'en faire un qu'il n'oubliera pas de si tôt.

"Roger, j'ai besoin de toi pour une cause assez spéciale et urgente et qui me touche beaucoup." "Ça l'air d'être grave?" "Oui, je suis très concerné en ce moment. J'ai besoin de toi pour une semaine ou deux. Est-ce que tu es occupé?" "Ça adonne bien, c'est plutôt tranquille ces jours-ci. Je vais pouvoir te donner un bon deal. Qu'est-ce que je peux faire pour toi mon ami?" "J'ai besoin que tu te fasses un nouvel ami." "Tu me connais bien Jacques et tu sais que je choisis mes amis très soigneusement." "Celui-là sera une exception et je l'ai choisi pour toi." "Qui est-il?" "C'est le docteur Raymond Sinclair." "Que penses-tu qu'il a fait?" "Je pense qu'il a manipulé des médicaments et il laisse Danielle prendre la fessée à sa place." "Pourquoi ferait-il une telle chose?" "Ça pourrait être par jalousie ou par vengeance, c'est ce qu'il faut découvrir et prouver. Il ne doit cependant pas se douter de rien sinon ça sera raté. C'est ce qui explique ton intervention. Il mange tous les jours au restaurant devant l'hôpital." "Que veux-tu que je fasse?" "Je veux que tu deviennes son ami et que tu essais de le faire parler. Je ne veux pas le faire condamner, je veux juste qu'il s'éloigne, qu'il démissionne s'il est coupable bien attendu. Choisis toi-même tes méthodes, mais j'ai besoin d'une confession enregistrée." "Laisse-moi ça entre les mains, je m'en occupe dès demain." "Roger, ça presse." "J'ai compris, t'en fais pas."

Maintenant que Bernard Sinclair était enfermé il restait une menace de moins et je pouvais donc continuer à performer à nouveau des journées complètes de travail.

Les travaux sur notre maison allaient bon train, puisque j'avais en quelques sortes créé une espèce de compétition entre deux équipes, une à gauche de mes quartiers et l'autre à droite. J'ai mis Raoul d'un côté avec deux menuisiers et un apprenti et j'ai pris l'autre côté avec un menuisier et un apprenti. Les équipements étaient les mêmes pour chaque équipe. J'ai donné les instructions à tout le monde de façon équitable en spécifiant les points stratégiques.

"Où ça prend deux clous, je veux deux clous, où ça prend trois clous je veux trois clous. Je ne veux aucune faille à aucun endroit et j'examinerai les travaux à chaque soir. Si je trouve quelque chose de mal fait, vous devrez reprendre le travail. Ça ne payera pas de tricher pour sauver du temps. Lorsqu'une équipe sera prête à lever un mur l'autre équipe ira l'aider immédiatement. C'est parti mon quiqui, c'est l'heure du départ."

Je pouvais dire dès le départ que tous les gars avaient une envie folle de gagner. Raoul avec ses hommes s'en sont allés sur le logement de Danielle et moi avec les miens nous avons pris le logement de Jeannine. J'ai aussi dit à Raoul de ne pas hésiter à me contacter s'il en sentait le besoin.

Voilà qu'en une seule journée tous les murs étaient debouts. Vers les quatre heures trente j'ai traversé de l'autre côté pour mesurer les ouvertures et pour m'assurer qu'elles avaient les bonnes dimensions. Dans l'ensemble j'étais satisfait, puisqu'une seule était trop petite. Après vérification avec le plan nous avons constaté que l'erreur était bien une de lecture. Ce sont des choses qui arrivent, mais Raoul était quand même concerné.

"Comment ce fait-il que vous avez fait le même travail avec un homme de moins? Vous n'avez même pas eu l'air de courir." "T'essaieras de planter des clous en courant. Je peux te dire que tu manqueras ton coup plus souvent qu'autrement. Tout est dans la façon de s'y prendre. La première des choses, il faut que je te dise que deux hommes qui travaillent séparément à la fin d'une journée valent deux journées d'ouvrage et que deux hommes qui travaillent ensemble ne valent qu'une journée et demie. Je parle ici de deux bons travailleurs dans les deux cas." "Comment expliques-tu ce phénomène?" "Il y a toutes sortes de raisons, soit qu'il y en a un dans le chemin de l'autre, soit qu'il y a trop de discutions, soit qu'un attend après l'autre.

Je n'étais qu'un garçon de treize ans avec mon père dans le bois et aucune des six autres équipes d'hommes n'arrivait à nous surpasser et cela même si mon père qui était le contremaître passait une journée complète hors de notre chemin, car il devait aussi mesurer le bois de tout les autres. Nous n'avons pas travaillé plus fort, mais plus intelligemment. C'est aussi pourquoi il y a un manque de profit sur l'une des trois maisons. Je n'y ai pas participé autant que je l'ai fait pour les deux autres.

La différence est dans le coût des salaires. Je ne veux pas que les hommes travaillent plus fort, mais qu'ils soient plus efficaces." "Il faudra que tu m'éclaires là-dessus." "C'est très simple Raoul, tu n'as qu'à répartir le travail à différents endroits. Tu donnes au plus fiable pour mesurer à l'un d'entre vous qui sera bien installé une liste de matériaux à couper, il pourra normalement fournir les trois autres qui n'auront qu'à réunir les morceaux aux bons endroits.

Ce que vous avez fait aujourd'hui c'est qu'un gars prenait un 2x6 le coupait et l'installait. Il a fait ça toute la journée. Je vous ai vu faire, mais je voulais vous le prouver avant d'en parler. Plusieurs fois j'ai vu un de tes hommes attendre que l'autre ait fini avec la scie pour pouvoir couper son morceau. Par contre sur mon côté la scie n'a presque pas arrêté pendant cinq heures. Moi et le nouveau menuisier nous avons installer les morceaux toute la journée presque sans se préoccuper des mesures et sans toucher à une scie et rarement a notre gallon à mesurer. Le résultat est que nous avons sauvé le salaire d'un homme sans travailler plus fort que votre gangue. Tu sais que trois cent dollars par jour ça fait beaucoup d'argent à la fin du mois." "Je suis bien obligé d'admettre que tu as raison, les résultats sont là."

Après le souper je suis allé montrer nos efforts de la journée à Jeannine qui n'en croyait tout simplement pas ses propres yeux.

"Mais tout ça est incroyable, comment fais-tu? Vous devez être une douzaine d'hommes?" "Non, nous sommes sept, mais nous travaillons efficacement et l'érection des murs est ce qui impressionne le plus. Il n'y a rien qui paraît le matin et le soir venu, il y a toute une charpente devant toi." "En ce qui concerne la maison, Danielle et moi nous devons te parler en fin de semaine. Nous voulons être ensemble et parler à tête reposée." "Ça l'air d'être assez grave votre affaire?" "Ce n'est rien de mauvais, t'en fais pas, mais nous pensons que c'est important." "Le moins que je puisse dire c'est que tu peux être intrigante." "Elle va être superbe Jacques, j'ai hâte de l'habiter, mais ça va nous faire tout drôle de vivre séparément. Tu sais que nous vivons sous le même toit depuis plus de dix ans." "Oui, je sais, mais vous pourrez quand même vous visiter à volonté, il n'y a pas très loin d'une place à l'autre." "Je ne comprends pas ce qui se passe avec elle au travail, ça ne lui est jamais arrivé auparavant." "Le docteur Sinclair est là depuis longtemps?" "À-peu-près un an et demi." "Tu as aussi travaillé avec lui, n'est-ce pas? Comment se comportait-il avec toi?" "Il était plutôt gentil, mais comme tu sais, il me courrait après." "A-t-il déjà montré des signes de violence ou d'impatience? Tu sais que son frère est maintenant en prison pour un acte très violent." "Pas vraiment non, je me suis trompée de médicament une fois, mais il n'en a jamais glissé mot et il n'y a pas eu de conséquence grave." "Est-ce que tu sais si c'est arrivé à d'autres infirmières?" "Pas à ma connaissance!" "C'est quand même curieux que ça puisse arriver aux deux infirmières les plus consciencieuses de l'hôpital." "Nous sommes deux infirmières en amour par-dessus la tête, tout peut arriver." "Ça pourrait bien être la raison oui, mais il ne faudrait pas que ça cause la mort de quelqu'un." "Il n'y a plus rien à faire pour changer notre état d'âme, tu le sais." "Ce n'est pas ce que je veux changer Jeannine, je vous aime beaucoup trop pour ça." "Et si nous allions chez nous maintenant, j'ai envie de toi mon charpentier préféré." "Moi aussi j'ai envie de toi." "Prends ton temps, mais fais ça vite."

Il y a des choses et des mots qui ne s'oublient jamais et des moments qui demeurent précieux toute une vie et j'en ai beaucoup.

Huit jours après mon entretien avec Roger j'ai reçu un appel de lui.

"Tu veux venir me rencontrer chez moi, je pense avoir ce que tu as besoin?" "Es-tu certain que c'est la meilleure place chez toi? Il ne faudrait pas que le docteur nous voit ensemble ou qu'il me voit près de chez toi, cela pourrait tout compromettre." "Tu as raison, c'est risqué." "Attends juste qu'il soit au travail et toi viens chez moi. Les filles ne sont pas au courant de mes démarches et il faut que ça demeure comme ça jusqu'à ce qu'on l'ait pincé." "Peux-tu me dire pourquoi?" "Bien sûr, si elles glissaient un seul mot qui lui mettrait la puce à l'oreille, cela foutrait tout en l'air et je ne peux pas prendre ce risque." "Si jamais j'ai besoin de quelqu'un pour enquêter, je penserai à toi." "Nevermind, j'ai assez de mes moutons à surveiller."

Le lendemain juste avant le souper Roger était chez moi et je l'ai fait descendre au sous-sol après l'avoir présenté à Jeannine qui préparait le repas. Je lui ai spécifié qu'il ne faudrait pas être dérangé pour la prochaine demi-heure et que c'était très important.

Après avoir écouté la cassette très attentivement j'ai compris que ce n'était pas tout à fait assez pour le faire condamner, qu'il n'y a pas là la preuve irréfutable que je cherchais.

"Il faut que tu le fasses parler sur les médicaments un peu plus. Il faut qu'il admettre que c'est lui qui a changé la prescription sans en parler à Danielle. Nous savons maintenant que c'est lui, mais il faut le prouver sans aucun doute." "Tu réalises que ça prendra plus de temps et que durant ce temps Danielle est à risque de perdre son emploie." "Oui, mais si nous ne pouvons pas le prouver sans aucun doute nous en sommes au point zéro et elle risque de perdre son emploie encore plus. Sans une preuve solide il est gagnant. Alors tu continues, veux-tu? Tu es sur la bonne piste et tu as fait du bon travail, mais il m'en faut plus." "C'est difficile de croire qu'il peut faire une telle chose, il est si gentil." "Ça prouve une seule chose, c'est que les méchants aussi peuvent être gentils, mais il faut quand même l'arrêter." "Tu restes avec nous pour souper sinon Jeannine sera insultée." "Je ne voudrais pas insulter une aussi jolie fille." "Tu regardes, mais tu ne touches pas. Pour les détails, tu veux te faire construire une maison." "Compris!" "Une autre chose avant de monter, tu fais vite, invite-le, fais-le boire, mais fais-le parler au plus sacrant." "Je pense qu'il a congé en fin de semaine." "C'est la bonne occasion. Allons-y."

Nous avons pris notre souper et Roger a eu bien du mal à regarder ailleurs qu'en direction de Jeannine, mais je ne pouvais quand même pas le blâmer, puisque je lui avais dit qu'il pouvait regarder. C'est vrai qu'elle est la plus belle des femmes que j'ai eu la chance de connaître.

Cela lui a pris trois jours de plus, mais Roger est quand même revenu avec toutes les preuves nécessaires pour mettre fin aux ambitions du docteur Sinclair. Les dites preuves étaient sous formes d'aveux de la bouche même du coupable et ça dans un enregistrement aussi clair que de l'eau de roches.

"J'ai eu de la peine à en croire mes propres oreilles Jacques, il est un homme si gentil et si intelligent. Je ne pense pas qu'il voulait vraiment faire du mal." "Tu appels ça faire le bien laisser accuser une autre personne à ta place pour une erreur qu'elle n'a pas commise?" "Mais je pense qu'au fond de lui-même il veut seulement protéger Danielle." "Peu importe quels sont ses motifs et peu importe ce qu'il pense, il nous faisait beaucoup de mal et il a causé à son frère de prendre deux ans de prison. Ça non plus ce n'est pas faire le bien." "Quand même, je ne pense pas qu'il mérite la prison." "Mais je ne veux pas l'envoyer en prison, je veux seulement qu'il cesse de causer du trouble et si tu veux demeurer son ami, je ne m'y opposerai pas du tout, car il en a grandement besoin, mais je doute sincèrement qu'il fasse un jour parti de mon cercle d'amis." "Peux-tu me laisser en dehors de tout ça dorénavant?" "Si c'est ce que tu veux il n'y a pas de problème. Je te dois combien?" "Tous les frais inclus ça se monte à deux milles dollars. Est-ce que ça valait le coût?" "Il était en train de ruiner la carrière et la santé de Danielle, certainement que ça valait le coût. J'ai seulement besoin de savoir où je peux le rencontrer et discuter avec lui sans causer une trop grande commotion." "Au restaurant où il va souper tous les soirs est un endroit assez tranquille vers les huit heures du soir. Il faut que je te dise qu'il croit que tu trompes Danielle avec Jeannine et franchement je ne crois pas qu'il a complètement tort." "Je te mettrai au courant peut-être un jour. Salut et merci!" "Je voudrais pouvoir te dire que je suis fier de t'avoir rendu service, mais je ne le peux pas. Salut!"

Il était un ami, mais pas un ami à qui je pouvais me confier à ce moment-là, en tous cas pas en ce qui concerne mes deux amours.

Le lendemain aux alentours de sept heures trente, j'étais au restaurent dans l'attente du docteur Sinclair.

J'avais avec moi un petit magnétophone et une copie de l'enregistrement de la confession complète de notre énergumène. J'ai attendu qu'il eût presque terminé son repas et il va sans dire que je ne me suis pas préoccupé qu'il en fasse une indigestion ou pas. Je me suis alors levé et j'ai marché jusqu'à sa table en m'invitant moi-même à m'asseoir.

"Vous permettez docteur Sinclair?" "Ne vous gênez surtout pas M. Prince. Vous comprendrez que je n'ai rien à vous dire, mais vous avez sûrement une raison pour être ici." "Tant mieux, parce que moi j'ai besoin que vous m'écoutiez et que vous écoutiez très attentivement." "Ça l'air très sérieux votre affaire M. Prince?" "Cela dépendra seulement de vous docteur." "En quoi puis-je vous aider?" "Il faudra au contraire vous aidez vous-même docteur." "Moi, mais je n'ai besoin de rien." "C'est ce que vous croyez, mais moi j'ai la preuve que vous avez besoin de trouver un travail ailleurs." "Je n'ai pas l'intention de changer d'emploi. Je suis très bien ici entouré d'infirmières absolument formidables et très jolies en plus." "J'ai quelque chose à vous faire entendre docteur Sinclair." "Qu'est-ce que c'est?" "Écoutez bien, c'est un court message mais qui en dit long." "Où as-tu pris ça?" "Sa provenance n'a aucune importance. L'important pour vous et moi et surtout pour Danielle, c'est qu'il est en ma possession et que je m'en servirai si c'est nécessaire." "Mais c'est du chantage." "Appelez ça comme vous le voulez, moi je dois défendre celle qui m'importe et ce que vous lui avez fait est dégueulasse." "Qu'est-ce que tu attends de moi?" "Je veux que tu donnes ta démission dès demain, effective immédiatement et que tu disculpes Danielle complètement." "De mon côté, je m'engage à garder tout ça pour moi jusqu'au jour où tu me forcerais à faire autrement. Personne autre que toi, moi et le D.P. que j'ai engagé pour te faire parler n'est au courant de ceci. En passant, il est complètement dévasté par ta confession et il croit que tu faisais ça pour aider Danielle. Dis-moi pourquoi changer les médicaments?"

"J'espérais qu'elle me supplie de l'aider." "Contrairement à ce que tu peux penser, elle et Jeannine sont très heureuses et très satisfaites avec moi. Ce que tu as fait à ton frère est aussi dégueulasse et il doit avoir besoin de toi maintenant. Je l'ai vu à son procès, il avait l'air tout à fait déconcerté et perdu." "Y a-t-il autre chose?" "Ça sera tout, mais je m'attends à ce que tu t'exécutes dès demain."

"Il te serait facile de me faire condamner en justice, je pourrais tenir compagnie à mon frère." "Je n'ai rien pu faire pour ton frère et je le regrette, car je ne pense pas qu'il méritait un tel sort et le Québec a trop besoin de médecins en ces temps-ci, ce qui fait que nous avons besoin même de ceux comme toi. Tu n'as pas à craindre quoi que ce soit de moi si tu te conformes à notre entente. Je dois partir maintenant, Jeannine m'attend."

J'ai pris congé de lui et j'étais convaincu qu'il s'y conformerait, car il n'avait pas le choix, c'était ça ou la justice et sa carrière. Je m'en suis retourné chez moi pour retrouver Jeannine qui n'a plus l'habitude de passer ses soirées toute seule.

"Tu as été bien long, où étais-tu?" "Il m'a fallu discuter avec un client qui a des restrictions assez spéciales." "J'espère que ça n'arrive pas trop souvent, tu m'as manqué." "Non, ces cas-là n'arrivent qu'une seule fois dans une vie, du moins je l'espère. Je suis fatigué, ce gars-là m'a exaspéré." "Je vais te faire couler un bon bain d'eau chaude." "Tu es très gentille, je t'assure que je l'apprécie." "Si tu veux te laisser faire je vais te savonner, te rincer, t'essuyer et après tu verras bien." "Tout ce que tu voudras chérie."

Je me suis laissé faire avec tout ce qu'elle voulait, mais le lendemain je me suis demandé si je n'avais pas été drogué tellement je ne me souvenais pas ce qui s'est passé ou très vaguement. Tout ce que j'ai consommé au restaurant était avant la venue du docteur. Jeannine a dû aller chercher Danielle, car elle n'est pas parvenue à me réveiller. C'était je pense seulement qu'une fatigue accumulée. Ça faisait plusieurs semaines que je me couchais tard et que je me levais tôt, alors je n'ai pas cherché plus loin.

Le temps d'entreprendre les travaux de la toiture était arrivé pour notre maison et s'il y a un endroit où il faut être réveillé c'est bien là. Mes deux infirmières adorées ont compris qu'il était temps pour elles de me donner un peu de répit. Elles m'ont donc donné une fin de semaine complète de congé. Est-ce que j'en ai dormi un coup? Au souper le lundi suivant Danielle m'est arrivée avec la grande nouvelle.

"Jacques, je suis blanchie." "Qu'est-ce que tu veux dire, tu es blanchie?" "Je veux dire que l'hôpital m'a fait des excuses, car ce n'était pas mes erreurs avec les médicaments, mais celles du docteur Sinclair. Il a avoué ses erreurs et il a donné sa démission. Il n'est plus à l'hôpital." "Oh, quel bonheur chérie. Je dois t'avouer que j'ai eu du mal à croire que c'était de ta faute, tu es tellement consciencieuse avec tout ce que tu fais. Il faut célébrer ça. Que dirais-tu d'un peu de champagne?" "Du champagne? Mais tu es toujours prêt à tout toi." "C'est un grand jour, il faut célébrer ça." "Je vais enfin pouvoir voyager toute seule maintenant que Sinclair est parti. Il a dit avoir du travail à l'autre bout du pays." "Je vais aller au sous-sol chercher une bouteille et on va mettre de la musique et danser jusqu'à ce que mes jambes n'en puissent plus. Que dis-tu de ça?" "C'est magnifique mon amour."

Et oui c'était un beau jour et oui nous avons célébré et oui nous avons dansé et oui nous avons fait l'amour jusqu'à ce que nous tombions de sommeil. C'était très bon de revenir à une vie paisible et normale de nouveau.

Un beau jour j'ai reçu une lettre intrigante venant du pénitencier. Elle était de Bernard Sinclair qui lui me demandait de lui rendre visite. Au début j'ai pensé l'ignorer, mais je me suis ressaisi et je me suis demandé si c'était moi qui étais derrière les barreaux, est-ce que je voudrais des visiteurs de temps en temps? J'ai connu ma réponse le jour où j'y suis allé.

"Je ne t'attendais plus." "Je me suis longtemps demandé qu'est-ce que je pourrais bien avoir à faire avec toi. Je me disais que je n'avais pas besoin de toi. Puis, je me suis dit que ton frère était au loin et que tu n'avais peut-être aucun visiteur. Alors me voilà. Qu'est-ce que tu me veux?" "Premièrement, je voulais te remercier pour avoir sauvé les fesses de mon idiot de frère. Il n'a sûrement pas mérité ta compassion. Puis j'ai pris du temps, mais j'ai réalisé que tu aurais pu me démolir aussi physiquement le soir du club. J'étais complètement à ta merci et tu ne m'as pas frappé et ça même si je l'avais mérité. Puis j'ai aussi réfléchi à ce que tu as fait à mon procès où tu as préféré ne pas témoigner, ce qui aurait pu être beaucoup plus inculpant pour moi. Et finalement je suis très intrigué par la façon dont tu as converti un juge et presque la moitié des personnes qui y assistaient comme tu l'as fait. Il y a quelque chose de pas naturel dans ta façon d'être. J'aimerais que tu me dises ce que c'est."

"S'il y a quelque chose de spécial, je dirais que je marche avec Dieu et que Dieu est avec moi." "C'est exactement ce que j'avais pensé. Tu sais, quand on est dans un endroit comme ici on a beaucoup de temps pour penser et pour réfléchir sur notre vie. Moi aussi je voudrais marcher avec Dieu et quand je serai sorti d'ici, je veux que tu me montres comment faire." "Pourquoi attendre que tu sois sorti d'ici?" "Mais il n'y a que des criminels ici et la plupart d'eux sont très endurcis." "Il n'y a pas de meilleur endroit au monde qu'ici pour commencer un ministère." "Tu veux rire?" "Pas du tout!" "Mais qu'est-ce que je peux faire ici?" "Sois une bénédiction pour tous ceux qui t'entourent et tu recevras des bénédictions de Dieu à profusions, mais il faut que tu ne t'attendes à rien. Je reviendrai te voir et je t'emmènerai un livre que j'aime beaucoup qui est intitulé; Le Vrai Visage De L'Antéchrist. Il t'apprendra à-peu-près tout ce que tu as besoin de savoir." "Le temps de visite est presque terminé et j'avais tant d'autres questions pour toi." "T'en fais pas, je reviendrai."

'Terminé, les visites sont terminées.'

Je reviendrai." "Merci d'être venu."

Si je m'attendais à un tel événement. C'est vrai qu'il est écrit que les voies de Dieu sont impénétrables. J'y suis retourné une semaine plus tard et je lui ai emmené une Bible et le livre dont je lui avais mentionné. IL y avait là dans ce livre de quoi lui causer la mort pour les connaissances qu'il acquerra, mais de ça aussi je l'ai prévenu.

CHAPITRE 5

*L*es travaux allaient toujours bon train et un soir alors que nous venions juste de terminer notre repas j'ai emmené sur le tapis la question suivante, question de savoir si tout allait bien pour chacun de nous.

"Si un de nous avait un reproche à faire à l'un ou à l'autre, petit ou plus gros, que serait-il?" "Penses-tu que c'est vraiment nécessaire?" "Oui, je pense que c'est mieux de savoir que de refouler ou même d'accumuler même inconsciemment. J'ai eu une amie qui a refoulé pendant six mois quelque chose qu'elle détestait et quand elle me l'a finalement avoué, les deux bras me sont tombés et mes espoirs d'une vie heureuse avec elle aussi. Je n'ai pas pu accepter qu'elle puisse prétendre d'être heureuse alors que tout ce temps elle était très malheureuse.

C'était du mensonge, de la trahison. Ça ne peut pas être bon pour le couple, pour la relation. Je n'ai plus jamais pu lui faire confiance et je l'ai quitté, alors oui je pense que c'est nécessaire. Moi je n'ai qu'un seul petit reproche à vous faire à toutes les deux, mais il peut quand même avoir des conséquences très graves." "Ah oui, qu'est-ce que c'est?" "C'est votre manque de prudence. À votre tour maintenant!" "Jacques, nous pensons que tu as été trop dur avec le notaire Tremblai. Après tout c'était nous qui lui avons demandé de garder notre contrat en sa possession." "Vous croyez ça mes chères demoiselles; et bien je vais vous dire ce que je vais faire pour vous deux.

Je vais changer le scénario afin de vous aider à mieux comprendre mon point de vue. Vous permettez je l'espère." "Vas-y, nous t'écoutons."

"Voilà où nous en sommes. Vous venez juste de recevoir une offre de trois cents milles dollars pour votre condo et votre ménage et vous allez chez le notaire Tremblai pour effectuer la transaction. Voici comment les choses se déroulent.

"Bonjour, est-ce que nous pouvons parler à monsieur Tremblai, s'il vous plaît?" "Je suis désolé mesdames, mais M. Tremblai est décédé, il y a maintenant un peu plus de deux mois. Comment puis-je vous aider? Mon nom est Alphonse Gagnon et c'est moi qui a hérité de tous les dossiers du défunt monsieur Tremblai. D'ailleurs la moitié de ces dossiers seront détruits par la couronne sous peu. À qui ai-je l'honneur?" "Je suis Jeannine St Louis et voici Danielle Brière." "Ah, c'est vous ça. Nous étions juste sur le point de vous remettre une avis d'expulsion, parce que l'appartement a été vendu récemment et le nouveau propriétaire veux prendre possession de l'endroit immédiatement. Normalement vous auriez trente jours de notice, mais dans le cas d'une vente, vous n'avez que deux jours pour évacuer les lieux. Vous êtes donc priées de prendre vos effets personnels et voici la liste des articles que vous ne pouvez pas toucher, si vous ne voulez pas de problème avec la justice, bien sûr."

"Mais tout ça c'est à nous." "Vous avez votre contrat?" "Vous savez très bien où est notre contrat espèce de salaud." "Ah les gros mots! Oui, j'ai le contrat ici de cet appartement qui est bien au nom de Maître Alphonse Gagnon et qui a été acquis en 1999 pour la somme de cent quarante-neuf milles dollars. Si vous avez besoin de références je peux vous en fournir de très bonnes, puisque votre loyer a toujours été payé à temps et on ne peut vous reprocher quoi que ce soit. Je tiens d'ailleurs à vous remercier personnellement." "Ça ne finira pas comme ça, tu entendras parler de nous et de notre avocat, maudit baveux." "Moi je crois que c'est vous mes demoiselles qui en bavez présentement."

Votre prochain rendez-vous est avec un avocat et un dont vous ne connaissez pas du tout, puisque celui en qui vous aviez tant confiance est désormais disparu malheureusement. Vous lui exposez tous les faits selon vos connaissances et il réagit.

"C'est une cause qui sera très longue et très dispendieuse. C'est toujours le cas quand un homme de loi est impliqué. Il me faudra un dépôt de dix milles dollars pour commencer et il n'y a rien de garanti."

Maintenant cet avocat sait déjà que c'est une cause perdue d'avance, mais il a devant lui deux jeunes femmes innocentes et ignorantes qui ne connaissent rien ou presque aux lois, mais il faut quand même qu'il gagne sa vie ce pauvre homme.

Six mois plus tard vous avez déboursé cinquante milles dollars et vous en êtes toujours au même point, c'est-à-dire au point mort. Entre temps les travaux de notre maison de rêve ont été suspendus à cause du manque d'argent. Votre amoureux, le pauvre homme s'est débattu comme il a pu, mais il a quand même manqué d'argent. Ce n'était pas un projet qu'il a pu assumer seul. Il a bien hypothéqué sa maison au maximum dont la vente est toujours conditionnelle, puisqu'il lui faut abriter ses deux amours. Maintenant il est acculé à la faillite et il risque de tout perdre, lui qui avait fait confiance à ses deux partenaires qui elles ne peuvent plus rien pour l'aider. Elles sont désespérées, mais cela n'arrange rien du tout. Tous leurs beaux rêves sont à l'eau.

Jacques avait tant confiance qu'il a tout investi dans ses projets. Il avait déjà acheté les deux propriétés voisines, car il avait vu grand. Il y avait vu là un potentiel énorme et la tranquillité pour lui et sa grande famille lui tient très à cœur." "Arrête Jacques, c'en est assez. Arrête ce scénario avant de nous quitter." "Pensez-vous toujours que j'ai été trop dur avec monsieur Tremblai?" "Non, mais tu es très dur avec nous." "Ne pleurez pas voyons, mais j'espère que c'est une leçon dont vous vous souviendrez pour le reste de votre vie, car moi je ne serai peut-être pas toujours là." "Penses-tu nous quitter un jour?" "Certainement pas volontairement, mais tout peut arriver.

Jésus n'avait que trente-trois ans lorsque Dieu est venu le chercher." "Arrête, tu nous fais peur." "Cela dit, je dois vous quitter pour quelques jours." "Nous ne pouvons pas venir avec toi?" "Non, j'ai besoin d'être seul un peu pour me recueillir." "Où vas-tu?" "Je vais à Winnipeg." "Que vas-tu faire par-là? Tu n'y connais personne." "Non, mais on expose ces jours-ci les poèmes de Louis Riel vieux de cent vingt-cinq ans ou plus et je pense y trouver là que Louis était Riellement un prophète et je veux en avoir le cœur net." "Mais j'aimerais tant t'accompagner." "Je suis désolé Danielle, peut-être une autre fois, mais pas ce coup-ci." "J'ai l'impression que tu nous quittes." "Ne dis pas de sottises, veux-tu? Je ne vous quitterai jamais voyons. Vous devez comprendre qu'un peu de repos ne peut que m'être bénéfique." "Tu as raison Jacques et tu l'as grandement mérité. Moi je vais en profiter pour visiter mes parents."

"Moi je resterai seule ici à me morfondre comme une codinde." "Pauvre Jeannine, tu n'as qu'à venir avec moi, mes parents seront heureux de te recevoir aussi, puis nous avons tellement de choses à leur raconter. Il faudra prendre des photos de la maison, ils n'en croiront pas leurs yeux."

"Quand pars-tu Jacques?" "Je partirai vendredi matin et je serai de retour dimanche au soir." "Alors il faut profiter pleinement des jours qu'il nous reste." "Là je vous reconnais, il faut toujours profiter du temps que nous passons ensemble.

Je suis désolé de vous avoir un peu bousculé tout à l'heure, mais je veux que vous sachiez qu'il y a des rats à deux pattes et petites queux dans le monde et qu'ils sont beaucoup plus dangereux que ceux à quatre pattes et à longues queux. En tous cas, ils causent de bien plus grands dommages." "Nous avons compris Jacques." "Avez-vous d'autres reproches à me faire?" "Laisse dont faire, nous te le dirons au fur et à mesure si ça ne te fait rien." "C'est ce qu'il faut. Bon si nous dansions pour nous changer les idées." "Très bonne idée! C'est une samba." "Non, c'est un meringué." "Tu as raison Jacques."

"Aie, moi aussi je veux danser." "Viens Jeannine, j'aime faire le mambo avec toi." "Et que je suis heureuse que tu aies investi dans tes jambes." "C'est un très bon investissent, puisque nous allons en profiter pour le reste de notre vie. Avez-vous pensé à un plancher de danse dans votre sous-sol?" "Tu peux être sûr que s'il nous reste assez d'argent, nous en aurons un chacune de nous." "Je vous ai épargné plus d'argent avec la finition du sous-sol que ça coûtera pour le plancher en plus de vous obtenir cent pieds carrés de plus." "Comment t'as fait ça?" "En évitant d'ériger un autre mur tout autour. J'ai vu que tu as laissé un espace d'un pied sans isolant à un pied du plancher, veux-tu me dire pourquoi?" "Bien sûr, c'est nécessaire pour que le salage ne craque pas d'une part et ça me donne un espace pour passer les fils électriques et les prises de courant, puis à cet endroit, on a pas réellement besoin d'isolant." "C'est génial tout ça." "Ça vient juste avec l'expérience." "Changeant de propos, tu ne vas pas aller à Winnipeg en automobile?" "Bien sûr que j'irai avec mon véhicule, je l'aime beaucoup trop pour le laisser derrière." "Mais ça ne te fait rien de nous laisser derrière?" "Oui, mais ce n'est pas pareil." "Non, ce n'est pas pareil, ta voiture s'ennuierait bien trop. Tu ne voulais pas que j'aille chez moi avec la mienne à quatre cent milles d'ici en quatre jours et toi tu veux faire trois mille milles en trois jours." "Oui, mais moi ce n'est pas pareil, je suis un homme." "Si tu y vas en auto, j'y vais avec toi, tu auras besoin d'un autre chauffeur."

"Moi aussi j'y vais, tu auras besoin d'au moins deux autres chauffeurs." "Vous ne comprenez pas que je vous tire le poil des jambes." "On a du poil aux jambes? Ah toi, t'es pas drôle." "Non, je prends l'avion vendredi matin et j'ai déjà une auto de loué qui m'attend à l'aéroport." "Mais ça coûte cher tout ça?" "Non, pas un sou!" "Arrête de nous tirer le poil des jambes, ça devient agaçant." "Mais je ne tire rien, vous avez senti quelque chose?" "J'avais tout simplement assez d'air miles d'accumulés." "Ah, c'est donc ça!" "Nous, nous allons enrichir les pauvres pétrolières et le pauvre gouvernement tout en visitant la famille." "Soyez prudente, il y a des tempêtes même au mois de mai certaines années. Informez-vous des conditions de la météo avant de prendre la route." "Nous le ferons, ne t'inquiète pas. Sois prudent toi aussi et sois sage!" "Moi être sage, mais les filles, je suis plein de sagesse voyons." "Oui, oui, on le sait. Non, mais sérieusement, tu vas nous manquer beaucoup, c'est la première fois que tu nous quittes et nous n'aimons pas ça tellement." "Ce n'est que pour quelques jours et on s'en sortira plus fort." "Ah, tu dois avoir encore raison." "Oui en, c'est dont plate en? Je sais, je déteste toujours avoir raison, mais je ne peux quand même pas me mettre dans le tort juste pour vous faire plaisir. Puis si un jour j'ai vraiment tort vous penserez que je l'ai fait exprès pour vous faire plaisir. C'est sans issue.

Bon c'est assez, moi je vais me coucher. Quelle est celle qui me prend avec elle dans son lit ce soir?" "C'est moi."

"Non, c'est moi." "Je te dis que c'est mon tour." "Moi aussi je te dis que c'est mon tour."

"Voyons, avec quelle j'ai couché la dernière fois?" "On s'en souvient plus." "Mais vous ne pouvez quand même pas oublier un chose comme celle-là?"

"Toi t'en souviens-tu?" "Attendez un peu que je me rappelle." "Laisse donc faire le poil des jambes. Ah, ah, ah, viens Danielle."

"Bonne nuit quand même Jeannine." "Bonne nuit Jacques et laisse-moi te serrer très fort et t'embrasser."

"Bonne nuit Danielle!"

"Bonne nuit Jeannine et dors bien pour être en forme demain soir, car ça sera vraiment ton tour." "T'en fais pas, je vais lui en donner assez pour les trois jours qu'il sera parti." "Alors je devrais lui en laisser assez pour toi." "C'est gentil, merci."

Le vendredi matin venu j'étais à l'aéroport comme il se doit une heure d'avance. Je n'avais pas beaucoup de bagages, puisque je ne partais que pour quelques jours. Une petite trousse contenant quelques chemises et quelques paires de bas de rechange, quelques bobettes, une trousse de rasage et une mallette de documents.

J'ai eu du mal à passer au détecteur de métal à cause d'une petite imprudence de ma part. J'ai passé une fois et on m'a signalé ma boucle de ceinture, puis quand j'ai passé la deuxième fois on m'a demandé de mettre les bras en l'air.

"Qu'est-ce qu'il y a?" "Gardez les bras en l'air monsieur." "Qu'est-ce qu'il y a, je ne suis quand même pas un criminel?" "Vous êtes armé monsieur?" "Moi armé, mais vous voulez rire?" "Gardez les bras en l'air monsieur, ne nous mettez pas dans l'obligation de vous tirer."

Puis je me suis soudain souvenu que de nos jours les policiers semblent aimer utiliser les pistolets électriques et que beaucoup de personnes en meurent. Je me suis donc calmé et j'ai laissé ces gens faire leur travail, puisque c'était tout à mon avantage de toutes façons. Puis une femme policière s'est approchée prudemment de moi en me tenant en joue comme plusieurs autres policiers et elle a glissé sa main dans la poche droite de mon manteau pour en retirer trois clous de trois pouces et demi.

"Vous devez nous suivre monsieur." "Écoutez, ce n'est qu'une erreur innocente, je suis menuisier." "Qu'est-ce que voulez construire dans l'avion monsieur?" "Je suis allé montrer à ma future épouse les progrès de notre maison en construction dimanche matin dernier et j'ai ramassé ces trois clous qui traînaient par terre et qui risquaient de causer des crevaisons, c'est tout."

Un autre policier est entré dans la pièce avec des documents en mains.

"Vous êtes monsieur Jacques Prince, président des entreprises Fiab de Trois-Rivières?" "Oui monsieur!" "Vous n'avez aucun dossier judiciaire?" "Au contraire monsieur, j'ai un dossier judiciaire, mais il est vierge et sans accroc." "C'est bon, vous pouvez y aller, mais soyez plus prudent à l'avenir." "Je m'efforcerai de ne jamais oublier ce qui s'est passé ici aujourd'hui monsieur."

C'est sûr que c'était une erreur innocente, mais c'est une erreur qui aurait pu très mal tourner. Le reste du voyage a été plutôt agréable, mais il avait plutôt mal commencé. J'ai réussi à lire un bon nombre des poèmes de Louis Riel, mais je n'ai pas réussi à obtenir l'indice que je cherchais, sauf peut-être celui où il mentionne ne pas avoir peur de mourir, lui qui était encore jeune et avait une femme et des jeunes enfants. Cela démontrait cependant très clairement qu'il était en paix avec Dieu et avec lui-même, un peu comme les juifs devant la mort durant l'holocauste et Etienne avant d'être lapidé par Paul et sa gagne.

J'en ai profité aussi pour aller visiter la maison qu'il avait habité à St Vital, le prénom de mon grand-père et je dois avouer que ça me faisait tout drôle. Il y a eu une sorte de malaise et une sorte de bien-être à la fois. Je ne sais pas trop, mais je n'ai pas pu me l'expliquer, peut-être que son esprit demeure toujours aux alentours, du moins c'est ce que je me suis dit. Qui sait?

Le dimanche au soir à huit heures j'étais de retour chez moi. J'ai trouvé la maison très vide, puisque mes charmantes épouses n'étaient pas encore revenues de leur voyage. Les parents de Danielle ne demeurent qu'à quelques cents milles, mais je ne suis pas sans savoir que tout peut arriver sur la route. Néanmoins, il était encore trop tôt pour commencer à m'inquiéter. C'était cependant un peu différent lorsqu'elles n'étaient pas encore entrées passé minuit. J'ai donc pris la décision d'appeler monsieur Brière même à une heure tardive pour en savoir un peu plus sur leurs activités. Il m'a tout simplement rassuré en me disant qu'elles avaient retardé leur départ et qu'elles devraient être entrées aux alentours d'une heure et demie. Je l'ai remercié tout en m'excusant de l'avoir réveillé si tard dans la nuit.

Très bien je me suis dit, il est temps de préparer leur retour proprement. J'ai préparé la table et j'ai sorti les chandelles. J'ai aussi préparé un petit gueuleton et j'ai mis un petit présent devant leur assiette respective que je me suis procuré pour elles à Winnipeg. J'ai éteint les lumières et je suis allé m'étendre en les attendant. Aussitôt que j'ai entendu leur auto s'approcher, je suis allé allumer les chandelles et je suis retourné m'étendre.

"Ne fais pas de bruit Jeannine, il dort sûrement et tu sais qu'il aime son sommeil." "Il travaille tellement fort et c'est vrai que nous l'empêchons souvent de dormir." "Aie regarde, il nous a emmené quelque chose."

Sans faire de bruit je me suis levé enfin de les observer en retrait.

"Crois-tu que nous devrions les ouvrir?" "Oui, il y a mis notre nom." "Ça ne fait pas longtemps qu'il dort, les chandelles sont à peine fondues." "Vas-y la première Jeannine, ça ressemble à une bague de diamant." "Penses-tu vraiment?" "Ouvres-le voyons, tu n'es pas curieuse? Tiens, prends ce couteau pour couper le ruban gommé." "C'est fou, mais j'ai un peu peur." "Ne fais pas la folle voyons, il n'y a rien de mauvais qui vient de lui." "Oh, oh, oh!"

Jeannine s'est mise à pleurer à chaudes l'armes et j'ai rapidement sorti de mon coin.

"Je ne t'avais jamais officiellement demandé de devenir ma femme et j'ai pensé qu'il en était grand temps. Qu'en réponds-tu?" "Oui, oui, oui, oui, oui, oui! Je t'aime tellement, je serai pour toi une épouse parfaite." "Mais tu l'es déjà ma chérie." "Cela a dû te coûter une fortune? Ça tout l'air d'être du diamant?" "Ce n'est pas poli de demander le prix des cadeaux, mais elle te va à merveille et ne pose plus de question."

"Toi Danielle, tu n'es pas curieuse?" "Je veux juste féliciter Jeannine avant d'ouvrir le mien."

"Viens ici toi, je suis si heureuse que tu sois mon amie."

"Et toi Jacques, tu ne cesseras donc jamais de nous surprendre?" "Allez, va ouvrir le tien maintenant, moi j'ai hâte de voir ta réaction." "C'est une blouse. Oh qu'elle est belle. Merci mon chéri, elle est superbe. Viens que je t'embrasse." "Danielle, j'aimerais que tu l'essaies sur-le-champ." "Oh, ça peut attendre à demain." "S'il te plaît Danielle, essaies-la, veux-tu?" "Il est tard Jacques, je suis fatiguée et ça peut attendre jusqu'à demain." "Je vais t'aider, enlève ton chandail." "Jacques, s'il te plaît?" "Cela ne prendra qu'une minute, même pas. Je veux voir comment elle te va." "Oh que tu es tannant quand tu veux." "Elle te va à merveille." "Mais il y a quelque chose qui me griffe là-dedans." "Je me demande bien ce que ça peut être. Enlève-la et regarde." "Ça doit être des épingles pour tenir les plis. Jacques, pourquoi fais-tu des choses pareilles?" "Parce que je t'aime de tout mon cœur mon amour."

C'est ce que je lui ai dit en me jetant à genoux devant elle. J'avais caché à l'intérieur de cette blouse le collier de diamants, la bague de fiançailles ainsi qu'un bracelet qui faisait bien concurrence au collier.

"Voudrais-tu m'épouser le plus tôt possible, ma chérie?" "Je vais t'épouser ce soir et demain et chaque fois que ça sera mon tour mon amour."

"Aie, moi aussi!"

"J'espère que tu n'as pas cru que j'en demanderais une en mariage et pas l'autre?" "Non, puisque tu m'as demandé en mariage le soir qu'on s'est rencontrés." "Ah oui!" "Ne me fais plus jamais un coup pareil." "N'est pas peur, je n'ai pas l'intention de vous demander en mariage une autre fois. Allons au lit et épouse-moi."

"Bonne nuit Jeannine." "Bonne nuit vous deux."

"Comment a été ton voyage?" "Bien, mais on parlera de ça demain si tu permets Danielle, parce que là j'ai besoin d'une épouse affectueuse plutôt qu'une questionneuse." "Viens, laisse-moi t'aimer!"

Il était une heure de l'après-midi avant que j'aie le goût d'aller au travail. Heureusement Raoul savait déjà qu'il se pouvait très bien que je puisse arriver tard.

Quoi qu'il en soit, la toiture était presque terminée et nous étions prêts à la recouvrir et à installer les portes et fenêtres. Il était certain que ma petite intervention du début avait porté fruit, puisque nous étions en avance de deux semaines sur nos prédictions.

Il y avait deux ou trois choses dont j'avais une hâte folle de commencer. La principale était bien sûr mon mariage avec Danielle et pour ça, tout ce que nous attendions c'était que la maison soit terminée. Puis je mourrais d'envie d'embarquer sur ma pépine et de commencer le défrichage, surtout le repoussé qui entravait le chemin tout autour de la propriété. Le troisième projet immédiat était l'élevage que j'anticipais. Je n'y étais pas obligé, mais je tenais quand même à en parler avec mes deux épouses.

"Les filles, j'ai besoin de vous parler ce soir de mon nouveau projet." "Dis-nous de quoi il s'agit." "Pour commencer il faut que je vous dise que la maison sera prête à la datte prévue et même peut-être un peu plus tôt." "Ça veux dire que nous aurons assez d'argent?" "Ça veut dire même plus, ça veux dire que vous n'aurez pas à utiliser l'argent que vous avez emprunté. Vous pouvez donc aller choisir votre ménage quand le cœur vous le dira." "Tu es sûr de ça?" "J'en suis tout à fait sûr.

Maintenant je voudrais vous parler de mon projet d'élevage dont je vous ai déjà mentionné." "Tu ne nous as jamais dit que tu voulais faire de l'élevage." "Non, c'était en quelque sorte mon petit secret." "Tu parles bien de l'élevage d'animaux, n'est ce pas?" "Bien sûr que je veux élever une famille ou deux aussi, mais ici maintenant je parle d'élever et de dresser des chiens." "Des chiens, mais quelle sorte de chiens?" "Je veux des Mutesheps." "Quelle sorte de chiens que c'est ça? Je n'ai jamais entendu parler de cette race ou même entendu ce mot-là." "C'est parce qu'ils n'existent que depuis très peu de temps. C'est un mélange de malamute et de shepherd, berger allemand. J'ai un ami dans l'Ouest qui a crée la race. Je l'ai rencontré il y a de ça quelques années. Il a eu ses problèmes avec la SPCA de Kelowna en Colombie Britannique et j'ai été très intrigué à propos d'une phrase qu'il a dit aux journalistes et que j'ai eu la chance de lire." "Qu'elle était cette phrase qui a pu te toucher à ce point?" "Il a dit: 'Quand on est persécuté dans une ville, il faut fuir dans une autre, moi je suis persécuté par la province, il me faut donc fuir dans une autre.'

"Mais c'est normal qu'on veuille fuir la persécution, il n'y a rien d'étrange là-dedans. Qu'est-ce qui t'a motivé à vouloir le rencontrer?" "C'est un conseil de Jésus et il n'y a pas grand monde qui suit ses conseils à ma connaissance. C'est l'indice qui m'a dit que cet homme était un disciple de Jésus. J'ai appris beaucoup de choses de lui. Je dirais même que c'est lui qui m'a mis sur la piste de l'antéchrist. Il a fait une chanson sur la SPCA et sur ses chiens. De temps à autres je vais sur son site pour l'écouter, elle me touche à chaque fois." "C'est quoi son adresse?" "C'est le; www.hubcap.bc.ca. Je pense qu'il possède aussi la plus grande collection de caps de roue au Canada." "Très intéressant, mais pourquoi ses chiens?" "Ils ont quelque chose de spécial. Tu peux les voir aussi sur son site. Tu peux y lire une partie de son livre aussi. Il me ressemble beaucoup et c'est probablement pourquoi il m'intéresse. Mais revenons à nos moutons ou à nos chiens. Ce n'est pas tout, je veux élever aussi du cochon et du lièvre." "Du cochon, mais ça va puer sans bon sens." "Pas si je les mets à l'endroit que j'ai choisi." "Mais pourquoi des cochons, tu n'en manges même pas?" "Mais tu sais pourquoi je n'en mange pas?" "Oui, tu nous as dit penser que la viande de porc peut causer le cancer." "Et pour quelle raison que je vous ai dit cela?" "Parce que Dieu l'a prohibé à ses enfants. Pourquoi veux-tu en élever d'abord?" "Pour prouver au monde que ma théorie est la bonne." "Ne nous dis pas que tu vas nous donner le cancer pour prouver ton point." "Tu n'es pas bien toi, je veux nourrir mes chiens avec du porc et du lièvre. Oui, je vais aussi élever du lièvre et faire une nourriture pour chiens et chat avec du porc et du lièvre.

Les deux viandes sont défendues par Dieu et je crois sincèrement que Dieu avait une très bonne raison pour le faire. Vous voyez, nous savons aujourd'hui que le cancer est causé par des parasites et nous savons aussi que le porc en est plein. Je ne sais pas si le lièvre contient des parasites aussi, mais je sais que Dieu l'a défendu et ça me suffit. Des parasites, vous savez ce que c'est?" "Je pense oui, ce sont des petits vers." "Tu as raison et des vers que tu les fasses cuir ou pas, c'est toujours de la vermine. Connaissez-vous le surnom du cochon?" "Pas que je sache!" "On l'a surnommé le verrat. Et oui mesdames, du ver et du rat. Maintenant nous savons que le porc est très gras et que le lièvre est très maigre, ce qui me donnera un bon mélange pour faire ma nourriture à chien et en plus elle sera toute naturelle. Si je me trompe, je n'en serai pas plus mal, puisque j'aurai créé une bonne industrie et les chiens et les chats s'en porteront que mieux et si j'ai raison, j'aurai la preuve nécessaire pour alerter la population mondiale." "Où as-tu trouvé ça dans la Bible?" "Dans Ésaïe 65, 4 et Ésaïe 66, 17. C'est très bien illustré aussi dans Lévitique 11 de 6 à 8. 'Vous ne mangerez pas le lièvre qui rumine, mais qui n'a pas la corne fendue, vous le regarderez comme impure. Vous ne mangerez pas le porc qui a la corne fendue et le pied fourchu, mais qui ne rumine pas; vous le regarderez comme impure. Vous ne mangerez pas de leur chair et vous ne toucherez pas à leurs corps morts, vous les regarderez comme impures.'

Sais-tu que je ne peux même pas trouver des saucisses au bœuf en magasin sans qu'elles soient enveloppées dans de la peau de cochon et il me faut aller à beaucoup de restaurants avant de pouvoir en trouver un où ils servent de la saucisse au bœuf ou du bacon à la dinde avec mes œufs. Ce n'est pas trop invitant pour les enfants de Dieu et surtout pas pour les Juifs de notre pays. Je suis heureux d'avoir pu finalement trouver du bacon à la dinde au magasin. J'ai souvent donné mon bacon de porc à mon chien." "La seule chose qui m'ennuie c'est la senteur de la merde de cochon." "Tu ne sentiras rien du tout ou presque jamais à moins que tu viennes dans la porcherie." "Comment feras-tu?" "J'ai acheté les deux propriétés, une de chaque côté et vous le savez que le vent souffle presque toujours du Nord au Sud et de l'Ouest à l'Est et en plus j'aurai une porcherie très bien entretenue. Et si je n'arrive pas à exterminer la senteur complètement, alors je déménagerai les cochons ailleurs." "Alors nous ne risquons rien du tout." "Ce n'est peut-être pas tout à fait le cas." "Que veux-tu dire?" "Et bien, c'est un projet d'une grande envergure et j'espérais que vous pourriez me prêtez l'argent que vous avez emprunté de la banque. Je pourrais vous verser un intérêt d'environ dix pour cent." "Je pense avoir une meilleure idée." "Si elle est meilleure je veux bien la considérer." "Que dirais-tu si j'investissais cet argent dans ton entreprise?" "Je dirais que c'est superbe, mais es-tu sûre que tu veux faire ça?" "Si toi tu veux investir dans cette affaire, c'est que ça doit être bon. Et bien oui, je veux investir avec toi."

"Moi aussi, prenez-moi avec vous et je me fous si je perds tout." "Et bien, si je m'entendais à ça. Ne crains rien, tu ne perdras rien Jeannine, ça fait longtemps que je mijote ce projet. Combien voulez-vous mettre dans cette entreprise?" "Moi je mets tout le montant du prêt, les cent milles au complet."

"Et moi aussi!" "Alors je vous donnerai chacune vingt-quatre pour cent des actions." "Si tu penses que c'est juste nous sommes d'accord." "Ce n'est pas tout, je ferai avec la fourrure du lièvre des mentaux, des chaussettes, des mitaines, des chandails, des couvre-pieds et surtout des sacs à couchage. La fourrure du lièvre est l'une sinon la plus thermique de toutes. Comme de raison, nous aurons une tannerie, mais celle dont on ne se tanne pas. J'ai besoin d'argent surtout au début pour construire un abattoir et la tannerie ainsi que la porcherie et aussi pour acheter la clôture qui doit être deux pieds dans la terre et monter huit pieds de hauteur pour ne pas perdre les lièvres même en hivers. Ça nous en prend environs seize milles pieds de long pour couvrir les trois milles qui contournent notre propriété.

Les broussailles sont très nécessaires pour protéger les nouveau-nés contre les papas qui ne veulent pas de compétition. Tous les tas de branches aussi seront utiles à cet effet. Ils auront l'eau qui leur est nécessaire en été et en hiver ils mangeront de la neige comme tous les autres animaux sauvages du pays. Si je débute avec deux mâles et vingt femelles maintenant nous auront cent mille lièvres dans dix-huit mois, ce qui vaudra environs un million de dollars." "T'es pas en train de nous monter un bateau toi là?" "Si c'en est un, c'en est un mosusse de beau.

Les lièvres attireront les loups, les coyotes et les renards de partout et j'ai l'intention de demander un permis de trappage pour mes terres, ce qui ne devrait pas être trop difficile à obtenir. Cela devrait rapporter un autre vingt à quarante milles par année. J'ai actuellement inventé une cage spéciale pour les piéger." "Ces loups ne seront pas dangereux pour nous et les enfants?" "Non, ils ne pourront pas entrer à cause de la clôture et ils mourront en essayant. Mais de toutes façons, je verrai s'il y a un marché pour les peaux avant tout.

Je m'informerai pour savoir si leur viande est comestible aussi. Si les Japonais peuvent manger du chien, je ne vois pas pourquoi les chiens ne pourraient pas manger du loup. Cependant, il faudra que j'aille chercher les lièvres en Alberta." "Pourquoi aller aussi loin? Il doit y avoir du lièvre par ici." "Il y en a et même beaucoup, mais il est de petite taille, de quatre à cinq livres. J'en ai vu en Alberta qui sont de huit à vingt livres." "Que vas-tu faire à part tout ça?"

"Danielle voyons, tu ne trouves pas que c'est assez? Nous ne le verrons jamais." "Il y a bien d'autres choses, mais ne vous inquiétez pas, j'aime le travail, mais je n'en suis pas un bourreau." "Quoi d'autre as-tu l'intention de faire?" "Je veux faire une plantation sur chacune des terres voisines. Si je plante un pin ou un cèdre aujourd'hui dans vingt ans il vaudra vingt dollars au moins. Cent milles pins seront deux millions et entre temps le bois nous est nécessaire. Ça sera certainement un beau cadeau à faire à nos enfants." "Il n'y a pas à dire, tu penses loin et tu vois loin." "Mais quand as-tu eu le temps de penser à tout ça?" "Je n'ai pas besoin de me creuser la tête, tout me vient dans les rêves.

Si mon père écoutait ma mère il n'aura pas à attendre son chèque de vieillesse pour manger quand il sera à sa retraite. Je ne sais pas si c'est encore possible, mais il y eut un temps où le gouvernement donnait les arbustes et prêtait la planteuse." "Tu n'as jamais pensé à faire de la politique?" "J'y ai pensé, mais j'aime trop ma liberté pour ça. Cependant, j'ai quand même mes idées sur ça. Il me serait impossible de faire de la politique et de faire votre bonheur en même temps, en plus on ne peut pas être un politicien sans être antéchrist, c'est-à-dire qu'ils sont obligés de jurer pour faire parti du gouvernement. Je ne comprends pas pourquoi une promesse solennelle avec les mêmes règles et les mêmes conséquences ne pourrait pas aussi bien faire l'affaire." "C'est vrai ça. Oublions la politique. J'aime mieux les cochons et te garder près d'ici.

Que penses-tu d'Obama?" "Je pense qu'il est très intelligent et très diplomate." "Qu'est-ce qui te fait dire ça?" "Quand il est venu au Canada, il l'a pris par la queue . . . . de castor." "Que penses-tu du bloc et des péquistes?" "Le nom le dit, ça bloc et ils finiront par causer du grabuge au Québec, c'est inévitable. C'est une moitié de la population de la province qui veut déplacer l'autre moitié, ça ne peut pas se faire sans anicroches. C'est ce que la séparation ferait. Nous savons tous ce que font des bâtons dans les roues, ça empêche la voiture de rouler rondement. Ces quelques dernières phrases me susciteront beaucoup d'ennemis, mais j'ai déjà plus de la moitié du monde pour ennemi à cause de la parole de Dieu.

Si les choses vont comme je le prévois nous aurons une boutique de nos articles et de notre nourriture pour chiens dans toutes les grandes villes du Canada et dans plusieurs villes moyennes aussi. Nous ferons comme toutes les grandes chaînes de magasins, au lieu de payer de l'impôt nous en ouvrirons d'autres ailleurs et ailleurs encore. Le monde est grand, mais assez parlé pour ce soir, il faut dormir, car dès demain il faut nous mettre à l'œuvre." "Quand penses-tu commencer tout ça?" "Aussitôt que notre maison sera terminée."

Comme d'habitude je les ai mises au lit à ma façon et le lendemain j'étais sur la couverture de la maison avec les autres ouvriers. Encore là, j'avais réparti le travail à part égale avec les mêmes restrictions pour tous. Je suis arrivé au bout de mon côté alors que Raoul avait à peine recouvert la moitié du sien.

"T'as pas fini ton bord?" "Mais oui j'ai fini." "Es-tu une sorte de magicien ou quelque chose du genre?" "Un magicien n'aurait pas la moitié de ce que tu as fait, mais toi tu te promènes de gauche à droite pendant que moi j'installe des bardeaux. Viens avec moi de l'autre côté de ta couverture et je te montrerai comment faire. Tu te fais quatre lignes de haut en bas à la distance d'un bardeaux en plein milieu du toit et suis ces lignes et tout le reste sera très droit, puis mets un gars de chaque côté. Mets aussi le paquet de bardeaux à ta portée, comme ça vous arrêterez de vous promener.

Si tu fais ça tu vas me sauver beaucoup d'argent sans travailler plus fort ni plus vite. Si tu as un gaucher et un droitier dans ton groupe ça sera encore mieux. Moi j'installe sept paquets à l'heure sans efforts. Toi tu en installes trois et tu ne me rapportes pas un sou et même tu me coûtes de l'argent alors que tu es sensé m'en rapporter." "Il n'y a pas à dire, on apprend avec toi." "Oui, tu vas probablement devenir mon compétiteur avant longtemps." "Ce n'est vraiment pas mon intention. Tu sais quand un homme est bien traité et qu'il est heureux, il ne regarde pas ailleurs." "Tant mieux! Allons-y, couvrons cette maison avant qu'il ne pleuve."

D'une chose à l'autre nous étions rendus aux vacances d'été pour les deux dernières semaines de juillet et la maison était tout près d'être complétée. Il ne restait vraiment que quelques détails minimes.

Entre temps j'avais rendu visite à Bernard qui est devenu un vrai disciple à l'intérieur de la prison. Je n'en croyais pas mes oreilles lorsqu'il m'a appris que la moitié de la population du pénitencier était devenue ses fans et que les gardiens pouvaient pour la première fois de leur histoire prendre leur collation dans l'après-midi. Les plus rebelles n'aimaient pas ça, mais n'osaient quand même pas s'opposer aux autres. Un autre qui n'aimait pas ça tellement est l'aumônier qui n'y comprenait rien. Les résultats furent de bonnes économies pour l'état, puisqu'un bon nombre de prisonniers furent libérés avant termes pour bonne conduite. Je me suis demandé en riant dans ma barbe si je ne devais pas envoyer une facture au gouvernement. J'étais bien heureux de cette nouvelle et j'étais très content de voir Bernard heureux aussi.

Je lui ai rappelé qu'il ne devait pas oublier son frère dans sa course aux conquêtes, qu'il était probablement sa seule chance. Il m'a fait une drôle de figure, mais il a quand même admis que c'était fort possible. Il devait savoir à ce moment-là qu'un prophète ou un disciple n'était pas bienvenu dans sa propre famille.

Puis le grand jour est arrivé enfin. Le logement de Danielle était complètement terminé et c'est là que nous avons célébré notre union. Il n'y avait que nos familles immédiates et quelques amis sûrs d'invités. Un juge de paix moyennant quelques frais c'était déplacé pour venir célébrer ce grand jour.

Jeannine et Danielle avaient synchronisé leurs vacances à celles des travailleurs de la construction pour nous permettre de partir tous ensemble pour un voyage bien mérité de tous.

Danielle, non pas qu'elle le veuille n'a certainement pas pu dissimuler sa grossesse, mais Dieu que je la trouve belle quand elle est enceinte. C'est vrai qu'elle portait une partie de moi-même.

Mon tout dernier employé, ce jeune apprenti ne voyait pas les vacances obligatoires de l'été d'un très bon œil, puisqu'il n'avait pas assez d'argent pour en profiter pleinement. Je lui ai donc offert du travail pour ces deux semaines qui consiste à couper les petits arbustes de mauvaise qualité qui sont dans le chemin et pour replanter ceux de bonne qualité dans le champ. J'avais passé assez de temps avec lui pour savoir que je pouvais lui faire confiance. Il devait aussi garder notre maison, pour le temps de notre absence. Je lui ai bien précisé qu'il pouvait pêcher et se baigner à volonté, mais qu'il ferait bien de nous garder quelques truites et que je ne le payerais pas pour s'amuser.

Danielle avait acheté un tout nouvel ameublement qui faisait l'envie de plusieurs. Jeannine l'avait acheté aussi, mais il n'était pas encore délivré pour la simple raison que son côté n'était pas encore tout à fait terminé. Du côté de Danielle, même le sous-sol était fini et on a pu faire la réception sur un plancher tout neuf.

Les félicitations n'en finissaient plus, non seulement à propos du mariage mais aussi à propos de la maison et c'était passablement flatteur de les entendre.

J'avais fabriqué une petite mise en scène pour que Jeannine se sente également de la cérémonie. C'est elle qui demandait à Danielle et à moi de répéter les paroles qui nous unissaient l'un aux autres. Ça c'est passé comme ceci:

"Répétez après moi. Moi Jeannine St Louis, je veux dire Danielle Brière." "Moi Danielle Brière." "Te prends pour époux." "Te prends pour époux." "Jacques Prince ici présent." "Jacques Prince ici présent." "Pour t'aimer et te chérir." "Pour t'aimer et te chérir." "Toute l'éternité." "Toute l'éternité."

"Moi Jacques Prince." "Moi Jacques Prince." "Te prends Jeannine St Louis, je veux dire Danielle Brière." "Te prends Jeannine St Louis, je veux dire Danielle Brière." "Pour t'aimer et te chérir." "Pour t'aimer et te chérir." "Toute l'éternité." "Toute l'éternité."

"Je vous déclare mari et femme. Vous pouvez vous embrasser maintenant et que Dieu soit avec vous."

Ça y était, je les ai mariées toutes les deux sans que presque personne ne se doute de rien. Seule Céline avait reconnu l'astuce. Le juge lui-même nous avait déclaré mari et femmes sans trop rechigner. Mes deux épouses étaient convaincues de ma sincérité et au fin fond de moi-même je savais que je serais leur mari pour le reste de ma vie et même au-delà. J'ai embrassé Danielle comme il se le doit et puis j'ai aussi embrassé Jeannine en la remerciant de son grand dévouement.

J'avais loué un gros motorisé et nous nous sommes dirigés vers les chutes Niagara. J'avais aussi loué un beau bateau couvert sur le lac Erié où nous avons passé la plupart du temps. J'ai fait les calculs et après avoir tout compté, la différence avec les hôtels n'était pas tellement grande. L'avantage de cette façon-ci était que tout est à la portée de la main et que personne ne pouvait questionner le fait que j'avais deux épouses, mais il fallait nous servir nous-mêmes.

Nous avons fait un peu de tout, de la pêche, des bains de soleil, de la baignade, de la marche, de la danse, visionner du cinéma, du bateau, du sexe et pour tout avouer, ce sont deux semaines qui ont passé beaucoup trop vite.

Mes deux épouses débordaient de bonheur tout comme moi et je n'aurais pas voulu qu'il en soit autrement. Tout était parfait dans le meilleur des mondes. Le tout a pris fin trop tôt à notre goût et nous nous sommes promis de recommencer à tous les ans.

Du côté travail cependant il était temps que je revienne. J'avais quand même la responsabilité de mettre du monde au travail et des clients à satisfaire.

Il me fallait aussi commencer sans tarder notre nouveau projet d'élevage qui me tenait très à cœur. Pour ce faire j'ai loué un tranchoir avec lequel j'ai fait une tranchée tout autour de la propriété. J'y ai mis un panneau isolant, panneau qui est découpé pour être remplacé d'une vitre dans les portes de métal de vos maisons. Je peux les avoir à bon marché, puisque la plupart de ceux-ci terminent leur vie au dépotoir. Cependant, puisqu'ils sont solides et ils sont faits d'une feuille de métal galvanisée de chaque côté et d'un bon isolant entre les deux, ils sont idéals pour mes besoins. Étant mis en terre à vingt-quatre pouces de profondeur, ils empêcheront les lièvres et les chiens de passer de l'autre côté à l'aide d'un tunnel qu'ils pourraient se creuser, puisqu'ils se décourageront bien avant. Cela empêchera les autres prédateurs d'entrer également excepté aux endroits où je veux qu'ils entrent.

Il y a quelques temps j'ai offert à un député du gouvernement Harper de construire des abris de la grandeur d'un simple ou double garage avec ce matériel pour les haïtiens qui doivent dormir dehors à la belle étoile ou à la pluie et aux intempéries. Ces panneaux sont d'une belle couleur, d'un beau blanc, ils sont très solides, ils sont imperméables, ils sont d'un bon isolant et ils sont pratiquement gratuits. Ils seraient également aussi sécuritaires contre le feu et les voleurs qu'une maison solide. Que peut-on demander de plus?

On ne m'en a jamais donné d'autre nouvelle et pourtant ces bâtisses seraient, je pense, meilleure marché que les tentes qu'ils ont aménagé là-bas.

Nous pourrions aussi facilement montrer à ce peuple comment les bâtir eux-mêmes pour eux-mêmes.

Les femmes m'accompagnaient presque tout le temps, puisqu'elles avaient une autre semaine de vacances. Il n'y a rien comme la séniorité. IL n'y a rien non plus comme les questions pour être informé et des questions elles en ont pour moi.

Nous avions seize cents poteaux à planter, ce qui était le travail de la pépine. Heureusement la terre n'est pas rocheuse et à l'aide de ma grosse machine, j'ai pu enfoncer ces derniers facilement.

La terre est planche et ça aussi c'était un avantage certain. Il m'a fallu bien sûr commencer par nettoyer le chemin qui faisait le tour complet. Les arbustes et les branches n'embellissaient pas la propriété, mais ils allaient sûrement sauver des centaines de petits lièvres, sinon des milliers.

J'avais passé assez de temps avec Raoul aussi à ce point-là pour le laisser s'occuper des travaux de la construction, ce qui me libérait beaucoup de temps. Tout allait bon train et voilà que la clôture était érigée aux deux bouts de la terre et du côté Ouest. Le côté Est demanderait beaucoup plus de personnel.

Quand tous les poteaux furent plantés et les panneaux furent mis en terre et toute la clôture étendue et prête à être installer, j'ai rassemblé vingt-cinq personnes additionnelles pour faire une battue afin d'y faire entrer quelques chevreuils et de remonter la clôture en un seul coup. C'était à espérer qu'il y aurait au moins un mâle et une femelle.

J'avais anticipé la possibilité qu'on puisse aussi faire entrer quelques prédateurs, mais je savais que je pouvais m'en occuper. Aucun de ces animaux sauvages ne pouvait s'approcher plus qu'à quatre cents pieds de notre maison.

À même la clôture j'ai installé des centaines de cercles de plastic solide d'un diamètre de six pouces afin de piéger les loups, les renards ainsi que les coyotes qui s'y aventureront. Il y en a à deux pieds de terre pour l'été et d'autres à quatre pieds pour l'hiver. Bien sûr que j'ai installé quelque chose pour empêcher le lièvre de sortir. Tout était finalement prêt à recevoir le gibier. J'ai invité tout le monde pour un gueuleton qui a été à ma connaissance apprécié de tous.

Danielle était sur le point d'accoucher à tout moment maintenant. Elle était déjà en congé de maternité depuis un mois et c'est ce qui retardait mon voyage en Alberta, car je voulais être présent pour la venue de notre enfant. J'aurais bien voulu pouvoir prendre un congé de paternité moi-même, mais travail oblige, je ne pouvais tout simplement pas me le permettre.

Puis Samuel est venu dans ce monde en pleurant comme la plupart des bébés qui sans aucun doute se trouvaient très bien à l'intérieur de sa mère. Je peux certainement comprendre cela.

C'était un très grand jour pour nous trois, mais je n'ai quand même pas pu m'empêcher de penser que nous devrions avoir nos enfants à l'âge de notre retraite, lorsque nous avons tout le temps au monde pour s'occuper de la mère et du bébé. J'ai quand même passé tous mes moments de répit près de Danielle et Jeannine fit de même. C'est sûr que Danielle a été bien entourée, mais j'aurais tellement voulu pouvoir faire plus.

L'accouchement de Jeannine n'était pas très loin non plus. Par chance Danielle aura le temps de se remettre sur pieds à temps pour pouvoir l'assister à son tour au moment venu.

Il me fallait maintenant aller chercher les lièvres en Alberta et ça aussi était un défi de taille. Je n'étais pas inquiet de la manière de les prendre, mais plutôt de la façon de les emmener vivant jusqu'à bon port. J'avais aussi anticipé rencontrer mon ami, l'éleveur de Mutesheps dans l'intention de m'en procurer quelques-uns. J'ai été ravi que tout ce passe bien, puisque je n'ai perdu qu'un seul lièvre sur trente. La cueillette a été plutôt favorable. J'ai entendu dire qu'il y a plus de lièvres à Calgary que de personnes, une ville de huit cent milles habitants.

J'ai pris l'avion pour y aller et j'ai louer un camion de déménagement pour revenir. J'ai acheté sur place les trente cages et ce qui m'était nécessaire pour les ramener au Québec. J'ai aussi ramené six petits chiots de quelques mois de familles différentes ainsi qu'un couple d'adultes. Je savais déjà qu'ils étaient des chiens de traîne. Si mes fils et mes filles aiment les chiens comme je les aime, ils auront une enfance des plus joyeuses. Moi je n'ai jamais oublié ceux que j'ai connu étant jeune. En fait, si se n'eut été de mes chiens dans mon enfance, je n'aurais simplement pas eu d'enfance, car mon père me mettait au travail constamment.

Il y a une chose qui m'intrigue toujours, c'est le fait que lorsque mon père jouait du violon, il fallait mettre le chien, mon Beaver dehors, parce qu'il ne cessait pas de hurler, tandis que moi j'en ai eu une, ma petite défunte Princesse qui se couchait sur mon pied et se laissait bercer au son de mon violon. Ce n'est pas non plus parce que je joue mieux que mon père, parce que lui est un violoneux hors père. Je l'ai surnommé; l'homme à l'archet magique.

Un jour en marchant une des deux terres voisines que je m'étais procurée à très bon prix, celle du côté Est, j'ai fait une découverte assez spéciale. Il y avait des milliers de petits arbustes qui semblaient manqué d'espace pour bien s'épanouir. C'est à ce moment que j'ai décidé de tous les récupérer sur les trois terres et de les replanter en belle ligne droite sur la terre du coté Est. J'en ai fait des sections bien séparées. Il y avait du pin, du sapin, de la pruche, un peu de cèdre, du tremble, du bouleau qui sera très apprécié pour le bois de chauffage, du chaîne, de l'épinette, une douzaine d'érables et je me suis procuré une vingtaine de pommiers que j'ai planté derrière notre maison. Moi je raffole de la Macintosh. Il va sans dire que je vais surveiller de très près la venue de leurs petits pour les faire fructifier.

La cueillette de chevreuil n'a pas été trop mal, puisque j'ai cru en compter sept, dont deux bucks, trois femelles et deux petits. Ça valait notre effort. Il me fallait envisager aussi d'agrandir l'enclos pour pouvoir y mettre plus de lièvres afin de m'assurer qu'ils aient assez de nourriture. C'est là que j'ai décidé de planter une grande quantité de trèfle, ce qui consisterait à épargner une grande quantité d'arbres.

Mon apprenti menuisier est devenu un agriculteur averti et il n'y a plus moyen de le faire changer d'avis. Il est devenu par compte mon homme à tout faire et c'est pourquoi lorsqu'il a suggéré demeurer sur la propriété, je n'ai pas hésité un seul instant. Je lui ai dit: 'Michel Larivière, si tu es vraiment sérieux tu vas m'aider à tes frais pour le labeur et nous allons te construire un chalet tout près de la rivière. Il ne faut cependant pas qu'il soit trop près de la plage, parce que j'aime quand même avoir mon intimité surtout lorsque je me baigne avec mes deux épouses. D'ailleurs, je planifie en bâtir un autre pour nous près de la plage. Il était d'accord et il m'a promis l'indiscrétion.

Puis est venu le temps de recruter les couturières et des employés pour l'abattoir. Je cherchais aussi un expert en tannerie, un épidermiste, un cuisinier, un expert en conserve, un publiciste et un commis voyageur qui s'occuperait entre autre de trouver des locaux à la grandeur du pays.

Après de sérieuses disctutions entre nous, j'en suis venu à la conclusion que la meilleure méthode serait une nourriture sous forme de biscuits pour chiens, qui seraient super nourrissants et pour les chats une viande en canne. Dans les deux cas, la nourriture se conserverait très longtemps. Cela est très important pour nous donner le temps de la mise en vente. Lorsque quelqu'un commence dans ce domaine il ne sait pas trop a quoi s'attendre. La nourriture peut demeurer longtemps sur les tablettes même si elle est la meilleure au monde. Il sera inscrit sur les contenants: 'Cette nourriture est fabriquée spécialement pour chiens et les chats, elle n'est pas impropre à la consommation humaine, mais elle peut causer le cancer.'

Les femmes ont pensé que ça pourrait apeurer la plupart d'une clientèle possible, mais j'ai argumenté autrement. Ça fait plusieurs années que le même avertissement est sur les paquets de cigarettes et le monde fume toujours, puis le cancer est toujours à la hausse. Quand on est poigné, on est poigné. Elles ont admis que j'avais probablement raison et de cette façon notre compagnie est protégée.

"En passant les filles, j'ai pris sur les nouvelles hier que le cancer était beaucoup moins élevé aux Indes qu'en Amérique. Je me demande s'ils mangent moins de porc, de vermine que nous." "Moi je m'inquiète pour ces pauvres chats et chiens que tu vas peut-être rendre très malade." "Et moi je m'inquiète pour la population humaine mondiale qui peut-être meurt assassinée à petites bouchées mortelles."

Selon moi le cancer est une bestiole qui se nourri de ce qu'elle a besoin dans le corps pour grandir. Par exemple le cancer du poumon se nourri de la fumée qu'on lui donne quand on fume et il grandit au fur et à mesure qu'on fume. J'ai connu un homme qui en avait que pour six mois à vivre selon son médecin, mais il a étiré sa vie de sept années en arrêtant de fumer. Le pire est que les enfants héritent du cancer de leurs parents. Ce n'est pas vraiment la sorte d'héritage que je veux laisser aux miens. Si tous ceux qui fument savaient que non seulement ils se tuent en fumant, mais qu'ils tuent aussi leur progéniture, peut-être bien que plusieurs d'entre eux cesseraient de fumer. On dépense des milliards de dollars en recherches pour la cure du cancer et moi je pense que la réponse est dans la parole de Dieu. Je devine qu'ils ont cherché partout sauf là.

Il me fallait aussi à-peu-près mille cochons pour en avoir assez pour un mélange balancé des deux viandes, c'est pourquoi j'ai emménagé une importante partie d'une terre en un enclos pour eux. Ils allaient labourer et engraisser ce morceau de terre pour la suite des choses. Il me tenait à cœur également de nourrir quelques-uns des pauvres dans le monde qui mourraient de faim. J'ai donc entrepris de planter des légumes en grande quantité et de les faire délivrer directement aux nécessiteux. Tout pousse très bien dans une terre engraissée par la merde de cochons.

Nous ne pouvons pas si nous sommes des enfants de Dieu empocher les dollars par millions et ignorer la misère des autres. Je n'étais pas sans savoir aussi qu'en cas d'attaque soit par le gouvernement, les églises ou autres, il était important d'avoir une réserve d'argent. Il n'était pas seulement important de nourrir les pauvres, il était aussi important de leur fournir les moyens et les semences nécessaires pour qu'ils puissent eux-mêmes commencer leur propre agriculture.

À l'un de mes voyages je leur ai montrer aussi comment tirer l'eau, c'est-à-dire comment la trouver. Il y a de l'eau presque partout, mais il faut savoir comment la trouver. La terre est comme le corps humain, elle est pleine de veines. Lorsque vous en percez une elle vous donne son contenu.

Je me suis donc efforcé de trouver des personnes qui avait le don de pouvoir faire comme moi. Ils sont devenus en demande et très riches pour leur région respective. Où je suis passé il y a de l'eau, même aux endroits où on me disait que je n'en trouverais jamais.

En général on en trouve en moins de vingt pieds de profondeur. J'ai quand même fait promettre à ces personnes de ne pas abuser de leur pouvoir s'ils voulaient le garder pour toujours. Il va sans dire qu'on me prend pour Dieu dans plusieurs de ces endroits. J'ai fait mon grand possible pour leur montrer la différence entre Dieu et celui qui marche avec Dieu. Il faut vous dire aussi que là où je suis passé la semence de Jésus, la parole de Dieu, la vraie, la vérité est aussi plantée.

CHAPITRE 6

$\mathcal{T}$oujours parlant d'argent, Il aurait fallu que j'aie des millions pour pouvoir faire patenter ma douzaine d'inventions, ce qui n'était certainement pas le cas. C'est pourquoi j'ai eu l'idée de mettre une petite annonce dans les journaux et sur l'Internet: 'Homme possédant plusieurs inventions de nature importante recherche un financier honnête et sérieux intéressé à partager à part égale. Si intéressé me rejoindre à Jacques Prince . . . .'

Cela n'a pas traîné, il y a eu une vingtaine de réponses spontanées, mais la plus sérieuse est venue par courielle. Il y en a eu plusieurs qui me demandaient de dévoiler mes idées au téléphone et sur l'Internet. Oui, un fou dans une poche! Des imbéciles qui me prenaient pour un imbécile. C'est vrai qu'il y a moins de dix pour cent des inventeurs qui profitent eux-mêmes de leurs idées. Mais la réponse qui m'intéressait m'a fait sursauter quand même un petit peu.

"Viens voir ça Danielle." "Qu'est-ce que c'est?" "Regardes! 'Très intéressé à vos idées, s'il vous plaît ne prenez pas d'engagement avant que j'aie pu voir. Si toujours disponible je prendrai l'avion ce soir et je serai là à midi demain. J'attends votre réponse. Laurent.'

"Ça se pourrais-tu que ce soit le même homme?" "Cela expliquerait pourquoi il est toujours si pressé. Il parcourt le monde entier à la recherche des idées des autres et par le fait même il s'enrichit de chacune d'elles." "Tu n'as rien à perdre à voir ce qu'il a à offrir. Cela nous a bien profité de lui répondre la première fois." "J'ai bien peur qu'il ne me laisse pas grand temps pour réfléchir." "Alors réfléchis avant de le rencontrer." "Tu as raison, c'est tout réfléchit. Je vais le rencontrer et voir ce qu'il a à m'offrir." "Alors ne perds pas de temps et réponds-lui."

'Allô Laurent, je suis intéressé à vous rencontrer si vous êtes vraiment sérieux et si je peux vous faire confiance, j'attendrai de vous voir avant tout autre. Jacques.'

"S'il est aussi rapide pour ça qu'il l'a été pour votre condo, je ne devrais pas attendre très longtemps. Il y a déjà une réponse, voyons ça."

"Donnez-moi le nom et adresse de votre banque ainsi que vos coordonnées et je vous envoie dix milles dollars au comptoir. Si je suis au rendez-vous que vous me donnerez ça sera un dépôt sur notre entente, sinon l'argent vous appartient sans aucune question. Répondez-moi si vous êtes d'accord, sinon oubliez-moi. Laurent." "Accord conclut, rendez-vous à midi au restaurant Grandma de Trois-Rivières. Voici mes coordonnées . . . . Jacques."

Le lendemain à l'heure prévue Laurent était au rendez-vous mentionné.

"Bonjour monsieur Charron." "Comment connais-tu mon nom de famille, je ne me souviens pas te l'avoir donné?" "Vous me l'avez donné il y a de ça deux ans." "Je ne me souviens pas et pourtant j'ai une bonne mémoire."

J'ai vite compris qu'il commençait à être nerveux pensant sûrement avoir été piégé. Son chauffeur aussi s'était raidit soudainement.

"Ne craignez rien, je vous ai rencontré il y a deux ans lorsque vous avez acheté le condo de mes épouses." "Ah oui, c'est toi qui a pris la décision pour l'une d'elles, là je me souviens. Le moins qu'on puisse dire c'est que tu peux prendre une décision rapide." "Il y a des décisions qui sont faciles à prendre." "J'ai emmené des formules de non divulgation qui sont nécessaires dans cette sorte de transactions. Une fois qu'elles seront signées de part et d'autre je te demande de me faire part d'une de tes idées et ça me suffira pour te faire une offre." "Votre chauffeur, ce n'est pas un sourd?" "Je ne crois pas avoir quelque chose à craindre de toi."

"Va Jos, va m'attendre dans la voiture s'il te plaît." "Vous êtes bien sûr patron?" "Oui, ça va aller Jos."

C'était clair qu'il n'était pas seulement qu'un chauffeur, il était aussi bien bâti que son patron. Il n'y avait pas de doute dans ma tête qu'il était son garde du corps.

"Vous savez déjà que j'ai une douzaine d'inventions." "Ça veut dire quoi une douzaine, douze, onze, treize?" "J'en ai treize." "Alors décris-moi l'une d'elles, pas la meilleure et pas la moins bonne." "Alors je choisirai celle-ci, regardez." "Et tu en as des meilleures?" "Oui monsieur!" "Alors je t'en offre dix millions pour toutes." "Vous voulez me faire rire monsieur, l'une d'elles vaut dix fois ce montant." "Je sais, mais ça coûte des millions juste pour les faire patenter et des millions aussi pour les mettre en marché." "Je sais tout ça, c'est même pourquoi j'ai fait appelle à quelqu'un comme vous." "Combien veux-tu alors?" "Je ne veux rien du tout, je veux dire, je ne veux pas d'argent." "Tu veux quand même quelque chose?" "Je veux une association à cinquante, cinquante." "Soixante, quarante!" "Non, cinquante, cinquante!" "Soixante, quarante et c'est ma dernière offre." "Si vous voulez me donner soixante pour cent, je ne m'y opposerai pas." "T'es pas facile à négocier, mais tu as une tête sur les épaules. Cinquante, cinquante ça va. Tu veux me faire part d'une autre de tes idées?" "Quand la première sera en route pour une réussite!" "Tu n'es pas facile, mais j'aime ton style. J'étais comme toi à mes débuts. D'après ce que j'ai vu on a pas fini de faire des affaires ensemble." "Pour les dix milles, qu'est-ce qu'on fait." "Il devrait en principe me revenir, mais gardes-le en guise de bonne foi de ma part. Tu vas en entendre parler sous peu, car avec moi il n'y a rien qui traîne. J'ai ce qu'il faut pour faire bouger les choses.

Et tu as raison, ce que tu viens de m'offrir vaut dans les cent millions." "Je vous remercie, car moi j'apprécie l'honnêteté. C'est bon, je ne vous retiens pas plus longtemps, je sais que vous êtes d'une nature à ne pas perdre votre temps.

Juste un petit mot en passant, l'homme qui a forcé votre porte juste après votre acquisition du condo a changé du tout au tout depuis." "Que fait-il maintenant?" "Il répand la parole de Dieu surtout chez les prisonniers et vous ne pourriez pas le payer assez cher pour lui faire faire le mal désormais." "Cela veut dire qu'il réussira. Si tu le vois dis-lui que je lui ai pardonné." "Je m'occupe de la note du restaurant." "Elle est déjà réglée. As-tu vu quelqu'un entrer depuis que nous sommes ici?" "Non et n'est-ce pas là une chose plutôt étrange à l'heure du dîner?" "Je n'accepte jamais d'être déranger quand je parle d'affaires." "Je vois et j'essayerai de toujours m'en souvenir. A bientôt, ce fut un plaisir de discuter avec vous." "Pour moi aussi, je te donne des nouvelles très bientôt Jacques, salut."

Ce n'est pas toujours facile de cacher ses émotions, mais je ressentais un besoin énorme de crier à pleins poumons et c'est exactement ce que j'ai fait aussitôt que j'ai eu pris le petit chemin qui conduit chez moi. J'ai arrêté mon véhicule, j'en suis sorti et j'ai crié à pleine tête pour quatre à cinq minutes. Quand je suis arrivé chez moi je n'avais plus de voix. Danielle essayait de me faire parler, mais je n'y arrivais pas. J'ai sorti mon stylo et j'ai écrit sur un morceau de papier: Cinquante millions.

"Jacques, ne m'fais pas chier, tu n'es pas drôle du tout."

J'ai pointé du doigt le morceau de papier que je venais de lui donné.

"Ce n'est pas des farces à faire Jacques, moi je ne perdrai pas la voix, je vais perdre la tête au complet."

J'ai encore écrit: "Ce n'est pas la peine, ce n'est que de l'argent." "Attends une minute, je vais te mettre un bas de laine chaud sur la gorge. Qu'est-ce que tu as fait pour perdre la voix comme ça? Viens t'étendre, tu parleras plus tard."

Au bout d'une demi-heure la voix a commencé à me revenir lentement. Je lui ai demandé si elle avait un calment pour moi.

"Que vas-tu faire de tout cet argent?" "Je vais sûrement dépenser le premier million à faire circuler une lettre autour du monde et si ce n'est pas assez, je dépenserai le deuxième. Tu sais, il y a tant de choses que nous pouvons faire avec cet argent et ce n'est pas tout, cet argent n'est que pour une seule invention." "Et tu en as combien d'autres?" "Encore douze et celle-là j'en suis sûr n'est pas la meilleure." "Mais tu es un vrai génie." "Ce n'est pas moi qui est génial chérie, c'est Dieu. C'est Lui qui m'a donné toutes ces idées." "Personne ne voudra te croire." "Toi, tu me crois, n'est-ce pas?" "Bien sûr que je te crois, tu ne dis que la vérité." "Alors d'autres me croiront aussi. Je vais écrire notre histoire si vous le permettez et je publierai tout, sûrement quelques-uns finiront par croire le pouvoir de Dieu. Ils ne pourront pas faire autrement quand ils verront tout ce que Dieu a fait pour moi et pour nous tous." "Tu veux écrire notre histoire, crois-tu vraiment que ça peut intéresser beaucoup de monde?" "Mais chérie, il y a des milliers d'hommes qui rêvent d'avoir plus d'une femme, mais la plupart pour le faire doit divorcer et se remarier. Certains doivent le faire plusieurs fois. Ça fini par coûter cher. Certains autres sont même allés jusqu'à assassiner leur femme en pensant se libérer de cette façon.

Je dois t'avouer cependant que ce n'est pas facile de trouver deux femmes qui sont sans un soupçon de jalousie. Je sais que pour moi une relation à trois aurait été impossible si l'une de vous était jalouse." "Qu'aurais-tu fait si l'une de nous l'était?" "Je ne veux pas y penser, mais cela aurait été très difficile. Il m'aurait fallu choisir celle qui n'était pas jalouse ou encore tout simplement vous ignorer toutes les deux. Ça n'aurait certainement pas été facile." "Tu dis vouloir faire circuler une lettre autour du monde?" "Oui chérie, je l'ai écrite il y a quelques temps et il est temps maintenant que le monde en prenne connaissance. C'est ce que Dieu me demande de faire et je dois Lui obéir.

Ça va mettre la bête en furie, mais ça je m'en fous complètement, je le ferai quand même." "Tu vas te faire tuer." "Je vais garder l'anonymat, comme ça, ça ne sera pas facile pour qui que ce soit de me trouver. C'est peut-être pour ça que l'argent me tombe du ciel, elle servira à me défendre et peut-être même à me cacher et à changer de nom, qui c'est? Tiens, tu veux la lire?

Lettre d'un disciple de Jésus au monde entier.

Si vous saviez?

Ce n'est pas facile de savoir où commencer, puisqu'il y a des centaines de mensonges et de contradictions à l'intérieur même des écritures, pour ceux qui veulent les voir bien entendu. Je ferai donc de mon mieux pour étaler quelques-uns de ceux qui sont susceptibles de vous toucher ou encore de vous ouvrir les yeux, ce que Jésus aimait bien faire. Il a dit dans Matthieu 13, 25; 'Pendant que les gens dormaient, son ennemi (et il le dit que c'est le diable), est venu et a semé le mensonge qui s'est mêlé à la vérité que lui-même est venu nous annoncer.'

Ils sont là ces mensonges et je suis sûr que vous les verrez vous aussi si seulement vous vous donnez la peine de regarder. Peu importe ce que moi je dis, mais lui Jésus, écourtez-le comme Dieu l'a demandé. Voir Matthieu 17, 5.

Il y en a de ces mensonges de très grands et de très flagrants.

Prenez par exemple Jean 3, 16. Il est dit que Dieu a tant aimé le monde alors qu'Il demande à ses disciples de se retirer du monde, de ne pas vivre dans le monde. Il nous dit ni plus ni moins que le monde est le chemin de la perdition. Je sais que le monde est le royaume du diable et la preuve est écrite dans Matthieu 4, 8-9.

Il est dit que Dieu a sacrifié son fils unique, ce qui laisse sous-entendre que Jésus est son premier-né alors qu'il est aussi écrit dans Luc 3, 38 qu'Adam est aussi premier fils de Dieu. Et finalement il est écrit que Jésus est fils unique de Dieu, alors qu'Adam est aussi fils de Dieu. Ça fait beaucoup de bagage dans un seul verset.

Maintenant il est écrit dans genèse 6, 2 et je cite: 'Les <u>fils de Dieu</u> virent que les filles des hommes étaient belles et ils en prirent pour femmes parmi toutes celles qu'ils choisirent.'

Ce qui fait qu'il est dit ici que Dieu avait d'autres fils. Regardez aussi dans Deutéronome 32, 19: 'L'Éternel l'a vu et il a été irrité, indigné contre ses <u>fils</u> et ses <u>filles</u>.'

Eux et elles, ce n'était certainement pas Jésus.

Alors selon tous ces écrits il n'est pas vrai que Jésus est fils unique de Dieu. Selon les croyances chrétiennes je serais même le frère de Dieu, puisqu'ils disent que Jésus est Dieu fait homme et ce même Jésus a dit: 'Que celui qui fait la volonté de son Père qui est dans les cieux, celui-là est mon frère, ma sœur et ma mère.' Voir Matthieu 12, 50.

Rappelez-vous le Minuit Chrétien: 'Où <u>l'Homme-Dieu</u> descendit jusqu'à nous.'

Mais revenons à Jean 3, 16. Il est dit que Dieu a sacrifié son premier-né, puisqu'il est dit qu'il est fils unique. Lisez donc 2 Rois 16, 3: 'Et même il fit passer son fils par le feu, suivant les <u>abominations</u> des nations que l'Éternel avait <u>chassées</u> devant les enfants d'Israël.'

Dieu aurait chassé des nations complètes devant les enfants d'Israël, parce qu'ils sacrifiaient leurs premiers-nés en disant que c'est une abomination et Il aurait fait la même chose? Et pourquoi? Pour sauver les enfants du diable, c'est-à-dire, les pécheurs. Voir 1 Jean 3, 6-10.

Je vous dirai que Dieu a suscité un prophète comme Moïse pour annoncer aux nations sa parole, la façon d'être sauver c'est la repentance, ce qui veut dire, tournez-vous vers Dieu. Voir Deutéronome 18, 18. 'Je leur susciterai du milieu de leurs frères un prophète comme toi, (Moïse) Je mettrai mes paroles dans sa bouche, et il leur dira tout ce que Je lui commanderai.'

C'est ce que Jésus a fait.

Ça, c'est la vérité que vous la croyez ou pas. Jésus est venu pour nous annoncer la bonne nouvelle, qu'il est possible d'être sauver par la repentance, peu importe le péché, en autant que nous nous en détournions et seul Dieu peut nous en donner la force. Ça peut être impossible à l'homme, mais rien n'est impossible à Dieu. Quand Jésus a dit à la femme adultère qu'il ne la condamnait pas il a aussi dit: 'Va et ne pèche plus.' Jean 8, 11. Il n'aurait pas dit ces choses si cela était impossible.

Il a répété ce message à plusieurs reprises. Voit Jean 5, 14.

Il y a un message très important de Jésus dans Matthieu 24, 15: 'Quand vous verrez l'abomination en lieu saint (dans la sainte Bible) Que celui qui lit fasse attention!'

C'est ce que je vous demande aussi, de faire attention, non pas seulement à ce que vous lisez, mais aussi à qui vous parlez, parce que la bête est toujours prête à tuer.

Il y a une autre abomination dont j'aimerais que vous y réfléchissiez sérieusement. Vous la trouverez dans Matthieu 1, 18. Marie, sa mère ayant été fiancée à Joseph, se trouva enceinte par la vertu du St-Esprit.'

Que ce soit la volonté de Dieu que Jésus, le Sauveur soit né de Marie je veux bien le croire, mais de dire que c'est le St-Esprit qui a fertilisé sa mère est de dire une abomination.

Le St-Esprit qui n'était pas encore dans le monde selon un certain auteur. Voir Jean 15, 26.

Quand on sait que Dieu dans sa colère a presque détruit toute la terre ainsi que ses habitants, parce que les fils de Dieu virent que les filles des hommes étaient belles et ils en prirent pour femmes. Voir Genèse 6, 1-2.

Si je comprends bien ici, on parle des anges, des esprits qui avaient des désirs sexuels. Il est possible aujourd'hui de parler de ces choses, parce que l'intelligence s'est accrue. Voir Daniel 12, 4.

Nous n'avons pas besoin d'être des génies de la science pour savoir de nos jours que nous sommes témoins de ce phénomène.

Mon père cherchait avec son cousin des bébés dans des souches à l'âge de douze ans, c'est ce qu'on leur avait fait accroire. Aujourd'hui un enfant de moins de deux ans connaît mieux. Oui, la connaissance s'est accrue.

Vu que l'intelligence s'est accrue à ce point mon espoir est que les gens de nos jours peuvent comprendre que si Dieu était tellement en colère et cela même au point de détruire tout ce qui bouge sur terre, parce que ses fils, ses anges faisaient des enfants aux belles filles des hommes, il me semble peu probable que Lui, Dieu ait fait la même chose en rendant Marie, mère de Jésus enceinte.

C'est sûr qu'il y a des choses mystérieuses et difficiles à comprendre, principalement à cause des mensonges et des contradictions qui sont dans les écritures, mais il y en a d'autres qui sont très simples et faciles à comprendre.

Prenez par exemple l'enlèvement de Paul. Voir Thessaloniciens 4, 16-17: 'Car le Seigneur lui-même, à un signal donné, à la voix d'un archange, et au son de la trompette de Dieu descendra du ciel, et les morts en Christ ressusciteront premièrement. Ensuite, nous les vivants, qui serons restés, nous serons tous ensemble enlevés avec eux sur des nuées, à la rencontre du Seigneur dans les airs, et ainsi nous serons toujours avec le Seigneur.'

Ça y ait, notre méchant moineau se retrouvera dans les airs. Moi je vous dis que nous ne sommes pas morts en Christ, mais que nous sommes vivants. Puis c'est à vous de choisir si vous voulez être enlevés ou pas. Moi je sais ce que Dieu a dit et c'est tout le contraire de Paul. Voir Matthieu 13, 41-42. 'Le fils de l'homme (ce qui veut dire prophète) enverra ses anges, qui arracheront de son royaume tous les scandales et ceux qui commettent l'iniquité: Et ils les jetteront dans la fournaise ardente, où il y aura des pleures et des grincements de dent.'

Alors moi et tous ceux qui ont suivi Jésus resplendiront comme le soleil dans le royaume de notre Père. Que celui ou celle et tous ceux qui ont des oreilles pour entendre, entendent.

Paul l'a dit lui-même qu'il sera enlevé et vous connaissez maintenant la suite.

Il vous appartient donc de décider si vous voulez être enlever aussi. Il est écrit dans Matthieu 24, 37, parole de Jésus, que ce qui arriva du temps de Noé arrivera de même à l'avènement du fils de l'homme. Ce qui arriva du temps de Noé, c'est que les impies furent enlevées. Paul qui a dit qu'il sera enlevé a déjà prononcé son jugement.

Il a été dit par Paul et compagnie que Jésus est mort pour racheter nos péchés. Moi je dis que si quelqu'un veut et aime nos péchés au point de donner sa vie pour les avoir, ça se doit d'être le diable. En ce qui concerne Jésus, il a dit que si nous le suivions, nous ne mourrions jamais, c'est-à-dire que nous aurons la vie éternelle, ce qui dit clairement qu'il n'est pas mort.

Puis, Jésus nous a dit aussi ce qu'il fera à ceux qui commettent l'iniquité. Voir Matthieu 7, 23: 'Alors je leur dirai ouvertement: 'Je ne vous ai jamais connus, retirez-vous de moi vous qui avez tous péché.'

Jésus répète le même message quand il parle du jugement des nations, voir Matthieu 25, 31-46. C'est ce qu'il dit aussi dans l'explication de la parabole de l'ivraie. Matthieu 13, 41.

Avez-vous encore envie de dire; on a tous péché?

Je terminerai avec deux messages différents, l'un de Paul et l'autre de Jésus.

Jésus nous a dit que pas un trait de lettre ne disparaîtra de la loi tant et aussi longtemps que le ciel et la terre existeront. Matthieu 5, 17-18. Dieu nous a dit, Jérémie 31, 36: 'Si ces lois viennent à cesser devant moi, dit l'Éternel, la race d'Israël aussi cessera pour toujours d'être une nation devant moi.'

Je ne sais pas si vous êtes aveuglés au point de ne pas voir le ciel et la terre ou encore de ne pas voir que la nation d'Israël existe toujours, mais la vérité est qu'ils existent toujours. Paul au contraire dit que nous ne sommes plus sous la loi, mais que nous sommes sous la grâce.

Paul dit aussi que la loi est dépassée et même qu'elle a disparue. Voir Éphésiens 2, 15: 'Ayant anéanti par sa chair la loi des ordonnances dans ses prescriptions.'

Il y en a un autre que j'appelle une terrible sinon la pire des abominations. Nous savons que le but du diable est de condamner tout le monde. Lisez Paul dans Hébreux 6, 4. 'Car il est impossible que ceux qui ont été une fois éclairés, (comme les apôtres) qui ont goûté au don céleste, (comme les apôtres) qui ont eu part au Saint-Esprit, (comme les apôtres) qui ont goûté à la bonne parole de Dieu et les puissances du siècle à venir, (comme les apôtres) et qui sont tombés, (comme les apôtres) soient encore renouvelés et amenés à la repentance, puisqu'ils crucifient pour leur part le fils de Dieu et l'exposent à l'ignominie.'

Il y a toujours de la place pour la repentance pour tous ceux qui la cherchent, même pour les derniers venus, tout comme il l'est écrit dans la parabole de Jésus qui est la parabole des ouvriers loués à différentes heures dans Matthieu 20.

Maintenant, si c'est impossible pour les disciples de Jésus d'être amenés à la repentance et d'être sauvés par elle, ce qui bien sûr contredit les messages de Jésus, c'est impossible pour tout le monde.

Mais voyons ce que Jésus a dit à ses apôtres qui l'ont suivis dans Matthieu 19, 27-28. 'Pierre, prenant la parole, lui dit: 'Voici, nous avons tout quitté et nous t'avons suivi, qu'en sera-t-il de nous? Jésus leur répondit: Je vous le dis en vérité, quand le Fils de l'homme, au renouvellement de toutes choses, sera assis sur le trône de sa gloire, vous qui m'avez suivi, vous serez de même assis sur <u>douze trônes</u> et vous jugerez les douze tribus d'Israël.'

Je ne sais pas ce que cela veut dire pour vous, mais ces paroles m'en disent long à propos des apôtres de Jésus. Comme je le disais, le diable en a contre tous ceux qui travaillent pour Dieu et le mieux vous travaillez et plus vous en faites, plus le diable s'acharnera contre vous. Rappelez-vous les histoires de Job, de Joseph en Égypte, de Daniel, de Louis Riel et de Jésus.

Ce n'est pas vraiment après l'homme que le diable en a, mais contre la vérité, contre Dieu. Depuis le commencement l'ennemi essaie de la supprimer. Il n'y est jamais arrivé et il n'y arrivera jamais simplement et heureusement parce que Dieu est le plus fort.

Comparez vous-même. Jésus dans Matthieu 5, 17-18 versus Paul dans Romains 10, 4.

Jésus Matthieu 11, 19 versus Paul Galetas 2, 16

Jésus Matthieu 10, 42

Jésus Matthieu 16, 27

Jacques 2, 14-24

Et bien d'autres.

Je vous laisse donc digérer tout ça, car je sais que ça ne sera pas facile. Par contre, si jamais vous en voulez un peu plus, sachez que j'ai encore plus de cinq cents références que vous trouverez dans mon autre livre intitulé: Le Vrai Visage De L'Antéchrist.

Souvenez-vous que je vous ai averti de faire attention à qui vous parlez. Louis Riel s'est confié à son prétendu ami, un évêque et à plusieurs de ses amis prêtres et évêques et il est mort jeune en plus d'avoir été enfermé à Saint-Jean-de-Dieu et à Beauport pendant près de trois années sous prétexte de le protéger. Ils l'ont accusé de trahison contre l'état, mais en réalité il avait commis une trahison contre l'Église Catholique, mais ce n'était pas contre l'église de Jésus. L'église de Jésus ne l'aurait pas fait mourir ni fait condamner à mort.

Si vous parlez à quelqu'un qui a une entreprise comme une église à défendre et à protéger, ne vous attendez surtout pas à être bienvenu, ni vous ni la parole de Dieu. Jésus aussi nous a averti. Voir Matthieu 10, 16. 'Voici je vous envoie comme des brebis au milieu des loups. Soyez donc prudents comme les serpents et simples comme les colombes.'

Être prudent comme des serpents ce n'est certainement pas d'aller crier sur les toits ce que vous savez. Soyez donc simples comme des colombes et baissez le ton et dites-le prudemment.

Méfiez-vous, c'est très sérieux, mais cela en vaut la peine, car le travail pour Dieu n'est jamais perdu.

L'an dernier Dieu m'a fait savoir à travers un rêve que je devais vous faire connaître mes connaissances sur toutes ces choses.

Le rêve

Je pleurais et je disais à Dieu que cela ne servait à rien d'en parler à qui que soit, puisque personne, mais personne n'écoutait. Il m'a alors dit: 'Tu n'as pas à t'inquiéter pour ça, Moi Je te demande d'en parler peu importe ce qu'ils en pensent ou ce qu'ils en disent, de cette façon tous ceux à qui tu as parlé sauront que je leur ai envoyé quelqu'un. Alors ils ne pourront pas me le reprocher. Fin du rêve.

Ce fut pour moi le plus paisible des messages que j'ai reçu de Lui, mais c'était aussi un message qui me disait: Fais-le.

Si jamais vous avez peur de perdre l'esprit ou même si on vous en accuse, vous pourrez toujours leur répondre ceci que vous trouverez dans Matthieu 5, 29-30. 'Il vaut mieux perdre un œil ou une main que de perdre tout notre corps.'

Moi j'ajoute qu'il vaut mieux perdre l'esprit que de perdre son âme.

Mon but avec cette lettre est de la faire circuler à la grandeur du monde et ça dans toutes les langues possibles. C'est aussi le but de Jésus et de Dieu. Voir Matthieu 28, 19-20. 'Allez, faites de toutes les nations des disciples, et enseignez-leur à observer tout ce que je vous ai prescrit. Et voici je suis avec vous tous les jours jusqu'à la fin du monde.'

Alors si vous voulez faire parti de la bande à Jésus, vous pouvez vous aussi faire plusieurs copies de cette lettre et la faire parvenir à autant de personnes que possible. Il vous est possible aussi de faire tout en votre pouvoir pour la faire arrêter et essayer de me faire exécuter, la décision vous appartient totalement et votre jugement devant Jésus (la parole de Dieu) aussi.

Bonne chance. Jésus a dit qu'il serait avec nous jusqu'à la fin des âges et vraiment la parole de Dieu est toujours là avec nous.

"Mais chéri, elle est superbe, on dirait un prophète de l'ancien testament." "Je ne suis qu'un disciple de Jésus et rien de plus. On dirait presque nous sommes seuls au monde tellement tous semblent surpris d'entendre que ça existe un disciple. Quelqu'un qui connaît vraiment la parole de Dieu. Tu ne trouves pas ça terrible toi?" "C'est vrai ce que tu dis là, même mes parents ont semblé dépassés par ton enseignement et ils ne sont pas des enfants d'école." "Tous ceux qui étaient confus et qui sont allés parler à leur prêtre ou à leur pasteur de ces choses-là ont bien vu que ça leur déplaisait. Le pasteur de l'église où j'allais à Westside C.B. a très sévèrement averti toute la congrégation de ne pas s'approcher de moi ni de me parler. C'est très dangereux la parole de Dieu pour les églises et ça peut être contagieux. C'est pourtant une bonne église Baptiste Évangélique.

Pourquoi pensez-vous que les scribes et les pharisiens courraient après Jésus un peu partout pour le faire mourir et ont essayé par tous les moyens de lui faire porter la culpabilité même d'avoir travaillé le jour du sabbat? Ils l'ont accusé aussi d'avoir un démon et même d'être le diable. Regarde dans Matthieu 10, 25: 'S'ils ont appelé le maître de la maison Béelzébul, à combien plus forte raison appelleront-ils ainsi les gens de sa maison?' "Il faut savoir qu'en ces jours-là on coupait la tête de celui qui se faisait prendre à ramasser un morceau de bois le jour du sabbat, (samedi) surtout s'il n'avait pas de quoi payer l'amande imposée.

Jésus a déclaré qu'il (le diable) était un meurtrier depuis le début.

Il y a quelques années j'ai planté un petit champ de patates dont je n'ai pas pu m'occuper par la suite. Quand j'y suis retourné près du temps de la récolte je n'ai trouvé que quelques patates, car les mauvaises herbes avaient complètement envahi le jardin. Ces herbes s'élevaient à quatre pieds et demi de hauteur. Tout comme les patates n'étaient pas faciles à trouver à travers ces mauvaises herbes la vérité n'est pas facile à trouver à travers les mensonges, mais Jésus nous a bien dit que les deux seront ensemble jusqu'à la fin du monde. Matthieu 13, 39-40.

Si la bête avait pu se débarrasser de la vérité complètement elle l'aurait fait, mais heureusement pour nous la bête a été obligée de se servir de la parole de Dieu pour s'attirer une clientèle.

Il est malheureusement vrai aussi qu'il y a beaucoup de mensonges et très peu de vérité. La vérité est qu'on nous l'a caché la vérité tout comme Jésus l'a dit il y a de ça deux milles ans. Moi j'ai la preuve formelle que nous sommes à la fin des temps, puisque la moisson est commencée. La vérité est en train de sortir et ça ne plaira pas à la bête du tout.

Si vous êtes rendu jusqu'à ces lignes vous avez sûrement compris qui est cette bête dont Jésus nous a parlé. Au cas où vous auriez peur laissez-moi vous dire que la fin du monde c'est la fin du règne du diable et le commencement de celui de Jésus (la parole de Dieu), qui lui ou elle régnera avec tous ceux qui l'ont suivi. Jésus est la parole de Dieu, c'est donc la parole de Dieu qui régnera pendant mille ans.

J'ai du mal à attendre jusqu'à là. Ça devrait être facile, puisque le diable et ses acolytes seront enchaînés pour mille ans. Penses-y pour deux secondes, plus personne pour nous faire du mal, ça sera sûrement l'enfer pour les démons. Cela en soit sera assez pour les faire grincer des dents.

Dieu a crée ce monde en six jours (six milles ans) et Il s'est reposé le septième Jour (1 mille ans) Voir 2 Pierre 3, 8.

Il est clair que Dieu ne pouvait pas se reposer tant et aussi longtemps que le diable et tous ses démons étaient rampants sur la terre. Selon les prophètes l'homme est sur terre depuis près de six milles ans et Dieu mérite largement son repos. Toutes les nations sont sur le point de connaître la vérité et je suis très heureux de pouvoir contribuer à ce travail gigantesque. Il faut dire que j'ai demandé à Dieu de m'utiliser comme Il l'entendait. Je suis heureux qu'Il m'ait fait confiance.

"Mais quand viendra-t-il chéri?" "Dieu seul le sait. Selon ce que Jésus nous a dit, il ne le sait pas lui-même et c'était une bonne chose, sinon les hommes l'auraient torturé jusqu'à sa mort afin de savoir. C'est pour ça qu'il nous a demandé de veiller aux grains, d'être prêts en tout temps. Moi je le suis." "Moi aussi je le suis." "Je sais que tu l'es et c'est pour ça que je t'ai dit à notre mariage, que nous serons ensemble pour l'éternité. Vois-tu, c'est ça le royaume des cieux dont Jésus nous a parlé? Il n'y a que dans Matthieu qu'on en entend parler. Je doute que les trois autres aient réellement vu Jésus.

J'ai les preuves que ce royaume est de ce monde ici sur terre. Regardez vous-mêmes dans Matthieu 11, 20. 'Depuis le temps de Jean-Baptiste jusqu'à présent, le royaume des cieux est forcé, et ce sont les violents qui s'en emparent.'

Croyez-le ou non, les violents ne pourront pas s'emparer du royaume de Dieu. Regardez aussi dans Matthieu 12, 28. 'Le royaume de Dieu est donc venu vers vous.'

"Le plus grand bonheur que tu m'aies apporté c'est de m'avoir fait connaître la vérité." "C'est la plus belle chose que tu m'aies dite Danielle, mon amour, je t'aime presque autant que la parole de Dieu." "Alors je sais que tu m'aimes infiniment." "Jésus est la parole de Dieu et quand il dit; 'Celui ou celle qui aime son père ou sa mère plus que moi, n'est pas digne de moi, il dit exactement, celui qui aime son père ou sa mère plus que la parole de Dieu, n'en est pas digne. Cela a été très mal interprété. C'est la même chose pour ce qui est des petits enfants quand il dit: 'Laissez les petits enfants venir à moi.'

Laissez les petits enfants venir à la parole de Dieu." "Ça ne m'a jamais été présenté comme ça, Jacques, tu es un vrai prophète." "Danielle, je t'ai déjà dit que je n'étais qu'un disciple de Jésus.

Il y a beaucoup de choses qui ont été mal interprétées. La prochaine dont je parle se trouve dans Matthieu 8, 21-22. 'Un disciple a demandé à Jésus du temps pour aller enterrer son père et Jésus de lui répondre: 'Laisse les morts enterrer les morts, toi suis-moi.'"

"Comment les morts peuvent-ils enterrer leurs morts? Ils ne sortent quand même pas de leurs cercueils." "Mais si ça voulait dire: 'Laisse les pécheurs enterrer les cadavres?'" "C'est fort ça et ça fait du sens." "Il y a un plus grand message dans ces paroles, le vois-tu?" "C'est déjà pas mal. Je ne vois rien d'autre." "Jésus venait de dire de ce disciple qu'il était sans péché."

"C'est bien trop vrai ça." "Il y a un autre message, le vois-tu?" "Quand même, je ne suis pas aussi aveugle, mais je suis obligée de t'avouer, je ne vois rien d'autre." "Alors laisse-moi te guérir, c'est-à-dire, de t'ouvrir les yeux sur ce sujet si tu permets. Jésus venait de lui dire aussi, suis-moi, ça veux dire quoi ça?" "Bin oui, tu as encore raison, ça veux dire qu'il avait besoin de lui, un disciple sans péché et que ça pressait au point de ne pas lui laisser le temps d'enterrer son propre père et que les pécheurs pouvaient s'occuper de ça." "Je ne veux pas que tu penses que je veux te ridiculiser, mais il y en a encore un autre." "Arrête-moi ça toi, quand même." "Je suis sérieux." "Qu'est-ce que c'est?" "Jésus nous dit que nous ne pouvons plus rien pour ceux qui sont décédés, alors tous ceux qui prient les morts ou pour les morts perdent leur temps et agacent Dieu." "Celui ou celle qui n'arrivera pas à croire et à voir que tu as été éclairé se devra d'être un aveugle endurcie." "Il y en aura malheureusement beaucoup.

Tu vois, c'est pourquoi je vais rarement aux enterrements. Ça me déprime de voir tant de monde le faire. Le roi David s'est lamenté tant et aussi longtemps que son fils était mourant, mais aussitôt qu'il est mort, il s'est mis à célébrer. Voir 2 Samuel 12, 15-24.

Le roi David connaissait Dieu." "Jacques, quand je pense que si je ne t'avais pas connu, je n'aurais probablement jamais connu la vérité, ça me donne des frissons. Dieu m'aime." "Dieu t'aime et il t'a bénit, surtout parce que tu l'aimes et que tu es toujours prête à recevoir sa parole et de la faire connaître à ton tour. C'est ça la bonne semence qui tombe en bonne terre. C'est ça la lumière qui brille dans les ténèbres. Quand tu reçois et acceptes la parole de Dieu, tu reçois Jésus dans ta vie et ça, ça plaît à Dieu.

Bon, c'est bien beau tout ça, mais il nous faut parler d'affaire aussi si nous voulons continuer à nourrir des pauvres dans le monde. Je ne peux pas voir à tout et continuer à faire votre bonheur. Il me faut trouver un superviseur, quelqu'un d'honnête qui peut gérer et bien déléguer. Est-ce que toi tu connais quelqu'un qui pourrait remplir ce rôle?" "Non, mais je pense que toi tu en connais un." "Je ne vois pas, qui est-ce que tu as en tête?" "Tu n'as que du bien à dire de Bernard Sinclair." "Il faudra que je lui en parle, mais auparavant il faudra que j'en parle avec Jeannine, parce qu'en aucun cas je voudrais la rendre mal à l'aise.

Je ne veux surtout pas qu'elle ait envie de sortir ses griffes une autre fois contre lui. Quand je pense que le docteur n'avait rien à voir avec les agissements de son frère, je me le reproche encore." "Il faut apprendre à pardonner, même à soi-même." "Tu as raison chérie. J'en parlerai à Jeannine ce soir et si elle est d'accord, alors j'en parlerai avec Bernard le plutôt possible. Il a sûrement besoin d'une bonne job avec un bon salaire."

"Bernard, comment ça va mon ami? Dis-moi, qu'est-ce que tu fais comme travail ces jours-ci?" "Oh, je bosse à gauche et à droite. Ce n'est pas facile de trouver du travail quand on sort de prison." "Dis-moi, est-ce que tu es bilingue?" "Pas complètement, mais je me débrouille pas mal. Mais Jacques, pourquoi toutes ces questions?" "Je cherche un homme sur qui je peux compter pour alléger mes tâches, j'en ai trop à voir." "Ce n'est pas que ce soit très important, mais ce travail consisterait à faire quoi?" "A voyager à la grandeur du pays et à assister mes employés dans quelques locations où ça ne va pas trop bien. Pour commencer dis-moi si ça t'intéresse et si tu peux le faire." "Je pense pouvoir le faire oui, mais ça dépend aussi du salaire qui s'y attache." "Le salaire sera bon, crois-moi, mais es-tu intéressé?" "Ça m'intéresse oui, continue." "Serais-tu intéressé à prendre un cours de pilote?" "Ça oui, j'ai déjà deux ans à mon crédit. J'ai arrêté parce que je ne pouvais plus me le permettre du coté argent, mais ça toujours été mon rêve." "Ne me dis pas que tu voulais voler du sixième étage?" "Tu ne vas pas revenir là-dessus, n'est-ce pas? Je croyais que c'était loin derrière nous." "La seule raison pour laquelle je reviens là-dessus ce n'est pas pour te le reprocher, mais pour te prévenir que je ne veux plus jamais que Jeannine ait envie de ressortir ses griffes. Elle t'a pardonné, mais elle ne l'a pas oublier et moi non plus." "Vous n'avez rien à craindre de moi ni un ni l'autre." "Je veux bien te croire, sinon je ne serais pas ici. Quand seras-tu prêt à commencer?" "Quel est le salaire que tu m'offres?" "Est-ce que deux cent milles par années te suffiront?"

"Viens pas rire de moé k-lisse." "Quoi, ce n'est pas assez?" "Je n'y crois pas." "Si tu peux faire le travail que je t'offre et le faire bien, ça ne sera pas trop." "Tu es sérieux, deux cent milles?" "Tu me connais assez bien pour savoir que je ne blague pas en affaire." "Dis-moi quoi faire et je commence demain, non tout de suite patron." "As-tu quelques complets et des chemises de sorties?" "Je n'ai pas une très grosse garde-robe et je n'ai pas non plus beaucoup d'argent." "Laisse faire les robes, je veux un homme qui porte des culottes." "Tu as dit ne pas blaguer en affaire." "Les affaires sont terminées, maintenant on parle des plaisirs de la vie. Je te donne une avance de cinq mille dollars pour aller t'habiller." "Tu ferais ça?" "Non, je le fais, tiens, voilà un chèque. Il te faut toujours avoir l'air d'un vrai monsieur. Je veux un homme qui me représente bien partout où il passe en mon nom. Il te faut aussi avoir une main de fer dans un gang de velours. Est-ce que tu as entendu parler de la nouvelle shop de couture sur le Chemin des Sables?" "Tu veux dire la shop aux peaux de lièvre? Oui, tout le monde en parle." "Elle m'appartient. Rends-toi là demain matin et attends-moi pour neuf heures. Restes-y jusqu'à ce que j'arrive même si c'est cinq heures de l'après-midi." "J'y serai, à demain patron." "Je préfère que tu m'appelles Jacques." "D'accord Jacques, c'est comme tu veux."

Le lendemain je suis allé rencontrer Bernard à quatre heures trente de l'après-midi au rendez-vous mentionné. J'avais tout arrangé avec la contremaîtresse pour lui faire visiter les lieux et prendre connaissance de tous les articles que nous fabriquons. Je savais très bien qu'il en avait que pour quelques heures, mais il lui fallait passer son premier test. S'il ne pouvait pas obéir à un ordre du jour au lendemain, il n'était pas l'homme qu'il me fallait.

"Bonjour Bernard!" "Bonjour Jacques, tout va bien? Je me demandais si je devais attendre encore." "Tu as bien fait d'attendre, car ta position en dépendait. J'aime bien ton complet, il te va bien." "Mais je n'ai rien fait de la journée." "Tu as rencontré notre personnel et tu as pris connaissance de nos produits?" "Oui, mais ça n'a pas été bien long. Je ne suis pas de ceux qui aiment à être payé pour ne rien faire." "Je suis heureux de te l'entendre dire, parce que tu auras beaucoup à faire. Je te paye huit cents dollars aujourd'hui pour être certain que tu peux exécuter un ordre, même si ce n'est pas plaisant.

Maintenant je veux que tu apprennes de mes méthodes, parce qu'il te faudra faire de même assez souvent et il te faudra mettre des employés à l'épreuve. La meilleure façon de savoir si un homme te sera fidèle est de lui parler des femmes. S'il peut tromper celle qui est supposée être le numéro un dans sa vie, ne t'attends pas à ce qu'il te soit fidèle, puisqu'il se trompe lui-même. S'il peut te voler cinq sous, il peut te voler cinq milles et plus. Demain tu auras une autre tâche assez facile à exécuter." "Qu'est-ce que c'est?" "Je veux que tu ailles t'enregistrer pour finir ton cours de pilot." "Ça ne devrait pas être trop difficile, surtout si j'ai l'argent pour payer. Les cours sont assez dispendieux, tu sais?" "Je veux tous les détails, les heures et les jours de cours, le prix, c'est moi qui paye. Je veux savoir combien de temps cela doit normalement te prendre." "J'ai besoin de savoir ce que j'aurai à piloter et si j'ai à voyager en dehors du pays." "Ça sera un jet de compagnie d'une cinquantaine de passagers et il te faudra voyager partout dans le monde. Je dois pouvoir compter sur toi en tout temps. Je te bâtirai une maison sur une de mes terres près de la piste d'atterrissage." "C'est très intrigant tout ça et te connaissant je sais que tu ne fais rien d'illégal. Je dois t'avouer Jacques, j'ai de la peine à croire à tout ça." "Compte toutes les villes qui ont plus de cinquante milles habitants au Canada et ce sont des villes où tu devras atterrir. En attendant que tu aies ta licence tu devras prendre l'avion commercial assez souvent, j'espère que tu n'as pas peur de voler?" "Très drôle!" "Tu as le droit de parler de la parole à qui veux l'entendre, mais sans t'imposer sur tes heures de travail. Tu ne peux jamais travailler pour moi le samedi à moins que ça soit absolument nécessaire et je ne parle pas d'argent. Cela va pour tous les employés quels qu'ils soient et n'importe où.

Tu sais tout comme moi que la bénédiction de Dieu nous vient avec l'obéissance de ses lois." "Oui, je sais, mais je ne me souviens plus où c'est écrit." "Voyons, attends un peu que je me souvienne. C'est dans Genèse 26, 4-5. 'Je multiplierai ta postérité comme les étoiles du ciel. Je donnerai à ta postérité toutes ces contrées, et toutes les nations de la terre seront bénies en ta postérité. <u>Parce qu'Abraham a obéi à Ma voix, et qu'il a observé Mes ordres, Mes commandements, Mes statuts et Mes lois.</u>'

C'est une belle promesse. Moi Bernard je n'arrive plus à compter toutes mes bénédictions. Dieu m'a donné huit livres que j'ai écrit jusqu'à présent, des centaines de chansons, des inventions, de la très belle musique, une famille merveilleuse, des entreprises à ne plus finir et surtout l'opportunité de pouvoir nourrir les pauvres dans le monde. À ne pas oublier non plus l'opportunité de guérir les malades spirituellement. Je prévois avoir plus de cent milles employés dans le monde en moins de cinq ans. Dieu m'a donné l'opportunité de devenir l'homme le plus riche du monde, moi qui n'ai jamais cherché la richesse. Dans les trois dernières années, il y a huit de mes ennemis qui sont morts soudainement et un autre qui est mort assassiné et je n'ai souhaité de mal à aucun d'eux. Il va sans dire que je trouve cela assez étrange." "Je dois être d'accord avec toi." "C'est comme si Dieu voulait me montrer que je ne dois rien craindre, que mes ennemis tomberont devant moi." "Ne cherches pas ailleurs, c'est sûrement la raison." "Je voulais te demander si tu as des nouvelles de Raymond?" "Pas beaucoup, il n'écrit pas souvent, mais pour ce que j'ai pu comprendre, il n'est pas très heureux." "J'aimerais que tu lui envoies une lettre que j'ai écrite dernièrement dont j'espère fera le tour du monde." "Attends un peu là, est-ce que tu parles de la lettre d'un disciple au monde entier? C'est toi qui as écrit cette lettre? J'aurais dû le savoir." "Oui, mais comment as-tu su à propos de cette lettre?" "Mais je l'ai reçu et je l'ai fait parvenir à une centaine de personnes." "Est-ce que tu as pensé à ton frère?" "Non, je regrette. Il a toujours refusé de parler de ces choses-là." "Il faut lui envoyer cette lettre, ne serait-ce que pour te donner une paix d'esprit. Il pourra toujours en faire ce qu'il veut." "Tu as raison Jacques, je le ferai dès demain." "Pourquoi pas aujourd'hui même? Par la même occasion demande-lui s'il peut être intéressé par un travail dans des pays sous-développés, mais sans me mentionner, veux-tu?" "Peux-tu me dire ce que tu as en tête?" "Plus tard, si tu permets. Tu peux lui dire que le salaire sera bon, mais le travail pas trop facile et souvent dans des conditions pénibles." "Tu ne veux pas que je lui dise d'où vient l'offre?" "Plus tard, car si tu lui disais maintenant, il n'aurait même pas la chance de considérer l'offre, puisqu'elle viendrait de moi, un de ses ennemis selon lui. Je ne veux surtout pas influencer sa décision. Laisse-moi savoir immédiatement s'il demande plus d'informations. Je te laisse avec ça et tiens-moi au courant de tout. Tiens, prends ce cellulaire, il est à toi pour tout ce qui concerne les affaires, mais c'est à ne pas abuser. Chaque dollar épargné ici dans notre pays peut sauver la vie d'une personne au tiers monde." "Je n'y avais jamais pensé de cette façon-là." "À bientôt, salut!"

Entre temps Laurent travaillait déjà sur ma troisième invention et il en était de plus en plus enthousiasmé. Il m'a même dit que si cette troisième était aussi couronnée de succès que les deux autres, il consacrerait tout sont temps pour mettre en marché tous mes autres inventions. Ça promet.

Sur mes terres le bois à l'aide de l'une de mes dernières inventions pousse comme des champignons, c'est-à-dire très vite. Ce n'est pas pour rien qu'en Colombie Britannique pas très loin de Vancouver le bois pousse presque à l'année longue, c'est qu'il ne gèle pas. On peut vendre notre bois à prix dérisoire à l'état brut ou encore l'exploiter de façon plus concrète. J'ai donc créé une petite manufacture de bois à onglets, de cette façon un arbre de vingt ans vaut aux environs de deux cent dollars, ce qui est dix fois plus que pour le bois de charpente. Ça vaut la peine de bien le chausser pour l'hiver.

Je n'étais pas sans savoir qu'un jour ou l'autre la bête voudrait avoir ma peau, c'est pourquoi je me suis bâti une réplique de notre maison sur une île dont je me suis procuré aux Antilles. Elle est présentement louée à un prix raisonnable à un riche industriel entre temps.

Nous avons maintenant quatre enfants qui sont d'une docilité exemplaire. Un Garçon et une fille de chaque mère et ce n'est pas fini. J'ai dû adopter les enfants de Jeannine afin de leur donner un statu légal, comme ça tout le monde est comptent. Il va sans dire qu'ils commencent à poser beaucoup de questions.

Bernard fait beaucoup d'heures d'envol et une fois par mois il ramène son frère et son assistante d'un pays d'Afrique ou d'ailleurs. La destinée de Raymond est toujours où le besoin se fait le plus sentir. Je lui ai enseigné à construire des cabanes avec les panneaux d'isolation et lui à son tour montre à ces pauvres gens comment faire. Ces cabanes offrent de la fraîcheur en été et de la chaleur en hiver en plus d'être d'une imperméabilité absolue.

La lettre continue de faire son chemin et déjà les autorités pressées par les églises sont à la recherche de celui qui l'a initié. Il y a beaucoup moins de monde qui enrichit ces églises aujourd'hui et ils doivent se départir de l'or qu'ils ont accumulé pour payer leurs factures. Lorsque l'or valait trente-neuf dollars l'once le ciboire valait cent milles dollars et le calice en valait soixante milles. Là encore il y a des milliers d'enfants qui marchent pieds nus à la grandeur du monde parce qu'ils sont trop pauvres pour se procurer des chaussures.

Aujourd'hui l'or est aux environs de quinze cents dollars l'once, c'est-à-dire trente-huit fois plus. Ce n'est pas pour rien que la plupart du temps leurs portes sont fermées à double tours et qu'elles sont très épaisses et très solides. Ils vont faire face un jour ou l'autre à celui qui l'a inspiré cette lettre, c'est-à-dire Jésus-Christ, mon maître. Celui-là même qui a dit de ne pas accumuler des trésors dans notre grenier. Voir Matthieu 6, 19-20.

De Jacques Prince, disciple de Jésus qui espère que vous avez apprécié ces quelques commentaires. Bonne chance à tous et que Dieu vous inspire aussi.

Dix Ans Plus Tard

CHAPITRE 7

$\mathcal{J}$e suis maintenant l'heureux père de neuf enfants qui non seulement font mon bonheur, mais ils sont des plus heureux eux-mêmes. Ah, ce n'est pas toujours facile, loin de là, surtout lorsque l'un d'eux questionne mes décisions. J'essaye de ne pas laisser voir mon mécontentement ni ma frustration la plupart du temps et d'un autre côté, je veux qu'ils aient accès à une liberté d'expression totale. J'aime cependant à connaître leurs opinions sur plusieurs sujets.

Samuel, le plus âgé, fils de Danielle a l'esprit très ouvert et fertile et il aime à me défier souvent à la course de chiens. Il a entraîné lui-même son équipe et il me faut avouer qu'il a fait un travail remarquable. Pour égaliser la charge à traîner on a dû ajouter un poids de cent livres sur son traîneau. La distance est le tour de la propriété principale, c'est-à-dire celle où est située notre maison. Le chemin qui en fait le tour nous a toujours procuré de grandes joies. Il m'a vaincu quelques fois, mais il n'a jamais été bien loin derrière moi. Il déteste toujours me voir trapper les loups, les renards et les coyotes principalement parce qu'ils ressemblent beaucoup à nos chiens. Cela n'a pas été facile, mais il a fini par comprendre que ce n'était pas une question d'argent mais plutôt une question de sécurité. Je l'ai donc défié à trouver lui-même une façon de résoudre ce problème.

"On pourrait mettre une clôture tout autour de nos terres." "Tu ne ferais que repousser le problème un peu plus loin sans le régler et tu mettrais en péril la vie de tous ceux qui sont aux alentour sans compter les chats et les chiens, les poules et les dindes, les lapins et tous les autres animaux de ferme de nos voisins. Si je n'avais pas fait à ma manière, personne ne pourrait marcher sur nos chemins sans risquer leur vie. Les autorités auraient envoyé soit l'armé, soit la police pour les éliminer et ils m'auraient sûrement fait payer la facture." "Il doit sûrement y avoir un moyen." "Ils peuvent tous sentir nos lièvres à des dizaines de milles à la ronde. Pour les empêcher de venir ici tu devras ou bien leur boucher le nez ou bien empêcher le lièvre de dégager une odeur." "Woan, c'est tout un défie ça." "Oui mon homme, fais-toi aller les manèges, parce que moi je n'ai pas trouvé de solution à ce problème. C'est la loi du plus fort ici bas, les uns doivent mourir pour que d'autres puissent vivre." "Mais tu es riche à milliards papa, tu n'as plus besoin de ces lièvres." "Moi je n'en ai plus besoin, mais le reste du monde, lui en a besoin. Il est temps pour moi de te mettre au courant de la raison principale de l'élevage du lièvre et du porc et ce que les chiens ont avoir avec tout ça. Je dois te prévenir mon gars, ça va probablement être un choc pour toi, mais tu es un jeune adolescent maintenant et je pense que tu peux prendre un coup dur. Je ne parle pas ici de l'un de mes trucs de defense dont je t'ai enseigné. Je ne le souhaite pas, mais je crois fermement que la nourriture que nous fabriquons pour les chats et les chiens peut causer le cancer." "Tu veux dire que mes adorables chiens vont mourir d'une maladie que tu leur as donnée?" "Pas nécessairement les tiens, puisque cela peut prendre plusieurs années avant que la maladie se manifeste. Il y a cependant de forts risques que leur progéniture meurt plus jeune qu'eux et atteint de cancer. À l'instant où je te parle, selon les dernières analyses de notre laboratoire la moitié de nos chiens ont développer une tumeur bénigne. La moitié de nos chiens mange de nos produits et l'autre moitié mange une nourriture conventionnelle." "Ce n'est vraiment pas juste." "Qu'est-ce qui est juste Samuel? Laisser mourir des personnes comme tes frères et sœurs, comme ta tante Jeannine et ta mère.

Ne pleures pas voyons mon grand, il n'est pas sûr que tes chiens vont mourir de toutes façons, puisqu'il y en a qu'un seul qui est nourri avec notre produit." "Mais pourquoi ne l'as-tu pas tout simplement dit au monde que le porc pouvait causer le cancer?" "Mais je l'ai dit au monde et le monde s'est moqué de moi. 'Ça reste à prouver.' M'ont-ils dit. C'est une de ces choses qu'il faut prouver pour être cru. Moi j'ai cru que cela en valait la peine." "Je sais papa, tout ce que tu fais c'est pour bien faire, mais ça, ça fait mal." "J'aurais pu probablement juste faire une expérience avec nos chiens, mais cela aurait retardé la preuve solide d'une quinzaine années et pense à combien de personnes de plus qui auraient la maladie. On ne peut pas ouvrir la télévision sans entendre parler qu'une autre personne est morte du cancer. Hier encore les parents d'un enfant de deux ans demandaient de l'aide afin d'envoyer leur enfant à New York pour y recevoir des traitements. Ça leur prend quatre cents mille dollars. Qu'est-ce que tu penses que ça me fait lorsque j'entends une chose comme ça?" "Ça te fait mal, je le sais." "On ne parle plus d'un chien ici. J'aime infiniment tous les chiens aussi, surtout les nôtres, mais je donnerais sans hésiter tous mes chiens pour sauver cet enfant." "Non papa, donne leurs plutôt quatre cents milles, veux-tu?" "C'est une bonne idée mon garçon, est-ce que tu veux en donner la moitié toi aussi?" "D'accord, allons faire un transfère de fonds." "Il faut toujours que ça soit fait complètement anonyme, sinon le monde te courait après comme des vampires." "Il faudra surveiller ça de près, il y a des escrocs qui ne cherchent qu'à profiter du bon cœur des gens." "Dis-moi papa, lequel de mes chiens a mangé la maudite nourriture?" "Fais attention comment tu parles mon garçon, elle est peut-être maudite comme tu dis pour les animaux, mais elle sera sans aucun doute une bénédiction pour les millions de personnes qu'elle va sauver. Puis c'est un mot que je ne veux plus jamais entendre sortir de ta bouche, puisque seul Dieu a vraiment le pouvoir de maudire.

Qu'est-ce que tu dirais si on entrait du bois maintenant? C'est bien beau d'utiliser le foyer, mais le bois baisse toujours lui." "C'est une de mes activités préférées papa. Tout ce que je peux faire avec les chiens j'aime ça et puis ça m'aide à parfaire et former mes biceps." "Allons faire un voyage et nous prendrons ton frère et ton cousin André pour nous aider." "Aie, ça c'est le fun."

Les chiens peuvent tirer cinq cent livres de bois comme si rien n'était. Il faut juste les aider un peu pour le départ et ils sont heureux tant qu'ils ne soient pas rendus, puis ils ont peine à attendre de nouveau la minute du départ. Ils partent du point où le bois a été pilé durant l'été et ils se rendent à l'endroit même où il doit être empiler dans le garage. J'ai inventé et fabriqué mes traîneaux avec des roulettes, ce qui fait que lorsqu'il n'y a plus de neige comme dans l'entrée et sur le plancher du garage les roulettes prennent la relève. Les roulettes sont installées de façon à ce que les patins du traîneau se retrouvent à un pouce et demi du sol sur le terrain plat. Les enfants ont trouvé ça ingénieux tout simplement parce que cela facilite le travail des chiens. Les traîneaux de charge sont différents des traîneaux de course. J'ai aussi fait de belles voiture avec des roues de bicycle pour l'été.

Je n'anticipe pas du tout le jour où Samuel perdra un de ses chiens. Les huit autres enfants aiment les chiens aussi, mais ils y sont moins attachés, du moins c'est ce que je pense.

Un autre chose que Samuel aime beaucoup, pour ne pas dire à la folie est le vol d'avion. Il ne manque jamais une occasion quand l'opportunité lui est offerte de monter avec nous pour un envole.

Il connaît toutes les commandes et tous les cadrans et leur utilité. Je suis même à-peu-près sûr que s'il le fallait, il pourrait piloter notre appareil sans problème au point tel que j'ai demandé à Bernard de ne jamais laisser traîner les clefs.

Je ne voudrais certainement pas si jamais il lui en prend l'envie de faire une fugue que ce soit dans un appareil de cinquante millions. Je lui ai procuré des bouquins sur l'aviation et aussi je lui ai offert de payer des cours aussitôt qu'il aura l'âge d'être admis. Quand le temps sera venu il aura certainement la théorie et un peu de pratique, puisque Bernard lui laisse prendre les commandes assez souvent.

Mon deuxième, premier fils de Jeannine lui a un tout autre caractère et des ambitions tout à fait différentes. Il aime les chiens aussi, mais il s'est contenté d'en adopter qu'un seul et c'est son chien et pas à d'autre. Ne touchez pas à son chien. Jonathan aime le travail du bois et il est passionné par tout ce qui peut être construit avec du bois. Je le vois très bien devenir un ébéniste ou encore un architecte de grand talent. Il voulait construire les cabanes pour tous nos chiens, mais malheureusement pour lui j'ai dû m'y opposer. Je lui ai quand même permis d'en construire une pour son chien personnel. Elle est superbement bien construite, mais la seule raison pour laquelle je n'en voulais pas pour tous les autres chiens est que les chiens pissent sur elles et la senteur ne s'en va jamais, elle demeure imprégnée dans le bois. Je construis donc avec son aide des cabanes avec les panneaux d'isolation et je les fais sans plancher. Le chien comme le cochon d'ailleurs sait faire son lit mieux que quiconque et le plancher dur et plat n'est tout simplement pas bon pour leurs hanches. Les cabanes faites avec ce matériel sont lavables facilement et avec un peu de pluie la senteur disparaît. Mais pour Jonathan mes cabanes sont trop insignifiantes, il préférerait leur bâtir une maison comme la nôtre. Il a aussi dessiné plusieurs différentes formes de moulures et il dit qu'un jour il va changer toutes celles de notre maison avec notre permission, bien sûr. Il passe tous ses temps libres à la shop d'onglettes à faire des expériences de toutes sortes. C'est pour toutes ces raisons que je lui ai confié même à bas âge cette entreprise qu'il dirige mieux que je le pourrais moi-même. Je lui ai aussi confié la finition de toutes nos maisons en construction, celles des entreprises Fiab.

Nous avons fondé notre propre école privée où tous les enfants de disciples sont bienvenus. Nous avons parmi nous des professeurs qualifiés qui mèneront nos enfants jusqu'à leur graduation à l'abri de tous les mensonges que le monde voudrait leur enseigner, leur faire avaler. Lorsqu'ils seront prêts pour l'université, ils auront assez connu la vérité pour ne pas se laisser emplir comme des dindes. Ce n'est pas la peine de vous dire qu'ils sont comme leurs parents, c'est-à-dire assoiffés de cette vérité et qu'ils aiment Dieu de tout leur cœur, sachant que la repentance est la seule façon d'être en paix avec le Créateur.

Raymond Sinclair est le docteur qui s'occupe du laboratoire en plus de faire encore des voyages à l'étranger. Il le fait parce qu'il aime ça, puisqu'il est devenu millionnaire depuis plusieurs années maintenant. Il avait commencé à trois cents milles par année, ce qui fut j'en suis sûr l'incitation à ses débuts. Je suis content aujourd'hui qu'il ait accepté ce poste-là et je dois en remercier Bernard, qui lui est toujours d'un aide extraordinaire.

Nous avons dès le début testé tous nos chiens et il n'y avait rien à signaler. Nous avons également testé des chiens étrangers et eux non plus n'avaient rien, mais tous ceux qui ont manger que du lièvre et du porc ont développé des tumeurs bénignes aux intestins et au foie pour le présent.

Les autres personnes impliquées dans cette entreprise croient aussi maintenant que le cancer va se transmettre à leur progéniture, d'ailleurs la preuve en est presque convaincante, puisque leurs chiots naissent avec la maladie, ce qui n'était pas le cas avant que leurs parents n'absorbent notre nourriture, qui soit dit en passant n'est que naturelle.

Il me restera maintenant à semer la panique dans la population. Je suis sûr cependant qu'au lieu de me féliciter pour l'expérience les gens vont plutôt chercher à m'actionner pour la perte de leur animal. Encore une fois il me faudra garder l'anonymat. C'était évident que le porc est la cause principale de la maladie et je me suis dit que Dieu se devait d'avoir une raison sérieuse pour la prohiber aux êtres humains, à ses enfants. C'était devenu clair dans ma tête que les responsables des écritures de la Bible ont sûrement accepté des pots de vin afin de laisser passer ça sous silence et que les églises chrétiennes n'ont jamais prêché contre l'absorption de cette viande, du moins à ma connaissance.

La plupart de ceux à qui j'en parle me répondent que Jésus à dit que ce n'est pas ce qui entre dans la bouche qui souille l'homme, mais ce qui en sort. Je leur demande alors de quoi Jésus parlait et ils ne savent pas quoi me répondre. Je leur dis alors de bien faire attention quand ils lisent Matthieu 15. 1-20. Jésus parle des mains salles et non pas de nourriture impure.

Jésus a bien dit dans Matthieu 5, 17, qu'il n'était pas venu abolir la loi ou les prophètes. Cela signifie donc qu'il n'a pas aboli ce que les prophètes ont dit non plus. Plusieurs prophètes ont dit que Dieu ne voulait pas que ses enfants mangent la chair de porc. Jésus n'était pas sans savoir également ce que les prophètes ont dit.

Pour les chiens malades nous avons changé leur diète complètement pour les nourrir qu'avec du ragoût de bœuf. Il n'y a qu'un seul problème avec celle-ci, ils en veulent toujours plus et il nous faut les faire courir d'avantage pour ne pas qu'ils prennent trop de poids. Il y a un grand avantage cependant, ils sont de plus en plus forts et énergiques. C'est Samuel qui en est le plus content, puisqu'il gagne presque toutes les courses maintenant. Il a été aussi très heureux d'apprendre que sa petite Princesse est stabilisée depuis que nous avons changé sa diète. Ce que nous faisons maintenant est de nourrir la moitié de ceux qui ont une tumeur avec du porc et du lièvre et l'autre moitié avec du ragoût de bœuf. Encore là les résultats sont des plus concluants, car les animaux nourris au bœuf sont demeurés stables, tandis que les autres ont empirés.

Nous avons eu une rencontre spéciale afin de discuter de la meilleure façon d'alerter la population. Mon argument principal est toujours la même, c'est-à-dire que tous voudront que nous leur fournissions la preuve et cela sera impossible à faire sans s'inculper soi-même. C'est à ce moment-là que j'ai décidé de devenir un chroniqueur. Ce n'était certainement pas par besoin d'argent, puisqu'il y en avait plus que j'en aurai jamais besoin. J'ai donc chercher un journal qui pourra également distribuer mes articles dans plusieurs autres journaux à travers le monde et ça dans plusieurs langues.

Je me suis introduit comme quelqu'un qui connaissait la Bible plus que quiconque. La plus grande difficulté a été à propos de l'anonymat, car je voulais signer seulement avec le pseudonyme, (disciple de Jésus) ce qui ne faisait pas la joie de tous. 'Aie le courage de tes actes.' Un membre de l'assemblée du journal m'a lancé. 'Tu veux donc être le premier à me transpercer?' Je lui ai répondu en le questionnant. À ma grande surprise la majorité a voté en ma faveur quand même. Seul le directeur connaissait mon identité réelle et il m'avait promis la discrétion. Il m'a aussi dit qu'il serait le premier à lire mes chroniques.

"Pourquoi ne seriez-vous pas le premier à me poser une question M. Courrois?" "D'accord, voilà! Est-ce que Dieu existe vraiment?" "Que diriez-vous de huit livres publiés, de quatorze inventions patentées, deux cent soixante belles chansons sans compter beaucoup de musique inspirée, quinze entreprises à succès à travers le monde, dont l'une opère à la grandeur du monde, deux milliards de dollars aux quatorze jours, deux épouses superbement belles, une famille adorable et que tout ça m'est venu à partir de rêves dont j'ai eu avec Dieu?"

"Je dirais que c'est impossible." "Mon ami, rien n'est impossible à Dieu, si ce n'est de faire le mal." "Pourquoi veux-tu écrire des chroniques alors que tu peux acheter le journal au complet comme une seule bouchée de pain?" "Ne me dites pas que vous pensez que j'en ai pas assez." "Quant à ça, tu as bien raison." "Je dois vous avouer cependant que l'idée m'en a effleuré l'esprit et qu'elle n'est pas exclue entièrement non plus. Je verrai comment ça va à l'intérieur de votre journal." "Tu dis avoir deux épouses?" "Oui, j'ai deux épouses charmantes et neuf enfants." "Es-tu Musulman?" "Je ne fais parti d'aucune religion." "Plusieurs diront que tu es un athée." "Un athée est une personne qui ne croit pas en Dieu et non pas quelqu'un qui ne croit pas aux religions. Si vous lisez toutes mes chroniques vous comprendrez beaucoup de choses." "J'ai l'obligation d'être au courant de tout ce qui paraît dans ce journal." "Je comprends et je dois vous avertir qu'il y aura des protestations de temps à autres, surtout de la part des églises." "Pourquoi donc les églises s'opposeraient-elles à ce que la parole de Dieu soit prêchée?" "Se questionner c'est d'y répondre. J'ai la ferme intention de me procurer une ou plusieurs stations de télévisions également." "Tva est presque toujours dans le trouble, tu pourras probablement te la payer." "Oui et le gouvernement va sûrement me dicter ce que je dois dire sur les ondes." "Tu n'es pas loin de la vérité. Et bien, l'assemblée a approuvé, il te reste juste à commencer et nous verrons bien comment ça se déroulera." "Vous n'avez pas d'objection à ce que je publie notre conversation, je veux dire votre première question et ma réponse?" "Non, vas-y, je l'approuve, c'est juste une preuve de ton intégrité." "Me donneriez-vous le nom de mon plus vive opposant de cette assemblée?" "Je ne te blâme pas, son non est Charles Dumas." "Merci M.Courrois, je l'apprécie beaucoup, au revoir."

"Mon chéri tu dois faire attention de ne pas trop entreprendre, tu sais que ta santé aussi bien mental que physique nous est très importante." "T'en fais pas Danielle, je ne ferai rien que je ne pourrai pas faire, mais comme tu le sais très bien, il faut c'qui faut. J'ai obtenu l'espace d'une chronique au journal, mais il y a eu quand même passablement d'opposition. Il y a un nom à surveiller et à retenir et c'est Charles Dumas." "Quelle était son argument?" "Il voulait à tout prix connaître mon identité. Il a une odeur de trouble qu'il ne faudra négliger en aucun temps." "Très bien, je préviendrai les autres et je vais essayer de me procurer une photo de lui." "Comment ça va au travail? As-tu réfléchi à ma proposition?" "J'en ai discuté un peu avec Jeannine, mais nous n'avons pas pris de décision encore." "Vous réalisez que le risque d'enlèvement est de plus en plus élevé, n'est-ce pas? Si jamais on apprenait que je suis l'auteur de cette lettre nous serions tous en danger." "Je sais Jacques, mais quand même, on se fait peut-être des peurs pour rien." "La menace existe toujours Danielle et j'espère que tu n'attendras pas qu'elle se manifeste pour y croire, ce qui m'amène à te mettre au courant de notre plan de fuite en cas d'invasion de notre propriété. Notre système d'alarme est très efficace, mais il n'est pas impénétrable. Vous devrez vous rendre au chalet et prendre le seadoo et monter la rivière jusqu'à la maison de Bernard, qui lui vous emmènera en lieu sûr." "Mais il y a là la clôture qui bloque la rivière." "Il y a cinq pieds de clôture qui n'est que mirage, elle n'a que l'apparence d'être là." "Ce n'est qu'un jeu de miroirs. Je te montrerai samedi qui vient. Je ne tiens pas à ce que tous le savent pour des raisons de sécurité. Il n'est pas bon de montrer tous ses atouts et si jamais Samuel le savait, il prendrait ce chemin-là presque tous les jours juste pour aller s'asseoir dans l'avion, ce qui risquerait de dévoiler le secret qui doit demeurer secret justement." "Pour en revenir à notre emploie à l'hôpital, qu'est-ce que tu as en tête au juste?" "J'ai pensé me procurer un hôpital privé ou encore en construire un autre tout neuf. Un hôpital où tu pourrais te partager la direction avec Jeannine. Tu n'es pas sans savoir que les hôpitaux seront les endroits idéaux pour faire mourir les disciples de Jésus lorsque la bête sera déchaînée. En ces jours-là, il suffira à une personne de dire en cour qu'elle ne veut pas jurer pour être condamner à mort. Ce n'est pas pour rien que Jésus a dit de se réconcilier avec tous ceux qui veulent nous déposséder. Voir Matthieu 5, 40. 'Si quelqu'un veut plaider contre toi et prendre ta tunique, laisse-lui aussi ton manteau.'

Votre vie vaut plus que votre manteau, ne l'oubliez jamais. Nous pourrions mettre en place un système de sécurité adéquat ce que le gouvernement ne fera jamais pour l'hôpital où vous travaillez présentement." "Wain, mais tes arguments sont assez convaincants. J'en parlerai avec Jeannine et nous te dirons samedi ce que nous avons décidé." "N'oublie pas que nous avons des milliards qui dorment, il vaudrait mieux les mettre au travail, surtout si c'est pour une bonne cause." "Mais nous avons déjà une trentaine de bonnes causes à travers le monde." "Cela donne du travail à des milliers de personnes et ne nous a jamais appauvri d'un centime, bien au contraire." "Tu as raison, nous sommes de plus en plus riche." "Beaucoup plus que nécessaire, si ce n'est d'aider les autres et d'améliorer ce qui peut l'être, comme votre situation. Il est vrai que vous n'avez plus besoin de travailler, si ce n'est que pour vous tenir occuper et de venir en aide au système hospitalier. Cependant en ayant votre propre hôpital, vous feriez tout ça et en plus vous seriez plus en sécurité. Je pourrais aussi aider à former des médecins et des infirmières en finançant leurs cours qu'ils pourraient rembourser sans être étouffés par les payements." "Tu ne cesseras donc jamais Jacques et j'espère que tous les enfants ont hérité de ta nature si généreuse." "Moi je souhaite qu'ils soient un peu plus comme toi, c'est-à-dire un peu plus balancés."

Les chroniques sont toujours populaires et toutes sauf une exception jusqu'à présent ont été adoptées par la direction du journal. Celle qui a été refusée était de nature très salée à l'endroit du gouvernement, mais à ma grande surprise celles même salées à l'endroit du clergé ont passées. Il y a quand même des gens qui aiment la vérité même si elle n'est pas toujours bonne à dire ou plutôt risquée à dire. Les critiques à mon endroit sont souvent très sévères, ce qui rend les débats assez enflammés. Il faut dire que les sujets de conversation ne me manquent jamais. Je reçois des lettres par milliers au journal et je n'ai qu'à choisir le sujet sur lequel je veux débattre. La plupart du temps mes interlocuteurs n'ont qu'à argumenter avec la Bible de leur choix, dont je ne suis pas responsable du contenu ni de la mauvaise interprétation qu'on en a fait.

Un jour il y a eu une très mauvaise nouvelle en primeur dans le journal. Son directeur, monsieur Jean Courrois ne s'est pas montré à son poste comme d'habitude, ce qui n'est pas du tout dans ses habitudes. Il m'a donc fallu faire appel à mon ami Roger, le D.P., pour essayer d'en savoir un peu plus long sur cette affaire.

"Pourquoi crois-tu que cela te concerne?" "Je crois sincèrement que cela a directement quelque chose à voir avec mes chroniques dans le journal." "Ah, c'est toi ça aussi les chroniques très controversées." "C'est secret oui, mais oui c'est moi le controversé Roger." "Qu'est-ce que je peux faire pour toi?" "J'ai besoin de savoir si quelqu'un s'est absenté du journal ces derniers jours. Je pense que si nous trouvons la personne qui s'est absentée, nous trouverons l'auteur de l'enlèvement.

J'ai aussi reçu un avis de suspension de mes chroniques à l'endroit même de ma chronique, ce que le directeur n'aurait jamais fait sans m'en parler au préalable." "S'il a disparu, il ne peut pas te prévenir."

"Je te l'accorde, mais le lendemain même de sa disparition? Je trouve ça quand même un peu précipité vu qu'il y a encore cinq jour avant la parution de ma prochaine chronique." "Tu as peut-être raison." "Il faut savoir qui est le directeur par intérim et qui serait en poste pour le remplacer, cela pourrait nous conduire aussi au coupable. Il ne faut pas oublier que la police est sûrement sur l'enquête à l'heure qui l'est." "Je ne pense pas pouvoir t'être utile dans cette enquête-là Jacques, je regrette." "Peux-tu me dire pourquoi? Tu es le seul sur qui je peux vraiment compter?" "Tout le monde me connaît au journal. On me repairera à la première question et si l'auteur de l'attentat est présent, je lui mettrai la puce à l'oreille dès ma première présence." "Tu dis que tous te connaissent au journal, toi connais-tu l'un des employés qui pourrait en être capable?" "Franchement, non!" "Connais-tu quelqu'un sur qui l'on puisse compter et qui pourrait s'infiltrer. Une belle fille qui se cherche un emploie de journaliste. Ça prend quelqu'un qui peut écrire sans faire trop de fautes." "Il y a ma secrétaire, il faudra que je lui en parle." "Il faudra lui trouver des références autres que les tiennes. Il faut aussi faire sûr que rien ne la lie à toi d'aucune façon." "Toi tu sembles avoir des soupçons sur quelqu'un?" "Je n'ai pas de soupçons qui sont vraiment fondés et même si j'en avais, il vaudrait mieux que je ne t'en parle pas." "Et pourquoi ça?" "Parce que le seul fait qu'elle se méfie d'une personne en particulier la rendrait vulnérable et elle pourrait commettre une erreur qui pourrait lui être fatale." "Tu as bien raison. Ça ne devrait pas être long, tout ce que tu veux savoir c'est s'il y a une personne qui s'absente plus souvent qu'une autre et aussi savoir qui assume la relève du directeur." "C'est tout ce qu'il me faut savoir pour le moment. Quand elle aura ça en main, on lui procurera une note du médecin et elle pourra s'absenter jusqu'à la prochaine assignation si c'est nécessaire. À ce moment-là, il nous faudra trouver quelqu'un pour faire la filature de notre absenté. Connais-tu quelqu'un qui pourrait remplir ce rôle de façon discrète et fiable?" "Il y a un D.P. que j'emploie de temps à autres qui est très compétent, je peux te le présenter si tu veux?" "Il vaut mieux que je garde l'anonymat et que tu t'en occupes toi-même. Envoie-moi un message par courriel quand tu auras du nouveau. Le temps presse et il se peut très bien que la vie du directeur du journal en dépend. En aucun temps et en aucun cas tu ne mentionnes mon nom à qui que ce soit." "Peux-tu me dire pourquoi?" "Oui, ma vie aussi en dépend." "C'est plutôt sérieux." "C'est très sérieux Roger, mais je te fais confiance. Il faut que je te laisse maintenant, j'ai une autre mission qui m'attend et ça presse aussi, salut."

Ring, ring! "Raymond, est-ce que tu peux venir me voir à mes cartiers? J'ai quelque chose d'important à discuter avec toi." "Bien sûr Jacques, tu es toujours le patron à ce que je sache. J'arrive tout de suite. Je serai là dans, disons quinze minutes." "Ça va, je vais surveiller la barrière et te laisser entrer en voyant ta voiture. Veux-tu prendre Bernard sur ton chemin? Il faut que je vous parle à tous les deux." "Quelque chose ne va pas Jacques, ça semble sérieux?" "C'est sérieux et pressant Raymond, dépêchez-vous, je vous attends."

Ce ne fut pas très long qu'ils étaient tous les deux à ma porte et je les ai fait monter immédiatement dans mes cartiers.

"Ça l'air très sérieux Jacques, qu'est-ce qui se passe?" "J'ai de bonnes raisons de croire que quelqu'un cherche à connaître mon identité et que c'est pour cette raison qu'on aurait enlevé le directeur du journal." "Qu'est-ce qu'il aurait à voir avec tout ça?" "Il connaît mon identité et ils vont le martyrisez afin de lui soutirer, c'est pour ça qu'il faut agir très vite. Celui qui est derrière l'attentat le sait et il veut ma peau." "Qu'est-ce que tu as en tête?" "Je veux créer une escouade spéciale de sauveteurs qui arrivera à délivrer cet homme et qui restera en fonction pour des situations semblables à l'avenir. Une équipe qui peut réagir très vite et efficacement sans se faire connaître." "Tu sais Jacques qu'au laboratoire nous faisons plusieurs expériences et il y en a quelques-unes dont je voulais t'en faire part cette semaine de toutes façons. C'est peut-être le temps de t'en parler." "Qu'est-ce c'est Raymond?" "C'est une solution qui peut endormir tout le monde à l'intérieur d'une pièce pour une durée d'environs trois heures." "Sais-tu s'il y a des conséquences à l'utiliser?" "Tous les animaux qui ont été en contact avec le processus semblent tout à fait normal au réveille." "Ça pourrait être très intéressant. Quelle est la matière de ce produit?" "Nous l'avons sous forme de poudre jusqu'à présent." "Oserais-tu l'expérimenter sur ta personne."

"Attends un peu là Jacques, tu ne vas quand même pas risquer la vie de mon frère pour faire une expérience." "Je ne veux pas risquer la vie de personne Bernard, je veux juste savoir si ça peut marcher avec les humains."

"Ne t'inquiète pas mon frère, ce n'est nullement dangereux à part peut-être dormir sur les heures de travail. Je suis sûr que le patron me le pardonnera dans ce cas-ci."

"Oui, j'étais sur le point de l'expérimenter d'un jour à l'autre. Si tu veux, je peux aller en chercher et revenir pour l'expérience." "Sais-tu s'il y a moyen de réveiller le sujet?" "Nous avons essayé de réveiller les rats et il n'y avait rien à faire, ils se sont réveillés seulement lorsque l'effet était passé. Ce n'était que trois heures plus tard, mais ils étaient en pleine forme au moment du réveille." "De quelle façon les animaux ont-ils absorbé la substance?" "Nous l'avons simplement saupoudré dans la pièce et nous sommes sortis en vitesse pour ne pas dormir avec eux. Une fois que la poudre était retombée nous y sommes retournés avec un masque pour essayer de les réveiller et il n'y avait rien à faire, comme j'ai dit." "C'est très intéressant tout ça et ça pourrait s'avérer très utile."

"Je n'aime pas l'idée de te voir hors de contrôle, ça me fait peur." "Je te l'ai dit Bernard, il n'y a pas de danger."

"Tu as parlé d'une autre expérience." "Oui, avec un seul toucher je peux paralyser une personne et la rendre normale avec un autre toucher." "Ça, c'est un peu plus inquiétant, ne me touche pas, veux-tu? On en reparlera de celle-là. Va chercher cette poudre, tu as besoin de repos."

"Toi Bernard, as-tu déjà fait de la filature?" "Non et je ne serais pas bon pour ça, je serais repéré en peu de temps." "Es-tu d'accord pour faire parti d'une équipe de sauveteurs." "Ça oui, c'est dans mes cordes et j'aimerais bien pouvoir me servir de mon karaté de temps à autre." "Tu pourrais te pratiquer en l'enseignant à mes enfants, filles et garçons. Je suis à-peu-près sûr qu'ils aimeraient ça et ça te tiendrait occupé dans tes temps libres tout en gardant un œil sur eux. Je n'ai qu'une seule restriction." "Et qu'est-ce que c'est?" "Je veux qu'ils apprennent à frapper que si c'est absolument nécessaire." "Tu es toujours le même Jacques, tu pourrais tuer un bœuf à main nues, mais tu ne veux pas faire mal à une mouche." "Il est vrai que je peux tuer une mouche si c'est nécessaire, mais en aucun temps je ne veux lui faire mal et malheur à celui dont je verrais lui arracher une aile juste pour la faire souffrir. Bernard, dans toutes tes connaissances des visiteurs du pénitencier, il doit y être quelqu'un parmi eux qui pourrait être qualifié et fiable pour une cause comme celle-là? Il se pourrait également qu'il ait des tuyaux importants, ayant fait parti du réseau interlope.

Lorsque j'étais jeune à l'école j'ai formé une petite bande pour intimider ceux qui intimidaient les plus démunis et les plus faibles. En quelque sorte nous leur donnions une dose de leur médecine et neuf fois sur dix cela suffisait pour qu'ils cessent leur petit jeu." "Nous ne connaissions pas grand chose du futur, mais je suis presque certain quand se faisant nous avons dissuadé plusieurs d'entre eux à persister à faire le mal."

Voilà Raymond qui revient." "Tu vois tout ce qui se passe aux alentours?" "Oui, jusqu'à cinq milles à la ronde. Il y a quarante caméras réparties sur toutes nos propriétés. Celui ou celle qui essayerait de forcer l'entrée à n'importe quel endroit aurait une très mauvaise surprise, même si c'était des policiers." "Qu'est-ce qu'ils leur arriveraient, si ça ne te fait rien de me le dire?" "Je peux seulement te dire qu'ils feraient bien d'avoir beaucoup de jus de tomates." "Ce n'est pas vrai, est-ce que c'est ce que je pense?" "Ça sent fort et ça dur assez longtemps pour ne jamais l'oublier. Comme ça si tu entends parler de quelqu'un qui s'est fait prendre tu pourras lui poser quelques questions pour savoir où était exactement la bête. Tu sauras par le fait même qui a essayé d'entrer chez moi." "Je ne sais pas comment tu as fait, mais je dois t'avouer que c'est très ingénieux." "Il lui serait difficile de te dire où sans avouer son crime. Puis, s'il insistait d'avantage à pénétrer sur mes terres, il lui arriverait bien pire encore. Veux-tu descendre et ouvrir à ton frère, s'il te plaît?"

"Tu es sûr que ce n'est pas risqué ton affaire?" "Non Bernard; tout ira bien, tu verras." "Tu sais que je n'ai pas d'autre famille que toi, je ne veux pas qu'il t'arrive quelque chose de fâcheux." "Je vais juste dormir quelques heures, c'est tout. C'est le même principe que le somnifère, rien de grave. La seule différence est qu'elle agit plus rapidement, parce qu'elle n'est pas diluée par notre salive ni par le liquide de notre corps. Le fait aussi que l'effet commence plus tôt fait qu'elle termine plus tôt. Alors, veux-tu cesser d'avoir peur? Tu as toi-même déjà pris des somnifères sans risquer ta vie."

"Il nous faudra trouver un moyen de répandre cette poudre sans semer le soupçon à ceux qui nous entourent. Il faut être extrêmement prudent avec cette poudre-là. S'il fallait qu'elle tombe entre les mains de criminels, comme les voleurs de banques, ils pourraient causer de grands dommages." "Moi je pense avoir une idée qui pourrait marcher sans être remarqué." "Retiens-là pour quelques minutes Bernard, je veux prendre les nouvelles de dernière heure."

'Les intérêts sur les prêts bancaires sont à leurs plus bas niveaux depuis son existence. Et voici maintenant un bulletin spécial sur l'affaire Courrois. La police croit qu'il s'agit d'un enlèvement en vue d'une demande de rançon, ce qu'elle s'attend à tout moment ou encore d'une revanche au sujet d'une publication qu'on n'aurait pas aimé. Le chef de police affirme qu'une demande de rançon est normalement formulée dans les vingt-quatre heures de l'enlèvement et qu'il sera mieux en mesure de répondre à nos questions dans quelques heures.'

"Moi je ne crois pas à une rançon et nous aussi serons mieux en mesure de dire de quoi il s'agit dans quelques heures. En attendant il vaut mieux continuer de travailler sur notre plan de sauvetage. Je serai vraiment déçu si nous arrivons trop tard. Alors Raymond, tu vas aller te reposer pour quelques heures et ne mets pas la dose trop forte, je ne veux pas te perdre pour le reste de la journée."

"Toi et moi Bernard, nous allons nous mettre un masque à gaz et voir comment tout ça se déroule." "Ça ne t'inquiète pas toi cette expérience?" "J'ai appris à faire confiance à Raymond et je pense que s'il voulait se suicider, ça ne serait pas chez moi et aussi je pense qu'il a toutes sortes de raisons d'aimer la vie." "Quant à ça tu as bien raison et en plus, s'il voulait le faire ni toi ni moi n'y pourrait rien." "Bernard, tu disais avoir une idée discrète pour utiliser cette poudre."

"Oui, si nous la mettions dans une cigarette? Ce qui ne serait pas remarqué et elle pourrait être soufflée à l'intérieur de la pièce sans que personne ne s'en doute." "C'est une très bonne idée Bernard et nous allons l'expérimenter immédiatement. Mais tu ne fumes pas, tu n'as donc pas de cigarette?" "Non, mais j'ai un stylo qui fera l'affaire pour l'instant. Regarde, je prendrai la partie base du crayon et j'y infiltrerai la poudre qui pourra être soufflée au moment voulu."

"Assois-toi sur le lit Raymond, je veux tenter l'expérience à une dizaine de pieds."

"Toi Bernard, tu gardes ton masque, j'aurai besoin de toi pour les heures qui suivent et un seul de nous qui dort sur l'ouvrage est assez. Vous êtes prêts? Bernard, tu surveilles ton frère pour qu'il ne tombe pas par terre. Il te faut aussi mesurer le temps que cela prendra avant qu'il disparaisse dans ses rêves. C'est prêt, je souffle."

J'ai soufflé et j'ai rapidement remis mon masque en place. Puis, je me suis immédiatement senti faiblir au point où j'ai dû m'asseoir pour ne pas tomber. J'étais dans une demi-inconscience, mais j'ai quand même eu connaissance quand Bernard est venu m'aider à me relever et me conduire jusqu'au lit. Une chance que j'ai eu l'idée que nous soyons trois pour l'expérience sinon, il nous aurait fallu tout recommencer.

"Que s'est-il passé Bernard? Combien de temps est-ce que j'ai dormi?" "Tu as dormi un peu plus d'une heure et ça même si j'ai essayé de te réveiller. Raymond lui dort toujours et il n'y a rien à faire, il est complètement sans connaissance." "Je me demande si mon masque est défectueux. Il faudra le tester." "Moi je pense que tu as été exposé assez longtemps pour être affecté. Ton nez était tout près de la poudre, tu sais." "C'est vrai ça, mais j'ai fait tellement vite." "Raymond est tombé en vingt secondes." "Ça pourrait être dangereux pour nous." "Comment ça?" "Si celui qui souffle la poudre s'endort avant tous les autres, c'est risqué. Il ne faudra pas l'utiliser lorsque quelqu'un tient un pistolet en main, puisqu'il aura le temps de tirer avant de s'endormir." "S'ils ne se sentent pas en danger ils n'auront pas d'arme en main." "Tu as raison, il ne faut pas avoir l'air d'une menace du tout. Il faut jouer la surprise totalement. Je peux juste m'imaginer la surprise qu'ils auront lorsqu'ils se réveilleront en prison. J'espère pouvoir obtenir une photo de ce moment-là et commencer une collection. L'idée de la cigarette est très bonne, puisqu'ils ne se douteront de rien et celui qui se sera introduit pourra même leur en offrir une, bien sûr après avoir lui-même pris celle qui nous intéresse. Il nous faut un machin à rouler les cigarettes tout de suite avec lequel nous pourrons nous pratiquer avec de la farine et du tabac. Ça nous prend des tubes et du tabac aussi. Il nous faudra du câble et du ruban gommé également pour bien les ligoter lorsqu'ils dormiront. Garde toujours ton cellulaire avec toi. Je veux aussi si possible que la police puisse les cueillir dans leur sommeil. Tu peux prendre des photos avec ton cell, ne l'oublie pas. J'ai déjà quelqu'un qui travaille sur la filature et aussitôt que nous aurons des renseignements, il nous faudra agir. Veux-tu aller chercher ce qu'il nous faut, Raymond en a encore pour une heure à dormir. Tiens voici la liste." "On a besoin de rien d'autre?" "Ton permis de porte d'armes est toujours en règle? C'est peu probable qu'on ait à s'en servir, mais il vaut mieux qu'un de nous soit armé juste au cas. Vas-y maintenant, j'ai plusieurs appels à faire. Tu connais le chemin." "À tout à l'heure, je reviens aussi vite que possible." "Je garderai un œil sur Raymond."

J'ai descendu au garage pour y cueillir une perceuse et une petite mèche encore plus petite qu'une aiguille. Je suis remonté à la hâte par la même voie d'accès, le monte-charge dont je suis le seul à en connaître l'existence. Sa porte ressemble à celle d'un coffre-fort et jamais personne n'a posé de question à son sujet. Ce petit élévateur me mène à la chambre froide du sous-sol où il y a un autre coffre-fort en apparence.

Sur la porte du coffre on y trouve les inscriptions suivantes: 'Toute tentative d'ouvrir ce coffre sans connaître la combinaison réelle déclenchera une explosion intérieure et causera la pulvérisation de tout son contenu. Jacques Prince.'

Ce message est écrit dans les deux langues officielles du pays. J'ai pris les devants et j'ai appelé Roger, puisque j'étais rongé par l'impatience et l'inquiétude.

"Roger, avez-vous quelque chose, n'importe quoi?" "On n'a pas grand chose, Diane a appelé de la chambre des toilettes et m'a rapporté que le seul qui s'est absenté ces derniers jours, c'est un administrateur du nom de Charles Dumas. Il prend sa pause-café de deux heures à quatre heures, ce qui lui a semblé un peu excessif, mais quand même normal dans le cas d'un cadre d'une entreprise comme celle-là." "A-t-elle pu savoir qui remplace monsieur Courrois?" "Elle pense que c'est ou bien Dumas ou une dame nommée Catherine Chouinard." "Ne tarde pas et mets quelqu'un sur les traces de Dumas dès sa sortie du journal, c'est lui notre homme et déniche-moi tout ce que tu peux trouver sur lui. Rappelle-moi aussitôt que tu as trouvé quoique ce soit." "Pourquoi penses-tu que c'est lui, on n'a presque rien?" "Ce que tu viens de me dire confirme mon doute, ne perds pas de temps, c'est sûrement une question de vie ou de mort pour Courrois. Ils ne peuvent pas le laisser en vie sans risquer la prison."

Entre temps Bernard était sur le point d'arriver et Raymond commençait à montrer des signes de réveil. Il était tout près de midi et il nous restait tellement de choses encore à mettre au point. Je craignais entre autres que seul notre homme tombe endormi et que toute l'opération soit gâchée. Il fallait donc que cette fameuse cigarette soit fabriquée juste à point. Nous n'avions pas droit à l'erreur. Puis, il m'est venu une autre idée qui je crois pourrait servir de deuxième ressort. J'ai attendu l'arrivée de Bernard et le réveil de Raymond pour leur en informer. Cela n'a pas tardé, puisque dix minutes plus tard nous étions tous les trois encore en conversation.

"Comment te sens-tu Raymond?" "Et bien, dormir dix minutes ne change pas grand chose dans la vie d'un homme." "Tu veux dire trois heures et dix minutes." "Ce n'est pas vrai, je n'ai pas dormi trois heures?" "Ah, que oui, tu as dormi tout ce temps." "Je me sens très bien et vraiment reposé."

"Il n'y avait pas moyen de te réveiller quoi qu'on fasse mon frère. Si jamais j'ai besoin d'être assommé, n'hésite pas à l'utiliser sur moi."

"Moi je me demande si ça peut être dangereux de l'utiliser deux fois consécutives." "Il n'y a qu'une seule façon de le savoir." "Nous n'avons pas le temps de répéter ce processus, nous n'avons qu'une heure pour mettre au point cette cigarette." "Veux-tu dire qu'on sait déjà qui est notre homme?" "Nous avons l'identité de cet homme, il nous reste à savoir où il détient monsieur Courrois et combien de personnes sont impliquées dans cette affaire.

Messieurs, je pense aussi connaître une alternative à la cigarette qui pourrait être utiliser en parallèle." "Qu'est-ce que c'est Jacques?" "Un simple petit sac de cette poudre blanche placée dans la poche de veston. Elle ressemble comme deux goûtes d'eau à de la coke. Si je pense correctement, ils vont vouloir fouiller notre homme et lorsqu'ils ouvriront le sac ils tomberont de sommeil." "En espérant qu'ils ne l'ouvrent pas à l'extérieur." "Celui qui le trouvera, voudra sûrement le partager avec les autres." "Tu as probablement raison." "Il est temps de mettre cette cigarette à l'épreuve maintenant. J'ai roulé des milliers de cigarettes pour mon père dans mon enfance. Cela a même été une cause de conflit entre nous, puisqu'il ne voulait pas que je fume alors que j'avais la senteur du tabac dans le nez une heure par jour.

Voici, je vais mettre un peu de tabac au bout et un mélange de tabac et de farine entre le tabac et le filtre. Puis, je vais percer le filtre pour nous permettre de souffler le tout hors du tube. Il faut que le souffleur retienne sa respiration complètement jusqu'à ce que la totalité de cette poudre soit complètement sortie. Qui veut l'essayer?" "C'est sûrement moi qui vais se présenter à ce rendez-vous, aussi bien me pratiquer." "Tiens essaye-la".

Ça nous a bien fait rire quand la cigarette a explosé au lieu de se vider de son contenu. D'une certaine façon elle s'était quand même vidée, mais pas tout à fait comme prévu. Il a quand même fallu que Raymond déploie un trop grand effort ce qui pourrait donner l'alarme. IL a fallu aussi mesurer le degré d'humidité dans l'air, ce qui peut changer la résistance du tabac et de la poudre. Nous avons quand même réussi à trouver la bonne formule et je n'ai pas besoin de dire que la place avait besoin d'un grand ménage. Des enfants de trois ou quatre ans n'auraient pas fait pire.

"Raymond, au moment de prendre la cigarette, il te faut faire comme un vrai fumeur. Tu sors ton porte-cigarettes. On a oublié d'en acheter un et c'est très important." "J'irai en acheter un en sortant d'ici." "Je disais donc, tu sors ton porte-cigarettes en toussant quelques fois, tu prends la cigarette que tu sais et tu en offres aux autres tout autour, ce qui créera une diversion. Tu sors ton briquet, qu'on a aussi oublié et tu prends le devant avant qu'ils essayent de t'allumer. Si quelqu'un te devance, alors tu souffles très fort et très vite. Plus tard nous feron des cigarettes endormantes, elles endormiront les fumeurs, cela leur donnera peut-être le goût de cesser de fumer. N'oublie pas d'acheter le briquet et le porte-cigarettes et prends les plus beaux que tu puisses trouver, ce que tu trouveras sûrement dans une bijouterie. Le plus tu auras l'air d'un homme riche, le moins on aura peur de toi. N'apporte rien d'autre avec toi. Ton portefeuille ça va, mais surtout pas ton cellulaire à moins que tu le vides de son contenu complètement. Il pourrait nous trahir autrement. Nous ne serons pas très loin, mais s'ils sont armés, ce qui est fort probable, nous ne pourrons pas grand chose pour toi s'ils ne dorment pas. C'est notre première mission et il nous faut la réussir."

CHAPITRE 8

$\mathcal{T}$ralalalala . . . . Lala. "C'est mon cell."

"Allô! Jacques ici!" "Jacques, c'est moi." "Roger, heureux de t'entendre." "J'ai une adresse pour toi, c'est le 888 Chemin des Sables." "Je la connais, c'est chez mon voisin, un gros garage bleu et blanc." "C'est exact Jacques. Je pensais être obliger de te faire un dessin." "Tu sais bien que je marche sans dessin voyons." "T'es bien comique." "As-tu quelque chose sur Dumas?" "Il n'y a absolument rien contre lui. Il travail au journal depuis plus de vingt ans et il a fait de grandes études et même du séminaire." "Voilà le bobo." "Quoi, le séminaire?" "Ne chercher pas plus loin, c'est certain que c'est notre homme." "Alors là, je ne comprends plus rien du tout et j'espère que tu pourras m'expliquer ce que c'est un jour." "Un jour peut-être, mais là nous sommes pressés. Tu peux dire à Diane de tomber malade. T'as fait un bon bouleau, je te verrai ce soir, salut."

"Les gars, nous avons du travail et nous allons faire une visite surprise à mes travailleurs à la shop de couture, c'est juste à côté de l'endroit du kidnapping. Nous sommes prêts, allons-y."

"Toi Bernard, tu as ton artillerie, sinon va le chercher." "Il est dans mon auto." "Bon, j'embarque avec toi."

"Toi Raymond, va chercher ce qu'il nous manque et tu nous rejoins à la shop. Il faut faire vite avant qu'il ne retourne au journal.

J'ai l'impression qu'ils ont besoin de sommeil." "Qu'est-ce qui ta mis sur la piste de cet homme Jacques?" "Il s'est opposé très fortement à mes chroniques dans le journal et j'ai su dès lors que ce n'était qu'une question de temps avant qu'il ne me cause du trouble." "Je me suis demandé si tu n'avais pas eu un autre rêve." "Tu sais que Dieu nous guide à travers nos pensées aussi." "Où est-ce que tu as pris cette information?" "Dans Matthieu 16, 17. 'Jésus, reprenant la parole lui dit: Tu es heureux Simon, fils de Jonas; car ce ne sont pas la chair et le sang qui t'ont révélé cela, mais c'est mon Père qui est dans les cieux.'

Voilà la réponse et elle est très claire, sans aucune ambiguïté."

Nous nous sommes rendus à l'endroit indiqué et nous avons été reçus par une contremaîtresse extrêmement déconcertée, car je m'annonce toujours d'habitude.

"Je m'excuse Pauline pour ne pas t'avoir prévenue d'avance de notre arrivée, mais j'étais très préoccupé par un événement bizarre. Ce n'est rien qui te concerne, ne t'en fais pas, mais je dois néanmoins réquisitionner ton bureau pour le moment." "Mon bureau vous appartient aussi monsieur Prince, ne vous gênez surtout pas."

Raymond nous a rejoint en quelques minutes et nous avons immédiatement mis notre plan à exécution.

"Voici ce que tu vas faire Raymond. Prends avec toi ta trousse de médecin et va cogner à la porte en leur disant que quelqu'un a demandé de l'aide d'urgence à cette adresse. S'ils refusent de te laisser entrer, tu leur diras qu'il te faudra demander l'aide de la police. Ils vont alors s'empresser de te laisser entrer. Après ça tu sais quoi faire, bonne chance. Nous t'accordons dix minutes, puis nous irons te chercher. As-tu trouvé tout ce que tu as besoin?" "Oui, vingt-deux milles dollars pour le briquet et le porte-cigarettes." "C'est pas d'la marde, ils valent leur pesant d'or. Surtout ne te fais pas voler." "Penses-tu que j'ai l'air d'un millionnaire?" "Vas-y comique."

Sept minutes plus tard Raymond nous faisait signe d'aller le rejoindre, ce que nous avons fait en courant.

"Que s'est-il passé?" "Ils dorment tous y compris monsieur Courrois qui va bien en passant. Ils sont quatre là-dedans." "Comment se fait-il que toi tu ne dors pas?" "C'est à ne rien n'y comprendre." "On parlera de ça plus tard si tu veux."

"Bernard, ne touche à rien, mais va prendre quelques photos, veux-tu? Retournons de l'autre côté et donnons à la police un cadeau sur un plateau d'or. Il vaut mieux que nous ne soyons pas vus autour d'ici lorsque la police arrivera. Je vais demander à Pauline de faire l'appel pour nous. Veux-tu aller la chercher Bernard, je sais que tu l'aimes bien." "Ça se voit tant que ça?"

"Vous voulez me voir patron." "Pauline, il est temps que tu me tutoies. J'ai besoin que tu téléphones au poste de la police et que tu leur dises qu'il se passe quelque chose d'étrange de l'autre côté au 888, mais tu ne mentionnes aucun de nous trois. Est-ce que nous pouvons compter sur toi?" "Bien sûr patron!" "Il n'y a jamais eu de va et vient à cet endroit à part aujourd'hui et cela m'intrigue beaucoup. Nous trois, nous avions besoin de se rencontrer afin de discuter de nouveaux projets pour la salle de couture. Je te tiendrai au courant des nouveaux développements, ce qui ne devrait pas tarder. Je te verrai sous peu. Bye!"

"Bye Pauline." "Bye Bernard. Reviens nous voir."

"J'aimerais vous laisser parler plus longtemps, mais il faut que tu me remmènes Bernard."

Nous avons pris le chemin du retour et j'avais hâte de retrouver mon téléviseur pour y insérer un cd afin d'enregistrer toute la scène des retrouvailles.

"Bye, Bernard, reviens nous voir. Elle est folle de toi cette femme, qu'est-ce que tu attends?" "Ce n'est pas facile d'annoncer à celle qu'on aime qu'on a fait de la prison." "Cela ne t'a pas empêché de te trouver un travail formidable. La plupart des apôtres ont fait de la prison aussi; ça ne fait pas d'eux des méchants pour autant." "Si tu veux, je peux te faire avoir le pardon total." "Je ne veux pas lui mentir de toutes façons." "Ça, c'est la bonne attitude. Je peux lui parler si tu préfères? Je suis sûr qu'elle comprendra." "Non, je vais sûrement me décider un jour ou l'autre, mais je suis si souvent sur la route ou dans les airs." "Tu pourras toujours te trouver des excuses si tu en cherches. Elle aimerait peut-être ça la route et les airs aussi, qui sait?

Ne te prive surtout pas sur mon compte. Comme tu le sais maintenant, moi j'ai deux femmes et cela ne m'empêche pas d'accomplir beaucoup de choses." "Tout ce que tu fais tient presque du miracle. Mais Jacques, tu viens juste de prononcer le mot magique, mais ne me blâme pas si un jour je ne suis pas disponible." "Attends une minute là, je ne néglige jamais mes responsabilités parce que j'ai deux femmes. Quel est le mot magique, comme tu dis?" "Ne pas me priver sur ton compte." "Veux-tu célébrer l'union dans notre sous-sol?" "Attends un peu quand même, au moins que je lui demande pour une première sortie." "Fais sûr que le pilote automatique sera en bonne condition lorsque vous serez dans les airs." "Je ne veux quand même pas qu'elle meurt de peur." "Tu veux rire, des milliers de femmes rêvent que ça leur arrive, de s'envoyer dans les airs. Nous voilà rendu et je n'ai pas mon remonte. J'espère que Danielle est entrée. Passe-moi ton cell."

"Danielle, c'est moi, veux-tu m'ouvrir s'il te plaît?" "Je me demande si je dois t'écouter. Tu m'as fait peur, tu sais? Ta voiture est en bas et tu ne sors jamais sans elle. Tu n'as même pas pris ton cellulaire avec toi. Tu pars sans laisser aucune note et tu sais qu'il y a des enlèvements ces jours-ci dont nous ne savons rien." "Danielle, s'il te plaît, je suis pressé, ouvre-moi, je t'expliquerai plus tard." "Tu fumes maintenant? Je suis monté là-haut et on aurait dit qu'il y a eu la guerre. Qu'est-ce que tu veux que je pense?" "Laisse-moi te dire que tu es chanceuse d'être éveillée, ouvre-moi, tu sais que je n'aime pas l'humiliation plus qu'il ne le faut et présentement tu m'embarrasses."

Les femmes quelques fois! "Et bien, ce n'est pas trop encourageant ça." "Il faut juste savoir les comprendre. Danielle a raison d'être à bout de nerfs vu les circonstances et lorsqu'on se sera expliqués, elle comprendra." "Je vais te laisser ici Jacques, vous n'avez pas besoin de témoins pour la suite des choses." "Très bien, va prendre les nouvelles toi aussi."

Après que Danielle eut ouvert la barrière d'acier de neuf pieds de hauteur, Bernard a conduit sa voiture devant la maison pour m'y conduire. Je l'ai salué et je suis descendu de l'auto puis, je suis monté directement dans mes cartiers. C'est sans tarder que j'ai mis un cd dans mon appareil et je me suis installé confortablement pour écouter les nouvelles de cinq heures. Tout était là sur l'écran, cinq autos de police, un panier à salade et deux ambulances. Les quatre occupants ont été sortis sur des civières pour être emmenés à l'hôpital sous escorte. On a pu voir que les trois assaillants étaient menottés et il va sans dire qu'on attendait la déclaration de monsieur Courrois pour éclaircir la situation. Les journalistes sur les lieux cherchaient par tous les moyens à obtenir des renseignements des policiers et tout ce qu'ils ont pu obtenir c'est que tout le monde était sans connaissance et que nul n'y comprenait quoi que ce soit. Enfin, le chef de police est venu rencontrer les médias pour répondre aux questions des journalistes.

"Est-ce qu'ils sont tous morts?"

"Il semble qu'ils sont tous immobiles."

"Est-ce que monsieur Courrois est l'un d'eux?"

"Est-il vivant ou mort?" "Silence! Vous voulez des réponses ou non? Premièrement vous êtes trop nombreux. Je répondrai quand vous agirez autrement que des guêpes. Je déteste les guêpes."

"Toi là, qu'est-ce tu veux savoir?" "Est-ce que monsieur Courrois est parmi eux?" "Il est parmi eux, mais nous ne savons pas encore dans quel état il se trouve. Il ne semble pas avoir de blessure majeure, mais au moment où je vous parle nous ne connaissons pas l'état de sa santé. Il est présentement sous notre protection à l'hôpital et sous observation."

"À toi maintenant!" "Comment avez-vous su où il se trouvait?" "Nous avons reçu un appel anonyme et il nous a été impossible de le retracer."

"Toi là, c'est ton tour." "Connaissez-vous les trois autres?" "Nous savons que l'un d'entre eux travaille aussi au journal." "Connaissez-vous son nom?" "Ce n'est pas un détail que je peux vous donner pour l'instant, parce que nous ne savons pas s'il se trouvait là à la défense de monsieur Courrois ou s'il était un des kidnappeurs. Pour le moment ils sont tous sous notre garde. Ça sera tout. Nous aurons une conférence de presse un peu plus tard dans la soirée lorsque nous aurons plus de détails sur cette affaire, merci."

"Est-ce que?" "C'est tout j'ai dit, à plus tard."

Il semble que c'était une réussite complète. Mon éditeur était en sécurité, les malfaiteurs entre les mains de la police et personne ne savait qui avait bien pu les endormir tous. J'avais soudainement hâte au procès pour connaître les motifs exacts de Dumas.

Ring, ring. "Allô, Jacques ici!" "Jacques, c'est moi. As-tu écouté les nouvelles?" "Roger, tu ne sais rien de tout ça, compris?" "Je te verrai à huit heures trente ce soir si ça te va ou encore demain après-midi?" "J'aimerais mieux demain après-midi, si c'est correct avec toi." "Moi aussi j'aime mieux ça Roger. À demain alors, deux heures trente chez toi. Salut."

"Jacques, nous t'attendons, le souper et prêt." "Je ne descendrai pas ce soir Danielle. J'ai du nettoyage à faire et je n'ai pas d'appétit. Je vais juste me prendre une tasse de thé et quelques biscuits, puis j'écouterai la télévision. Ne laisse pas monter les enfants non plus." "Tu n'es pas malade, tu n'as jamais fait ça?" "Je ne suis pas malade, mais je ne me sens pas très bien non plus, de toutes façons je préfère être seul." "Vas-tu venir souhaiter bonne nuit aux enfants?" "Pas ce soir Danielle, je regrette. Je les verrai demain, comme dit le dicton, la nuit porte conseil." "Tu n'as jamais boudé une seule fois en quinze ans, tu ne vas pas commencer ça ce soir, n'est-ce pas?" "À demain Danielle!"

La dernière chose que je voulais était de me disputer avec elle lorsque j'étais encore fâché. Je me connaissais assez bien pour savoir que lorsque je suis dans cet état, les paroles peuvent sortir un peu brusquement. On ne touche pas un poêle brûlant à mains nues et moi je bouillais encore. Vaut mieux ne rien dire que de dire des bêtises. J'ai donc fait le nettoyage qui s'imposait avant de me prendre une tasse de thé et quelques biscuits. Je me suis réinstallé devant le téléviseur pour prendre les nouvelles de six heures. Il n'y avait rien d'autre de nouveau sur l'affaire Courrois. Une nouvelle a cependant retenu mon attention. Le sujet de ma prochaine chronique était là sur les ondes.

'Au Brésil la mère d'une fillette de neuf ans enceinte de deux jumeaux à la suite d'une série de trois années de violes par son beau-père a été excommuniée par l'évêque de leur diocèse ainsi que les médecins qui ont pratiqué l'avortement. Ces derniers ont affirmé que la vie de la fillette et des bébés était en danger de mort. Leur Cardinal a approuvé la décision de l'évêque. La petite fille était enceinte de quatre mois.'

Corvair, je me suis dit, la série de meurtres n'est pas encore terminée. Ça, ce n'est rien pour changer mon humeur. Sous la prétention d'être pro-vie ces hommes d'église d'une influence prestigieuse auraient sans aucun remords causé la mort de trois être humains. Ils auraient tué cette jeune fille de la même manière qu'ils ont tué mes deux grands-mères. Ce n'est pas tout. Dans quelques années on va sûrement les déclarer saints. Mais réveillez-vous tabernouche.

Consolez-vous excommuniés, vous ne le savez peut-être pas, mais ce qui vous arrive est une bénédiction de Dieu. Ne faites pas la bêtise de vous jetez dans une autre religion, un autre esclavage. Vous êtes maintenant libérés, remerciez Dieu de vous avoir sauvé. Rendez-Lui toute la gloire qui Lui revient au lieu de pleurer sur votre sort. Ainsi soit-il.

Ring, ring! "Jeannine, c'est moi." "Danielle, comment vas-tu?" "Pas très bien ce soir, j'en ai bien peur." "Qu'est-ce qu'il y a, tu n'es pas malade?" "Ce n'est pas moi, c'est Jacques. Il n'a pas voulu descendre pour souper." "Est-ce que tu sais ce qu'il a?" "Pourquoi ne viendrais-tu pas me voir quand les enfants seront couchés? Je dois te parler d'un autre de ses projets entre autres." "Bien sûr. Il est huit heures trente, je peux venir dans environs trente minutes." "C'est bon, je t'attends."

Au bulletin des nouvelles de neuf heures nous avions les figures des quatre personnes impliquées dans le kidnapping.

'Bonsoir mesdames et messieurs. Il y a du nouveau dans l'affaire Courrois et nous avons la déclaration du sujet lui-même. Voici notre reportage en compagnie de René Martel.'

"Monsieur Courrois, pouvez nous dire ce qui s'est passé depuis hier après-midi?" "Et bien, je me suis rendu à un rendez-vous qui était supposé être d'une importance majeure, impliquant un membre du gouvernement. J'ai donc cru vu son importance que je devais m'en occuper moi-même. Puis j'ai vite compris que c'était un piège bien tendu." "Connaissez-vous vos agresseurs monsieur Courrois?" "Je n'en connais qu'un seul, comme j'ai dit à la police. Il travaille au journal. C'est lui qui a mené toute l'opération." "Aucune demande de rançon n'a été rapportée, pouvez-vous nous dire alors pourquoi on vous a kidnappé?" "Ce n'était pas pour l'argent, on voulait me soutirer un secret professionnel." "Pouvez-vous nous dire de quoi il s'agit?" "Je viens de te dire que c'est un secret professionnel." "C'est vrai, où ai-je la tête?" "Si j'avais trahi ce secret je serais mort à l'heure qu'il est." "Pourquoi pensez-vous qu'ils voulaient savoir?" "Je vous dirai seulement qu'il est un homme qui n'aime pas la parole de Dieu et qu'il ne veut surtout pas qu'elle soit répandue. Il m'aurait tuer sans hésiter pour arriver à ses fins. Je ne sais pas ce qui s'est passé, mais ils avaient décidé de m'éliminer à quatre heures cet après-midi et ça avec ou sans ce secret. J'ai bien cru que c'était fini pour moi." "Vous n'avez aucune idée de ce qui s'est passé et comment vous avez été secouru." "Je n'ai vraiment pas la moindre idée. Je sais qu'un homme est entré et puis ce fut la noirceur totale. Je me suis réveillé à l'hôpital et me voilà, j'ai une autre vie." "Vous ne connaissez pas l'identité de cet homme mystérieux?" "Je n'ai aucune idée de qui ça peut être, mais je tiens à le remercier pour m'avoir sauvé la vie." "Et bien, je vous remercie beaucoup monsieur Courrois. Une dernière question si vous me le permettez." "Il n'y a plus rien à dire, mais demandez toujours." "Comment vous sentez-vous?" "À part mes poignets endoloris, je n'ai jamais été dans une telle forme depuis très longtemps. Avant ces quelques heures de sommeil, je me sentais prêt à mourir tellement j'étais épuisé."

'Voilà, mesdames et messieurs, c'était le reportage de René Martel pour notre réseau directement de la chambre d'hôpital de monsieur Jean Courrois. Et voici maintenant les prévisions de la météo.'

J'étais très heureux d'avoir vu juste même si j'étais encore d'une humeur assez désagréable. Après avoir entendu les deux dernières phrases de monsieur Courrois je souhaitais presque de prendre une forte dose de cette poudre un peu magique selon les témoignages entendus à leur réveil.

"Tu n'as vraiment pas l'air d'aller Danielle, veux-tu bien me dire ce qui c'est passé?"

"Et bien, quand je suis entrée du travail j'ai vu que la voiture de Jacques était au sous-sol. Je me suis dit alors qu'il était là-haut chez lui et j'étais contente qu'il soit entré de bonne heure. Mais quand j'ai essayé de le rejoindre, il n'y avait pas de réponse. Je suis donc monté chez lui pour voir s'il était bien et j'ai trouvé la chambre à coucher et le salon sens dessus dessous. Je ne te mens pas, on aurait dit la guerre. Il y avait du tabac et de la farine répandue partout. Il y a un machin à rouler des cigarettes, des tubes, un sac de farine et une grande quantité de cigarettes. Il n'y avait personne alentour et je me suis imaginé le pire, puisqu'il n'y avait aucune note de sa part. Hier après-midi, comme tu sais, le directeur du journal a été kidnappé et j'ai tout de suite pensé que c'était ce qu'il lui était arrivé aussi. Je me suis fait un tas de mauvais sang et lorsqu'il est arrivé à la barrière dans la voiture de Bernard, il m'a demandé de lui ouvrir et j'ai hésité sans penser à lui. J'étais presque en crise de nerfs et pour un certain temps, j'ai refusé de lui ouvrir la barrière. J'ai vraiment senti sa frustration et je pense que je l'ai ignoré un peu trop longtemps." "As-tu pour un seul instant pensé comment il a pu se sentir, enfermé en dehors de sa propriété par celle qu'il aime, lui qui y a mis ses corps et âme? Il doit rugir encore, tu es chanceuse qu'il soit qui il est." "Mais je n'étais pas moi-même." "Je sais Danielle, mais c'est quand même toi qui l'as fait. Vous êtes mieux de vous expliqués avant que ça tourne mal." "Pour ça il faudrait que je puisse lui parler, mais je l'ai bien senti dans sa voix, il ne veut plus me parler." "Ne pleure pas voyons, laisse juste la tempête passer." "Il ne s'est jamais comporté de la sorte, j'ai peur Jeannine." "Veux-tu que j'aille lui parler?" "Il n'a même pas voulu venir dire bonne nuit aux enfants, je pense que c'est peine perdue." "Je me demande bien ce qui a pu se passer chez lui. C'est sûr qu'il ne fume pas. C'est quand même très étrange tout ça." "Si je n'avais pas été aussi stupide nous le saurions à l'heure qu'il est." "Tu as parlé d'un autre projet, de quoi s'agit-il?" "Il veut nous acheter un hôpital privé ou encore en bâtir un. Il dit qu'il y a beaucoup d'argent qui dort et que ça serait beaucoup plus sécuritaire, que nous serions plus en sécurité si nous travaillions dans un hôpital qui nous appartient. Il a dit qu'il pourrait financer des médecins et des infirmières que nous pourrions former. Qu'en penses-tu toi?" "Moi je pense que c'est une bonne idée. Je le connais assez bien pour savoir que nous aurions tout ce que nous avons besoin. Oui, moi je suis d'accord." "Il veut aussi que toi et moi soyons les administrateurs." "Il nous faudra de l'aide, mais je suis sûre que nous pouvons y arriver, pas toi?" "Nous pourrions finalement choisir nos quarts de travail. Ça va quand même me faire tout drôle de ne plus travailler au centre après vingt-quatre ans." "C'est vrai ça, c'est quasiment chez nous. Qu'est-ce qu'on fait? On essaie de lui parler ou on le laisse passer sa mauvaise humeur?" "On peut toujours essayer, mais je ne pense pas qu'on réussira. Appelle-le, on verra bien."

"Jacques, comment vas-tu?" "Comme ci, comme ça Jeannine, peux-tu monter ici avec Danielle?" "Tu as besoin de deux femmes ce soir, tu te sens en forme." "Je suis en forme, mais pas pour ce que tu penses." "Peux-tu me dire ce qui se passe?" "Montez, vous verrez bien." "J'en parle avec Danielle et je te rappelle." "C'est bon, je vous attends."

"Il veut que nous montions." "T'a-t-il semblé encore fâché?" "Non, il est plutôt froid, mais pas fâché." "Allons-y, il n'est quand même pas le type à battre les femmes et s'il a besoin de se défouler et bien qu'il le fasse et nous n'en serons que mieux après."

Nock, nock, nock! "Entrez voyons, c'est ouvert et faites comme chez-vous." "Je vois que tu as fait le ménage." "Oui, j'aurais pu me permettre une femme de ménage, mais je ne voulais pas voir personne. Assoyez-vous, j'ai quelque chose à vous faire visionner. Il va se dire des choses dans les prochaines minutes qui ne doivent pas sortir de ces murs. Est-ce que je peux vous faire confiance?" "On ne peut même pas en parler aux enfants?" "À personne!" "Ce n'est pas la peine de crier, nous ne sommes pas sourdes." "Je veux juste me faire bien comprendre, c'est tout." "Tu cris une autre fois et tu ne nous verras plus ici pour un bon bout de temps." "Vous êtes libres de partir si c'est ce que vous voulez, mais moi je n'aime pas parler pour ne rien dire. Vous ne m'avez toujours pas répondu, est-ce que je peux vous faire confiance?" "Tu sais bien que oui, ce n'est même pas la peine de demander. C'est quoi de si spécial qu'il faut regarder." "Ce n'est que les nouvelles du jour, mais je vous prierais de porter une attention toute particulière à ce qui va se dérouler sous vos yeux." "Nous sommes prêtes, vas-y."

J'ai donc mis la vidéo en marche depuis le début et je surveillais leur réaction au fur et à mesure que le tout se déroulait. J'ai vu les larmes couler sur leurs joues respectives et j'ai su à ce moment-là qu'elles venaient de comprendre beaucoup de choses.

"C'est toi qui a sauvé la vie de cet homme?" "Si seulement j'avais pris le temps de faire le ménage et de t'écrire une petite note, nous serions arrivés trop tard pour le sauver. Si jamais des bandits avaient été à nos trousses, nous aurions pu mourir entre eux et notre barrière, parce que nous ne pouvions pas entrer. Ils s'en sont pris à cet homme à cause de moi. C'est moi qu'il voulait trouver et ils étaient prêts à tuer pour y arriver. La raison principale pour vous procurer un hôpital est toute simple. Vous pourriez être l'objet du prochain kidnapping ou encore un de nos enfants. Pensez-vous que j'ai envie d'être bloquer à la barrière quand c'est une question de vie ou de mort?

Dans notre hôpital je peux installer un système de sécurité adéquat, ce que je ne peux pas faire où vous travaillez présentement. La chasse pour avoir ma peau est commencée, mais elle est loin d'être terminée. Ou bien vous suivez mes directives ou bien je pars où personne ne pourra jamais me trouver, mais je ne risquerai pas la vie d'un des miens un jour de plus. Pleurer n'y changera rien." "Je te demande pardon Jacques." "Danielle, pardonner pour moi c'est facile, me faire comprendre est une autre chose. Je ne suis pas un peureux, mais j'ai eu très peur aujourd'hui. J'ai eu très peur que cet homme meurt à cause de moi. Il ne lui restait que dix minutes à vivre lorsque nous avons réussi à neutraliser ses agresseurs. J'ai formé une escouade aujourd'hui, Bernard et Raymond en font parti. Si jamais ça se savait qui a réussi ce sauvetage nous serions finis. Ça sera tout, je vous demande de me laisser seul maintenant."

"Tu ne veux pas prendre un bon bain chaud avec nous?" "Je regrette, mais je n'ai pas le cœur à rire. Je l'ai plutôt à pleurer. Bonne nuit à toutes les deux. Ça ira mieux demain." "Bonne nuit Jacques!" "Bonne nuit."

Elles m'ont quitté à reculons je l'ai bien senti, mais je savais aussi que c'était la meilleure chose à faire dans les circonstances. Je n'aurais pas voulu pour rien au monde exploser comme j'en connaissais la possibilité et de dire des choses que j'aurais passé le reste de ma vie à regretter. Il valait beaucoup mieux laisser la température redescendre complètement.

"Penses-tu qu'il pourra me pardonner un jour?" "Il t'a déjà pardonné Danielle voyons, mais il est encore trop en rogne pour éviter la grogne, c'est pour ça qu'il préfère demeurer seul. Je suis sûr qu'il ira mieux demain." "Je voudrais en être aussi sûre que toi." "Tu ferais mieux de prendre un somnifère et d'aller dormir, sinon tu ne seras pas capable de travailler demain. Il faut le comprendre, il a subit un choc aujourd'hui. Je ne l'ai jamais vu dans un tel état." "Moi non plus, je te dirais même que j'ai eu peur pour la première fois en sa compagnie. C'est ironique n'est-ce pas? Il bouille de rage et il est d'une froidure avec nous comme il ne l'a jamais été." "Il faut comprendre par quoi il a passé, tu lui as quand même fermé la porte au nez et tu l'as empêché d'entrer chez lui, si peu soit-il. Si encore il avait été tout seul, il n'aurait pas subit autant d'humiliation. Penses-y, il se fend en quatre pour sauver le monde, lui qui pourrait payer la dette du pays tout entière et il ne peut pas entrer chez lui quand il le veut. Je te suggère d'aller sur ton ordinateur et de lui écrire tes regrets et de t'expliquer. Il aura ta lettre qu'il pourra lire ou ce soir ou demain matin, ça ne pourra certainement pas nuire. Puis, comme je t'ai dit; prends une pilule et va dormir." "C'est une bonne idée, je suis chanceuse que tu sois là et je ne sais vraiment pas ce que j'aurais fait sans toi." "Bonne nuit, moi je vais me coucher maintenant." "Bonne nuit toi aussi et merci."

"Allô Jacques. Si tu savais comme je regrette de t'avoir mis dans cet état. Je dois cependant t'avouer que tu m'as fait peur pour la toute première fois ce soir et c'est un sentiment que je ne voudrais plus jamais revivre. J'ai le sentiment que le monde s'est effondré sous mes pieds et qu'il n'y a plus de raison de vivre. Je peux comprendre que tu sois fâché, mais je n'arrive pas à croire que tu ne m'aimes plus et si c'est le cas, je ne pourrais plus demeurer dans cette maison où nous avons connu tant de bonheur. Je me sens complètement désemparée et je n'ai personne d'autre vers qui me tourner. Peux-tu me dire où est ta compassion aujourd'hui, toi qui prêches le pardon depuis des années? As-tu vraiment besoin d'être aussi dur avec moi? Penses-tu que c'est le seul moyen de me faire comprendre que j'ai fait une erreur? Vas-tu me laisser me morfondre toute la nuit ou venir me mettre au lit comme tu sais si bien le faire? Danielle?"

"Couche-toi, je descends toute suite."

Je suis descendu sans perdre de temps et je l'ai trouvée étendue sur le lit toute disposée. Je me suis déshabillé sans tarder, puis je me suis étendu près d'elle et j'ai saupoudré un peu de cette substance qui nous avait été si bénéfique cette journée-là. Elle venait de recevoir ce qu'elle avait le plus besoin dans les circonstances et moi aussi, c'est-à-dire un profond sommeil. Au matin c'était une toute autre histoire.

"Qu'est-ce qui s'est passé? J'ai perdu la carte complètement." "Tu semblais vouloir faire l'amour et puis tu t'es endormie en me laissant sur mon appétit. J'ai été tenté de le faire quand même, mais j'ai eu l'impression que ça aurait été du viol, ce qui fait que je me suis endormi aussi." "Tu sais bien que je t'appartiens même en dormant.

J'ai comme le sentiment que j'aimerais ça même si je dors." "Quand je te donne quelque chose, je veux que tu en sois consciente." "Je ne me suis jamais senti aussi reposée de toute ma vie. Est-ce qu'on a le temps pour une petite vite?" "Ça dépend si tu es prête ou pas." "Vérifie toi-même." "Les enfants vont être debout d'une minute à l'autre." "Ne perds pas de temps. Tu sembles plus gros que d'habitude, est-ce que tu as pris quelque chose?" "Pas du tout, toi aussi tu sembles plus serrée. Ça fait deux fois que j'éjacule et elle est toujours dure comme un bâton. Ce n'est pas normal ça et je me demande ce qui se passe. Arrêtons de bouger pour quelques minutes, veux-tu?" "Pas vraiment!" "Tu trouves ça drôle toi, moi je suis plutôt inquiet. Une chance que tu es aussi juteuse sinon je pense que je ne pourrais pas sortir de là." "Moi je te garderais toute la journée." "Où est donc allé ton sens des responsabilités? Je ne peux pas sortir comme ça, les enfants vont mourir de rire. Où est ton téléphone?" "Je l'ai laissé dans la cuisine. Va le chercher s'il te plaît, je ne peux quand même pas passer toute la journée arrangé comme ça." "Je sais ce qu'il te faut." "C'est un secret d'infirmière ça?" "Non, tu as besoin d'une autre infirmière." "J'ai quand même besoin de ton téléphone." "Laisse-moi parler à Jeannine pour commencer.

"Jeannine, peux-tu venir tout de suite, nous avons besoin de toi." "Ça l'air grave, qu'est-ce qu'il y a? Je suis encore en robe de chambre et les enfants n'ont pas encore terminé leur déjeuner." "Viens tout de suite, je vais m'occuper des enfants. Amène ton téléphone avec toi, veux-tu?" "Pourquoi, tu n'as pas le tien?" "Il est trop loin pour le moment." "Qu'est-ce qu'il y a Danielle?" "Viens, tu verras bien." "J'arrive!"

"Bonjour les enfants, vous allez bien?" "Nous ça va, mais ce qui se passe dans la chambre des maîtres est plutôt étrange et papa n'est même pas venu nous dire bonne nuit hier soir, ce qui n'est pas du tout normal pour lui." "Votre père n'était pas bien du tout hier soir et votre mère dit qu'il a besoin d'une autre infirmière ce matin. Ne vous inquiétez pas, je vais voir ce qui se passe." "Votre mère sera là dans quelques minutes."

"Tu as été bien longue, qu'est-ce qui t'a retenu?" "Tes enfants se questionnent sur ce qui se passe, t'es mieux de te préparer des réponses. Qu'est-ce qui se passe ici maintenant?" "T'es mieux d'être en forme, moi je ne suis pas arrivée à satisfaire notre homme. Je l'ai lavé à l'eau chaude et à l'eau froide, il n'y a rien à faire. Il est toujours monté comme un étalon."

"Wow, as-tu pris quelque chose?"

"Bon, je vous laisse, vous avez moins besoin de moi que les enfants."

"Je n'ai rien pris d'autre qu'une bonne nuit de sommeil."

"À tout à l'heure Danielle. Moi je vais monter cet étalon et voir combien de temps je peux rester sur la monture."

"Tu as sûrement pris quelque chose qui fait grossir, c'est aussi serré qu'au premier jour, ce n'est pas normal." "Je n'ai rien pris que je sache. Jeannine, ne penses-tu pas que c'est assez maintenant, tu as eu au moins vingt orgasmes. Tu vas nous faire mourir tous les deux. Gardes-en un peu pour la prochaine fois, veux-tu?" "Il Faut que j'appelle à l'hôpital, je ne peux pas travailler aujourd'hui." "Ne pense pas que je vais te laisser faire ça toute la journée." "Ce n'est pas ce que je pensais, je ne tiendrais pas sur mes jambes." "Ne va jamais leur dire pourquoi tu n'es pas capable, sinon nous serons la risée du monde entier. Quoique si jamais nous trouvions le secret de ce qui nous arrive, le processus sera en demande sans fin. Je commence à penser que ça peut être dangereux ça, c'est une trop grande concentration de sang au même endroit. Et si je ne pouvais plus jamais avoir d'érection après ça?" "Arrête ça, tu me donnes la frousse." "Tu dois quand même admettre que ce n'est pas normal." "Veux-tu que j'appelle un médecin?" "Non, je vais téléphoner à Raymond, il saura sûrement quoi faire. Appelle tout de suite, veux-tu?"

"Je voudrais parler au directeur s'il vous plaît?" "Bonjour, ici Morin." "Monsieur Morin, c'est Jeannine." "Jeannine, qu'est-ce qui se passe?" "Je ne pourrai pas entrer aujourd'hui, je ne suis pas bien et Jacques non plus." "C'est grave, qu'est-ce qu'il y a?" "Je pense que c'est temporaire, mais nous sommes tous les deux trop faible pour aller travailler et je vous aviserai aussitôt qu'il y aura du nouveau." "Vous ne pouvez pas vous rendre à l'hôpital? Je peux vous envoyer un médecin." "Merci quand même, mais il y en a déjà un en route." "Très bien alors, soigne-toi bien et bonjour." "Bonjour monsieur Morin!"

"Passe-moi cet appareil, veux-tu?"

"Raymond, Jacques ici." "Jacques, je ne suis pas en position pour te parler bien longtemps." "Qu'est-ce qu'il y a Raymond?" "Disons que ma blonde est très heureuse, mais moi je commence à moins aimer ça." "Ne me dis pas que tu es bandé comme cochon?" "Comment le sais-tu? Tu vois à distance maintenant? Ça fait presque cinq heures que ça dure et c'est un peu plus longtemps que je l'aurais souhaité." "Non, j'ai la vue plutôt courte, mais j'ai le même problème de ce côté-ci." "C'est pas vrai, ça serait donc un effet secondaire à notre poudre." "C'est exactement ce que je pense. Il faut trouver l'antidote sans perdre de temps et j'espère que ce n'est pas fini pour nous." "Ce n'est pas facile pour moi de sortir d'ici." "Trouve-toi un cerceau pour mettre en dessous de ton manteau. Trouve aussi une solution et fais ça vite. Moi je vais essayer de rejoindre monsieur Courrois sans perdre de temps pour voir comment ça va de ce côté-là. À tout à l'heure!"

"Est-ce que je peux parler à monsieur Courrois, s'il vous plaît?" "Monsieur Courrois n'est pas encore entré au travail ce matin, je regrette." "Devait-il entrer ce matin?" "Il avait dit qu'il le ferait, mais il n'est pas entrer." "Merci, je vais l'appeler chez lui." "Bienvenu, bonjour!"

"Je voudrais parler à Jean, s'il vous plaît, dite lui que c'est Jacques." "Je vais voir s'il veut vous parler."

"Il y a un homme au téléphone qui dit se nommer Jacques, veux-tu lui parler?" "Jacques, je me demande qui c'est. Je ne suis pas dans un état pour parler à qui que soit sauf à un médecin, peut-être."

"Il ne veut parler qu'à un médecin." "Mais c'est pour ça que j'appelle, je suis médecin, je guéris les malades."

"Il dit qu'il est médecin." "Passe-le-moi d'abord."

"Allô, comment avez-vous su que j'avais besoin d'un médecin?"
"Monsieur Courrois, je suis Jacques Prince, l'auteur des chroniques.
Comment est-ce que vous vous sentez ce matin?" "Je vais bien et même
trop bien. Ma femme a été ravie du miracle, mais moi je commence
à trouver ça un peu long." "De quoi parlez-vous monsieur Courrois?"
"C'est un sujet plutôt délicat et embarrassant." "Parlez-vous d'une
érection hors du commun?" "Comment le sais-tu?" "Parce que j'ai le
même problème. Nous cherchons en ce moment même une solution
au problème. Ne vous en faites pas, on va trouver." "Ça faisait trois
ans que je ne pouvais rien faire et les spécialistes ont même affirmé
que j'étais incurable. Je te dirais que c'est plutôt une agréable surprise,
mais c'est toute une ou toute l'autre. Ça serait bon de trouver un
juste milieu." "Profitez-en le temps que ça dure et que c'est dur, en
attendant nous, nous cherchons. Je vais vous envoyer l'antidote
aussitôt que nous l'aurons trouvé. Pour ce qui est de mes chroniques,
est-ce que je continue?" "Bien sûr que tu continues et ceux qui ne
les aiment pas ne sont pas obligés de les lire. Je vais y ajouter un
avertissement à l'entête pour protéger le journal, c'est tout." "Je vous
rappelle aussitôt que j'ai du nouveau." "Merci Jacques, pour tout."

Il y en avait trois autres qui avaient probablement le même
problème à la prison et il ne nous sera pas facile de faire quoique ce soit
pour eux. Ça sera un travail pour Bernard lors de sa visite coutumière.
Je ferais bien de lui donner un coup de téléphone.

"Bernard, comment vas-tu?" "Je vais bien à part me faire du
souci pour toi. Pourquoi te ferais-tu du souci pour moi?" "Quand
une femme est de mauvaise humeur, j'ai entendu dire que ça pouvait
faire du grabuge." "Il y en a eu un peu, mais ça fait presque quinze
ans qu'elle n'a pas été aussi souriante que ce matin. C'est quand ta
prochaine visite au pénitencier?" "Attends un peu là, je pense que
c'est demain." "J'espère juste qu'il ne sera pas trop tard. J'aurai
probablement une mission pour toi." "Il y a un problème Jacques?"
"Essaye de rejoindre ton frère, il t'expliquera. Il faut que je l'appelle
tout de suite. Excuse-moi, on se parle plus tard."

"Raymond, as-tu pu te rendre au laboratoire?" "Oui, mais mes assistantes trouvent ça plutôt drôle." "As-tu trouvé une solution à notre problème?" "Pas encore, nous cherchons toujours." "J'ai une idée qui pourrait peut-être marcher." "Dis toujours, je commence à me sentir faible sur mes jambes." "Essais une pilule de réveil pour voir." "J'espère que ça marche, ici les rats sont en train de se faire mourir à sauter un après l'autre, les mâles comme les femelles." "Monsieur Courrois a le même problème. Est-ce que tu as de ces pilules?" "Oui, il m'arrive d'en prendre un cachet lorsque je veux terminer une expérience même quand je suis très fatigué. Jacques ça marche, c'est commencé à descendre." "C'est notre antidote. Donnez-en aux rats tout de suite avant qu'ils ne meurent tous. Va aussi chez monsieur Courrois pour le soulager. Moi je vais voir à ce que Jeannine s'occupe de moi. Attends un peu, il pourrait peut-être te reconnaître, il t'a vu hier. Il vaut mieux que tu envoies Bernard, c'est plus sûr. Il est en route pour t'aider."

"Jeannine, peux-tu venir pour une minute?" "Oui Jacques, tu en veux encore?" "Laisse dont faire, ça fera pour aujourd'hui. As-tu des comprimés pour le réveille?" "Ça fait des années que je n'en ai pas pris, il faudra que j'aille voir." "Ne perds pas de temps, veux-tu? Va voir." "J'en ai, mais ils ont passé la datte recommandée, ils ne seront peut-être plus bons à rien." "Quelle est la datte?" "Elle est passée due de deux ans." "Ça ne me fera pas de mal de l'essayer. Wack, il ne goûte pas bon. Ça marche, regarde, ça marche." "Merde! J'avais espéré une autre ronde." "Sibole, es-tu rendue nymfo?" "C'était absolument superbe Jacques, il faudra recommencer ça un de ces jours." "Je ne pense pas moi. Ostifi que ça fait mal. Donne-moi de quoi pour la douleur aussi." "Je reviens dans deux minutes."

Entre temps Bernard est allé chez monsieur Courrois pour le soulager lui aussi.

"Bonjour Madame! Est-ce que monsieur Courrois est à la maison?" "Il est ici, mais il n'est pas vraiment dans une condition pour vous recevoir." "C'est très bien comme ça madame, j'ai amené deux médicaments pour lui. Voici, celui-ci est pour le soulager et celui-là est contre la douleur. Tout devrait entrer dans l'ordre d'ici peu." "Savez-vous ce qui a causé cette réaction monsieur . . . . ?" "Bernard Sinclair madame. Nos scientistes cherchent encore madame. Nous espérons qu'ils trouvent sous peu." "Pouvez-vous nous tenir au courant monsieur? Nous serions intéressés à répéter l'expérience de temps à autres." "Est-ce que monsieur Courrois est du même avis?" "S'il n'en tien qu'à moi, il n'aura pas le choix." "Dois-je comprendre que l'expérience vous a été bénéfique madame?" "C'était juste un rêve devenu réalité monsieur." "Et bien, j'en aviserai les personnes concernées madame. Dites à monsieur Courrois que Jacques le salut et lui souhaite bonne chance." "Je n'y manquerai pas monsieur Sinclair. Merci d'être venu, je suis sûre que Jean va l'apprécier beaucoup."

Bernard est sorti et il a pris le chemin de retour vers le laboratoire.

"Jean, tu dois prendre un comprimé pour te soulager et un autre contre la douleur." "Avant de prendre cette pilule Monique, je veux que tu prennes une photo de moi dans cet état, autrement mon docteur ne voudra jamais me croire. Fais sûr que la datte est bien indiquée." "T'as pas peur qu'on soit accusé de propager de la porno?" "Non, je pourrai toujours prouver que c'est strictement pour une cause médicale. N'oublie surtout pas de me prendre un rendez-vous avec mon docteur." "Je n'y manquerai pas."

"Jacques, tu vas mieux?" "C'est encore douloureux, mais ça va beaucoup mieux." "J'ai eu un entretien assez intéressant avec madame Courrois. Je pense que cette substance pourrait être commercialisée avec un grand succès. Elle a plutôt apprécié l'expérience." "Je te parie que lui ne l'a pas apprécié tout autant. Je te crois, puisque Jeannine a eu la même réaction." "Je suis en route pour le laboratoire, as-tu autre chose pour moi." "Non." "Attends un peu Jacques, il y a quelque chose au radio. Écoute ça.

CHAPITRE 9

'Deux des agresseurs de monsieur Courrois ont été transportés à l'hôpital plus tôt aujourd'hui. Il paraîtrait qu'un des prisonniers a été accusé de viole contre son compagnon de cell. Selon les autorités hospitalières on a dû opérer d'urgence.'

En voilà un qui n'a pas pu attendre jusqu'à demain Jacques." "Il vaudrait mieux faire parvenir l'antidote à la station de police avant qu'une autre personne ne soit violée. Je verrais mal notre chef de police se retrouver dans une telle situation. Je vais demander à Danielle d'aller soulager ceux qui sont à l'hôpital avec l'antidote. Personne ne posera de question à son sujet, elle ne fera que son métier." "Je suis sûr que les prisonniers sont bien gardés." "C'est pourquoi seule une infirmière ou un médecin pourra les approcher. Elle pourra aussi en apprendre un peu plus sur les circonstances qui nous importent. Arrête-toi dans une cabine téléphonique et appel la police et dis-leur seulement ceci et accroche immédiatement après. Et ne traîne pas aux alentours. Ne laisse pas tes empruntes non plus. Dis-leur de leur donner une pilule de réveil, ils comprendront. Je te laisse, j'ai un rendez-vous à deux heures trente et il faut encore que je parle avec Raymond."

"Raymond, à quelle mesure sommes nous capable de produire cette poudre?" "Autant que nous pouvons nous procurer les ingrédients." "Je pense qu'il y aura un marché pour ce produit et pour l'antidote aussi." "Je voudrais faire beaucoup plus d'expériences avant de m'aventurer sur ce chemin-là Jacques." "Je te comprends, fais tout ce qui est nécessaire, il faut que je te laisse maintenant."

Je me suis rendu chez Roger pour le dédommager pour ses précieux services.

"Roger, mon ami, je suis pressé, mais dis-moi combien je te dois, veux-tu?" "On a presque rien fait, c'est à peine si on a travaillé trois heures en tout et partout. Je dirais que six cents dollars suffiront." "Voici le montant qui te revient, mais je ne veux aucun registre. Toi et tes aides ne savez rien de tout ce qui c'est passé." "Deux milles cinq cents, mais c'est beaucoup trop." "La vie d'un homme bon vaut beaucoup plus que ça et nous l'avons sauvé grâce à toi. Il est très possible que nous ayons plusieurs causes semblables dans un future rapproché et je voudrais pouvoir toujours compter sur toi." "En tout temps Jacques, en tous temps." "Pour les records, nous ne sommes que des amis." "C'est compris Jacques, les autres ne savent rien de toi." "À la prochaine."

"Est-ce que je peux parler avec Danielle Prince, s'il vous plaît?" "Elle est en salle d'opération en ce moment, elle est trop occupée monsieur." "Demandez-lui d'appeler son mari aussitôt qu'elle le pourra, s'il vous plaît." "Je lui dirai monsieur. Ça ne sera pas facile, l'hôpital est bondé de journalistes qui veulent en savoir plus long sur ce phénomène étrange. Il nous a fallu faire venir la police pour contrôler la situation et elle aussi en a plein les bras. Je pense qu'ils sortent du centre opératoire maintenant. Le chirurgien va s'adresser à la presse d'une minute à l'autre. Tenez, voici Danielle monsieur." "C'est toi Jacques." "Veux-tu me dire ce qui se passe pour l'amour du ciel?" "On nous a emmené deux prisonniers qui étaient connectés au plus bas niveau. Ça n'a pas été facile, puisque celui de derrière est monté comme un cheval et l'autre, un homme nommé Dumas criait au meurtre. Nous n'avons pas réussi à les endormir, puisque l'anesthésie ne prenait pas sur eux. On a essayé une injection pour faire dégonfler et ça n'a pas marché non plus. Il a donc fallu geler l'enculé, l'<u>analysé</u> et lui faire une incision d'au moins deux pouces pour pouvoir le libérer. Personne n'y comprend quelque chose, ça demeure un mystère pour la médecine." "Tu n'as pas pu lui administrer ce que je t'ai demandé?" "Je n'ai pas pu le faire sans risquer d'être prise, c'était trop risqué." "J'ai bien peur qu'il va s'ouvrir une enquête à n'en plus finir maintenant. Tu ferais bien d'aller leur donner ce médicament à ce cheval avant qu'il n'ait envie de se suicider." "Il n'y a pas de danger, il est menotté et sous bonne garde policière." "Ils en n'ont besoin tous les deux, tu ferais mieux d'y aller avant que les choses dégénèrent encore plus."

Et bien, je me suis dit, ils n'auront probablement plus jamais envie de kidnapper quelqu'un ceux-là. Vaudrait mieux que j'appelle Raymond.

"Raymond, c'est moi. As-tu du nouveau?" "J'ai réussi à calmer les rats qui pour la plupart sont exténués. Il a fallu que je leur administre un médicament contre la douleur et il y en a un qui s'est mangé toutes les parties. Nous n'avons pas pris d'autres risques, nous leur avons fait des museaux. Qu'elle aventure! Je pense que cette substance est surtout favorable aux femmes." "Il faudra demander ça à Dumas, c'est pour ça que j'ai appelé. Est-ce que Bernard est là?" "Oui, je te le passe."

"Jacques, tu veux me parler?" "Oui, je voudrais que tu ailles à l'hôpital rencontrer les prisonniers si tu peux et essayer d'en savoir un peu plus sur leurs intentions. Tu as toujours ta passe pour le pénitencier? Tu pourrais leur faire un petit sermon sur Sodome et Gomorrhe et ce qui a mener à leur destruction. Ils ne peuvent quand même pas dénier leur malheur et leur honte après un tel scandale." "Peux-tu me rappeler où exactement c'est écrit dans la Bible?" "Oui, c'est Lévitique 20, verset treize." "Qu'est-ce qu'on y dit au juste?" "C'est écrit; 'Si un homme couche avec un homme comme on couche avec une femme, ils ont fait tous deux une chose abominable.'

À ne pas oublier qu'il vaut mieux perdre un œil ou une main que de perdre tout son corps." "Jacques, s'il fallait enlever les couilles de tous ceux qui pèchent à cause d'elles nous perdrions quatre-vingt-dix pour cent de la population mondiale et peut-être même plus."

"Concentrons-nous donc sur ceux qui aiment Dieu de tout leur cœur, âme en pensées. Il n'y en aura pas tellement. Il aurait mieux valu pour cet homme qui est en procès présentement pour avoir abusé de sa fille pendant vingt-quatre ans, lui avoir fait sept enfants, qu'il soit castré avant de commettre ces abominables actions. Il aurait mieux valu, non seulement pour lui, mais surtout pour sa fille. Ses couilles ont causé le malheur de combien de personnes? Pense à son épouse qui est mariée à ce monstre depuis plusieurs années. On a beau dire que c'est pour le meilleur et pour le pire, elle n'a jamais cru qu'elle épousait un démon lorsqu'elle a prononcé le; 'Oui je le veux.' Je suis sûr que la mort s'est installée dans ce mariage et que cette mort les sépare. De toutes façons, il est important que tu puisses leur parler le plus tôt possible pour connaître leurs intentions et leurs perceptions de tout ce qui s'est passé." "Je vais faire de mon mieux Jacques, je pars immédiatement."

Je suis allé jeter un coup d'œil sur Jeannine pour voir comment elle se remettait de sa performance de ce matin.

"Comment vas-tu, maniaque sexuelle?" "Ça s'peut-tu que c'était moi qui agisse comme ça? Je n'arrive pas encore à y croire." "Vous m'avez dit un jour que vous n'étiez pas nymphomanes, permets-moi maintenant d'en douter." "Je t'le dis sincèrement, je n'y comprends rien." "Ça va aller, en autant que tu ne t'attendes pas à ce que je performe comme ça à chaque fois." "Qu'est-ce qui a causé cette réaction au juste?" "Je n'en suis pas certain, mais je pense que cela a quelque chose à voir avec la substance avec laquelle nous avons sauvé monsieur Courrois hier après-midi. Tous les hommes qui y ont été exposés ont eu la même réaction. Ils ont un gonflement exagéré du pénis et d'une durée dangereuse, suivie d'une douleur prononcée." "Est-ce que ça fait encore mal?" "Repose-toi, tu en as assez eu pour aujourd'hui, sans parler que l'hôpital a dû composer sans toi et ils sont débordés là-bas. Je te laisse. Essaye de te concentrer sur ton souper, les enfants sont à la veille de revenir de l'école. Les pauvres, ils doivent se demander ce qui se passe ces jours-ci. Il faudra leur donner une sorte d'explication." "Tu as raison Jacques, ils doivent se sentir laissés à eux-mêmes. Je vais faire mon possible pour revenir sur terre. Toi aussi tu leur dois une explication pour hier soir. Ils ont eu bien du mal à comprendre pourquoi tu n'as pas voulu leur parler. C'est la première fois que ça leur arrive." "Oui, je sais, je vais passer la soirée avec eux, ça me fera du bien à moi aussi. Il y a des jours où je voudrais n'avoir qu'eux à m'occuper, mais le destin en a voulu autrement. Aussitôt qu'ils seront revenus de l'école j'irai faire de la course à chien avec eux. Et puis, si tu veux m'accompagner, nous leur donnerons un autre cours de danse après souper. Ils en raffolent tous et j'espère qu'ils en profiteront autant que nous." "Je ne sais pas si mes jambes vont me supporter très longtemps, mais je vais faire mon possible." "Ça sera bon de passer la soirée tous ensemble. Il faut que je te laisse, il y a quelques mises au point à faire pour me libérer. À tout à l'heure."

À l'hôpital les choses étaient plutôt corsées.

"Bonjour monsieur l'agent. Je suis ici pour rencontrer les prisonniers si c'est possible, voici ma passe." "On m'a donné l'ordre de ne laisser personne les approcher." "Vous savez tout comme moi qu'ils ont droit à un conseiller juridique et spirituel, ça ne peut pas leur être refusé." "Il va me falloir contacter le chef avant de vous laisser entrer, monsieur Sinclair. Il me faut une autorisation officielle." "Je vous en prie monsieur l'agent, faites ce que vous avez à faire."

"Chef, il y a un type ici du nom de Bernard Sinclair qui demande à parler avec les deux prisonniers. Il dit aussi que c'est leur droit. Qu'est-ce que je fais?" "Je le connais bien, ça ne peut pas faire de tord. Fais quand même sûr qu'il n'est pas armé et s'il l'est, confisque son arme pour le temps de l'entrevue." "Bien reçu chef."

"Êtes-vous armé monsieur Sinclair?" "Oui et j'ai aussi mon permis de porte d'armes." "Je dois vous retirer votre arme monsieur. Vous le récupérerez à votre sortie." "Je n'ai pas de problème avec ça monsieur l'agent, le voici."

"Bonjour messieurs, est-ce que ça va un peu mieux?" "Qui es-tu toi?" "Mon nom est Bernard Sinclair et je visite les prisonniers depuis plus de quinze ans maintenant et je peux vous dire que je suis apprécié de la plupart. Il y en a beaucoup qui ne croient plus aux prêtres ou en la religion, mais ils ont quand même besoin de parler avec quelqu'un qui sait les écouter. C'est ce que je fais de mieux, écouter. Je vois que vous n'avez pas attendu votre mort pour avoir un aperçu de ce qu'est l'enfer." "Si l'enfer est de la douleur au cul, c'est sûr qu'on y a passé la journée." "Vous savez que selon la parole de Dieu, deux hommes qui font ce qui est permis à un homme avec une femme est une abomination, n'est-ce pas?" "Je n'ai pas voulu de cette infamie, j'ai été violé monsieur."

"Je ne l'ai pas voulu non plus, je ne sais pas par quel procédé j'ai reçu une érection incontrôlable, mais je cherchais seulement un soulagement et je n'ai jamais été homosexuel." "Vous me dites que c'était plus fort que vous?" "C'est ce qu'on dit." "Ça ne sera pas facile à croire pour le plus commun des mortels. Comment expliquez-vous l'accès de l'un sur l'autre? Un homme n'est quand même pas facile à déshabiller?" "Il voulait m'enculer aussi, j'ai juste été plus rapide que lui, c'est tout. J'en suis heureux aussi, parce que là, c'est lui qui a le cul fendu." "Et vous dites que vous n'y êtes pour rien?" "Disons que ce n'était pas notre volonté." "Savez-vous quand tout ça à commencé?" "On s'est fait endormir par, je ne sais pas trop quel procédé et on s'est réveillés bandés comme des cochons. Nous ne savons rien d'autre. C'est un mystère total. Tu parlais de la Bible un peu plus tôt; connais-tu l'auteur des chroniques dans le journal." "Je sais seulement que c'est une personne qui aime à faire connaître la vérité." "Cette vérité comme tu dis, nous amènera la fin du monde." "Si tu as peur de la fin du monde, c'est que tu n'es pas du bon côté, du côté de Dieu. Si vous étiez du bon côté, rien de ce qui vous soit arrivé aujourd'hui ne se serait produit. Ça, c'est quelque chose que vous deviez savoir. Il est écrit qu'il est nécessaire que les scandales arrivent, mais malheur par qui ils arrivent. Voilà, c'est votre malheur. Moi je pense que la honte qui pèse sur vous en ce moment est pire que les années de prison qui vous attendent pour le crime que vous venez juste de commettre. Je peux juste vous dire que si Dieu est avec vous durant ces années qui sont devant vous, la sentence sera cent fois moins pénible et je parle avec expérience. Moi aussi j'ai fait du temps pour une stupidité de ma part. Rappelez-vous que la repentance n'est pas seulement bonne devant Dieu, elle est bonne aussi devant le juge auquel vous devrez faire face dans quelques jours. Je peux vous garantir aussi que votre conduite derrière les barreaux est directement liée à la durée de votre temps. Je ferai de mon mieux pour expliquer au monde que vous n'étiez pas responsable du scandale qui vous afflige, mais pour ce qui est de votre crime je n'y peux rien. Qu'est-ce qui vous a pris au juste? Qu'est-ce vous vouliez accomplir en kidnappant un homme de cette importance?" "Je voulais juste connaître l'identité d'une personne." "Le chroniqueur du journal? Tous ces malheurs ne t'ont pas suffit, tu cherches encore à connaître son identité. Moi je te dis que si tu ne changes pas d'attitude, tu connaîtras d'autres tribulations encore pires que d'avoir le cul fendu. Je dois vous laisser maintenant et rappelez-vous qu'un homme averti en vaut deux. Vous souvenir de ce que je vous ai dit vous sera bénéfique et l'oublier vous sera néfaste, néanmoins c'est votre choix. Bonne chance!" "Où est-ce qu'on peut te rejoindre si nous voulons encore de parler?" "Rappelez-vous juste de mon nom, ça suffira. Tous me connaissent au pénitencier."

"Merci monsieur l'agent." "Voilà ce qui vous appartient monsieur." "Encore merci monsieur, bonjour."

Dans le vestibule de l'hôpital c'était toujours la pagaille et la police s'apprêtait à évacuer tout le monde, ce nid de guêpes en furies que le chef de police pourrait bien se passer. La question était sur toutes les lèvres. 'Qui est-ce qui a bien pu endormir tout ce beau monde et avec quoi?'

J'ai trouvé ça très ironique, moi qui essaye par tous les moyens possibles de réveiller le monde entier concernant la parole de Dieu. Bernard a quand même pu se frayer un chemin et il s'est rendu à son auto pour me contacter.

"Jacques, c'est un monde fou, fou à l'hôpital présentement. Il y beaucoup de monde qui veut savoir qui a endormi ces gens et avec quoi." "Retourne au laboratoire et dis à Raymond de tout faire disparaître ce qui pourrait être compromettant pour un temps. Dis-lui qu'il peut se servir de mon domicile jusqu'à ce que la poussière et la poudre retombent." "Mais pourquoi ne l'appelles-tu pas toi-même." "Parce que sa ligne téléphonique est probablement déjà sous écoutes, nous ne pouvons pas prendre de risque. Je pense que tous les laboratoires seront passés au peigne fin sous peu. Il faudra en créer un autre qui sera clandestin sans pour autant cesser nos recherches. Ne perds pas de temps, il faut que tu y arrives avant qu'il soit trop tard. Fais-lui bien comprendre qu'il ne faut pas lésiner." "Je suis sûr qu'il comprendra." "Jette un coup d'œil tout autour pour faire sûr que l'endroit n'est pas déjà sous surveillance et si c'est le cas, il faut l'éliminer." "J'arrive et je ne vois rien d'anormal, je vais quand même me dépêcher. Y a-t-il autre chose?" "Non, vas-y, nous parlerons plus tard. Bernard, prends charge de la suite des choses, je dois m'occuper des enfants. S'il y a urgence, tu m'appelles, mais si ça peut attendre à dix heures ce soir, tu attends, OK?" "OK, Salut." "Aie, ramasse-moi un journal du jour, s'il te plaît? Salut!"

"Salut les enfants, comment allez-vous?" "Papa, tu es à la maison, qu'est-ce qui se passe?" "Il se passe que vous me manquez beaucoup trop. Qu'est-ce que vous voulez faire jusqu'au souper?" "Des cours de danse!"

"Non, je veux faire de la couse en traîneaux."

"Moi j'ai dessiné une autre moulure, je voudrais aller à l'usine, pour l'expérimenter."

"Moi je veux jouer aux quilles chez ma tante Danielle."

"Papa, tu me dois une revanche au billard." "Et bien, je suis heureux d'avoir autant de choix, mais il faut choisir justement. Je propose donc de faire de la course à chiens et après souper nous aurons des cours de danse pour une heure. Après ça, si vous voulez nous pourrons jouer un bon match de quilles. Après ça, il sera temps pour les plus jeunes d'aller au lit. Je pourrai donc donner à Samuel la revanche qu'il souhaite et terminer avec une petite visite à l'usine avec Jonathan. Que pensez-vous de mon plan?" "C'est parfait comme toujours papa, exception faite, hier soir." "Quoi, vous n'avez pas aimé une journée de congé de votre père?" "Non, j'ai mal dormi, c'était horrible."

"Pour moi aussi c'était horrible."

"Moi je me suis dit que papa avait une raison importante pour ne pas descendre." "Ah, tu dois avoir raison Samuel, tu es comme papa, tu as presque toujours raison."

"Je vais dire comme maman, c'est plate en?" "ain, ain, ain!"

"Ça suffit vous deux. Allons chercher les attelages et les traîneaux. Samuel, veux-tu aller chercher les chiens, s'il te plaît?" "Tout de suite papa, j'y cours."

"Toi Jonathan, veux-tu atteler le tien aussi? Il a sûrement besoin d'exercice." "Oui, je vais le chercher."

"Les voilà ces chiens, ils semblent être encore plus contents que vous les enfants. Il faut partager le poids aussi égale que possible maintenant. Les deux plus jeunes, vous embarquez avec moi. Ça fait, attends un peu, deux cents quinze livres. Jonathan, Jérémie et rené, vous faites deux cents cinq livres. Compte tenu que lorsque je débarque, il y a moins de poids à tirer, cela égalise les chances."

"Toi Samuel et les deux filles vous faites le poids aussi."

"Ça vous semble juste à tous?" "Oui, partons." "Je compte jusqu'à trois et nous partons à deux. Tenez-vous bien, un, deux et trois. C'est parti."

Il va sans dire qu'il y avait des; vas-y, des; va plus vite et des: ils sont en avant. Ce fut néanmoins une très belle course, mais je fus concerné par la performance du chien de Jonathan. Ils ont terminé en troisième place loin derrière alors qu'ils auraient dû en principe demeurer dans la course jusqu'au bout. Samuel et les filles étaient très heureux d'avoir gagné.

"Félicitations mon grand, tu as encore gagné. Il n'y a pas à dire, tu deviens un vrai champion." "Papa, est-ce que c'est parce que ses chiens sont meilleurs qu'on a gagné?" "Samuel a des bons chiens et il sait les contrôler, ce qui est très important. Il y a aussi que ses chiens l'aiment beaucoup et ils donnent tout ce qu'ils ont pour faire plaisir à leur maître. C'est le principal atout pour gagner des courses."

"Pourquoi Jonathan est aussi loin derrière?" "Il peut y avoir quelques raisons. Il n'y a qu'un seul chien qui le connaît et il ne semble pas être en très bonne forme. J'espère juste qu'il ne soit pas malade. Il a semblé ralentir les autres chiens. Je ne pense pas que la course lui a été agréable. Il faudra quand même le féliciter d'avoir participé, même si ce n'est pas son sport favori. Je suis sûr qu'il aura le sourire plus facile lorsque nous jouerons aux quilles."

"Te voilà, tu termines la course malgré tout. Sais-tu ce qui s'est passé?" "Je pense que Rex n'est pas bien, il ralentissait les autres." "Que penses-tu, serait-il malade ou juste en mauvaise forme?" "Je pense qu'il n'est pas bien." "Je vais faire venir le vet pour l'examiner et s'il a besoin de plus d'attention, je vais le référer aux médecins du laboratoire."

"OK, tout le monde, aidons Jonathan à dételer les chiens et à ranger le traîneau. Le souper doit être prêt à l'heure qu'il est. Dépêchons-nous, dernier rendu, dernier servi."

J'ai ramassé les deux plus jeunes dans mes bras et j'ai couru, mais en vain, nous étions quand même les derniers.

"Je m'excuse les jeunes; je n'ai pas réussi à vous faire gagner cette course-ci non plus. J'essayerai de faire mieux la prochaine fois."

"Papa, il t'aurait fallu prendre les petites avant de déclencher le départ, puis entre moi et René il y a trop de différence, il n'avait aucune chance." "Tu as raison Samuel, j'essayerai de répartir les chances d'une meilleure façon la prochaine fois."

"Tout le monde range son linge et ses bottes comme il se doit, votre mère n'est pas votre esclave et moi non plus." "Papa, maman n'est pas encore entrée, ce n'est pas dans ses habitudes." "J'espère que Jeannine a fait à souper pour tout le monde. Allons voir ce qui se passe, elle est peut-être au courant."

"Maman, sais-tu pourquoi ma tante Danielle n'est pas encore entrée?" "Oui, ne vous inquiétez pas, on lui a demandé de faire du temps supplémentaire. J'ai fait une fricassée pour tout le monde et la table est déjà mise."

"Oui!"

"Oui!"

"Oui!"

"Oui, tante Jeannine. C'est toi qui fais la meilleure." "Je l'ai appris de votre père, on ne peut pas se tromper quand on l'écoute."

"C'est un message pour nous ça?" "Est-ce que tu as fait beaucoup de pâtes?" "Il y en a pour tout le monde, du moins je l'espère. De toutes façons, il vaut mieux ne pas trop en manger pour bien dormir. Vous ne voulez pas gonfler comme une grenouille. À qui le tour de dire grâce?" "C'est à papa, il a sauté son tour trop souvent." "Votre père est un homme très occupé. Vous êtes chanceux de l'avoir aujourd'hui. Je suis sûre qu'il avait bien d'autres choses qui auraient pu le retenir."

"Il y a une personne à qui je dois absolument parler plus tard ce soir. Il faudra que je l'appelle aussitôt le souper terminé. Et bien, si c'est mon tour je ne voudrais pas le sauter une autre fois. On ferme les yeux et on fait une prière à Dieu chacun pour soit. Je parlerai dans une minute . . . . Mon Dieu, bénis je te prie les mains de celle qui a préparé ce merveilleux repas et la nourriture que nous nous apprêtons à consommer. Merci pour ce beau temps dont nous passons ensemble et fais qu'il se répercute pour toujours, amen." "Amen!"

"Amen!" "Ça veut dire quoi répercute papa?" "Je voudrais que vous en faites la recherche demain et que vous me le rapportiez demain soir." "Tu veux dire que tu seras encore là demain soir?" "Je vais faire mon grand possible, vous m'avez manqué vous aussi."

"J'en veux d'autre maman, est-ce qu'il y en a encore?" "Qui d'autre en veut? je vais partager ce qui reste entre ceux qui en veulent encore. Toi, toi et toi, vous en aurez une cuillerée chacun. Voilà pour toi et pour toi et . . . . pour toi. C'est tout. J'en ferai encore plus la prochaine fois."

"Bon, moi je vais monter faire quelques appelles et vous, après avoir aidé avec la vaisselle, allez préparer les quilles et je vous rejoins dans quelques dix minutes."

"Viendras-tu jouer avec nous Jeannine?" "Sûr, je viendrai." "Merci pour ce bon repas."

"Merci maman."

"Merci ma tante."

"Merci ma tante." "Bienvenue tout le monde."

"Est-ce que je peux parler à monsieur Courrois, s'il vous plaît?" "Juste une minute monsieur, je vous le passe."

"Allô, Courrois ici." "Monsieur Courrois, j'ai une chose très importante à discuter avec vous et c'est quelque chose dont je ne peux parler au téléphone. Est-ce que je peux vous rencontrer plus tard ce soir?" "Bien sûr Jacques!" "Je suis retenu jusque à-peu-près neuf heures trente, est-ce que ça ira?" "Il n'y a pas de problème Jacques, viens quand tu le pourras." "À plus tard alors!"

"Bernard, je sais que tu dois être fatigué, mais j'ai encore quelque chose à te demander. Est-ce que ça ira?" "Il n'y a pas de problème Jacques, je ferai ce qui est nécessaire. Qu'est-ce que c'est?" "On a demandé à Danielle de faire du temps supplémentaire ce soir et je suis inquiet pour sa sécurité. Surtout ne te fais pas remarquer, mais je voudrais que tu gardes un œil attentif sur elle de l'hôpital à chez nous. Elle connaît ton auto, alors va en louer une qu'elle ne reconnaîtra pas."

Je suis descendu sans perdre de temps, car je ne voulais pas qu'aucun d'eux n'ait le temps de se poser la question à savoir si j'allais vraiment venir.

"Est-ce que les quilles sont prêtes?" "Papa, tu as tenu parole." "Oui, c'est important de le faire."

"Est-ce que les équipes sont formées et avec qui je joue et contre qui?" "C'est le total des points qui compte et tu joues contre ma tante Jeannine, Jérémie, René et moi-même. Jonathan, Isabelle et Mariange sont de ton côté." "Est-ce que vous vous sentez assez fort pour nous?" "On va vous écraser comme des punaises." "C'est bon d'être ambitieux Samuel, mais il ne faut pas vendre la peau du loup avant de l'avoir capturée et si tu penses vraiment que vous êtes trop forts pour nous, c'est peut-être que les équipes ne sont pas assez bien partagées." "Tante

Jeannine pense que c'est équitable, il faudra jouer pour voir." "Moi aussi je le pense, allons-y, c'est parti. Qui est-ce qui commence?" "On commence par faire jouer les plus jeunes." "Alors je joue donc le dernier, c'est bon on commence, j'ai hâte de jouer. Isabelle, c'est à toi de commencer, vas-y ma belle fille. Prends bien ton temps et fais ce que tu peux."

"Ah, ah, un dalot, ça commence bien." "Ne vous moquez pas d'elle, je vous parie qu'on va gagner et que ce sont les points qu'elle marquera qui feront la différence." "Tu paries combien papa?" "Ah, tu veux parier Samuel. OK, si vous gagnez tu vas nettoyer les dépôts des chiens toute la semaine et si nous gagnons, c'est toi Samuel qui le fera et il faut que ça soit bien fait. Qu'est-ce que tu dis de ça?" "Pour qui me prends-tu papa? Si nous gagnons, c'est toi qui nettoieras les dépôts et si vous gagnez, alors là, ce sera moi qui le ferai. Es-tu toujours prêt à parier?" "Plus que jamais mon garçon. J'ai toujours besoin de trouver le moyen de me sauver du temps quelque part et je vois que tu es bien réveillé. Alors ça va comme tu dis."

Samuel se frottait les mains de joie en se félicitant lui-même.

"Je suis d'accord et je vais passer une belle semaine." "La partie n'est pas encore terminée mon garçon."

"Isabelle, c'est à ton tour chérie, fais en tomber des quilles. Youpi, un beau six, félicitations ma fille, on va gagner."

"Jamais, nous avons vingt points d'avance. Vous ne pourrez jamais nous rejoindre." "Attends mon gars, ne paries plus." "Ah, je gagerais n'importe quoi." "Prends mon conseil Samuel, ne paries jamais sur ce que tu ne connais pas."

"Vous les gars vous mettez trop de pression sur la game." "Ne t'en fais pas Jeannine, ce n'est que le fun et cela rend la partie un peu plus excitante."

"Vas-y ma tante, un gros score et nous l'avons gagné." "Je vais aller nous chercher un abat mon gars, laisse-moi faire." "Un trou. Va du côté gauche ma tante, il y a une quille de plus. Oh, non, pas dans le même trou!"

"Papa, nous pouvons gagner si tu fais tomber neuf quilles, vas-y, tu es capable." "Je vais faire de mon mieux, crois-moi." "Sept quilles. Papa il nous en manque deux, il nous les faut. Je t'en prie papa, prends ton temps et une grande respiration." "Ça va Mariange, je suis prêt."

"Il les a eu, il les a eu, nous avons gagné, nous avons gagné."

"Merde, je vais passer la semaine dans la merde." "Ce sont les points d'Isabelle qui nous ont fait gagner. C'est la première fois qu'elle fait tomber des quilles. Elle a gagné ses épaulettes, c'est ma belle Isabelle, elle a gagné ses épaulettes, maluron maluré."

"Félicitations, vous l'avez bien gagner." "Meilleure chance la prochaine fois, mon grand."

"OK, c'est le temps d'aller au lit, Isabelle, Mariange, Jérémie et rené, j'espère que vous vous êtes bien amusés?" "C'était superbe papa, c'est le plus beau jour de ma vie." "Je suis bien content que tu as aimé ça ma petite chouette."

"Moi aussi papa, c'est le plus beau jour de ma vie."

"Moi aussi!"

"Moi aussi!"

"Je vais monter avec vous et vous couvrir pour la nuit."

"Samuel et Jonathan, vous pouvez vous pratiquer au billard en attendant, je ne serai pas long."

"Allons au lit maintenant et faites de beaux rêves. Vous savez que tout ce que vous voyez ici, vous y compris, je l'ai d'abord rêvé." "Tu nous tires le poil des jambes papa." "Tais-toi donc p'tit bonjour, tu n'as même pas de poils encore." "Ah, ah, ah, hi, hi, hi!" "Bonne nuit et dormez bien maintenant, je vous verrai demain si Dieu le veut. N'oubliez pas de Le remercier pour toutes les bonnes choses qu'Il vous donne tous les jours." "Bonne nuit papa, je t'aime beaucoup, je suis sûr que tu es le meilleur des papas au monde." "Je vais faire mon grand possible pour toujours le demeurer, mais si jamais je ne suis pas à la hauteur un jour, il faut me le pardonner." "Tu veux dire, comme hier?" "Comme hier, oui!" "Tu t'es bien rattrapé aujourd'hui papa, bonne nuit, je t'aime." "Bonne nuit mon p'tit trésor."

Il n'y a rien comme la parole d'un enfant pour nous faire réfléchir et même s'il frappe dans le mille on ne peut lui en vouloir le moins du monde.

"Jacques, as-tu une minute?" "J'ai toujours du temps pour toi chérie. Qu'est-ce qu'il y a?" "J'ai juste besoin que tu me prennes dans tes bras pour une minute." "Est-ce que deux minutes feront l'affaire aussi?" "Ça sera juste deux fois mieux." "Je voudrais bien t'emmener au lit, mais j'ai promis aux garçons une partie de billard, il me faut y aller." "Peux-tu me pardonner pour ce matin?" "Je n'ai rien à te pardonner mon amour, mais sache bien que si c'était arrivé à nos débuts, vous m'auriez perdu de vue en moins de temps qu'il en faille pour le dire. J'aurais eu peur de ne pas pouvoir vous satisfaire et c'est ce qui me trotte dans la tête présentement." "Ne crains pas, je ne suis pas une esclave du sexe, j'ai juste été prise par surprise, c'est tout." "Je l'espère Jeannine." "Je veux juste que tu saches que ce n'est pas seulement ton membre qui m'a excité, que si c'était quelqu'un d'autre ce matin, je serais sortie de la chambre à la course. J'en ai vu des hommes dans ma carrière d'infirmière et ça ne m'a jamais fait de plis sur la différence. Il n'y a que par toi dont je suis attirée." "J'en suis heureux, mais il faut que j'y aille maintenant, sinon je recevrai des reproches dont je n'ai pas envie." "Je comprends, vas-y, je t'aime." "Moi aussi je t'aime Jeannine. Ne crois-tu pas que Danielle devrait être entrée à l'heure qu'il est?" "C'est vrai ça, elle est partie depuis une douzaine d'heures déjà." "Veux-tu essayer d'en savoir plus long, je te verrai plus tard."

J'aurais bien voulu continuer cette conversation plus longtemps, sachant très bien qu'elle en avait besoin pour la paix de son cœur, mais on ne peut pas se séparer en quatre, même s'il le faudrait de temps à autres.

"Aie, les gars, vous avez eu une bonne pratique?" "Nous commencions à nous demander si tu allais nous fausser compagnie comme hier soir." "Hier c'était une rare exception, comme vous devez l'admettre et il ne faudrait pas me le reprocher plus qu'il ne le faut, néanmoins je m'en excuse. Vous ne m'avez pas répondu." "Quelle est la question?" "Avez-vous eu une bonne pratique?" "Oui papa, je voudrais te gager une autre semaine à quitte ou double pour les chiens, si tu n'as pas peur de perdre bien entendu." "Mon fils, il y a beaucoup de choses beaucoup plus apeurantes que celle-là, mais toi, te sens-tu prêt à le faire pour deux semaines sans répit?" "Je ne pense pas avoir à craindre pour ça." "Moi je pense que tu devrais réfléchir un peu plus avant de risquer d'être obligé de faire quelque chose que tu détestes. C'est plutôt long deux semaines." "C'est tout réfléchi papa, je prends aussi la chance de ne pas avoir à le faire du tout." "Je t'aurai averti! Pile ou face pour la casse?" "Ce n'est pas la peine, tu peux casser. Je ne veux pas de faveur." "Tu fais peut-être une autre erreur mon gars, j'ai passé les temps libres de mon enfance dans une salle de billard." "Tu veux m'intimider maintenant?" "C'est une tactique souvent employer au jeu et aux sports, mais non, je veux juste que tu sois averti." "Pile ou face papa?" "Je prends pile." "C'est face, c'est donc à moi la casse." "Bonne chance mon gars. Tu n'as pas empoché une seule boule?" "Non, mais la première est bien cachée." "La règle est toujours la même, il faut appeler chaque coup. Alors voilà, la boule numéro un, deux bandes au coin." "Wow, comment t'as fait ça?" "La deux directement au milieu. La trois dans ce coin-là. La quatre dans l'autre coin. La cinq au centre. La six au même centre. La septième au coin de gauche. La huit au coin de droite. La neuf, deux traverses au centre." "Wow papa, tu as nettoyé la table au complet." "C'est beaucoup plus facile de nettoyer la table en cinq minutes que de nettoyer les chiens durant deux semaines. Ça c'est sûr. C'est la marque des champions et avant de parier, il faut toujours bien connaître notre adversaire. On me l'a fait une fois et je ne l'ai jamais oublié. Je me croyais assez bon aussi et j'aimais parier, mais mon adversaire est venu tout prendre ce que j'avais en poche.

Beaucoup plus tard je suis allé en vacance aux États-Unis et je suis entrer dans un bar où il y avait une table de billard et un homme qui attendait une victime. Il m'a demandé pour jouer et j'ai accepté. 'Il n'y a qu'un seul problème,' m'a-t-il dit, 'c'est dix dollars la partie'. Ça me va, je lui ai répondu et il a gagné la casse tout comme Samuel. Il n'a pas réussi à faire tomber une seule boule et il m'a versé trente dollars pour me regarder nettoyer la table trois fois d'affilées. Il a commis la même erreur que Samuel. Il a parié sans vraiment connaître la capacité de son adversaire." "Toi non plus tu ne savais pas de quoi il était capable." "Non mais j'étais prêt à payer pour le savoir. J'ai par la suite cessé complètement tous les jeux principalement à cause des paris. Je pariais au billard, aux quilles, aux cartes, aux fers et même aux lancés du couteau et des clous." "Peux-tu nous enseigner à jouer au billard comme tu le fais?" "Pouvez-vous me promettre de ne jamais prendre l'argent des autres, à part peut-être un peu pour leur donner une leçon?" "Aurons-nous le droit de participer aux tournois?" "J'en ai gagné trois." "Et tu as participé à combien?" "Trois!" "Quelle serait la première leçon pour nous?" "Apprenez à casser pour faire tomber une ou plusieurs boules sur la casse. La deuxième, apprenez à contrôler vos angles et la troisième, pratiquez les traverses. Quand vous serez capable de faire une marque sur la table pour indiquer où la blanche va s'arrêter après votre coup, alors seulement je vous montrerai autre chose." "Pourquoi ne nous as-tu pas montré avant aujourd'hui de quoi tu es capable?" "Premièrement, je voulais avoir du plaisir à jouer avec vous et que vous ayez du plaisir à jouer avec moi et deuxièmement, j'ai encore peur que vous deveniez des joueurs compulsifs, ce qui est très dangereux, surtout lorsqu'on est célèbres. Il est déjà neuf heures et j'ai un rendez-vous très important dans une demi-heure. Je regrette, mais je dois vous quitter maintenant. N'oublie pas Samuel tous les chiens à partir de demain pour quatorze jours." "Wain, elle est moins drôle celle-là." "J'espère que tu ne l'oublieras jamais. Il faut que vous soyez au lit dans trente minutes, je vous laisse."

"Jeannine, as-tu pu savoir ce qui se passe avec Danielle?" "Elle est encore à l'hôpital. Je lui ai parlé, elle est fatiguée, mais autrement elle va bien." "Il faut que je m'absente pour une heure. Tu devrais prendre une bonne nuit de sommeil pour donner à Danielle la chance de se reposer un peu demain."

Je me suis rendu chez Courrois, mais je n'arrivais pas à cesser de me préoccuper pour Danielle. J'avais juste un mauvais pressentiment à son égard.

"Bonsoir madame, je voudrais voir monsieur Courrois, s'il vous plaît?" "Il vous attend monsieur et il m'a demandé de vous faire passer directement dans son bureau où vous y serez plus confortables pour discuter." "Merci madame, c'est très gentil."

"Jacques, quel plaisir de te recevoir." "Tout le plaisir est pour moi, monsieur Courrois." "Qu'est-ce que je peux faire pour toi Jacques?" "Je voudrais que vous me parliez un peu de votre aventure, si ce n'est pas trop pénible?" "Ça n'a pas été facile, j'ai bien pensé y laisser ma vie." "Il n'y a pas eu de demande de rançon, ils voulaient donc autre chose?" "J'ai comme l'impression que tu sais déjà de qui il s'agit, c'est donc ça la raison de ta visite." "Je me suis souvenu de Dumas à notre première entrevue et dès que j'ai su qu'il s'était absenté, j'ai su qu'il pourrait y être pour quelque chose. Le fait que ma chronique fut abolie sans votre approbation venait confirmer mes soupçons sur lui aussi. Il s'y était opposé avec suffisamment de violence." "Si tu n'avais pas agi avec autant de rapidité, je ne serais pas ici pour en parler avec toi présentement. Ils n'avaient pas le choix de m'éliminer pour éviter la prison. Dumas avait déjà donné l'ordre de m'exécuter lorsque vous êtes intervenus." "Il pense probablement avoir la mission de sauver cet empire romain de meurtres et de mensonges et c'est pour ça que la vérité lui déplaît tant. Qu'est-ce qu'il voulait au juste?" "Tu as probablement deviné qu'il voulait connaître ton identité." "Oui, mais pourquoi ne lui avez-vous pas donné?" "J'aurais signé mon arrêt de mort en le faisant et j'en étais complètement conscient. Alors dis-moi Jacques, que puis-je faire pour te remercier?" "C'est justement la raison principale de ma visite. Je me demandais si avec votre influence vous ne pouviez pas faire cesser l'enquête sur ce qui a servi à vous sauver la vie." "Mais dis-moi donc avec quel procédé vous avez réussi ce coup éclatant?" "C'est justement pour ça que nous voudrions faire arrêter l'enquête, pour pouvoir garder le secret. C'est ce qui en fera sa force et nous permettrait de sauver la vie d'autres personnes." "Je comprends, mais mon épouse fera tout en son pouvoir pour s'en procurer, ça je peux te l'assurer." "Qu'est-ce qui s'est passé au juste monsieur Courrois?" "Elle a eu ce qu'elle n'avait pas eu depuis trois ans et qu'elle pensait ne plus jamais connaître." "Mais vous, comment avez-vous vécu ça?" "Moi j'aurais préféré que ça ne dure pas aussi longtemps et que ça fasse un peu moins mal. Par chance quelqu'un nous a amené du soulagement." "Cela venait de mon laboratoire, mais ça aussi doit demeurer secret." "Qu'est-ce que c'est au juste?" "C'est juste un somnifère qui fait effet rapidement." "Mais comment expliquer une érection aussi puissante?" "Nous n'en sommes pas encore certains, mais je pense qu'il cause l'absence totale de toutes les inhibitions, de tout doute, de toute crainte, de tout stress et pour la première fois cela vous permet de performer à cent pour cent. Il y encore beaucoup de tests à effectuer avant de pouvoir le mettre sur le marché et de pouvoir contrôler ses effets surtout secondaires. Une de mes épouses s'est presque fait mourir à me chevaucher ce matin, au point de ne pas pouvoir aller au travail et puis oui, ça fait beaucoup trop mal pour que nous les hommes puissions apprécier ses effets. Pour le moment nous avons peur de nous faire voler l'idée par le gouvernement, c'est pour ça que je vous demande d'intervenir, si vous le pouvez." "Dès demain je vais demander au ministre responsable qui est un ami à moi de faire quelque chose. Il te faudra cependant me procurer ce médicament phénoménal dès qu'il sera disponible et préférablement avant que ma femme se mettre à faire des recherches." "Vous serez le premier, pardon, le deuxième à l'expérimenter de nouveau monsieur Courrois." "Appelle-moi Jean si tu veux Jacques, nous avons tellement de choses en commun maintenant." "Je ferais bien d'entrer avant qu'ils se mettent à s'inquiéter à mon sujet. Si vous réussissez à faire cesser l'enquête, ça serait peut-être une bonne idée d'informer le public afin qu'il cesse de poser des questions." "J'y verrai Jacques, bonsoir." "Bonsoir Jean et merci." "C'est moi qui te dis merci Jacques."

Un autre bonne chose d'accomplie. J'espère que tout va bien avec Danielle maintenant.

"Jeannine, as-tu des nouvelles de Danielle?" "Elle a quitté l'hôpital à dix heures et elle devrait être sur le point d'entrer." "Est-ce que les gars sont montés se coucher?" "Oui, ils sont montés il y a une quinzaine de minutes. Je serai là dans une vingtaine de minutes moi aussi. À tantôt! Attends un peu, il me faut parler avec Bernard. Disons plutôt dans un peu plus d'une demi-heure."

"Bernard, comment vont les choses?" "Pas trop bien j'en ai bien peur. J'ai un peu l'impression d'être mêlé à quelque chose qui ne me regarde pas." "Qu'est-ce qu'il y a Bernard?" "Elle s'est arrêtée au 666 St-Euchetache." "Ça ne sent pas bon du tout et ce n'est pas dans ses habitudes du tout non plus." "Elle a semblé y aller d'elle-même, sans interférence d'aucune sorte." "Est-ce que ça va toi? Veux-tu que je te remplace?" "Non, ça va. Que veux-tu que je fasse?" "Attends seulement qu'elle sorte, on va lui donner jusqu'à onze heures et demi, l'heure normale de la fin du quart de soirée. Garde un œil constant sur cette maison. Je vais mettre Roger sur cette piste demain matin. Je suis en route pour chez moi. Tu m'appelles si c'est nécessaire, sinon je te verrai demain. Il nous faudra prendre quelques dispositions."

Je me suis rendu à la maison pour retrouver Jeannine dans tous ses états.

"Mais pour l'amour du ciel, qu'est-ce qui t'arrive?" "Danielle devrait être entrée depuis plus d'une heure maintenant et elle n'est pas là. J'ai essayé de l'appeler sur son cell, mais elle est partie trop vite ce matin et elle ne l'a pas pris avec elle. Il est encore dans sa cuisine. Je ne me pardonnerai jamais s'il lui soit arrivé quelque chose. C'est de ma faute s'il a fallu qu'elle aille travailler aujourd'hui." "Arrête de te torturer de la sorte, tu n'y es pour rien si elle s'est attardée quelque part sur son chemin de retour. Elle a sûrement une raison valable et elle ne sait pas que nous nous inquiétons pour elle. Elle sera là sous peu, t'en fais pas." "Comment peux-tu le savoir?" "J'ai toujours un mauvais présage lorsqu'il y a danger. Ça ira pour ce soir, demain ça sera autre chose." "J'espère que tu as raison. Je ne pourrai pas dormir tant et aussi longtemps qu'elle ne sera pas entrée." "Moi je vais aller l'attendre dans son lit. Bonne nuit Jeannine."

"La voilà elle, elle va connaître ma façon de penser. Danielle veux-tu venir chez moi, j'ai à te parler?" "Qu'est-ce que tu as? Tu as l'air toute bouleversée." "Ça fait plus de deux heures que tu es partie de l'hôpital et ça prend moins de vingt minutes pour venir ici. Ça fait plus de seize heures que tu es partie de la maison. T'aurais pas pu donner de tes nouvelles?" "J'ai oublié mon cell ce matin." "Je sais, mais il y a d'autres téléphones dont tu peux utiliser." "Je m'excuse, mais j'ai pensé que tu avais besoin de beaucoup de repos, vu que tu étais exténuée ce matin. Rappelle-toi? Tu ne pouvais pas aller au travail." "C'est vrai ça aussi. J'ai essayé de te parler à deux reprises, pourquoi personne ne t'a informer?" "À l'heure où j'ai reçu le message, je croyais que tu dormais, je n'ai pas voulu te réveiller. Tu devrais aller dormir, tu dois aller travailler demain matin, moi j'aurai besoin de dormir. Sais-tu où est Jacques?" "Je crois qu'il est dans ton lit." "Oh non, pas ce soir." "Qu'est-ce qui t'arrive, tu ne veux plus de lui?" "Niaise moé pas, je suis juste trop fatiguée pour répondre à toutes ses questions. Sait-il que j'ai terminé à dix heures? "Oui, il le sait et rappelle-toi qu'il n'y a rien comme la vérité, surtout avec lui." "Je m'en souviendrai, bonne nuit."

"Ce n'est pas la peine de faire attention, je ne dors pas encore. Comment vas-tu?" "Je suis exténuée." "Ça se comprend, tu as presque fait le tour du cadran. Comment se fait-il que tu sois aussi tard? Viens, je vais te donner un massage, ça te fera du bien." "J'ai travaillé jusqu'à dix heures et je suis allée par la suite rencontrer une gentille dame qui voulait en savoir un peu plus sur la vie de disciples." "Comment a-t-elle su que tu l'étais?" "Elle est venue à l'urgence pour un mal de ventre et elle m'a demandé si j'avais reçu cette lettre d'un disciple qui est en circulation. C'est une femme d'une douceur étonnante et je lui ai offert de l'aide dans sa recherche pour devenir un disciple. Son compagnon est très gentil aussi. J'étais un peu inquiète cependant, car j'ai eu l'impression d'être suivie." "La ville de Trois-Rivières n'est pas reconnue pour être dangereuse pour les infirmières, mais ce n'est pas vrai partout au Canada. À Saskatoon on a construit une passerelle d'un hôpital au stationnement parce qu'il y a eu trop d'attaques sur les infirmières à cet endroit." "Et tu sais ça toi?" "Ce n'est jamais mauvais d'être informé tu sais. Est-ce que ça va mieux maintenant? Tu devrais dormir un peu, il est tard. Ce fut une très longue journée pour moi aussi. Bonne nuit chérie." "Bonne nuit, tu es un amour."

CHAPITRE 10

$\mathcal{A}$u matin j'étais déjà sorti lorsque Danielle s'est réveillée. Je suis monté dans mes cartiers pour écrire une petite note et j'ai appelé Roger et Raymond.

"Roger, j'ai un autre petit travail pour toi." "De quoi s'agit-il Jacques?" "J'ai besoin de connaître l'identité des personnes qui demeurent au 666 de la rue St-Euchetache. J'ai aussi envoyé un gros montant anonymement à une œuvre pour la cure du cancer et je me demande s'ils l'ont vraiment reçu. Tu as entendu parler du petit garçon de deux ans atteint de cancer. Il n'y a eu aucune réaction à mon don et je ne pense pas que c'est normal. S'ils sont honnêtes, ils devraient dire au publique qu'ils ont atteint leur objectif. En fait, j'ai envoyé le montant nécessaire au complet, il y a déjà quelques temps. Va fouiller là-dedans mon vieux. Commence par St-Euchetache, ça presse plus."

"Raymond, as-tu du nouveau?" "Nous n'avons pas grand chose encore Jacques. La seule chose encourageante est qu'il ne semble pas y avoir de conséquence grave à utiliser ce produit. Je ne pense pas que l'homme voudra l'utiliser plus d'une fois par semaine, à moins qu'il soit masochiste au boute." "Il y a aussi un effet assez spécial au niveau de l'éjaculation. Le sperme ne sort qu'à la désenflure du pénis. C'est le même principe que chez plusieurs animaux, comme chez le chien par exemple." "Ça pourrait donc être une façon de contrôler la famille dans le sens où l'homme pourrait décider de sortir ou de rester, selon qu'il veut un enfant ou pas." "Je n'y avais pas pensé, mais oui, c'est vrai." "Il y a aussi le risque que plusieurs demeurent prisonniers l'un de l'autre, comme Dumas et son partenaire hier après-midi." "Il y a peu de risque que cela arrive chez les couples hétérosexuels, mais ça peut arriver." "Il y a sûrement un risque chez les jeunes filles qui ne devraient pas encore jouer à ce jeu. Il faudra quand même bien préciser les conséquences pour chacun. As-tu pu mettre au point une formule de réveil? Je pense qu'il serait bon de faire d'une pierre deux coups, c'est-à-dire de créer un bâtonnet ou un tube quelconque auquel on pourrait aspirer le somnifère d'un bout et le réveil de l'autre. L'homme pourrait décider lui-même de la durée de son érection. Je peux voir qu'il y aura des millions de gars qui voudraient l'expérimenter se croyant de petite taille. Le prix sera déterminé selon les bouffées que le tube contient et figuré, disons à quinze dollars la bouffée. Je le limiterais à douze bouffées. C'est le prix approximatif de la viagree, mais plusieurs fois plus efficace." "Tu es sérieux quand tu dis vouloir le mettre en marché." "Raymond, pense à tous ceux qui sont impuissants et qui seraient partiellement guéris du jour au lendemain." "Ce n'est pas certain que ça réveillera les impuissants." "La preuve en est déjà faite Raymond." "Non, pas toi Jacques?" "Non Raymond, ce n'est pas moi, désolé de te décevoir, mais c'est quelqu'un qui était impuissant depuis trois ans et sa femme attend après nous pour renouveler la prescription. Il te faudra faire vite, on a besoin de toi en Afrique pour un court séjour aussi. Il te faudra recruter un autre médecin pour te remplacer, tu es devenu indispensable au laboratoire. Je pensais que tu devais t'installer chez moi pour continuer les expériences en sécurité." "Je me suis installé chez toi dans un sens, je me suis installé chez Bernard. J'ai pensé comme ça être en sécurité tout en vous laissant votre intimité et Bernard m'est d'un grand secours." "C'est une bonne idée Raymond. J'ai bien peur cependant qu'il nous faudra se servir de cette poudre une autre fois avant qu'elle soit complètement au point. Il y a un couple douteux qui s'est approché dangereusement de Danielle pas plus tard qu'hier soir." "Alors il faut que je dorme tout de suite pour être immunisé dans les prochaines vingt-quatre heures." "Tous comptes faits, c'est peut-être nous qui en aurons le plus besoin. Si mes doutes s'avèrent fondés, il va me falloir envisager m'exiler pour un temps avec ma famille et ça ne sera pas facile." "Moi je pense qu'on s'est débarrassé de Dumas et de son équipe assez facilement." "Tu oublies que Courrois aurait pu y laisser sa vie." "Il faut quand même admettre que nous en sommes sortis gagnants et tant que la chance sera de notre côté, c'est un signe que le ciel nous est favorable." "Tu as raison, mais il nous faut ne jamais ignorer les signes avant-coureurs ni négliger les moindres doutes. Va dormir Raymond, parce que c'est certain qu'il nous faudra endormir ce couple avant la fin du jour. N'oublie pas la solution du réveil. OK, tu m'appelles dès ton réveil pour les prochaines instructions." "Je n'y manquerai pas Jacques, à tantôt."

"Bonjour madame. Permettez-moi de me présenter, mon nom est Roger Parenteau et je travail pour le conseil de ville. C'est notre coutume ici en ville de rendre visite aux nouveaux arrivants, question de leur souhaiter la bienvenue." "Entrez monsieur et faites comme chez vous. Je vous présente le père Charles Grégoire et je suis sœur Henri-Paul Toupin." "Un abbé et une religieuse qui prennent logement ensemble? Pardonnez-moi, mais ça fait quand même curieux, ne pensez-vous pas?" "Nous sommes de passage et nous sommes en mission spéciale." "Pardonnez-moi encore une fois, mais si vous êtes de passage, pourquoi prendre un logement au lieu d'une chambre d'hôtel?" "C'est que la mission pourrait durer plusieurs mois et que le loyer tout meublé revient au tiers du prix de l'hôtel et qu'ici nous n'avons pas besoin de signer de registre." "Vous semblez ne pas vouloir laisser de trace. Ça aussi c'est un peu curieux, ne pensez-vous pas?" "Pensez-y un instant, un prêtre et une religieuse dans une chambre d'hôtel et qui signe un registre. Nous ne voulons quand même pas scandaliser tous les chrétiens de la terre." "Pouvez-vous me parler de cette mission?" "Êtes-vous sûr que vous travaillez pour la ville et non pas pour la police?" "Vous savez, c'est un peu la même chose, les deux veulent savoir si un mafioso s'est installé dans notre ville. La police a besoin d'un mandat et moi pas. Vous admettrez quand même que votre situation est un peu ambiguë." "Écoutez monsieur Parenteau, nous ne causons de problème à personne, nous cherchons des informations pour notre vie personnelle, c'est tout." "Peut-être que je pourrais vous aider à trouver, je connais beaucoup de personnes dans cette ville." "Connaissez-vous l'auteur des chroniques du disciple de Jésus?" "Non, je ne le connais pas, mais laissez-moi vous dire que le dernier qui a cherché à le savoir a le feu au derrière et il est derrière les barreaux." "C'est peut-être là qu'il nous faudrait commencer les recherches." "Je serais très prudent à votre place, c'est un terrain très glissant. Et bien, je vous souhaite donc bonne chance et bon séjour en dedans de nos limites. Je devrai faire un rapport comme il se doit, mais je ne pense pas qu'il y aura de problème. Bienvenue, ma sœur, monsieur l'abbé." "Merci monsieur Parenteau, au plaisir de vous revoir."

"Je pense que cet homme est également un disciple de Jésus." "Qu'est-ce qui te permet de dire une telle chose?" "S'il était catholique, il m'aurait appelé père, mais il a choisi de m'appeler monsieur l'abbé." "C'est une très bonne observation Charles. Moi je ne suis pas absolument certaine qu'il travaille vraiment pour la ville."

"Jacques, c'est moi. Le couple en question cherche le disciple de Jésus, l'auteur des chroniques du journal et ce sont un prêtre et une religieuse, mais ils me semblent complètement inoffensifs." "Je te remercie Roger, tu peux t'occuper de l'autre cas maintenant? C'est tout ce qu'il me faut pour celui-ci. As-tu besoin d'argent pour tes dépenses?" "Non, je te verrai quand ça sera terminé, merci quand même."

"Bernard, désolé de te réveiller mon vieux, mais nous avons sur les bras un autre cas de personnes qui ont besoin de sommeil." "Le couple d'hier soir?" "Exactement, ce sont un prêtre et une religieuse qui me cherchent." "C'est donc évident." "Raymond est déjà au courant et il est présentement en train de s'immuniser. J'ai écrit une petite note dont le couple pourra lire à son réveil. Il te faudra venir la chercher." "Qu'est-ce qu'on fait d'eux?" "Je n'y ai pas encore réfléchi." "Nous pourrions peut-être les emmener chez toi pendant qu'ils dorment et les interroger à leur réveil." "Ça ressemble trop à du kidnapping, c'est risqué et illégal." "Et les endormir, ça ne l'est pas?" "Quand as-tu entendu dire que c'est illégal pour un médecin d'endormir un malade?" "Tu as bien raison encore, qu'est-ce qu'on fait d'abord?" "J'ai encore deux heures pour y réfléchir, en attendant tu pourras retourner la voiture louée, tu n'en auras plus besoin. Après ça, tu devrais te rendre chez Raymond pour voir si tout se déroule bien dans son cas. Il ne faut pas oublier qu'on en est seulement qu'au stage expérimental. Quand tout ça sera terminé, tu auras un autre voyage à faire en Afrique. C'est pour quand au juste; j'ai commencé à faire des plans avec Pauline." "Tiens, tu t'es finalement décidé à bouger?" "Je pense qu'elle me fera une bonne compagne." "Je le pense aussi. On en reparlera plus tard, va chez ton frère maintenant."

Je suis descendu pour voir si Danielle dormait toujours.

"Vas-tu dormir toute la journée ou venir me préparer le déjeuner? Non attends, j'ai une meilleure idée, tu me dis ce que tu veux et je vais aller te le préparer, que dis-tu de ça?" "Je dis que c'est une merveilleuse idée. Il n'est pas dix heures passées?" "Oui, ma chouette, il est dix heures dix." "Et les enfants, qu'ont-ils fait?" "Les plus vieux ont donné à déjeuner à tout le monde et ils sont allés à l'école et les plus jeunes à la garderie. Tout le monde est bien." "Et toi, tu n'as pas encore déjeuné à cette heure-ci?" "Toi non plus à ce que je sache." "Moi je suis encore au lit." "Quelle disgrâce! Veux-tu être servie au lit?" "Non, si tu veux, va me faire tes crêpes avec ton sirop de poteau, ça fait un bon bout de temps que je n'en ai pas mangé." "Tout de suite chérie, je t'appelle quand c'est prêt." "Tu es un amour." "À tout à l'heure."

Ça faisait un bon bout de temps que je n'en avais pas mangé moi aussi. Dommage que les enfants ne soient pas là, ils en raffolent eux aussi. Si nous les écoutions nous en ferions à tous les deux jours.

"Tu viens Danielle, j'en ai fait un gros paquet, tu n'auras qu'à les faire réchauffer pour les enfants demain matin." "Ils vont être fous de joie, ils seront debout de bonne heure. Oh, qu'elles sont belles, tu les as bien réussi." "Oui, il n'y avait personne aux alentours pour attirer mon attention ailleurs." "C'est vrai que la maison est grande et silencieuse quand les enfants ne sont pas là. Oh, qu'elles sont sucrées, je ne suis plus capable, deux me suffisent." "Tu as encore peur de perdre ta taille de jeune fille." "Ça fait longtemps que je l'ai perdue." "Fais-moi rire, tu ne pèses que dix livres de plus que le soir de notre rencontre." "Notre rencontre, le temps passe tellement vite, seize ans déjà." "Tu ne le regrettes toujours pas?" "Regretter quoi, le grand bonheur?" "Je te dirai Jacques que je ne regrette qu'une seule chose." "Ah oui, c'est quoi?" "Je regrette qu'il n'y ait pas plus de personnes qui comprennent notre amitié et notre situation maritale." "C'est curieux d'un autre côté qu'ils comprennent facilement toute la fornication et les adultères qui se passent dans le monde." "C'est un drôle de monde en effet." "Ce couple dont tu parlais hier soir chérie, t'ont-ils dit qui ils étaient?" "Pas vraiment, ils disent juste qu'ils veuillent connaître la vérité. Je leur ai montré plusieurs versets dans la Bible qui ont semblé les surprendre." "Tu ne penses pas avoir été imprudente de t'aventurer comme ça dans la nuit chez des étrangers?" "Cette dame est tellement gentille et avec tous les trucs que tu m'as montrés, tu sais je peux me défendre." "Je voudrais en être convaincu. Es-tu assez en forme pour venir en bas sur le tapis et me montrer si tu peux te défendre contre moi." "Tu sais très bien que je n'ai aucune chance contre toi." "Viens quand même, je ne me servirai pas de mes arts. Je ferai plutôt comme si j'étais un homme ordinaire." "OK, allons-y."

"Je veux savoir où se cache ce soi-disant disciple qui écrit ces chroniques dans le journal." "Est-ce que cette arme est chargée?" "Personne ne te dira qu'elle ne l'est pas. Tu me dis où il se cache ou je te fais sauter la cervelle?" "Si je te le dis, tu vas le faire quand même, aussi bien me taire." "Mais avant de te tuer, je vais te violer et t'arracher les yeux très lentement et tu ne pourras même pas crier, je te mettrai du ruban gommé sur la gueule." "Où as-tu appris à être aussi méchant?" "Il faut c'qui faut, tu vas finir par me le dire avant de mourir. Couche-toi là tout de suite, je veux ton cul avant que tu sois défigurée." "Tu ne veux pas un strip-tease, quant à y être?" "C'est une très bonne idée, laisse-moi mettre de la musique. Tu fais bien ça, c'est ton deuxième métier?" "Mon mari adore ça." "Qui pourrait le blâmer, tu es une beauté?" "Ça te plaît?" "Tu vas y goûter encore plus que je ne l'avais imaginé. C'en ait assez, étends-toi là maintenant et n'essayes rien qui me forcerait à te flamber la tête. Je n'aime pas le sexe avec une morte, même jolie. Han, han, tu es pressée de mourir? Tu essayes ça une autre fois et tu es morte." "J'aime mieux mourir que de coucher avec un bandit de ton espèce." "Ça ma belle, je m'en fous totalement. Assez parler maintenant, étends-toi là et n'oublie pas que j'ai la gâchette facile. Tu es encore plus belle que je me l'imaginais. Tu vas soulager mes désirs maintenant, puisque tu n'as pas réussi à me désarmer. Tu as l'air passablement excité toi-même là, je vois quelques écoulements." "Mon mari va te le faire payer très cher, salauds." "Pour ça il faudra qu'il me trouve avant que je le trouve. De toutes façons, je suis gagnant, puisque j'ai sa femme. Ferme ta gueule, c'est moi qui commande ici et tourne-toi, tu seras moins dangereuse comme ça avec mon pistolet derrière la nuque. Tu pourras crier tant que tu voudras, personne ne peut t'entendre ici." "Oh que c'est bon, donne-moi encore, c'est encore meilleur qu'hier. N'arrêtes pas, pas tout de suite, c'est trop bon." "J'en peux plus. Tu viens de te faire violer pour la première fois." "C'était superbement bon Jacques, il y avait quelque chose de super excitant dans tout ça." "Quoi, se faire violer par un étranger à la pointe d'un pistolet?" "Ne sois pas ridicule, il ne m'aurait jamais eu vivante, tu peux me croire." "Moi non plus je ne pourrai plus si tu es morte. À partir de ce jour, Jeannine et toi vous aurez toujours une cigarette de secours dans votre bourse. Comme ça, vous pourrez endormir votre agresseur si cela devenait nécessaire. Nous aurons au moins trois heures pour vous sortir du pétrin et capturer l'ennemi. Vous allez aussi porter un émetteur pour m'indiquer l'endroit où vous êtes en tout temps. Personne ne se doutera de ça et je serai plus tranquille." "Pauvre toi, tu t'inquiètes toujours pour nous tous, n'est-ce pas?" "Chérie, malheureusement la menace est présente et constante. Les démons cherchent à détruire la vérité par tous les moyens et ils sont de plus en plus près de nous. Il faudra peut-être même s'éloigner d'ici pour un temps." "Ça ne sera pas facile, surtout pour les enfants et pour moi aussi. Cette demeure est un paradis pour nous tous." "J'ai construit sa jumelle aux Antilles." "Tu n'es pas sérieux?" "Sûr que je le suis, je l'ai loué à monsieur Charron qui s'y plaît énormément, mais qui est prêt à changer en tout temps s'il le faut. Il y est déjà depuis douze ans." "Je me demandais ce qu'il était advenu de lui." "Nous avons toujours gardé contact et il n'a pas oublié les milliards qu'il a gagné avec mes inventions. J'aurais pu me passer de lui après la troisième, mais je ne l'ai pas fait et il m'en a toujours été reconnaissant." "Tu as toujours tout partagé avec tous. Tous ceux qui te courtisent se portent bien. Quand je pense à Bernard et à Raymond, c'est incroyable ce qu'ils sont devenus à cause de toi." "Ils me l'ont bien rendu et encore aujourd'hui ils sont des plus dévoués et ça même s'ils n'ont plus besoin de travail ni d'argent." "Que dire de Samuel qui est plusieurs fois millionnaires avant même l'âge de quatorze ans?" "Il l'a bien gagné, comme tu sais, c'est le fruit de ses idées. Il n'a pas fini de s'enrichir. Les casques et les bottes Samuel se vendent comme des petits pains chauds." "J'espère juste qu'il soit aussi généreux que toi." "Il l'est chérie." "Qu'est-ce qui te fait dire ça?" "J'ai envoyé quatre cents milles, il y a quelques jours pour qu'un enfant de deux ans ait la chance de recevoir des traitements contre le cancer et Samuel en a versé la moitié, puis c'était son initiative. Je dois cependant faire enquêter la chose, puisqu'il n'y a pas eu de réaction ni dans un sens ni dans l'autre. J'ai bien peur que ce soit une fraude. Je devrais en avoir le cœur net sous peu. IL est presque midi, il faut que je parle aux deux frères. Es-tu remise de ton viol?" "Ce n'était pas un viol, puisque j'étais complètement consentante." "Tu as raison, mais quoi qu'il en soit, tu ne pouvais pas t'en sortir toute seule. Je te conseille donc d'être plus prudente à l'avenir et ça avant que notre scène ne devienne une réalité." "Tu viens avec moi, je vais sauter dans la baignoire?" "Je te suis, fais-le couler, veux-tu?"

Oh mon Dieu. "Bernard, tu m'as appelé?" "Pourquoi ne réponds-tu pas au téléphone?" "Moi et Danielle étions au sous-sol et le téléphone était demeuré dans la cuisine." "Ça fait plus d'une heure que j'essaye de te rejoindre." "Je m'excuse mon vieux, mais c'était important aussi que je puisse montrer à Danielle comment se sortir d'une situation malencontreuse. Je veux qu'elle comprenne qu'elle ne peut plus commettre d'autres imprudences comme hier soir." "Qu'est-ce qu'on fait avec ce couple maintenant, le temps passe?" "Envoie Raymond souffler la poudre à leur logis et toi tu leur payeras une visite quatre heures plus tard." "Pourquoi quatre heures?" "Je pense qu'ils seront enlacés d'une façon un peu honteuse, si tu comprends bien ce que je veux dire. En attendant tu te postes près de cette maison dans un endroit discret. Au lieu de venir chercher cette note que je leur ai écrite, type-la toi-même. Tu écriras: 'Vous me chercher, je vous ai trouvé.' Et rien d'autre. Mets la note près du téléphone et ne laisse tes empruntes nulle part. Tu as bien compris que c'est Raymond qui déposera cette note lors de sa visite?" "Oui, j'avais compris." "Dis à Raymond de m'appeler quand ça sera fait et toi tiens-moi au courant de tous les faits." "OK Jacques, je te parlerai plus tard."

"Tu as été bien long, j'ai cru t'entendre dire que tu me suivais dans le bain." "Je m'excuse, mais j'ai dû faire un téléphone important." "Viens, je vais te savonner." "Tu ferais ça pour moi, après ce que je t'ai fait endurer au bout d'un revolver?" "Ça doit vouloir dire que j'en veux encore." "J'ai bien aimé ton strip-tease aussi, surtout avec cette musique qui était des plus appropriées." "Tu avais l'air d'un vrai criminel, si je ne t'avais pas connu j'aurais probablement eu très peur." "Souviens-toi de ça avant d'entrer de nouveau dans une maison inconnue. Je ne voudrais pas te ramasser avec les yeux arrachés." "Je pense que tu te fais trop de peurs." "Non, chérie, n'importe quoi mais pas ça. Tu ferais mieux de prendre tous mes avertissements et mes conseils au sérieux. J'ai dépensé plus de deux milliards pour notre sécurité et tu penses que c'est parce que je me fais des peurs, es-tu sérieuse? On dirait que tu n'y croiras pas tant et aussi longtemps que tu n'auras pas connu un malheur? Danielle, j'ai fait avorter plus de vingt attaques jusqu'à présent et ce n'est pas parce que je n'en ai pas parlé qu'il n'y a pas de danger. Même ta famille et la famille de Jeannine sont sous ma protection continuellement." "Pourquoi ne nous en as-tu pas parlé?" "J'ai toujours voulu votre bonheur et je ne voulais pas que vous viviez dans la crainte constamment, mais ton attitude me force à faire autrement aujourd'hui. C'est dommage, parce que j'aurais voulu t'éviter ça." "Je te demande pardon, je n'avais aucune idée que c'était comme ça, du moins, que c'était aussi pire." "Si nous n'avions pas l'argent que nous avons, nous serions morts et enterrés depuis plus de douze ans. C'est Dieu qui nous a permis tout ça. Je croyais que tu avais compris tout ça la première année, mais je vois que ce n'est pas le cas. Vous construire un hôpital serait moins dispendieux pour nous que de continuer comme vous l'êtes et moins inquiétant pour moi. Vous me coûtez plus cher en sécurité que vous gagner toutes les deux. J'aurais préféré et de loin que vous restiez à la maison avec les enfants, mais j'ai voulu vous laisser le libre choix." "Mais à quel prix?" "L'hôpital avait grandement besoin de vous aussi." "Je t'ai causé beaucoup de soucis, n'est-ce pas?" "Laisse-moi te dire que tu en vaux la peine." "Il n'est pas nécessaire que je te cause tant de soucis. Tu vas le construire ce nouvel hôpital?" "Il est déjà commencé et il contiendra tout ce qu'il y a de plus moderne, mais je compte sur toi pour scruter au peigne très, très fin tous ceux qui viendront y travailler. Je compte aussi sur toi pour toujours encourager Jeannine et les enfants à la prudence. Je suis fatigué de passer pour un paranoïaque. Il vaudrait mieux sortir d'ici avant que les enfants n'entrent de l'école. Jeannine a été superbe hier. Elle a fait le souper pour tout le monde." "Elle est formidable, n'est-ce pas?" "Vous êtes toutes les deux formidables et je ne l'aime pas plus que je t'aime ni moins, c'est ce que vous vouliez et c'est ce que vous avez obtenu. C'est la vérité." "Je te crois mon amour." "Sors, je vais t'essuyer." "Comment fais-tu pour demeurer aussi charmant en toutes circonstances?" "Je demeure moi-même, aussi naturel que possible. Oh, il y a des jours où je piquerais une crise, mais la présence de Dieu m'en empêche. Je Lui en suis très reconnaissant." "Tu L'aimes vraiment de tout ton cœur, n'est-ce pas?" "Lui m'aime encore plus, pense à ce qu'Il fait pour nous." "C'est vrai qu'Il est Tout-Puissant." "Tu dis vrai Danielle. Veux-tu que je t'aide à préparer le souper?" "C'est comme tu veux, mais si tu as mieux à faire je comprendrai." "Il y aurait bien quelques coups de téléphone à faire, mais ça peut attendre à plus tard, après le souper. Que veux-tu faire?" "Je ferai un spaghetti à la viande avec des patates pilées, ils aiment tous ça et toi aussi." "Toi Danielle, qu'est-ce que tu aimerais manger?" "Je te le dirai demain soir sur l'oreiller." "C'est vrai, c'est le tour de Jeannine ce soir." "Moi je suis sérieux, je veux savoir ce que tu aimerais manger?" "Ce n'est pas la peine d'en parler, il n'y en a pas à la maison." "Et c'est quoi ça?" "Des crevettes!" "Tu te trompes, j'en ai chez moi. Je vais finir d'éplucher les patates et je vais monter t'en chercher. Voilà, il ne reste qu'à les mettre au feu." "C'est ton téléphone, prends quand même le temps de répondre."

"Allô!" "Jacques, il y a un problème." "Qu'est-ce que c'est Bernard?" "L'ambulance vient tout juste de partir d'ici avec notre couple pour l'hôpital. As-tu une idée de ce qui s'est passé?" "Ils sont peut-être restés pris et ne savent pas comment s'en sortir. Merde, c'est dommage qu'on ait pas pu prendre une photo de ça, nous aurions de quoi les faire taire pour longtemps." "Tu dois avoir raison, ils sont tous les deux sur la même civière." "On aura un scandale sur les bras chaque fois qu'on se servira de cette poudre." "On pourra l'appeler: 'La Scandaleuse.'" "C'est un bon nom, ne l'oublie pas." "Qu'est-ce qu'on fait maintenant?" "Va voir s'il n'y a rien qui nous compromet dans la maison et sors sans rien toucher, si tu peux. Si la note est encore là, ramasse-là, elle a déjà fait son travail. Pour le reste, il faut attendre la suite des choses. Comment est Raymond?" "Il a dit qu'il se sent très bien comme la première fois qu'il s'est fait endormir, seulement que cette fois-ci il n'a pas tardé à prendre la solution du réveil." "Sa compagne n'en a pas profité?" "Il n'a rien dit." "Ne restez pas dans ces alentours, attendez mon appel et faites de même si vous avez du nouveau, dix quatre."

Ping, Pong. "Danielle, Il y a un couple ici en très mauvaise posture et qui te réclame d'urgence et ils disent aussi qu'ils ne parleront à personne d'autre qu'à toi. Tu es la seule personne qu'ils disent connaître et en qui ils peuvent avoir confiance." "Mais Jeannine, nous sommes en plein milieu du repas." "Je t'assure qu'ils ont besoin d'aide plus que quiconque en ce moment. Ils n'ont même pas d'identité ou même une carte d'assurance maladie. Je te le dis, ils réclament ton aide immédiate." "Donne-moi une minute, je vais consulter Jacques."

"Jacques, on me réclame d'urgence à l'hôpital, qu'est-ce que je dois faire?" "C'est une première, ça ne t'est jamais arrivé, c'est plutôt curieux, non?" "Essaye de savoir qui c'est, sinon tu ne bouges pas d'ici." "Jeannine, dis-leur que je ne bougerai pas tant que je ne saurai pas qui ils sont." "D'accord, attends sur la ligne je reviens. Danielle, ils ne veulent pas dire leurs noms, ils disent seulement être les gens du 666 St-Euchetache. C'est bien le numéro de la bête ça, non?" "Est-elle gentille et jolie?" "Elle a plutôt l'air d'une folle présentement." "Qu'est-ce qu'ils ont?" "Il est pris en elle et une injection habituelle n'a rien donné." "Dis-lui que je viendrai, mais que je ne serai pas seule. Je serai là dans environs trente minutes. S'ils souffrent trop, donne leur un calmant et mets le sur mon compte."

"Ce sont les gens que j'ai rencontré hier soir. Y es-tu pour quelque chose?" "Mon système de sécurité est toujours à l'œuvre quoi qu'il arrive. Qu'est-ce qu'ils ont au juste?" "Ils sont cross bande comme des chiens et ça ne me plaît pas du tout." "Moi non plus, mais je ne suis pas responsable de leurs actions. Tu veux y aller, je vais demander à Bernard de t'accompagner. Il va t'attendre dans le vestibule et si tu as besoin d'assistance, il fera le nécessaire. Je te préviens qu'il a besoin de leur parler avant même que tu les libères et je veux que tu l'introduises.

Peux-tu faire ça? Si je me suis trompé je ferai l'impossible pour réparer, sinon ils se souviendront longtemps de leur aventure." "Je ferai ce qui est nécessaire, mais moi je leur fais confiance." "Je souhaite juste que tu aies raison, je ne souhaite jamais rencontrer l'ennemi." "Je le sais bien, mais quand même, tu y vas un peu fort." "On verra bien. Assez discuté maintenant, je suis sûr que tu es attendue avec impatience. As-tu ce qu'il faut pour le réveil?" "Oui, je l'ai." "Sois très discrète, OK? Je vais m'occuper des enfants et du reste, ne t'inquiète pas. Vas-y maintenant."

"Continuez à manger les enfants, je reviens tout de suite."

"Bernard, où es-tu présentement?" "Je suis dans un restaurant de deuxième ordre avec Raymond, attendant tes instructions." "Qu'as-tu trouvé dans cette maison?" "Juste la note qu'on y avait laissé." "Il y avait-il des vêtements?" "Bien sûr, tous les vêtements de l'homme et les petites culottes de la dame sont demeurés sur place." "Il faudra faire quelques recommandations aux ambulanciers." "D'après ce que j'ai pu voir ils ont recouvert le couple avec une couverture de lit." "Alors ne perds pas de temps et retournes-y, puis mets tout le linge dans un sac et va attendre Danielle dans le vestibule de l'hôpital. Continue de parler et rends toi dans ton auto. Laisse Raymond s'occuper de la facture. Danielle va t'introduire au couple avant même qu'il soit libéré et arrange toi pour les photographier discrètement, ça pourrait nous être très utile. Tu leur donneras leurs vêtements en leur offrant ton aide." "Je suis arrivé à la maison." "C'est bon, mais ne m'interromps plus, nous n'avons pas le temps. Avec l'aide et les recommandations de Danielle tu gagneras leur confiance, alors tu vas les prendre dans ton auto et leur faire faire un grand tour de voiture avec les yeux cochons, avant de les emmener chez moi." "C'est quoi ça?" "Les yeux bandés. Tu leur expliqueras que personne ne peut voir où ils vont pour une question de sécurité. Je vais surveiller ton arrivée et t'ouvrir la barrière et la porte du garage. Je ne veux même pas que Danielle sache qu'ils sont ici, pas maintenant de toutes façons. De là, tu les feras monter chez moi. En aucun cas ils ne doivent me voir. Je procéderai à l'interrogatoire quand ils seront enfermés dans la chambre d'invités. Je vais les garder en observation quelques jours et après ça nous verrons. Il faut que tu arrives à l'hôpital avant Danielle, sinon elle voudra procéder sans toi et ça ne serait pas bon du tout. Je te laisse maintenant, tu as toutes les directions. Tu connais mon numéro, s'il y a un problème. Des questions?" "Non, j'arrive à l'hôpital à l'instant." "À plus tard!"

"Danielle, es-tu rendue?" "Non, je suis poignée dans le trafic, c'est l'heure de pointe. Ces deux-là doivent vivre un calvaire." "Ils en n'ont plus pour longtemps, Bernard est déjà sur les lieux." "Je serai là dans environs cinq minutes." "Bernard a leurs vêtements avec lui et il fera tout pour leur rendre la vie plus facile. Je compte sur toi pour les mettre en confiance." "Je ferai mon possible." "Tu m'appelles si tu as besoin, je reste près de mon téléphone, OK? Une autre chose, ramasse la facture de l'hôpital veux-tu, je la réglerai? Je t'aime, soit prudente." "Je t'aime aussi, à plus tard."

"Aie, vous deux, vous avez de drôles d'activités."

"Qui est-ce? Nous ne voulons voir personne autre que toi?" "Calmez-vous, ce monsieur a un travail à faire et croyez-moi, c'est beaucoup mieux que si c'était la police avec qui viendrait tous les journalistes."

"Elle a raison Henri-Paul, ne complique pas les choses d'avantage."

"J'ai amené vos vêtements dont les idiots d'ambulanciers ont laissé derrière. Vous avez refusé de donner votre nom à l'entrée et en principe l'hôpital aurait eu le droit de refuser votre admittance. Vous n'aviez pas de papier d'identification non plus. Considérez-vous chanceux dans votre malchance. Je reviendrai vous chercher quand Danielle en aura fini avec vous."

"Comptez-vous chanceux que ce soit lui qui s'occupe de vous, sinon vous feriez la première page des journaux." "Oh mon Dieu, nous serions excommuniés sur-le-champ." "Vous êtes donc catholiques?" "Je dirais plus, je suis sœur Henri-Paul et lui c'est le père Charles Grégoire." "Comment expliquez-vous votre situation actuelle?" "Nous n'y comprenons rien du tout. Nous avons dormi et au réveil, il était comme possédé du démon et en moins de temps qu'il en faille pour le dire, il m'avait pénétré. Danielle, je suis vierge?" "Laissez-moi voir un peu. Vous l'étiez peut-être ma cher dame, plus maintenant." "Nous avons prié sans cesse depuis plus de deux heures et ça ne change rien." "Mais qui priez-vous?" "La bonne sainte vierge, voyons." "Pensez-vous que Dieu peut vous exaucer lorsque vous priez autre que Lui?" "C'est de l'idolâtrie pure et simple. N'avez-vous jamais lu dans la Bible?" "Mais nous la lisons tous les jours." "Pouvez-vous m'indiquer un endroit où Jésus prie sa mère? Il priait son Père qui est dans les cieux. Pourtant sa mère était encore de ce monde et d'après moi on a plus de pouvoir vivant que mort. Les morts ne peuvent plus rien." "Jésus aussi est mort." "Pouvez-vous m'indiquer un endroit dans la Bible où Jésus dit: 'Priez Jésus?' Non, il a dit: 'Si vous demandez à mon Père quelque chose en mon nom, mon Père vous l'accordera.'

Vous avez combien d'années d'étude monsieur l'abbé?" "Je n'ai jamais cessé d'étudier depuis l'âge de cinq ans." "Quand Jésus dit! 'Ce sont des aveugles qui conduisent des aveugles.'

Il a sûrement raison. Maintenant, priez le Père qui est dans les cieux et prenez ce médicament, vous verrez certainement une différence. Souvenez-vous aussi que toute la médecine connue n'a rien pu faire pour vous ni vos prières à la vierge, mais qu'un disciple de Jésus vous a libéré d'une situation des plus honteuse. Pourquoi ne m'avez-vous pas dit que vous étiez religieux?" "Si jamais nos autorités religieuses apprenaient que nous cherchons le saint homme qui écrit les chroniques dans le journal à qui nous écrivons depuis le début, nous serions en danger. Rappelez-vous le prêtre qui s'est marié il y a quelques années. Le clergé lui a fait annuler son mariage et ce n'était pas avec des prières." "Qu'est-ce que vous lui voulez à ce chroniqueur?" "Nous voulons lui baiser les mains et les pieds, nous voulons sa bénédiction." "Je ne pense pas que cela lui ferait plaisir du tout, mais pour ce qui est de vous instruire sur la parole de Dieu, ça vous en avez grandement besoin. Vous devriez pouvoir sortir bientôt, voici une serviette pour vous essuyer. Il se peut si vous sortez en temps qu'il n'y ait pas d'écoulement à l'intérieur et vaut mieux éviter le pire si vous pouvez. Quoique ce soit la volonté de Dieu de féconder!"

"Ça y est finalement, je suis libéré." "Je laisse deux pilules pour la douleur sur la table au cas où vous en sentez le besoin. Je vous laisse vous habiller, le monsieur sera ici dans cinq minutes. Faites-lui confiance, il vous conduira à bon port et remerciez Dieu de votre chance."

"Ils sont à toi Bernard, donne-leur deux minutes pour s'habiller et je ne suis plus sûre du tout de leurs intentions."

"Vous êtes prêts, suivez-moi. Nous allons faire un petit tour de voiture." "Où est-ce que nous allons?" "Je regrette, mais ça je ne peux pas vous le dire. Tout ce que je peux vous dire est que vous êtes en sécurité et que vous n'avez rien à craindre de moi." "Que va-t-il nous arriver?" "Vous serez soumis à un interrogatoire et aussitôt que nous ne trouvons plus de raison de vous retenir, nous vous relâcherons." "Pourquoi faites-vous ça?" "Parce que vous cherchiez et qu'on vous a trouvé.

Je dois vous cacher les yeux et si vous cherchez à les découvrir, je saurai que vous êtes l'ennemi. Nous ne faisons de tort à personne, nous cherchons simplement et uniquement à nous protéger.

Encore une dizaine de minutes et nous serons rendus. Vous devez commencer à avoir faim?" "Ça serait bon de manger, mais ça peut aller aussi." "Et voilà, nous sommes rendus. Gardez le bandeau sur vos yeux, je vais vous guider par le bras. Marchez maintenant, suivez-moi. Un demi-tour à droite et arrêtez-vous. Nous sommes devant un escalier où il y a huit marches. Trois pas devant et il y a un autre escalier avec quatorze marches droit devant. Est-ce que ça va?" "Oui, c'est un peu étourdissant, mais ça va aller." "Une autre marche et c'est le plancher principal. Je vais maintenant vous guider à votre chambre. Préférez-vous une chambre pour être ensemble ou séparée?" "Combien de temps pensez-vous nous garder?" "Le temps qu'il faudra, cela dépend en parti de vous." "Cela ressemble beaucoup à du kidnapping." "Mais pas du tout, je vous ai demandé de me suivre et vous l'avez fait sans être forcés. Est-ce que je me trompe?" "C'est vrai ça sœur, il dit la vérité." "Vous avez été plutôt coopératifs jusqu'ici, continuez comme ça et tout ira bien, vous verrez." "Vous ne m'avez pas répondu. Sommes-nous dans un hôtel, quels sont nos choix?" "Vous avez le choix entre une chambre pour les deux à deux lits, deux chambres communiantes et deux chambres complètement séparées."

"Je te laisse décider sœur Henri-Paul."

"Peut-on être ensemble pour la soirée et séparés pour la nuit." "Bien sûr, mais je vous croyais unies pour la vie. De toutes façons je ne crois pas que le grand patron tolérera de la fornication dans son immeuble." "Qui c'est le grand patron?" "Me prenez-vous pour un idiot? Pensez-vous qu'on s'est donné tout ce mal pour rire." "Ne vous fâchez pas, mettez-vous à notre place." "À votre place je ne me serais pas mis les pieds dans les plats et rien d'autre. Nous sommes rendus, attendez ici, je vais ouvrir la porte. Un petit pas à gauche et droit devant, vous y êtes. Attendez ici, je vais aider votre compagnon aussi et fermer la porte. Voilà, je vais vous libérer les mains et les yeux maintenant. Il y a une chambre de bain dans chaque unité et tout le nécessaire. Avant que vous y alliez, je voudrais que vous regardiez le menu et me dites ce que vous voulez pour souper. Le tout sera prêt dans trente minutes." "Ce n'est pas notre dernier repas, n'est-ce pas?" "Je vous ai dit que vous étiez en sécurité avec moi." "Nous avons tous ces choix?" "Il serait quand même préférable que vous choisissiez la même chose. Ce n'est quand même pas un restaurant ici. Vous avez choisi?" "N'importe quoi sera bon pour moi, choisissez monsieur l'abbé."

"Moi j'aimerais bien un bon ragoût de bœuf." "C'est bien alors, ragoût de bœuf pour deux. Pain blanc ou pain brun?" "Pain blanc, s'il vous plaît?" "Thé, café ou lait?" "Un thé et un verre de lait." "Que préférez-vous pour dessert?" "Tarte aux pommes à la mode."

"Moi aussi! Ça fait longtemps que je n'ai pas été traité aux petits oignons comme ça."

"Ne soit pas trop gourmande sœur Henri, ça peut devenir un péché."

"Ce n'est pas péché de manger à sa faim curé, du moins, pas dans cette maison. Vous pouvez vous laver maintenant ou plus tard après l'interrogation, c'est comme vous voulez, en autant que vous soyez disponible de sept heures à dix heures. Je serai de retour dans trente minutes avec votre repas." "Est-ce que nous pourrons voir le chroniqueur monsieur?" "Il va vous parler, le voir c'est moins sûr. C'est lui qui décidera, à tantôt."

"Tu en as mis du temps." "Ils ne cessent pas de questionner. Ils sont à la fois inquiets et intrigués. Ils me semblent aussi très gentils et bien innocents, mais on ne peut pas se fier aux apparences.

J'ai tout filmé les entretiens à l'hôpital, celle de Danielle aussi." "C'est formidable ça, comment as-tu fait?" "Si tu veux, je peux le décharger sur ton ordinateur. Vas-y, je suis très curieux de voir ça." "Elle est plutôt amochée présentement, mais elle est quand même très jolie."

"Ça ne sera pas long, dix minutes seulement. Tu veux venir voir ça?" "Il y a quelques choses qui me chicotent beaucoup dans tout ça." "Qu'est-ce que c'est Jacques?" "Tu ne vois rien d'anormal dans ce scénario?" "Pas vraiment, non!" "Écoute bien; elle est religieuse et lui est prêtre. Ils font venir une ambulance pour se faire conduire à l'hôpital alors qu'ils n'ont aucun papier d'identification au lieu de faire venir un médecin à la maison, ce que j'aurais préféré à leur place et crois-tu qu'elle a l'air d'une femme qui a eu du sexe pour la première fois aujourd'hui et en plus avec un homme qu'elle ne voulait pas? Il y a de quoi faire une crise hystérique, mais cela ne lui a pas coupé l'appétit le moins du monde. Aurais-tu laissé tes vêtements derrière? Pourquoi ne voulaient-ils pas parler à personne autre qu'à Danielle? Pourquoi n'ont-ils pas leurs cartes d'assurance maladie avec eux?" "Je vais dire comme toi, c'est plutôt chicotant." "Tu n'as rien trouvé dans leurs vêtements?" "Absolument rien!" "Trouves-tu ça normal?" "À bien y penser, pas vraiment, même pour un prêtre et une religieuse." "Il y a quelques choses de très louche dans cette histoire et il nous faudra en trouver le fond. Il va me falloir garder les caméras sur eux jours et nuits. Prends note qu'il me faudra acheter un rayon X le plus tôt possible pour fouiller les endroits qui ne me sont pas permis. Avec toute la technologie qui existe aujourd'hui il faut redoubler de prudence. Il se pourrait même qu'ils aient une bombe à retardement à l'intérieur même de leur estomac. Cela expliquerait son manque d'intérêt pour avoir été violée, du moins selon son dire. Aussitôt que tu leur auras donné le repas, tu prendras la voiture de Danielle pour aller fouiller cette maison d'avantage, dans les moindres recoins. Attends un peu, ça c'est un travail pour Roger, s'il est encore en ville."

"Roger, es-tu en ville?" "Non Jacques, je suis à Montréal sur la piste de la fondation, pourquoi?" "J'aurais voulu que tu fasses une fouille complète de la maison de St-Euchetache." "Pour quand?" "Immédiatement!" "Ça sera double temps à cette heure-ci, mais j'ai l'homme qu'il te faut, compte sur moi." "Il n'y a rien à craindre, les occupants sont ici dans ma maison et je ne pense pas que la porte soit même verrouillée." "Ça sera encore plus facile." "Il faut fouiller les moindres recoins." "Ne crains rien, il n'y a pas meilleur que lui, laisse-moi ça entre les mains." "Je te fais confiance, mais fais vite."

"Tu connais la cuisine Bernard, tout est déjà cuit, neuf minutes dans le micro-onde et tout sera prêt pour nos invités. En attendant je vais descendre quelques minutes pour voir ma famille.

"Comment allez-vous les enfants?" "On voudrait bien faire une autre partie comme hier." "Je regrette beaucoup, mais je ne pourrai pas ce soir. Peut-être que les mamans pourraient, leur avez-vous demandé? Je suis chanceux d'avoir ces quelques minutes du présent. J'ai une cause extrêmement importante à régler et je ne peux pas faire autrement, je suis vraiment désolé. Je préférerais et de loin passer ces heures avec vous, croyez-moi. Cela me prendra toute la soirée et peut-être même plus."

"Ça semble sérieux chéri?" "C'est en effet un peu plus compliqué que je ne l'aurais souhaité. Je vais donc vous dire bonne nuit à tous et faites de beaux rêves." "Je voulais justement te raconter mon rêve de la nuit dernière papa." "Écris-le pour ne pas l'oublier ma belle chouette, comme ça tu pourras me le raconter une autre fois." "C'est une bonne idée papa." "C'est tout le temps que j'aie, il me faut voir mon autre famille aussi."

"Tu as un câlin pour moi Jacques?" "Toujours chérie!" "Je te vois demain, je devrais en principe avoir congé." "Tu pourras peut-être nous être utile pour cet interrogatoire. Excuse-moi, il faut que j'y aille, je manque de temps."

"Bonsoir les enfants, comment allez-vous?" "Nous sommes bien papa, nous faisons une partie de cartes, peux-tu te joindre à nous?" "Je le voudrais bien, mais je ne le peux pas. J'ai une mission très importante et je ne peux vraiment pas faire autrement. J'espère de tout cœur que ça sera terminé demain." "Ah, ah, ah, encore la même histoire." "Non, je m'excuse, mais celle-là est toute nouvelle et toute différente. Bonne nuit mes amours." "Bonne nuit papa, fait de beaux rêves."

"Jeannine, je peux te parler en privé pour une minute." "Bien sûr chéri, tu as un problème?" "Je ne pourrai pas descendre te rejoindre ce soir, il me faudra peut-être surveiller quelques personnes toute la nuit, mais si tu veux venir me voir vers dix heures, tu serais des plus bienvenues. Je t'expliquerai à ce moment-là." "Je viendrai, mais je n'aime pas laisser les enfants tout seul." "Nous pouvons les surveiller mieux de là-haut que tu le puisses d'ici." "C'est vrai ça, je viendrai à dix heures. Mmmm, je t'aime, à plus tard."

"Du nouveau Bernard?" "Pas vraiment, ils achèvent leur repas. Nous pourrons commencer l'interrogatoire dans une dizaine de minutes."

Ring, ring. "Jacques, j'ai quelque chose pour toi. Nous avons trouvé leurs papiers d'identifications. Il s'agit d'un prêtre du nom de l'abbé Charles Joseph Grégoire et de sœur Henri-Paul Toupin. Il est âgé de trente-neuf ans, né le huit janvier 1970. Elle est âgée de vingt-neuf ans, née le quatorze juin 1980. Ils ont étrangement enregistré un nouveau testament il y a sept jours dans la ville de Richelieu chez le notaire Caron. Leurs bénéficiaires respectifs sont leurs familles. Il y a aussi deux milles cinq cents dollars en billets de cent. Il n'y a rien d'autre sauf un carton d'allumettes tout neuf, mais aucune trace de cigarette. Le tout était très bien dissimulé de façon à ce que personne ne puisse trouver quoique ce soit." "C'est un peu contradictoire tout ça. D'un côté il semble qu'ils sont prêts à mourir et de l'autre, ils ont de l'argent pour circuler." "Peut-être ont-ils trouvé ce qu'ils cherchaient plus tôt que prévu." "Je suis convaincu sans aucun doute que c'est moi qu'ils cherchent." "Mon homme a tout laissé en place, comme si rien ne c'était passé." "Tu as bien fait, merci Roger, je te verrai plus tard."

"Bernard, m'as-tu amené le journal comme je t'ai demandé." "Oui, mais il est resté dans mon auto en bas." "Lorsque tu auras tout ramassé dans la chambre, si tu veux bien tu iras me le chercher, s'il te plaît." "Bien sûr, ils ont terminé, je vais chercher les cabarets."

"Ça va vous deux, vous avez bien mangé?" "Merci, c'était excellent. Vous devez avoir une cuisinière épatante? Je n'ai pas mangé un tel ragoût depuis que j'ai quitté ma mère?"

"Moi je n'en ai jamais mangé d'aussi bon de toute ma vie." "Je lui transmettrai votre appréciation, il sera content de l'apprendre. C'est le même que nous servons à nos chiens." "Laissez-moi vous libérer de cet attirail si vous permettez. Dans cinq minutes on va commencer à vous poser des questions. Vous ne verrez personne, mais vous entendrez la voix clairement et nous aussi nous pouvons vous entendre. Soyez aussi relaxe que possible, cela facilitera les choses." "Nous sommes prêts quand vous voudrez. Merci encore pour le succulent repas." "J'espère que vous êtes bienvenus. Je vous laisse, soyez francs."

"Je vais descendre chercher ce journal Jacques, est-ce que tu commences sans moi? Nous devrions peut-être demander à Raymond de nous rejoindre?" "Ça ne sera pas nécessaire ce soir, mais peut-être demain quand moi j'en aurai assez. Il va falloir que je garde un œil sur eux toute la nuit. Nous ne pouvons pas nous permettre de les laisser sans observation avant de savoir non seulement qui ils cherchent, mais exactement pourquoi. Vas-y, je vais t'attendre, ils connaissent déjà ta voix, tu poseras donc les questions, comme ça je n'aurai pas besoin de déguiser la mienne."

"Danielle, est-ce que tu peux monter et participer à la période de questions?" "J'ai trop peur de gaffer Jacques, tu sais qu'une femme pense plus avec le cœur qu'avec la tête." "Je trouve que tu t'es très bien débrouillée à l'hôpital." "Comment le sais-tu, tu n'y étais même pas?" "Non, mais j'ai tout ça sur vidéo." "Comment as-tu pu manœuvrer une telle opération, tu m'espionnes maintenant?" "Pas du tout, j'espionne ce couple et tu t'es trouvée au même endroit." "Je pense que s'ils m'entendent ce soir ils feront la connexion entre toi et moi et ça pourrait être risqué." "Tu as raison, mais tu pourrais écouter et écrire tes questions. C'est Bernard qui questionnera. Je ne veux pas qu'ils puissent me reconnaître en aucun temps. Le prêtre est un homme très instruit et il pourrait peut-être faire le rapprochement juste avec la tournure des phrases. Souviens-toi, c'est comme ça que j'ai dépisté les paroles de Paul dans les supposées paroles de Pierre." "L'ivraie parmi le blé?" "Exactement!" "OK, je vais monter pour un petit bout de temps, mais je veux me coucher tôt."

CHAPITRE 11

"*V*oilà ton journal Jacques!" "Je vais t'écrire une série de question à leur poser. Prends bien ton temps et surtout ne montre aucun signe d'impatience, comme ça nous les aurons à l'usure. Je vais fermer nos micros chaque fois qu'il nous faut discuter."

"Pourquoi ne portez-vous pas de papiers d'identifications avec vous?" "Si nous avions été pris avec nos papiers aujourd'hui à l'hôpital, nous serions impliqués dans un scandale épouvantable. De la façon que ça s'est passé notre réputation est intacte." "Le monde ne le sait pas, mais n'enseignez-vous pas que Dieu voit tout?" "Vous savez que Dieu pardonne tout aussi." "Voulez-vous nous dire pourquoi au juste vous êtes dans cette ville?" "Nous cherchons le chroniqueur qui écrit sur la parole de Dieu." "Qu'est-ce que vous lui voulez au juste?" "Il nous inspire beaucoup et c'est pour cette raison que nous voulons le rencontrer." "N'avez-vous pas des évêques, des cardinaux et le papa pour vous inspirer?" "Aucun de ces derniers ne parle comme le chroniqueur." "Qui est-ce qui vous dit que ce n'est pas un évêque qui écrit ces chroniques?" "Il n'y a aucune chance." "Qu'est-ce qui vous fait dire ça?" "Aucune personne du clergé ne peut parler contre le clergé sans risquer sa vie." "Nous sommes peut-être nous-mêmes des membres du clergé." "Aucune chance!" "Sur quelle base dites-vous ça?" "Le clergé est impitoyable contre ses ennemis." "Donnez-nous votre nom, adresse et datte de naissance, s'il vous plaît?" "Je suis l'abbé Charles, Joseph Grégoire, né le huit janvier 1970 à Ste-Aghatte des Laurentides."

"Moi je suis sœur Marie Henri-Paul Toupin, née le quatorze juin 1980 à cinq heures dix du matin dans la municipalité de Rivière-du-Loup."

"Ce n'est pas surprenant qu'elle soit aussi jolie, cette ville est renommée pour abriter les plus belles filles du pays." "Quand je l'ai vu la première fois, je me suis dit qu'elle te ferait une bonne troisième épouse, si jamais tu en voulais une autre. Je l'ai trouvé aussi des plus gentille. J'ai cependant changé d'avis cet après-midi." "Laisse dont faire, je me contente très bien de ce que j'ai, me prends-tu pour Salomon, quand même? C'est vrai que les femmes parlent avec le cœur. Il faudrait qu'une de vous deux couche sur la corde à linge quelques jours de plus par semaine et toute seule en plus."

"Tiens Bernard, d'autres questions."

"Qu'est-ce qui vous fait croire que ce chroniqueur demeure dans cette ville-ci?" "Nous pensons que c'est lui qui a fait libérer le directeur du journal. Il est selon nous beaucoup plus efficace que la police." "Pourquoi vouliez-vous ne parler qu'à Danielle à l'hôpital cet après-midi?" "Parce que nous savions pouvoir lui faire confiance. Elle est une bonne personne et nous pensons aussi qu'elle peut nous conduire vers la personne que nous cherchons. Elle connaît la parole de Dieu comme personne de notre connaissance. Nous ne serions pas surpris si c'était elle le chroniqueur." "Vous me donnez l'impression que vous avez tout fait pour vous faire remarquer et vous retrouver dans votre situation actuelle." "Si nous sommes questionnés par celui que nous cherchons, ce que je pense être le cas, alors nous avons réussi. Cependant, je n'avais pas anticipé une érection aussi incontrôlable." "Je crois comprendre que vous n'êtes pas guai comme la plupart de vos compères, sinon vous auriez choisi l'autre orifice." "Je ne suis ni un ni l'autre, j'ai consacré ma vie au Seigneur." "On n'aurait pas dit ça cet après-midi." "Ce qui s'est passé cet après-midi était complètement en dehors de ma volonté monsieur."

"Sœur Henri-Paul, vous avez dit être vierge avant cet incident, permettez-moi d'en douter. Vous n'avez certainement pas l'air d'une femme qui a été violée récemment." "Il faut savoir accepter son sort et qui sait, peut-être qu'au fin fond de moi-même je souhaitais inconsciemment la chose. Que Dieu me pardonne! Cela aurait été beaucoup mieux si j'avais pu choisir mon partenaire." "Vous avez tous les deux choisi la vie de célibat, pourquoi?" "Pour mieux servir Dieu monsieur." "Pensez-vous vraiment que nos patriarches, Adam, Noé, Abraham, Isaac, Jacob, Joseph, Moïse, David, Salomon et tous les autres y compris les parents de Jésus et Jésus lui-même ne savaient pas servir Dieu parce qu'ils étaient mariés? Ne savez-vous pas que Dieu a déclaré qu'il n'était pas bon pour l'homme d'être seul et c'est pour cette raison qu'il lui a donné une compagne? Ne savez-vous pas qu'Il leur a demandé d'être fécond, de multiplier et de remplir la terre?" "Voyez-vous, c'est pour cette raison que nous cherchons ce fameux disciple de Jésus. À l'intérieur de notre église il n'y a personne vers qui se tourner pour parler de ces choses que nous connaissons pour la plupart. Il serait même dangereux de le faire. Vous avez inclut Jésus comme étant marié, mais il n'y a pas de preuve pour affirmer une telle chose." "À côté de votre lit il y a une Bible dans le tiroir de la table de nuit, prenez-là s'il vous plaît? Êtes-vous au courant de ce qu'il faut pour devenir un Rabbin?" "Oui, Il faut être âgé de trente ans, être marié et avoir au moins dix adeptes." "Alors Jésus remplissait les conditions." "Non puisqu'il n'était pas marié." "Mais on l'a souvent interpellé; Rabbi. Regardez vous-même dans Marc 11, 21. Lisez-le s'il vous plaît?" "'Pierre, se rappelant ce qui c'était passé, dit à Jésus: Rabbi, regarde, le figuier que tu as maudit a séché.'" "Regardez et lisez maintenant dans Matthieu 26, 25." "'Judas qui le livrait, prit la parole et dit: Est-ce moi, Rabbi?'" "Je vous demanderai d'en lire un autre pour votre information personnelle. C'est Jean 1, 38." "'Ils lui répondirent: Rabbi (ce qui signifie Maître), où demeures-tu?'

Jésus a aussi dit de n'appeler personne Rabbi." "C'est exact qu'il ne veut pas que ses disciples se fassent appeler Rabbi ni père d'ailleurs. Jésus ne veut pas que nous nous faisions appeler maître ni que nous appelions un homme père. C'est une preuve formelle que vous les prêtes n'êtes pas des disciples de Jésus. Du moins, vous ne l'écoutez pas. Vous avez préféré écouter Paul, votre maître, l'ennemi mortel dont Jésus parle dans la parabole de l'ivraie. Sur la table de nuit il y a aussi du papier et un crayon pour prendre quelques notes dont je vais vous donner concernant les références pour Rabbi. Jean 1, 49, Jean 3, 2, Jean 3, 26, Jean 4, 31, Jean 6, 25, Jean 9, 2, Jean 11, 28, Matthieu 23, 7-8, Matthieu 26, 49, Marc 9, 5, Marc 14, 45. On ne peut certainement pas dire que Jésus n'était pas un Rabbin." "Par contre, nous sommes certains que celui qui nous parle est vraiment un disciple de Jésus. Pouvez-vous nous conduire au chroniqueur que nous cherchons?" "Certainement pas avant d'être sûr que vous ne le cherchez pas pour lui faire du tort, voir même l'assassiner." "Si je vous disais que moi et sœur Henri-Paul sommes ici justement pour empêcher que cela se produise."

Nous nous sommes tous les trois redressés sur nos sièges surpris de cette dernière réplique.

"Qu'en pensez-vous, vous deux? Est-ce qu'il dit ça juste pour obtenir nos bonnes grâces? Ou encore pour se rapprocher d'avantage de moi? Il ne ferait pas mieux s'il voulait m'assassiner." "Moi je pense qu'ils sont sincères. Je pense que s'ils avaient voulu me faire du mal, ils l'auraient fait hier au soir." "Pas s'ils se servaient de toi pour arriver jusqu'à moi." "Tu penses qu'ils se donnent tout ce mal pour arriver à leur fin?" "Je pense que s'ils agissent sous les ordres de leurs supérieurs, ils n'ont pas le choix et que leurs vies ne valent pas plus cher que la mienne, ils sont en danger."

"C'est vrai ça. Souviens-toi qu'il a dit que le clergé était impitoyable contre ses ennemis." "Ça veut donc dire que s'ils sont du bon côté, il faudra leur fournir une protection continue. Nous n'en sommes pas encore là. Moi je ne suis pas encore convaincu de leur innocence. Je pense qu'il est très rusé et ça, ça m'inquiète. Nous savons tous que le diable est très rusé et ce que Paul a réussi à faire avec sa ruse et que le diable est le plus rusé de tous."

"Où c'est écrit ça encore?" "Dans Genèse 3, 1. Il est écrit que le serpent est le plus rusé de tous les animaux et dans 2 Corinthiens 12, 16, Paul dit; 'En homme astucieux, je vous ai pris par ruse.'

Il y a beaucoup de références aussi dans Matthieu dont celle-ci. Matthieu 26, 4. 'Ils délibérèrent sur les moyens d'arrêter Jésus par ruse et de le faire mourir.'

Les choses n'ont pas tellement changées, excepté les méthodes peut-être. Heureusement les moyens de défense ont aussi évolués." "Moi je m'en vais me coucher, j'en ai assez de tout ça et j'ai besoin de sommeil." "Tu as de la chance de pouvoir le faire, merci d'être venue, je voudrais pouvoir en dire autant."

"Toi aussi tu peux y aller Bernard, j'aimerais que tu viennes me remplacer au matin pour me permettre de dormir un peu. J'en aurai assez de trois heures." "Auras-tu une femme à la maison?" "T'inquiète pas, j'ai tout prévu. Jeannine va me rejoindre dans vingt minutes. Avant de partir, dis-leur d'aller se coucher quand ils le voudront, nous reprendrons cette conversation demain matin. Souhaite-leur une bonne nuit. Bonne nuit toi aussi." "Tu es sûr de tenir le coup?" "De toutes façons, ils ne peuvent rien faire de l'intérieur de cette chambre autre qu'à eux-mêmes et aux meubles."

"Salut Jacques!" "Jeannine, viens-tu passer la nuit avec moi?" "Si c'est ce que tu veux, ça me plairait." "Tu les reconnais?" "Mais c'est le couple qui était à l'hôpital cet après-midi. Elle est beaucoup plus jolie qu'elle ne l'était." "Elle est sûrement moins stressée. Elle est une religieuse et lui est un prêtre." "Ce n'est pas étonnant qu'elle agisse comme une folle à son arrivée." "Selon ce qu'elle dit, elle était une vierge ce matin. J'ai cependant de grandes difficultés à le croire." "Elle religieuse? On dirait plutôt un mannequin de grands bals de New York ou de Paris." "Danielle et toi, vous semblez la trouver superbement jolie, moi je te trouve beaucoup plus jolie qu'elle." "Voyons Jacques, tu ne la trouves pas jolie?" "Elle est belle oui, je te l'accorde, mais pas au point de tomber sur le cul." "Elle a quel âge, on dirait une jeune fille de vingt ans." "De toutes façons, je suis heureux comme je suis. Tu viens avec moi prendre un bain?" "Oui, c'est toujours bon pour la relaxation." "Je connais une autre chose qui est bonne pour ça. Veux-tu prendre un petit verre de vin aussi?" "Non, merci, pas ce soir!" "Détends-toi, je vais aller le faire couler." "Tu es gentil, j'ai justement envie de me faire gâter." "Tu as eu une dure journée?" "Une vraie journée de fous!" "La mienne n'est pas beaucoup mieux et elle n'est pas terminée, il me faut garder l'œil sur eux toute la nuit." "Pourquoi, que peuvent-ils faire de l'intérieur de cette chambre?" "Ils peuvent se faire du mal à eux-mêmes. Viens Jeannine, c'est prêt." "Mmm, ça va me faire du bien ça." "Il y a encore quelque chose qui me chicote dans leur histoire." "Et tu n'as aucune idée de ce que c'est?" "Il me paraît clair qu'ils ont tout fait pour se faire remarquer. Je ne pense pas qu'ils sont au courant pour toi, mais je suis sûr qu'ils savent à propos de Danielle. Elle ne sera plus jamais en sécurité à l'hôpital et j'aurai sûrement besoin de ton aide pour l'en convaincre à moins que ce couple nous en fournisse la preuve. Ils en savent beaucoup plus qu'ils ne le disent. Viens, je vais t'essuyer." "C'est tellement bon de se laisser cajoler par l'homme qu'on aime." "Il n'y a rien comme tenir celle qu'on aime dans ses bras, sachant qu'on va lui faire l'amour, surtout si elle est la plus jolie femme au monde." "C'est bien gentil à toi de me le dire, mais je sais que j'ai déjà doublé mes vingt ans." "Moi je te trouve toute aussi belle que le soir où je t'ai connu et en te voyant ce soir-là, je ne te l'ai jamais dit, mais je t'ai désiré comme jamais je n'avais désiré auparavant. Je me suis senti mal à l'aise, puisque je venais juste de tomber en amour avec Danielle. Vous êtes-vous déjà demandé dans quelle situation vous m'aviez mis ce soir-là?" "Non, je ne pensais seulement qu'à un moyen de te partager avec Danielle et si elle n'avait pas été mon amie, j'aurais fait l'impossible pour t'arracher à elle." "Pour moi aussi c'était le coup de foudre instantané. J'en avais presque le souffle coupé. J'en avais entendu parler, mais je n'y avais jamais cru avant ce soir-là. Il n'y a jamais eu un instant de doute dans mon cœur et jusqu'à ce jour je n'ai jamais cessé de t'aimer un seul instant." "C'est pareil pour moi." "Je me suis par contre souvent demandé comment ça se pouvait qu'on puisse aimer deux personnes autant et également. J'ai eu ma réponse à la naissance du deuxième enfant et pour tous les autres par la suite." "Si mon gynécologue ne m'avait pas arrêté, j'aurais tant voulu t'en donner d'autres." "En aucun cas je n'aurais voulu que tu risques ta vie ma chérie. S'il t'arrivait quelque chose, je pense que je perdrais tous mes moyens." "Que dirais-tu si tu me faisais l'amour avant que ça t'arrive justement?" "Arrive quoi?" "Perdre tes moyens, tu sais, la fatigue?" "Je ferais peut-être mieux de prendre un comprimé pour le réveil?" "Après chéri, je sais ce que ça fait aux hommes." "Tout le monde dort, tu peux donc t'abandonner au plaisir que j'aime."

Jeannine s'est endormi dans mes bras pendant que je gardais un œil sur l'ensemble des écrans qui remplissent tout un mur de ma salle de conférence. Je me croyais à l'abri des soucis pour la nuit, mais ce ne fut pas du tout le cas.

"Que diable cherchez-vous dans la toilette?" "Je ne cherche rien du tout, je ne fais que récupérer une petite batterie qu'on m'a forcé d'avaler avant mon départ de Richelieu et croyez-moi, je ne fouille pas dans mes excréments de gaieté de cœur." "Pourquoi a-t-on fait ça?" "Pour que je fasse sauter le bâtiment dans lequel je me trouve avec le chroniqueur. Je tiens dans ma main une bombe de deux mégatonnes. On m'a confié une mission suicide, un peu comme le fond les musulmans extrémistes." "Pourquoi donc avez-vous accepté une telle mission?" "Pour faire ce que je suis en train de faire, c'est-à-dire la faire avorter. C'est pour cette raison que sœur Henri-Paul et moi avons décidés de nous porter volontaires. Vous êtes le chroniqueur, n'est-ce pas?" "Même si cette bombe sautait elle ne ferait que pulvériser tout ce qui se trouve à l'intérieur de votre chambre. Tous les murs, le plafond et le plancher sont en béton renforcé et recouverts d'une couche d'acier d'un pouce d'épaisseur.

Nous ne sentirions qu'une petite secousse comme un tremblement de terre lointain. Cette chambre peut contenir une force de cinq mégatonnes et on en a fait l'expérience. Comment la faites-vous exploser?" "Elle peut sauter en étant exposée au soleil pendant cinq minutes ou encore au-dessus d'une flamme pendant vingt secondes." "Est-ce que sœur Henri-Paul en a une aussi?" "Je ne le pense pas." "Est-elle vraiment une religieuse?" "Plus maintenant, elle devrait avouer son crime et on la mettrait à la porte nue comme un ver si elle est chanceuse. Ce que je pense, c'est qu'elle serait gardée prisonnière sans jamais pouvoir adresser la parole à qui que soit jusqu'à sa mort." "Qu'avez-vous l'intention de faire à partir d'ici?" "Nous avons un peu d'argent, nous allons donc essayer de disparaître dans la nature. Ça ne sera pas facile, le clergé est impliqué dans presque tous les pays du monde." "Il est toujours possible que vous soyez morts sans laisser de trace dans une explosion pour le reste du monde." "Ça serait sûrement la solution idéale, mais elle tout comme moi ne sommes pas vraiment suicidaires." "Moi j'appellerais ça un mensonge nécessaire pour les médias. La puissance de cette bombe ne laissera que des cendres. Dans moins de six mois je pourrai vous faire faire une chirurgie de plastique incognito. Je pourrai sûrement vous faire avoir les papiers nécessaires aussi. Est-ce que vous faites confiance à sœur Henri-Paul?" "L'idée de vous sauver la vie vient d'elle, elle dévore vos chroniques." "Vous devriez mettre cette petite batterie dans un verre d'eau et aller dormir un peu, nous reprendrons cette conversation au matin."

"Bonjour mon chéri. As-tu pu dormir un peu?" "J'ai très bien dormi mon bel amour. Un mystère s'est soldé et un autre est apparu." "Raconte!" "Il n'y a plus de mystère concernant notre couple d'invités, mais il y en a un qui s'est révélé dans une des chambres à coucher de nos enfants." "Penses-tu que c'est grave?" "Peut-être pas pour le moment, mais il faudra quand même y remédier immédiatement." "Qu'est-ce qu'il y a eu au juste?" "Je vais te montrer sur l'écran. Juste le temps de reculer la vidéo. Voilà, regarde." "C'est Jérémie, mais qu'est-ce qu'il fait?" "Attends, tu verras." "Il va se coucher avec les filles. Pourquoi fait-il ça, il n'a que onze ans?" "Je ne sais pas au juste, mais lorsque j'avais son âge je me levais la nuit pour aller coucher avec une amie de mes sœurs dans la chambre voisine. J'avais une attirance physique pour le sexe opposé que je qualifierais d'incontrôlable. Mes sœurs lui ont dit que j'étais somnambule et que c'était dangereux de me réveiller. J'ai donc pu me livrer à mes désirs sans que la pauvre fille n'ose rien dire. Je crois même que cela lui plaisait." "Et tu n'avais que onze ans?" "Lorsque j'ai atteint l'âge de quinze ans je suis devenu très timide. Une chance, j'étais parti pour devenir le père d'une cinquantaine d'enfants. J'aurais fait pire que mon père." "Dieu t'a aimé et protégé." "Non seulement Il m'a protégé, mais Il a protégé plusieurs jeunes filles." "Qu'est-il advenu de l'amie de tes sœurs?" "Elle s'est fait attraper par un de mes cousins." "Belle famille!" "Nous étions une famille comme des milliers d'autres." "Qu'allons-nous faire avec Jérémie?" "Il ne faut pas l'effrayer, mais essayer de savoir pourquoi il ne reste pas dans sa chambre. Tu lui demanderas de venir me voir un peu plus tard, je vais le confronter concernant ces images. Nous aurons une conversation entre hommes, il sera j'en suis sûr plus à l'aise. En attendant, est-ce que tu prends ton déjeuner avec moi? Nous avons aussi un couple d'invités." "Je vais t'aider à tout préparer."

"Monsieur Grégoire et mademoiselle Toupin, voulez-vous vous préparer à venir déjeuner à ma table?" "Oui monsieur, nous en serons honorés." "Je viendrai vous chercher lorsque ce sera prêt."

"Que s'est-il passé? Quel est ce changement d'attitude?" "Je lui ai dit ce qui se tramait et il est au courant de tout ou presque." "Êtes-vous sûr que c'est lui le chroniqueur?" "J'en suis absolument sûr." "Ne me dites pas que je vais manger à la même table que celui qui m'inspire le plus au monde. Quel bonheur! C'est une réponse à mes prières, c'est un signe que nous sommes tout près de notre but. Je vous l'avais dit qu'il est vraiment un homme envoyé de Dieu." "Je voulais en être convaincu moi aussi. Tu devrais t'habiller décemment." "Je n'ai pas grand choix, je n'ai rien d'autre que ce que j'ai sur le dos."

"Jeannine, tu es presque de la même taille qu'elle, lui donnerais-tu quelques robes de ta collection?" "Bien sûr, je vais aller en chercher." "Mais où vas-tu, tu en as juste ici dans ma chambre." "C'est vrai ça, je vais lui en donner deux. J'en ai plusieurs que je ne porte plus, mais elles sont encore comme neuves. J'espère qu'elle les aimera." "Ne t'inquiète pas pour ça, elle est plutôt du genre très humble." "Je vais les lui amener tout de suite. Tu es bien sûr qu'il n'y a aucun risque d'entrer là-dedans?" "J'en suis sûr chérie, vas-y sans crainte. Tu peux entrer, c'est ouvert." "Cette porte est d'une lourdeur." "Elle est construite pour résister aux explosions, laisse-le système automatique la contrôler."

"Bonjour vous deux, comment allez-vous ce matin?" "Mais vous êtes l'infirmière à qui je ne voulais pas parler hier?" "J'espère que vous avez changé d'avis ce matin?"

"Voulez-vous nous laisser quelques minutes monsieur l'abbé, nous allons essayer ces quelques robes pour voir si elles lui font sur le dos?" "Il n'y a pas de problème, mais s'il vous plaît, ne m'appeler plus l'abbé, je ne fais plus parti de ce club. Mon nom est désormais Charles pour tous mes amis. Enchanté de notre rencontre madame." "Moi de même Charles."

"Madame Toupin, voulez-vous essayer ça?" "Je suis demoiselle madame. Qu'elles sont belles, je n'ai jamais porté de robes aussi luxueuses que celles-ci ni une robe décente depuis dix ans." "Croyez-vous vraiment que Dieu prive ses enfants de belles choses sur terre? Ne connaissez-vous pas la déclaration de Dieu qui dit: Osée 6, 6. 'Car j'aime la piété et non les sacrifices et la connaissance de Dieu plus que les holocaustes.'

Et aussi Matthieu 12, 7: 'Je prends plaisir à la miséricorde et non aux sacrifices.'

C'est clair que Dieu n'aime pas les sacrifices." "J'aurais donc sacrifié dix années de ma vie pour rien?" "Cela a dû faire un grand plaisir à l'ennemi de Dieu, le diable. Toutes désobéissances à Dieu plaisent sans équivoque à son ennemi. Cette robe te va assez bien pour le déjeuner. Plus tard si tu le veux nous pourrons y ajouter quelques retouches et elle t'ira comme un gant." "Voulez-vous dire que vous me la donnez?" "Elle est à toi si tu l'aimes et tu peux me tutoyer." "Merci, c'est quoi ton nom?" "Je me nomme Jeannine et Jacques, mon mari nous attend." "C'est comme si j'étais morte et au paradis." "Le paradis sera encore mieux que ça, disons que c'est le royaume des cieux." "Ce n'est pas la même chose?" "Dieu que vous avez des choses à apprendre." "Qu'est-ce que vous savez faire au juste?" "Je suis bonne en musique et en chant et monsieur Grégoire aussi." "Allons manger."

"Tu viens Charles?"

"Danielle, que dirais-tu de venir déjeuner avec nous?" "C'est qui ça nous?" "C'est moi Jeannine, notre couple d'invités et Bernard qui doit nous rejoindre sous peu." "Qu'est-ce qui s'est passé pour que tu libères ce couple?" "J'ai simplement découvert qu'il est sur le bon côté, le nôtre." "Sais-tu, je ne suis pas vraiment intéressée." "Moi je crois que tu devrais. Il y aura des discutions qui te concerneront personnellement." "Je ne vois vraiment pas ce qui pourrait m'intéresser à propos de ce couple." "Commence par ta sécurité et ton emploie et je ne sais quoi d'autre. Tu étais la première à t'intéresser à eux, que s'est-il passé pour que tu aies cette attitude envers eux ce matin?" "J'ai vite compris qu'ils se sont servis de moi." "Cela aurait pu être pour me nuire, mais il s'avère que c'était pour me sauver la vie. Je pense qu'il est important que tu participes à ce déjeuner." "Si tu insistes je vais monter, mais ne t'attends pas à ce que cela soit avec joie." "Si quelqu'un, qui que ce soit se démène pour me sauver la vie en risquant la leur, tu devrais courir à leur rencontre pour les remercier, du moins si tu tiens à me garder vivant, c'est ce que je pense, salut."

"Tu as l'air contrarié Jacques, tu vas bien?" "C'est Danielle qui fait des siennes encore ce matin. Il y a des fois où j'ai de la peine à la comprendre." "Qu'est-ce qu'elle a fait encore?" "Elle hésite à venir à ce déjeuner qui la concerne tout particulièrement." "Veux-tu que j'aille lui parler?" "Non, laisse-là faire à sa tête, elle lui appartient. Bernard devrait être ici à tout moment aussi. En as-tu fait assez pour tout le monde?" "Je pense que oui, de toutes façons, il y a beaucoup d'autres choses."

"Bernard, te voilà, comment es-tu entré?" "Danielle m'a ouvert, elle savait que tu m'attendais. Elle dit qu'elle sera ici dans moins de cinq minutes." "Quelle surprise ici ce matin, que s'est-il passé?" "Tu as devant toi deux personnes qui ont risqué leur vie pour sauver la mienne." "Quel bonheur, c'est bien vrai tout ça?" "Je vais laisser Henri-Paul et Charles vous expliquer tout ça, mais nous allons attendre que Danielle arrive premièrement. Ça ne devrait pas être long. Tiens, la voilà!"

"Si ce n'est pas mon infirmière préférée."

"Il est vrai que vous lui devez une fière chandelle." "Henri-Paul, Charles, je vous présente mon épouse Danielle." "Arrêtez une minute là, je croyais que Jeannine était votre épouse." "Jeannine est mon épouse et Danielle aussi." "Mais ce n'est pas permis, ce n'est pas légale." "Qui a dit ça? David, Salomon, Abraham, Jacob ou quel roi d'Israël? Mes deux épouses pensent que Henri-Paul me ferait une superbe troisième épouse, mais je leur ai dit que je n'étais pas intéressé, sans vouloir t'offenser Henri-Paul." "Je ne suis pas offensée, mais je sais que je ne pourrais pas jouer le rôle d'un second violon. J'aime trop la musique pour ça."

"Jacques, Henri-Paul me disait qu'elle et Charles sont calés en musique et en chant." "C'est intéressant, je suis moi-même musicien, mais surtout compositeur. Il faudra reparler de tout ça, mais pour ce matin il faut se concentrer sur la façon de se sortir de notre impasse. Il faut trouver un moyen de se débarrasser de Charles et de Henri-Paul."

"J'ai cru t'entendre dire qu'ils étaient de notre côté." "Oui Danielle, c'est pourquoi il faut qu'ils disparaissent pour le reste du monde."

"Charles, si tu nous expliquais ce qui vous a emmené ici." "Et bien pour commencer je dois vous dire que c'est grâce à Henri-Paul qui a eu vent que quelqu'un cherchait à faire assassiner le chroniqueur du Journal. Je remercie le ciel qu'elle ait eu le courage de venir m'en parler. Par la suite j'ai voulu en savoir un plus long sur cette affaire. J'ai donc fait tout en mon pouvoir pour savoir qui pouvait en vouloir tant à cet individu et pourquoi. Je n'arrivais pas nulle part quand soudain j'ai eu la merveilleuse idée de faire un sermon du dimanche endiablé et absolument contre mon gré et contre ce chroniqueur, disant à la congrégation qu'il fallait absolument arrêter cette personne avant que l'église ne soit complètement détruite. Pas plus tort que le lendemain j'ai eu la visite de mon évêque, qui lui est venu me demander ce qui m'avait pris de parler de la sorte en pleine chaire un dimanche matin. Je lui ai répété que ce chroniqueur détruirait l'église si nous ne faisons rien pour l'arrêter. À ce moment-là il m'a avoué qu'il y avait à l'heure même un plan conçu par le St-Esprit pour remédier à la situation et que sa réussite déterminerait que c'était bien la volonté de Dieu. Il m'a laissé avec ça et moi j'ai décidé de faire connaître à Henri-Paul les intentions sacrées de mes supérieurs.

Henri-Paul a décidé que nous devrions nous porter volontaires pour exécuter cet horrible crime au nom de Dieu. J'ai donc contacté l'évêque le lendemain pour lui annoncer que j'étais prêt à sacrifier ma vie pour sauver la sainte église catholique. Il m'a fait part de ce qu'il avait sur vous et que le principal contact était Danielle Prince, une infirmière de l'hôpital de Trois-Rivières et qu'un jour ou l'autre elle me conduirait vers ce chroniqueur, qu'eux voulaient voir disparaître de la terre avant que le ciel se déchaîne contre l'église. Je ne sais pas ce que vous en pensez, mais moi je pense qu'ils ont déclaré une guerre sans merci à celui qui les fait trembler dans leurs longues robes noires et pourpres. Ils ont déjà toutes les informations sur Danielle et ses occupations. Je suis plus que certain qu'elle sera la prochaine cible sur la liste." "Il faut donc la faire disparaître elle aussi. C'était donc une excellente idée d'avoir en principe vendu notre maison, il y de ça quelques années." "C'est donc pour cette raison que nous ne pouvions pas trouver son adresse, ce qui nous a forcé à utiliser l'hôpital pour arriver à nos fins."

"Danielle, je suis désolé de te l'apprendre, mais tu ne travailles pas une journée de plus à cet hôpital. Tu es devenue une cible trop convoitée pour nos ennemis et cette fois-ci tu ne peux pas m'accuser d'avoir une imagination trop fertile. Tu peux donc sans tarder aviser ton directeur pour qu'il te trouve une remplaçante immédiatement."

"Jacques, tu fais erreur, Danielle est irremplaçable." "Je te l'accorde Jeannine, mais ce n'est désormais plus notre problème. Je vais donc faire accélérer les travaux de notre hôpital de façon à ce que nous puissions commencer à opérer dans quatre à six mois."

"Je suis donc en vacances forcées?" "La situation est aussi sérieuse que lors d'une de tes grossesses où ils ont dû manœuvrer sans toi."

"Jacques a parfaitement raison d'être concerné, la situation est trop critique." "Merci Bernard! Il nous faut trouver le moyen de faire disparaître Danielle, moi-même et notre couple d'invités." "Nous allons faire sauter cette bombe avec la prétention que nous sommes tous les quatre sautés avec elle. Cela calmera le jeu pour quelques temps."

"Comment peux-tu parler d'un jeu lorsqu'on planifie de nous faire mourir." "Tu ne penses pas qu'ils jouent le jeu du chat et de la souris avec nous?" "Peut-être, mais je préférerais être le chat." "C'est exactement le rôle que je m'apprête à jouer." "OK matou, qu'est-ce qu'on fait maintenant?" "Il nous faut trouver un endroit où nous pouvons être vus entrer par des témoins sûrs qui ne nous auraient pas vus en sortir."

"Je pense connaître l'endroit idéal Jacques." "Où est-ce Bernard?" "Que dirais-tu du garage où monsieur Courrois a été retenu?" "Peut-être, serait-il assez éloigné pour ne pas causer de dommage aux alentours?"

"Es-tu au courant Charles de la distance possible des dommages que cette bombe pourrait causer?" "On m'a dit qu'elle détruirait tout dans un rayon de cent cinquante pieds." "C'est très limite, mais je pense quand même que c'est l'endroit qu'il nous faut. Nous ne pouvons pas trouver de meilleurs témoins que nos propres employés, puisqu'ils nous connaissent personnellement. Ils pourront donc pleurer sincèrement."

"Je compte sur toi Bernard pour consoler la contremaîtresse et les autres employés." "Il faudra s'assurer qu'il n'y a pas de danger pour eux." "Ça sera ta fonction Bernard de t'assurer qu'ils nous ont vu entrer dans ce garage et de les faire passer à l'arrière par la suite. Vous pourrez toujours courir vers l'avant lorsque vous entendrez la déflagration. Tu pourras donc témoigner toi aussi si c'est nécessaire. Je pense qu'il va sûrement y avoir un peu de casse. Je m'attends à ce que toutes les vitres pètent au fret. Bernard, après avoir encouragé Pauline à signaler le 911, tu lui demandes d'appeler un vitrier.

Voici le scénario, Henri-Paul et Charles, vous êtes deux agents d'immeubles et vous venez à notre rencontre à la manufacture de peaux de lièvre. C'est l'heure de la pause-café. Pauline et Bernard ainsi que quelques autres employés bien choisis discutent avec nous de l'achat du garage d'en face qui servira d'entrepôt."

"Danielle, tu es douée pour faire des cartes d'affaires bien dessinées et tu en fais une vingtaine avec les noms complets d'Henri-Paul et de Charles. Nous en laisserons quelques-unes dans leur logis, quelques-unes dans l'auto qu'ils auront louer et une de chacun d'eux sur le bureau de Pauline. Il faut que nous soyons entrés dans le garage avant que l'heure de la pause soit terminée pour que les témoins nous voient et je compte sur toi Bernard pour les encourager à faire comme toi, c'est-à-dire de regarder par la fenêtre."

"Si je dois mourir dans quelques jours ce n'est pas la peine de donner ma notice." "Tu as peut-être raison, mais je ne suis pas certain que tu ne seras pas à risque jusqu'à ta disparition."

"Et moi je n'ai rien à faire dans tout ça?" "Jeannine, c'est toi qui auras le travail le plus difficile de tous." "Wo, si j'avais su je n'aurais pas demandé. Qu'est-ce que j'aurai à faire?" "Tu auras à pleurer très amèrement la disparition de tes meilleurs amis et de te montrer en colère contre les responsables de ce crime odieux en insistant pour qu'ils sachent bien qu'ils peuvent tuer le corps, mais qu'ils ne pourront jamais tuer l'âme de ce mouvement, la parole de Dieu, la vérité. Toi non plus tu ne pourras plus aller au travail." "De toutes façons, nous étions dues pour de longues vacances."

"Mais dans tout ce scénario je pense que vous oubliez quelque chose d'important." "À quoi penses-tu Charles?" "Comment allez-vous expliquer votre réapparition à tous vos parents et amis?"

"Ta mère Jacques ne le prendra pas bien du tout." "Le moins ils en savent pour un temps, le mieux ça sera. Comme ça ils auront une peine authentique. Seule Jeannine aura à acter la sienne." "Il ne faut pas oublier que tous les médias seront à l'affût." "Nous leur enverrons un consolateur en attendant notre résurrection. J'ai l'impression que les responsables de ce crime trembleront encore plus lorsqu'ils apprendront le retour des disciples, surtout lorsque cet évêque recevra des petites notes lui rafraîchissant la mémoire. J'ai le sentiment qu'il aura peut-être quelques remords de conscience."

"La grande question est; quand passerons-nous des paroles aux actes?" "Le temps de trouver le moyen d'entrer dans ce garage et de louer une auto pour Henri-Paul et Charles."

"Bernard, pour quelques jours tu devras remplir plusieurs de mes fonctions, entre autres régler les honoraires de Roger."

"Danielle, j'ai besoin que tu conduises Henri-Paul et Charles à leur logis et ce n'est que mieux si tu es vue en leur compagnie. Essaye d'avoir les cartes prêtes avant ton départ."

"Henri-Paul et Charles, vous allez laisser chacun de vous une lettre suicidaire chez vous. De toutes façons, je m'attends à ce que cette maison soit incendiée dans les jours qui suivent. Ne laissez pas trop d'argent à cet endroit."

"Bernard, sous prétexte de chercher des informations sur ce garage tu regardes s'il y a une issue à l'arrière et un moyen de fuite de ce côté-là." "Je pense qu'il y a une ruelle derrière."

"Jeannine, c'est toi qui seras là pour nous prendre. Avez-vous des questions?" "Où est-ce qu'on va à partir de là?" "Nous reviendrons ici pour quelques jours, puis Bernard nous emmènera aux Antilles pour des vacances de trois semaines. Nous aurons le temps durant ce temps de faire d'autres plans pour plus tard. Je vais prendre arrangement avec monsieur Courrois pour espacer la chronique d'une semaine et pour nous préparer des funérailles grandioses et télédiffusées."

"As-tu pensé qu'on voudra ouvrir ton testament?" "Il y a déjà des instructions pour ne l'ouvrir qu'un an seulement après ma mort. Je laisserai des instructions pour que tous ceux de ma parenté et amis proches qui se présenteront aux funérailles reçoivent cinq milles dollars en compensation." "Tu n'as pas peur que cela sème le doute." "Bien au contraire, tous ceux qui me connaissent diront que je suis mort comme j'ai vécu." "Que feras-tu des enfants?" "Nous les emmènerons avec nous ainsi que tous les enseignants. Michel est très capable de s'occuper des chiens et de garder un œil sur les lièvres. Bernard ne sera pas trop loin non plus et je suis sûr qu'ils peuvent trouver de l'aide s'ils en ont besoin. J'aurai deux jours pour faire en sorte que tous les employés concernés reçoivent les instructions nécessaires. Voulez-vous tous prendre congé maintenant s'il vous plaît, exception faite pour Bernard. Nous avons encore un paquet de choses à mettre au point."

"Danielle et Jeannine, je compte aussi sur vous deux pour informer les enfants de notre départ. Il ne faut pas qu'ils aient accès à la télévision dans les heures ni dans les prochains jours, ce n'est pas la peine de les exposer à ce drame. Nous faisons notre grand possible pour exécuter ce plan et être prêts pour deux heures quarante-cinq cet après-midi si tout va bien."

"Pourquoi aussi tôt?" "Parce que nos nouveaux amis sont sous surveillance constante en dehors d'ici." "Où as-tu pris cette information?" "Nulle part!" "Mais pourquoi alors?" "Parce que moi je ne confierais pas à qui que ce soit une tâche aussi importante sans supervision." "J'espère que tu as pensé à tout, je ne voudrais pas sauter avec cette bombe." "Il y a une seule chose dont je ne peux rien affirmer, c'est la rapidité avec laquelle cette bombe va exploser. On a dit à Charles qu'elle explosera en cinq minutes exposée au soleil, mais lui a-t-on dit la vérité? De toutes façons c'est moi qui déposerai cette petite pile au soleil lorsque vous serez tous à l'abri dans l'auto de Jeannine. Priez pour que le reste de la journée demeure ensoleillée."

"Si tu permets Jacques, c'est moi qui devrais prendre ce risque. C'est moi qui s'est porté volontaire pour exécuter ce travail après tout." "Si j'étais absolument sûr de ton salut Charles, je te laisserais faire sans hésiter, mais je tiens à te sauver des portes de l'enfer à tous prix, je sortirai donc le dernier."

"C'est bon, il faut tout exécuter sans négliger aucun détail. Nous avons quatre heures devant nous."

"Bernard, tu parleras à ton frère et n'oublie pas qu'il te faut faire un voyage en Afrique dès ton retour des Antilles. C'est toi qui s'occuperas de la distribution des cinq milles dollars après les funérailles." "Pourquoi leur donner ces montants?" "Il y en a qui viendront de loin et qui ne sont pas très fortunés et j'aime faire les choses différemment. En même temps je fais porter un peu plus de honte sur les responsables de notre assassinat. Tu demanderas à Raymond de s'occuper des travaux de l'hôpital en plus de continuer à mettre au point la formule du sommeil et du réveil. Nous prenons des vacances ce coup-ci, mais je pense qu'avant longtemps il faudra se faire à l'idée que se sera en permanence. Je compte sur toi aussi pour collecter tous les reportages de tous les médias, les rapports de police et du clergé. Les moindres indices pourront nous être utiles dans le future. Tu sauras reconnaître nos ennemis qui eux aussi se présenteront aux funérailles. Ne donne surtout rien à l'évêque qui a planifié ma perte, mais soit indulgent aux parents et amis d'Henri-Paul et de Charles. Tu devrais aller voir ce qu'il en est du garage maintenant et faire part à Pauline de mon intention de me le procurer et que nous seront là à deux heures quarante-cinq précis. Moi je dois entrer en contact avec monsieur Courrois." "Est-ce que je t'attends en ville ou si je reviens ici?" "Tu reviens nous chercher Danielle et moi et nous faire rapport de ce que tu as trouvé. En partant d'ici tu emmènes Henri-Paul et Charles à la location d'auto. Tu te sers de la carte de crédit de Danielle, on croira que c'est eux qui l'ont subtilisé. Ils auront profité du bon cœur de Danielle. Tu pourras aider à l'enquête dans ce sens. Je vais demander à monsieur Courrois d'entrer en contact avec Raymond pour des expériences sur l'impuissance. Cela pourra nous être très utile en plus de l'aider lui dans sa relation amoureuse. C'est tout, vois à ce que leurs notes de suicide soient convaincantes et surtout qu'elles impliquent leurs supérieurs. Ils n'ont pas d'idées dans quel bain d'eau chaude ils se sont aventurés. Vas-y maintenant avant qu'il ne soit trop tort."

"Je voudrais parler à monsieur Courrois, s'il vous plaît?" "Attendez une seconde, je vais voir s'il est occupé."

"Monsieur Courrois, monsieur Prince voudrais vous parler." "Passez-le-moi tout de suite Rolande."

"Jacques, qu'est-ce que je peux faire pour toi mon ami?" "Jean, je dois te voir le plus tôt possible et c'est très important." "Oh, je n'aime pas la couleur de ça. Il y a un gros problème, n'est-ce pas?" "C'est immense et c'est urgent Jean. Où est-ce que nous pouvons parler en toute quiétude dans la prochaine heure?" "L'endroit le plus sûr est sûrement chez-moi." "Alors je pars tout de suite, je serai là dans trente minutes."

Je suis monté dans ma limousine blindée pour me rendre chez mon ami à l'insu de tous. Je n'avais jamais pensé qu'il pouvait être aussi difficile de préparer sa mort de la meilleure façon possible. Je n'avais certainement pas le temps de préparer tout le monde concerné. Je peux juste m'imaginer ce que ça serait si c'était une mort subite, comment tous seraient pris au dépourvu. Je me suis dit en riant que si cela ne servait à rien d'autre, ça aura certainement été une bonne pratique. Je ne pense pas que c'est vraiment important pour celui ou celle qui meurt quand elle arrive, en autant que nous vivons pleinement notre vie et pour les bonnes raisons. La vie n'est qu'un prêt de Dieu qui nous est accordé, l'homme honnête saura payer sa dette tôt ou tort, mais faut-il seulement le savoir. Quand je pense à tous mes chiens et les cochons qui sont plein de gratitude et que je vois tant de monde qui ne se souci guère des besoins de leur Créateur, je me gratte la tête comme eux (mes chiens). Me voilà rendu.

"Bonjour madame Courrois, votre mari est-il à la maison?" "Il vous attend dans son bureau monsieur. Prendrez-vous un breuvage et quelques biscuit de ma confection?" "Ça sera avec plaisir madame Courrois." "Thé, café ou autres?" "Je prendrai un thé avec un sucre, s'il vous plaît?" "Vous connaissez le chemin, je vous l'apporte dans quelques minutes."

"Jacques, entre et prends un siège mon vieux." "Mon vieux, vous devriez plutôt dire; mon jeune, mon vieux." "Tu as bien raison, tu dois avoir vingt ans de moins que moi. Qu'est-ce qui t'emmène Jacques?" "As-tu le cœur solide Jean?" "C'est ce que mon docteur me dit toujours et que ma femme a constaté dernièrement. C'est si grave que ça?"

Nock, nock, nock! "Entre chérie, c'est ouvert." "Voilà votre thé et quelques petits bijoux." "Merci beaucoup madame, c'est très gentil." "Ce n'est rien voyons, mais bienvenue quand même. Je vous laisse, ça doit être important."

"Aux alentours de trois heures cet après-midi, moi et mon épouse Danielle seront assassinés." "Quoi? Si c'est une blague elle n'est pas drôle du tout." "Ce n'est malheureusement pas une blague, mais nous ne mourrons pas et dans deux jours nous serons aux Antilles. Des gens hautement placés dans l'hiérarchie, dont je ne nommerai pas, ont ordonné notre mort de façon à ce qu'on ne trouve même pas nos cendres." "Pour une bombe, c'en est toute une." "Elle est de deux mégatonnes." "J'espère qu'elle ne sautera pas au journal." "Ne vous inquiétez pas, ce n'est pas vous qu'on vise ce coup-ci. En fait, on ne sait pas exactement qui l'on vise sauf que c'est le chroniqueur. Ils m'ont trouvé et je veux leur laisser croire qu'ils l'ont trouvé et qu'ils ont réussi leur coup. C'est pour cette raison que nous allons faire sauter un garage en face de ma manufacture, La Couverte à Poils cet après-midi avec la bombe qu'ils ont fournie." "Mais qu'est-ce que moi je viens faire dans tout ça?" "J'aimerais que vous me remplaciez à la prochaine chronique et que vous adressiez vous-mêmes des reproches aux responsables de ce crime pour la perte de votre meilleur vendeur. Faites leur comprendre que lorsqu'un partira deux autres viendront. Cela aura peut-être pour effet de les décourager." "Et si cela faisait l'effet contraire et qu'ils veuillent s'attaquer au journal?" "Il y a deux choses que je peux faire. La première serait de vous fournir une protection efficace et continuelle et la deuxième serait de vous acheter le journal et vous laisser en place pour le diriger avec ma protection." "Il y a toujours des controverses quand on parle de journaux, mais là, c'est plutôt une menace sérieuse. Une troisième solution serait de cesser les chroniques complètement, mais j'aurai des milliers de personnes mécontentes sur le dos et qui me traiteraient de lâche. Est-ce que je peux mentionner que tous tes revenus pour ces chroniques sont remis à des œuvres de charités?" "Vous écrivez ce que vous voulez, je vous fais confiance entièrement là-dessus." "Et bien, il ne me reste plus qu'à te souhaiter de bonnes vacances." "Merci et n'oubliez pas d'aller à mes funérailles." "Je ne manquerai pas ça pour tout l'argent du monde." "Il n'y en aura pas tant que ça, mais je dois partir maintenant, le temps va me manquer. Je vous ferai parvenir mes prochaines chroniques de là-bas et faites-moi connaître votre décision pour le journal. À la prochaine Jean!"

"Bien le bonjour madame, ce sont de très bons biscuits, merci encore."

"Jacques, pour l'amour de Dieu, où es-tu?" "Je suis en route pour la maison. Je m'excuse Danielle, j'ai dû partir à la hâte. Je devais sans faute parler avec monsieur Courrois, je serai là dans dix minutes. Est-ce que tout le monde est prêt?" "Tout est en place, il ne manque que toi." "As-tu parlé à Bernard, qu'est-ce qu'il a trouvé?" "Tout est arrangé et nous sommes tous prêts. Jeannine sera postée derrière le garage à trois heures moins quart. Henri-Paul et Charles on laissé une lettre expliquant leurs actions en demandant pardon à leurs familles et ils ont leurs cartes d'affaire en poche. Ils ont aussi une auto louée et payée par ma Visa. Le soleil brille comme jamais il l'a fait et nous devrions connaître une mort exceptionnelle. Le repos éternel sera bienvenu après tout ça, c'est moi qui te le dis." "Le soleil du sud nous sera sans aucun doute très bénéfique. Je suis presque rendu, je tourne sur notre petite route. As-tu parlé aux enseignants pour qu'ils retiennent les enfants jusqu'à notre retour et qu'ils les empêchent de regarder la télévision?" "Je te laisse et je les appelle tout de suite."

La première chose que j'ai fait en entrant à la maison fut d'aller débrancher un transistor à l'intérieur de tous les téléviseurs sauf celui de ma chambre à coucher. J'ai aussi demandé à Jeannine et à Bernard de m'aider à ramasser tous les radios qui s'y trouvaient. Cela va sûrement causer un peu de confusion, mais nous n'avions pas le choix.

"Bernard, prends le quatre roues et va prévenir Michel de tout ce qui se passe, il ne faut pas qu'il panique. Je lui parlerai plus tard."

"Jeannine, va préparer un message pour ta boite vocale et dis-leur que tu ne veux pas parler à personne jusqu'à ce que les funérailles soient passés. Danielle et moi ne pouvons plus répondre au téléphone et il vaudrait mieux faire déconnecter nos lignes téléphoniques dès cet après-midi. Il nous faudra partir aussitôt que Bernard sera revenu." "Le voilà." "Descendons sans perdre de temps."

"Comment ça été avec lui?" "Il est désolé que nous ayons tous ces problèmes, mais il dit aussi de ne pas t'inquiéter, qu'il prendra soin de tout comme si rien ne c'était passé. Il est content que nous l'ayons prévenu." "Il nous faut faire vite et faire attention de ne pas attirer l'attention de la police. Elle viendra bien assez vite, mais je ne veux pas la voir."

"Jacques, ça m'énerve tout ça." "Ça sera bientôt terminé ma chérie, ne t'en fais pas." "Pourquoi donc on nous veut tant de mal?" "Exactement pour les mêmes raisons qu'on a voulu se débarrasser de Jésus. La vérité est une épée à deux tranchants, autant elle peut nous plaire, autant elle peut être détestée des ennemis de Dieu."

"Nous sommes presque rendus." "Tu te stationnes bien en vue Bernard, il faudra probablement faire réparer ton auto, voir même peut-être la remplacer." "T'es pas sérieux, c'est cent vingt milles piastres." "Il est important que tout soit aussi naturel que possible, sinon il y aura des doutes dans l'esprit de quelques-uns et nous ne voulons pas ça." "Sais-tu Jacques, je crois que tu es vraiment génial pour avoir pensé à tout comme tu l'as fait. Je te savais intelligent, mais ça, ça me dépasse."

"Moi non plus je n'en reviens pas." "Passons à la prochaine étape avant de célébrer, voulez-vous?"

Nous sommes tous les trois descendus de l'auto et entrés dans le bureau de Pauline qui nous attendait avec le sourire. Quelques minutes plus tard nos agents d'immeubles se pointaient comme prévu.

"Bonjour messieurs dames. Nous sommes ici pour rencontrer monsieur Prince. Je suis Charles Grégoire et ma partenaire ici, c'est Henri-Paul Toupin. Voici ma carte d'affaire et si vous êtes satisfaits de nos services, n'oubliez pas de nous référer, les temps sont durs." "Enchanté Charles! Je suis Jacques Prince. Tenez, voilà ma carte aussi."

"Il y a donc de jolies dames dans ce domaine aussi, enchanté madame. Ce grand bonhomme-là c'est Bernard Sinclair, sa fiancée Pauline, elle c'est Monique et l'autre c'est Hélène." "Heureux de vous rencontrer. Je sais que votre temps est précieux, si nous allions visiter les lieux maintenant?" "C'est juste de l'autre côté de la route, nous pouvons marcher." "Bien sûr, cela nous fera du bien."

"Tu viens avec moi Danielle?" "Je ne sais pas ce que ça changera, mais je t'accompagne quand même." "Tu aimes à faire rire le gens, comme toujours. Allons-y."

Nous sommes sortis tous les quatre et nous avons marché jusqu'au garage. Charles qui à ma grande surprise en avait la clef pour déverrouiller la porte de service. J'ai eu pour un instant un sentiment de frayeur et une envie folle de prendre Danielle par la main et de courir aussi vite que possible loin des deux autres, mais je me suis ressaisi.

"D'où vient cette clef?" "Elle m'a été remise par le nouveau propriétaire de ce garage." "Nous n'avons pas le temps de discuter maintenant, il faut passer à l'action. Donnez-moi cette batterie et allez tous m'attendre dans l'auto." "Pourquoi ne me laisses-tu pas faire ça Jacques?" "Je te l'ai dit pourquoi, ne discutes pas avec moi, tu ne pourrais pas gagner. Alors va avec elles, ton travail est accompli et vous avez bien fait ça tous les deux."

Ils ont donc quitté les lieux et moi je me suis immédiatement mis à la recherche d'un rayon de soleil. Il n'y avait pas beaucoup, pour tout dire, il n'y en avait qu'un seul créé par le trou d'une vis manquante dans le toit du garage. On aurait dit qu'il était amplifié par sa petitesse. J'ai donc déposé cette petite batterie sur ce petit spot ensoleillé qui ressemblait a une lumière projetée par une lampe de poche et je me suis dirigé vers la porte de derrière sans perdre un instant. Bénit soit le Dieu qui m'a inspiré ainsi, parce que je n'étais pas encore rendu à la voiture stationnée à deux cent pieds du garage lorsque la détonation avec un bruit infernal se fit entendre. J'ai bien cru devenir complètement sourd sur-le-champ. Je fus projeté à plus de trente pieds de l'endroit d'où je me trouvais. Je n'étais pas blessé, mais je me trouvais dans une demi-inconscience lorsque j'ai senti quelqu'un me gripper pour m'emmener un peu plus loin.

"Ça va Jacques, tu n'es pas blessé?"

J'entendais mais je ne pouvais pas répondre ni réagir. Je me suis senti fouillé par Jeannine et Danielle et je ne pouvais pas réagir à leur angoisse.

On m'a étendu sur les cuisses d'Henri-Paul et de Charles assis sur la banquette arrière et j'ai entendu Charles dire: 'Vite, à la maison tout de suite.'

Je sentais les mains super douces d'Henri-Paul sur mon visage, mais je ne pouvais pas réagir à ça non plus. Le moins que je puisse dire c'est que j'étais vraiment sonné. J'ai le sentiment que je venais de vivre ce que beaucoup de boxeurs ont expérimenté. J'avais connaissance de tout, mais j'étais un peu comme paralysé. J'étais là, mais je n'y étais pas.

"Vous devez connaître un médecin sur lequel nous pouvons compter sur sa discrétion?"

"Raymond, il faut appeler Raymond tout de suite Danielle." "Je ne connais pas son numéro." "Appelle Bernard, il te le donnera."

"Je ne peux pas utiliser mon cell, je suis morte, passe-moi le tien Jeannine." "Voilà." "Je ne peux pas signaler, je tremble trop."

"Donnez-moi ce téléphone. Quel est le numéro?" "866-7788" "Il ne répond pas." "Laisse-le sonner, il finira par répondre. Il est sûrement poigné avec la police et les journalistes."

"Bernard?" "Oui, c'est moi, c'est toi Charles? Quelque chose de grave?" "Nous n'en savons rien, il nous faut un médecin le plus tôt possible." "Que s'est-il passé au juste?" "La détonation a eu lieu beaucoup plut tôt que prévue." "Va-t-il s'en sortir, est-il blessé?" "Nous n'en savons rien, il faut que tu demandes à Raymond de venir chez lui à la vitesse de l'éclaire." "Je m'en occupe immédiatement."

"Raymond, Dieu merci tu es là. Il faut que tu ailles chez Jacques immédiatement, il n'est pas bien." "Sais-tu ce qu'il a?" "Il ne réagit plus à rien, je pense qu'il est en choc nerveux." "Si c'est tout ce qu'il a, ça ne devrait pas être trop grave." "Que s'est-il passé?" "Je pense qu'il a vu la mort de très près." "Je vais y aller tout de suite." "Raymond, tu comprendras plus tard, mais ne souffle pas mot de ce que tu verras à qui que soit, fais-moi confiance." "Explique!" "Plus tard Raymond!"

"Charles, Raymond est en route pour le domaine, il sera juste derrière vous. Gardez-le sur surveillance en tout temps. Il est bon qu'il ne se sente abandonné en aucun temps. Dis aux femmes de lui tenir la main constamment, il est sûrement comme un enfant qui meurt de frayeur présentement. Ça doit être terrible pour lui qui est normalement toujours en possession de tous ses moyens." "Il faut que je te laisse, nous arrivons. Est-ce qu'il y a eu beaucoup de casse?" "Toutes les vites sont pétées et mon auto aura besoin d'une job de peinture, mais personne de blessé. Il n'y a plus de garage et il y a un trou de quatre pieds de profondeur à la place. Je viendrai aussitôt que je le pourrai."

"Il faut le transporter dans un lit le plus doucement possible. Aidez-moi un peu, je vais le mettre sur mon épaule." "Par ici Charles, suivez-moi. Je me demande ce qu'il a, nous n'avons jamais eu un tel cas en vingt-quatre ans de métier. Il ne faut pas le laisser d'une semelle." "Cet homme m'a sauvé la vie aujourd'hui. C'est sûr que j'aurais pris mon temps sachant que j'avais cinq minutes pour changer de place.

Ce gars-là a plus d'instinct qu'un animal. Je suis sûr que cette bombe a sauté en moins d'une minute. Il est chanceux malgré tout d'être encore en vie." "Tu vas bien Charles? Tu parles comme si tu étais en choc toi aussi." "Ça va aller, c'est un coup dur pour moi aussi."

"Jeannine, tu surveilles la barrière pour l'arrivée de Raymond."

"Il faut que quelqu'un demeure avec Jacques en tout temps, tu veux bien faire ça Henri-Paul? Il va falloir que je m'occupe des enfants dès leur arrivée? J'espère qu'il va s'en remettre, je ne sais pas ce que nous ferions sans lui."

"Il va s'en tirer Danielle, n'y pense même pas et cesse de pleurer, ça n'arrange rien et tu vas semer la panique chez les enfants."

"Le téléphone, personne ne répond, la boite vocale prendra les messages. Il est bien long lui, qu'est-ce qui fait? Tiens, le voilà. Ouvre la barrière Danielle, nous devrions en savoir un peu plus dans quelques minutes. Ouvres le garage aussi et n'oublie pas de tout refermer."

"Où est-il?" "Par ici Raymond, il est dans ma chambre. Qu'est-ce qui c'est passé?" "Une explosion!" "C'est de ça qu'on parle à la radio, mais ils n'ont nommé personne. Ils disent qu'il y aurait selon des témoins quatre morts. Ils disent que c'était une bombe très puissante et qu'il est heureux qu'il n'y ait pas plus de victimes. Il est en choc. Il ne semble pas avoir d'autre blessure. Il a tout simplement l'air perdu. Ce n'est pas grave, il n'a qu'un blocage du cerveau, comme s'il avait besoin de cesser de penser. Je vais lui injecter un calment et il sera revenu à la normale dans moins de vingt minutes."

"Tu es sûr de ce que tu dis?" "Oui, j'en suis sûr Danielle. Qui sont ces gens?" "C'est Marie et Joseph." "La sainte famille quoi? Où donc est Jésus?" "Très drôle!" "Je ne connais pas votre raison, mais je sais que vous me cachez des choses." "Attends que Jacques revienne à lui, il te dira ce qu'il veut te dire, nous, nous ne pouvons rien te dire sauf que nous avons besoin de ta discrétion." "Il a fermé les yeux, c'est bon signe."

"Quelqu'un veut une tasse de café ou du thé?" "Un bon café noir sera bienvenu pour moi."

"Pour moi aussi!"

"Toi Marie, tu veux quelque chose?" "Un jus de fruit quelconque fera l'affaire."

Danielle s'est demandée en elle-même si c'était ça la formule magique pour garder une aussi belle peau. Moi dans ma demi-inconscience je me demandais si c'était l'évêque ou Charles qui avait menti à propos de la durée du temps qu'il faille pour la détonation de cette petite batterie. Je ne comprenais pas mon état mental non plus. J'avais connaissance de tout ce qui se disait sans pour autant pouvoir y réagir.

J'ai senti un amour très profond venant des mains d'Henri-Paul, comme si elle évaluait la chance qu'elle avait de pouvoir me tenir sur ses genoux et me caresser la figure et les cheveux. Je pense qu'elle ne savait pas que j'en avais conscience. Elle m'a rappelé une religieuse dont j'ai connu dans mon enfance à l'hôpital de Magog, qui ironiquement se nommait sœur Paul-Henri. Elle m'avait habiller de la tête aux pieds avec des vêtements tout neuf, ce que je n'avais jamais connu. Tout y était, un complet, chemise, cravate, souliers, bas, tout quoi. C'en était assez pour vouloir retourner à l'hôpital juste pour revivre ce bonheur. Je me promets d'aller lui rendre visite aussitôt que l'occasion se présentera. Elle était d'une bonté exceptionnelle. J'espère de tout cœur qu'elle est toujours de ce monde juste pour pouvoir lui dire un grand merci une autre fois. Je dirais que c'est le plus beau souvenir de toute mon enfance. Je ne parle pas des vêtements dont j'ai reçu, mais bien de l'amour de cette femme pour autrui.

Henri-Paul est demeurée près de moi tout le long de mon agonie et j'avais l'impression d'être soutenu par les mains d'un ange qui malgré tout me rassurait. C'était vraiment réconfortant."

"Charles, va prévenir les autres, il revient à lui."

Lorsque Charles fut sorti de la chambre, elle s'est penchée sur moi et elle m'a embrassé sur la bouche et je lui ai rendu son baiser.

"Tu es conscient?" "Oui, toi aussi!" "Tu nous as fait une peur terrible." "Je crois que j'ai eu plus peur que vous tous. J'ai cru t'entendre dire que tu voulais me baiser les pieds et les mains." "Je préfère et de loin la bouche, puis je n'avais pas prévu te tenir sur mes genoux et Danielle a dit que tu n'aimerais pas te faire baiser les pieds."

"Jacques tu vas bien? Mon Dieu que j'ai eu peur." "Avez-vous pris les nouvelles?" "Comment voudrais-tu que nous puissions le faire?" "Il faut que j'aille là-haut, j'ai la télé dans ma chambre. Oup, oup."

"Prends ton temps Jacques, je viens juste de t'administrer un calment, tu vas avoir les jambes molles pour un bon moment." "Aidez-moi à monter là-haut, je veux entendre et enregistrer les nouvelles."

"Aide-moi Joseph, nous allons le monter là-haut, sinon il ne sera pas bien et nous ne voulons pas qu'il fasse une rechute."

"Ne laissez pas monter les enfants sous aucun prétexte."

"Quelqu'un va-t-il me dire ce qui se passe?" "On a voulu m'assassiner Raymond, mais ils ont manqué leur coup, cependant je veux leur laisser croire qu'ils ont réussi, ce qui nous accordera un temps précieux." "Vous n'auriez pas pu me prévenir?" "Tout c'est passé tellement vite, je n'ai pas eu le temps."

"Tu veux allumer Danielle? Où donc est Jeannine?" "Elle est avec les enfants." "Il faut aller lui dire de ne répondre aucunement au téléphone et elle devrait monter ici avec nous."

"Je peux y aller si tu veux." "C'est très bien Henri-Paul, merci."

"Henri-Paul?" "Marie Henri-Paul Toupin et Charles Joseph Grégoire. Ils sont morts dans l'explosion avec Danielle et moi."

"Me voilà, quelque chose à la télé?" "Nous aurons les nouvelles dans cinq minutes."

"Tu n'as rien Jacques, tout va bien?" "Je suis bien Jeannine, que font les enfants?" "Ils sont tous en train de jouer aux quilles sauf Jonathan, il est allé à l'onglette." "Oh non, mon Dieu, mais il y a un radio là-bas, s'il fallait qu'il apprenne que nous sommes morts par les nouvelles, cela le rendrait fou. Je voudrais, mais je n'en ai pas la force, il faut que quelqu'un aille le chercher sans perdre de temps."

"Raymond, tu es le seul qui sait où c'est et qui peut le faire assez vite pour éviter le pire, vas-y en courant, s'il te plaît?"

"Nous interrompons l'émission en cours pour une nouvelle de dernière heure. Il n'y a pas deux mots pour décrire ce qui s'est passé dans notre ville cet après-midi. Le mot est horreur. Une explosion comme on en voit au Moyen-Orient s'est produite dans un garage sur une rue isolée aux limites de la ville, heureusement. Les autorités estiment sa puissance entre deux à trois mégatonnes. Selon l'ex propriétaire, il venait juste de le vendre un peu plus tôt cet après-midi. Il affirme qu'il n'y avait rien d'explosif à l'intérieur de ce bâtiment précédant la transaction. Il a été sommé de demeurer disponible pour futurs interrogatoires. Des spécialistes en explosifs ont déclaré que cette bombe et d'une nature très peu connue ou pas du tout, puisqu'elle a détruit absolument tout ce qu'elle a touché. Il ne reste rien, même pas une poutre d'acier qui normalement serait tordue, mais quand même sur place ou tout près. La police se questionne à savoir s'il y a une relation avec l'enlèvement de monsieur Courrois la semaine dernière, puisque c'est le même endroit dont il s'agit, au 888 Chemin Des Sables. Il y a plusieurs témoins en pleures juste de l'autre côté de la rue encore questionnés par les policiers sur place. Ils auraient selon les dires vus quatre personnes entrer dans ce bâtiment juste une minute ou deux avant la déflagration. La police a interdit la divulgation des noms des présumées victimes, puisque les familles concernées n'ont pas encore été informées, ce qui devrait être fait dans l'heure qui suit. On nous apprend à l'instant même, qu'il s'agirait d'un riche industriel et son épouse, ainsi que deux agents d'immeuble."

Dans les secondes qui suivirent cette dernière information, tous nos téléphones se sont mis à sonner sans arrêt. Je savais que la panique s'installerait dans nos familles de façon incontrôlable.

CHAPITRE 12

"Vite Jeannine et Danielle, il faut faire en sorte qu'aucun enfant ne puisse prendre un de ces appels. Ils n'ont pas besoin d'être confus."

"Charles, connais-tu quelque chose en filage téléphonique?" "Je peux débrancher un fil, si c'est ce que tu veux savoir." "Descends au sous-sol, tu y trouveras la boite électrique, tu y trouveras aussi toutes sortes d'outils là tout près. Dépêche-toi, ça presse."

Je ne sais toujours pas s'il savait à ce moment-là qu'il était mis au test, mais il va sans dire que je l'avais à l'œil dans cette dernière démarche.

Il y avait trois caméras directement pointées sur lui sur tout son trajet et espionnaient ses moindres gestes. Il était sans contredit pris en trois dimensions.

"Tu te méfies toujours de nous Jacques?" "Ce n'est pas de gaieté de cœur Henri-Paul. Il y a quelques détails qui m'intriguent et qui m'inquiètent beaucoup." "Est-ce que tu te méfies de moi aussi?" "C'est toujours intrigant d'être embrassé par une aussi jolie femme qui n'est pas la tienne." "Ça t'a déplu?" "Non, ça m'intrigue seulement et là je me demande si tu ne veux simplement pas détourner mon attention de Charles. Tu ne ferais pas mieux si c'était le cas. Qu'est-ce qui te fait douter encore de nous?" "Les faits qu'il avait la clef de ce bâtiment et que la bombe a explosé cinq fois plus tôt qu'il ne l'avait dit." "Charles est un des hommes le plus intègre que je connaisse, il n'a certainement pas voulu te tromper en quoi que ce soit." "J'ai la responsabilité de voir à la protection de toute ma famille, je ne peux pas me permettre d'erreur." "Je te comprends et je t'admire pour tout ce que tu fais. Je ne savais pas que ça existait un homme comme toi, sinon je n'aurais jamais considéré le couvent." "Je te vois comme une femme qui doit combattre ses pulsions, ses désirs pour l'amour." "Je n'ai jamais ressentis quelque chose de semblable jusqu'à ce jour et j'ai un peu honte de mes sentiments." "À quoi fais-tu allusion?" "Au fait que je voudrais que tu me prennes dans tes bras, que tu me sers très fort contre toi, que tu me couches sur ton lit et que l'on baisse sans arrêt pendant des heures, mais ce n'est pas la peine, je sais que tu es trop honnête pour combler mes désirs et je ne voudrais jamais trahir la confiance de Danielle et Jeannine ni prendre quoique ce soit qui leur appartient et surtout pas sans leur permission." "Tu as raison, ton sort est entre les mains de mes deux épouses que j'aime plus que moi-même. Je ne l'ai jamais fait et je ne leur serai jamais infidèle, même si j'éprouvais de l'amour extrême pour une autre femme. Je sais cependant pour l'avoir vécu moi-même et le vivre toujours qu'il est possible d'aimer plus d'une personne à la fois. Je sympathise avec tous ceux qui sont prisonniers de ce dilemme et qui n'ont pas la chance dont je connais." "Je souhaiterais qu'il y aient des millions d'hommes comme toi." "Il est écrit qu'un jour sept femmes prendront le même homme uniquement pour qu'elles portent son nom et autre chose aussi, je présume." "Je pense qu'il n'y a personne au monde qui connaît la parole de Dieu comme toi." "Je ne sais pas pour ça, mais je sais que Dieu m'a parlé et qu'Il me parle encore assez souvent. J'en ai eu un autre exemple cet après-midi. Cette voix qui m'a dite; sors de ce garage aussi vite que possible, même si en principe j'avais amplement de temps. Ce n'est certainement pas le diable qui voulait me garder en vie, lui qui cherche constamment ma perte. Cette même voix qui me dit présentement; Henri-Paul est l'une des plus jolies et des plus désirables des femmes sur terre, elle t'aime éperdument et tu la trouves convenable et tu la prendrais si ça te l'était permis. C'est sûr que j'aurais pu verrouiller cette porte et m'envoyer en l'air avec toi, ce qui aurait été sans aucun doute très agréable et personne ne l'aurait jamais su, sauf toi, moi et Dieu et tous les anges du ciel et le diable qui lui se ferait un plaisir fou de venir à mon jugement pour dire: 'Han, han, il n'est pas mieux que n'importe qui.'

Nous avons tous le pouvoir de choisir et crois-moi, Dieu aide celui et celle qui s'aide lui-même." "Il y en a des milliers qui ont été déclarés saints, mais je sais qu'aucun d'entre eux ne t'arrivent à la cheville du pied. Il n'y en a qu'un seul à qui on pourrait te comparer un peu, c'est Jésus lui-même et on ne l'a jamais prononcé saint. On a dit st Pierre, st Jean et tous les saints et saintes, mais je n'ai jamais entendu ou lu quelque part; 'St-Jésus.'

Pourtant, s'il y en a un qui méritait ce titre, c'est bien lui." "Charles revient maintenant, je suis content que tu aies pu t'exprimer comme tu le souhaitais. Nous aurons peut-être l'occasion d'en reparler un jour. PS, j'étais bien sur tes genoux."

Raymond n'a pas réussi à ramener Jonathan qui insistait à demeurer sur les lieux, mais il s'est assuré que son travail soit quand même effectué.

"Pourquoi n'a-t-il pas voulu te suivre?" "Il dit qu'il a des choses importantes à créer et qu'il ne veut pas perdre l'inspiration. Alors je me suis fâché et j'ai massacré le radio. J'ai continué à insister et il m'a quand même défié. Je me suis encore fâché et j'ai cassé le téléphone, puis je suis parti en le laissant derrière sachant qu'il n'avait plus accès aux nouvelles." "Bien joué mon homme. J'aurai quand même quelques reproches à lui faire."

"Je pense que j'ai réussi à déconnecter toutes les lignes téléphoniques de la maison."

"Te sens-tu mieux Jacques? Veux-tu que je te donne un remontant? Si tu en fais trop, tu peux aisément avoir une rechute et ça ne serait pas bon pour ton cerveaux." "C'est peut-être une bonne idée Raymond, nous avons beaucoup de choses à préparer encore. Appelle aussi

Bernard et demande-lui s'il peut se libérer, j'aimerais partir d'ici le plus tôt possible." "Pour aller où?" "C'est vrai, tu n'es pas au courant. J'ai donné beaucoup d'instructions à Bernard et il y en a beaucoup qui te concerne. Je suis désolé, mais je n'ai pas pu faire autrement, je manque de temps." "Tiens, prends ça." "Merci, qu'est-ce que c'est?" "C'est un peu comme le red-bull, un énergisant." "Bernard est au courant, tu dois partir pour l'Afrique aussitôt son retour des Antilles."

"Qu'est-ce qu'il y a en Afrique?" "Je suis un médecin sans frontière. Jacques me paye ainsi que tous les médicaments nécessaires pour des milliers de nécessiteux dans tous les pays pauvres du monde."

"Aimerais-tu voyager Charles?" "Je suis allé en Floride une semaine, il y a une dizaine d'années, mais c'était en auto."

"C'est quelque chose que Charles et moi pourrions faire tout en se cachant de ceux qui pourraient nous en vouloir." "Tu oublies une chose Henri-Paul, vous ne me verrez jamais monter à bord d'un avion vivant."

"Toi, Henri-Paul, tu n'as pas peur de l'avion?" "Je ne pourrais pas dire, je ne l'ai jamais pris."

"Charles, tu sais très bien que je ne peux pas assurer ta sécurité si tu demeures dans les parages." "Pourquoi ne pourrais-je pas tout simplement demeurer ici, on y est bien." "Parce qu'il y a quelqu'un d'autre qui s'en vient ici. Il sera dans cette maison dans deux jours." "Excuse-moi une minute."

"Danielle, peux-tu préparer les enfants pour le voyage immédiatement, nous partirons ce soir si c'est possible?" "Es-tu sérieux?" "Très!"

"Jeannine, j'aimerais que tu prépares les enfants pour le voyage, si c'est possible nous partirons ce soir." "Qu'est-ce que vous amenez?" "Le strict nécessaire, il y a tout ce que nous avons besoin là-bas. Veux-tu aller parler aux enseignants aussi, dis-leur de ne prendre que leurs effets personnels et que je les emmène en voyage pour trois semaines." "S'ils me demandent ce qu'ils ont besoin, qu'est-ce que je réponds?" "Leurs bikinis et leurs brosses à dents. Fais vite, veux-tu."

"Henri-Paul et Charles vous devriez allez vous reposer quelques heures, nous aurons besoin de vous un peu plus tard et le voyage est quand même assez long."

"As-tu rejoint Bernard?" "Je l'ai, tiens."

"Bernard, as-tu pu éviter les questions?" "Tu vas mieux Jacques? Tu t'es donc remis de ta crise? Attends une minute, je ne peux pas parler, il faut que je m'éloigne un peu. Ça va, maintenant tu peux y aller. Que disais-tu?" "Je t'ai demandé si tu as pu éviter les questions?" "Oui, mais j'ai du mal à consoler Pauline et plusieurs autres." "Je veux essayer de partir ce soir." "Le timing n'est pas ce qu'il y a de mieux." "Si je reste ici une journée de plus je deviendrai fou." "Ça doit être la confusion totale là-bas?" "Je sens que ça va l'être d'une minute à l'autre. Nous n'allons prendre que le nécessaire, tu pourras toujours nous amener ce que nous avons besoin lorsque tu emmèneras Jeannine après les funérailles. Attends une seconde."

"Raymond, as-tu quelque chose pour endormi Charles? Je ne veux pas être obliger de le forcer à monter à bord de l'avion?" "Je pourrais diluer deux somnifères dans un verre d'eau, cela devrait suffire." "Fais ça et amène moi également un verre d'eau pour Henri-Paul. Raymond, va dire à Jonathan que nous partons en voyage et qu'il doit s'en venir tout de suite et s'il n'écoute pas, force-le. Je n'ai pas le temps de discuter."

"Excuse-moi Bernard, c'est la pagaille ici. Comment ça se passe là-bas?" "Les pompiers sont encore ici, mais les ambulances sont parties vu qu'il n'y avait pas de clientèle pour eux." "Quand tu le pourras, tu ramasseras toute la documentation qui te sera possible et je veux que tout le monde sans exception qui sera à l'enterrement soit sur vidéo, c'est très important, car nos assassins y seront aussi. C'est tout, je veux juste que tu fasses aussi vite que possible, à tantôt."

"Laurent, comment vas-tu mon ami?" "Je vais bien Jacques et je vois qu'ils n'ont pas réussi à t'avoir." "Qu'est-ce que tu veux dire par-là?" "Tu devrais savoir que les nouvelles voyagent à la vitesse de la lumière de nos jours. J'ai vu des images de l'explosion et ça ressemble étrangement à du nucléaire. Je pense savoir ce qu'ils ont utilisé. Mais tu

dois avoir une raison pour m'appeler autre que pour me dire bonjour."
"J'ai besoin de faire un échange comme nous en avons déjà parlé."
"Je m'en attendais aussitôt que j'ai entendu les nouvelles." "Serais-tu
un voyant toi aussi?" "On ne dépense pas des milliers de dollars pour
faire sauter un garage vide ni pour quelqu'un sans importance." "Je
comprends ton astuce, bonne déduction. Seras-tu prêt à revenir avec
Bernard?" "Quand penses-tu être ici?" "Sept heures de vol, demain
midi en comptant le décalage, mais je veux que Bernard se repose
une bonne journée avant de revenir. Comment est la pêche?" "Elle
est superbe et ton bateau est fantastique." "L'eau est bonne, il n'y a
pas trop de requins?" "J'ai fait installer une clôture à trois cent pieds
du rivage pour les contenir. Les géants pourraient toujours la briser,
mais nous aurions le temps de sortir de l'eau avant qu'ils puissent
nous manger." "C'est une très bonne idée." "Il m'arrive d'en avoir une
à force d'exploiter celles des autres." "Nous n'avons pas le temps de
tout organiser pour ton arrivée ici, il faudra donc que tu t'en arranges.
Comment c'est là-bas?" "Il faudra que tu t'en arranges toi aussi." "Moi
j'ai plusieurs femmes pour faire le ménage." "Ne tourne pas le fer dans
la plaie, veux-tu?" "C'est bon je te laisse, je voulais juste te prévenir.
Nous pourrons discuter plus en profondeur demain."

"Charles, c'est moi. J'ai pensé qu'un bon verre d'eau froide vous
ferait du bien. Mangerais-tu quelque chose?" "Non, un verre d'eau
suffira." "Je vais en amener un à Henri-Paul aussi, à tout à l'heure."

Nock, nock, nock. "Entre Charles, c'est ouvert." "Ce n'est pas
Charles, c'est moi, est-ce que ça fait pareil?" "On ne peut mieux
Jacques, tu viens t'étendre avec moi?" "Henri-Paul, je te prierais de
ne plus me parler de cette façon. Tu sais très bien maintenant que ce
n'est pas ça qui m'attira vers toi." "Je croyais que tu aimais les défis."
"J'adore les défis, mais si je n'avais pas l'obligation de vous protéger
tous les deux, vous seriez très loin d'ici à l'heure qu'il est." "Tu vas nous
envoyer loin d'ici, n'est-ce pas?" "Je vais tout faire de nécessaire pour
vous sauver la vie. Repose-toi Henri-Paul, nous avons beaucoup à faire
dans les prochaines heures. Je te verrai plus tard."

"As-tu vu si Charles à bu son verre d'eau?" "Il a tout avalé et je m'attends à ce qu'il dorme profondément d'une minute à l'autre." "Lorsqu'il se sera endormi, tu l'emporteras dans l'avion avec l'aide de Bernard qui devrait être ici d'un moment à l'autre."

"Jeannine, veux-tu m'expédier Jérémie s'il te plaît?" "Il en a que pour environs dix minutes dans ça partie de quilles, pourrait-il la terminer avant de monter?" "Bien sûr, ce n'est quand même pas une cassure. Comment ça été avec les enseignants?" "Ils sont tous heureux d'avoir des vacances prématurées et payées. Plusieurs m'ont demandé quelle était l'occasion, mais je n'ai rien dit sachant que tu vas probablement avoir un meeting à bord de l'avion." "Est-ce que les valises sont prêtes?" "Tout le monde est prêt aussi." "Jonathan, est-il entré aussi?" "De reculons, mais oui, il est là." "J'aurai quelques mots à lui adresser aussi, aussitôt que Jérémie sera descendu." "C'est bon, je lui dirai." "Nous devrions pouvoir embarquer dans moins d'une heure. Toi, vas-tu pouvoir tenir le coup?" "Il le faut chéri, je n'ai vraiment pas le choix." "Ma mère va sûrement vouloir te tenir compagnic et peut-être quelques-unes de mes sœurs aussi. Il est impérieux que tu viennes nous rejoindre aussitôt les funérailles passées." "J'aurais bien voulu passer quelques heures avec toi avant ton départ." "Moi aussi chérie. Nous nous rattraperons dans quelques jours sur notre yacht, c'est une promesse. Ça m'ennuie de te laisser derrière nous et je suis sûr que tu vas manquer aux enfants aussi, mais tout ça j'en suis sûr, c'est pour le mieux." "Voilà Jérémie, je te l'envoie, ne sois pas trop dur avec lui." "Ne crains rien, je veux juste connaître ses motifs."

"Tu veux me voir papa, ça l'air très officiel?" "Je veux juste te montrer un petit bout de film et connaître ton opinion sur ce que tu verras." "C'est quoi ça?" "C'est un journal de la semaine dernière." "Qu'est-ce qu'ils font là ces deux hommes?" "Ils sont dans une position qui ne devrait pas être exposée comme ça. Ça s'appelle homosexualité." "Ça existe ça?" "Ça existe, mais ce n'est pas ce qui est de plus beau à voir et je souhaiterais que tu n'aies jamais vu ça. Ce n'est pas pourquoi je t'ai fait monter. Viens t'asseoir ici mon gars et regarde ça. Je veux que tu saches que je ne t'espionnais pas, mais ta mère était sortie et j'ai voulu garder un œil sur vous tous en son absence. Pourquoi as-tu laissé ta chambre pour aller te coucher avec tes petites sœurs?" "Ce n'est pas ma chambre que je laisse papa, c'est mon frère." "A-t-il fait quelque chose qui te déplaît?" "Non, René n'en sait rien, c'est moi." "Qu'est qu'il y a avec toi Jérémie?" "Ça me dérange d'être avec lui la nuit." "Qu'est-ce qui te dérange au juste mon gars?" "Je ne sais pas comment l'expliquer, tout ce que je sais, c'est que ça me dérange." "Et ça ne te dérange pas d'être avec tes sœurs?" "Non, je peux dormir tranquille avec elles." "Tu ne sens pas le besoin de les toucher?" "Non jamais, je les aime trop pour ça et j'aime trop mon Dieu pour ça aussi." "Est-ce parce que ton frère est un garçon que ça te dérange?" "Je ne suis pas certain, mais je crois que oui. J'ai trouvé le mot dans le dictionnaire, c'est impulsion. J'ai des impulsions quand je couche avec René et je n'aime pas ça me sentir comme ça. C'est pour ça que je vais dormir avec les filles." "Et bien mon garçon, je te remercie pour ton honnêteté, je vais voir ce que je peux faire pour t'aider. Aimerais-tu avoir une chambre pour toi tout seul?" "Oh oui papa, ça c'est une idée formidable." "Je vais faire emménager une chambre au sous-sol juste pour toi. De quelles couleurs veux-tu les murs?" "J'aimerais avoir des murs roses." "Moi je n'ai pas d'objection pour cette couleur mon garçon, mais je pense que si l'on fait ça, tu vas t'attirer les risées des autres et il vaudrait mieux éviter ça. Que dirais-tu d'un beau bleu pâle?" "C'est pas aussi beau, mais ça ira et les autres vont trouver ça plus normal pour une chambre de garçon."

"Ça va pour les murs bleus et nous reparlerons de tous ça une autre fois quand nous ne serons pas aussi pressés que ce soir, OK?" "C'est toujours un bonheur de pouvoir parler avec toi papa." "Pour moi aussi mon gars, va maintenant et dis à Jonathan de venir me voir tout de suite cette fois, sinon je viendrai le chercher moi-même." "Merci pour la chambre papa." "Tu es bienvenu mon garçon."

"Papa, j'ai le sentiment que tu es fâché contre moi." "Tu m'as beaucoup désappointé aujourd'hui, c'est vrai, mais je ne suis pas fâché, entre guillemets et je vais te dire pourquoi, parce que je sais que tu es assez âgé pour comprendre ce que je vais te dire. Nous avons tout fait aujourd'hui pour t'éviter une grande peine, mais toi tu ne nous as pas aidé à t'aider du tout." "Ça dont bin l'air sérieux s't'affaire-là." "Jonathan, ta tante Danielle et moi sommes décédés aujourd'hui pour le reste du monde et il s'en est fallu de peu pour que ça le soit pour toi aussi. Quand Raymond a saboté le radio et le téléphone un peu plus tôt, c'était pour t'éviter d'apprendre notre mort par les nouvelles et que toi par la suite tu viennes semer la panique dans la famille. À l'avenir quand je te ferai demander tu obéis sans poser de questions, est-ce que c'est compris?" "Oui, mais pourquoi toute cette mascarade?" "Parce qu'on a essayé de m'assassiner et nous jouons leur jeu pour éviter qu'ils essayent de nouveau." "Pourquoi voudrait-on tuer un homme comme toi papa? C'est complètement insensé." "Parce que je suis ce que je suis et ce n'est évidemment pas insensé pour eux. Ils ont dépensé une somme extravagante. Il faut donc leur en donner pour leur argent. Je n'ai pas le temps d'en parler plus longuement avec toi juste là, mais nous en reparlerons plus tard. Tu es le seul des enfants qui est au courant à présent et nous n'avons pas besoin d'une panique à bord, ce qui fait que tu gardes ça pour toi pour le moment. Nous aurons un meeting familial plus tard. Nous partons ce soir et je ne suis pas sûr du jour où nous pourrons revenir, peut-être jamais." "Oh non, mes onglettes, j'ai deux nouveaux modèles." "Rappelle-toi qu'elles ne vaudront jamais autant que ta vie. Tu dois aussi démontrer que tu as des aptitudes pour mener des hommes, parce qu'éventuellement je veux te confier les entreprises Fiab, si tu es intéressé bien sûr, mais pour donner des ordres il faut être capable d'en prendre." "Es-tu sérieux papa, tu voudrais me confier ces grands projets?" "Quand je parle d'affaire mon gars, je suis toujours sérieux et quand je donne des ordres aussi." "Je m'excuse papa, je n'ai vraiment pas voulu t'offenser." "Je veux juste que tu t'en souviennes, c'est tout. Des vacances ne seront pas nécessairement néfastes pour tes onglettes. Tu pourras venir à la pêche avec moi ou t'amuser à dessiner, tu en auras le choix." "Ça s'annonce bien." "Va maintenant, j'ai encore quelques détails à mettre au point avec Raymond."

"Est-ce que Bernard a montré signe de vie?" "Il devrait être ici en moins de cinq minutes." "Dis-lui de voir à ce que l'appareil soit tout fin prêt pour le départ, surtout le plein. Occupez-vous que tous montent à bord ainsi que les bagages, moi je veux passer une heure avec Jeannine. Ça ne doit pas être trop drôle pour elle de rester derrière pour un enterrement qui n'en est pas un et de voir toute la famille pleurer sans pouvoir rien dire." "C'est toute une aventure, ça c'est sûr." "Je te laisse avec tout ça avec Bernard et je vous rejoins dans une heure à bord de l'avion et nous partirons sur-le-champ. As-tu quelques cigarettes de prêtes?" "J'ai une boite en or toute pleine, la veux-tu?" "Ça pourrait être utile, on ne sait jamais." "Elle est dans mon sac, tiens la voilà." "As-tu les antidotes aussi?" "Ils sont dans la boite aussi." "J'espère de ne pas me les faire voler." "Ça serait trop drôle de capturer le voleur qui dors sur un plateau d'or." "Bon bin, parle, parle, jase, jase, il faut que j'y aille." "Bon voyage et on se tient au courant."

Je suis descendu à la course pour aller retrouver Jeannine qui je me doutais bien commençait à désespérer de me voir avant mon départ.

"Tu en as mis du temps, qu'est-ce que tu fabriquais?" "Un millier de choses, mais je n'ai pas du tout cessé de penser à toi et ne perds rien de ce temps précieux qu'il nous reste à te plaindre, viens me faire l'amour." "Je ne suis pas dans une bonne disposition pour ça." "Viens, nous allons prendre un bon bain chaud et s'étendre quelques minutes, puis si tu ne veux que parler, ça ira pour moi aussi." "Je n'aime pas vous voir partir en me laissant derrière." "Moi non plus je n'aime pas ça et crois-moi, je voudrais tant pouvoir te trouver une remplaçante, mais tu es unique au monde. Si seulement tu avais une doublure, je n'hésiterais pas à dépenser un million pour pouvoir t'emmener avec moi." "Juste un million, mais ce n'est qu'une goutte dans un baril." "C'est quand même un million." "Je sais, mais je trouve quand même ça dur." "Sais-tu que tu es aussi belle que le soir où je t'ai connu?" "Sais-tu que toi tu es encore mieux que le soir où je suis tombée amoureuse de toi et que c'est du même soir dont nous parlons?" "Sais-tu que je meure d'envie de te faire l'amour comme au premier soir?" "Sais-tu que moi aussi?" "Qu'attendons-nous?" "Laisse faire la serviette, viens."

C'était l'une des fois un peu vite, mais aussi l'une que l'on n'oublie pas du tout. Je me suis habillé en vitesse, je l'ai serré très fort dans mes bras et je me suis envolé, car je ne voulais pas voir ni sa peine ni ses larmes. Je suis donc parti parce qu'il le fallait. Tous n'attendaient que moi pour une envolée vers les Antilles qui nous attendait à bras ouverts.

Le voyage s'est passé en douceur et même Charles s'est demandé pourquoi il avait aussi peur de l'avion. Nous avons tourné quelques fois autour de notre petite île avant d'atterrir et les enfants n'avaient qu'une seule question:

"Comment t'as fait pour déménager notre maison ici en si peu de temps papa?"

"Voyons les jeunes, on ne déménage pas une maison comme celle-là, on en construit une autre à un autre endroit."

"Pour eux ce n'est pas facile à concevoir Samuel, ils n'ont pas ta vision des choses." "Il faut quand même qu'ils apprennent un jour." "Ça serait bon qu'ils le fassent en douceur comme tu l'as fait toi-même, ne penses-tu pas?" "Excuse-moi, mais mes chiens me manquent déjà." "Je comprends ton amour pour les chiens, je l'ai connu moi aussi, mais l'amour pour ta famille devrait primer, ne crois-tu pas?" "Mais oui, ça va passer."

"Tu as bien dormi Danielle?" "Comme un ange!" "Mon ange qui volait au vent. As-tu rêvé à la planification des vacances, ce que tu aimerais en faire?" "Je n'ai pas rêvé, mais je rêve d'une petite croisière de quelques jours seule avec toi." "Tes désirs son des ordres ma chérie, nous la ferons aussitôt que nous aurons installé tout le monde. Je n'ai besoin que de vingt-quatre heures pour tout organiser et moi aussi j'en ai besoin, crois-moi."

"Ça va Charles, tu n'as pas trop peur ou s'il faut d'endormir avant l'atterrissage?" "Ça va aller, on y est aussi bien que sur un divan à la maison." "Il se peut qu'il y aient des turbulences de temps à autre, mais Bernard a un flair extraordinaire pour les éviter. Il va me falloir vous laisser vous débrouiller avec la rentrée, je dois avoir un entretien important avec Laurent dès notre arrivée."

"Ça va Bernard, il me semble que tu tournes autour plus souvent que d'habitude." "Je veux juste m'assurer que tout va bien là en bas. Il devrait y avoir un véhicule qui nous attend et je ne vois rien, c'est quand même étrange." "Je vais appeler Laurent, il me le dira si tout va bien."

"Laurent, est-ce que tout va bien en bas?" "Oui Jacques, j'ai cru pour un peu que ce n'était pas toi là-haut. Descendez, je vais envoyer le chauffeur avec l'autobus tout de suite. Nous repartons tout de suite, n'est-ce pas?" "Merci, nous descendons."

"Vas-y Bernard, il croyait que c'était quelqu'un d'autre." "Ça ne tient pas debout Jacques, il connaît cet appareil comme le fond de sa poche." "Tu penses qu'il y a quelque chose qui cloche?" "J'en suis certain. Si tout était normal, il serait là en ce moment." "Tu as raison, il a aussi mentionné notre départ immédiat alors qu'il sait que je veux que tu te reposes une journée entière avant ton départ." "Qu'est-ce qu'on fait?" "Nous descendons quand même, sa vie est peut-être en danger. Tout le monde reste à l'intérieur de l'avion, elle est blindée et nous y sommes en sécurité ici. Nous réagirons à leurs actions, pour le moment nous ne savons pas de quoi il s'agit. C'est sûrement à moi qu'ils en veulent, je vais descendre et voir ce que c'est. Prépare-toi au décollage au cas où. N'hésite pas une seconde s'il y a du grabuge et va prévenir les autorités. Tu devrais porter ta veste antiballes, c'est plus prudent." "Je vais tout simplement aller leur offrir une cigarette. Je suis sûr que ça n'a rien a voir avec la Bible, ils ne peuvent pas être au courant, c'est une toute autre histoire. Peux-tu voir combien ils sont à l'intérieur de l'autobus?" "Ils sont deux, mais de bonnes corpulences." "Ouvre-moi et ferme bien derrière moi. Je pense que ce n'est seulement qu'une prise d'otage, nous y sommes habitués maintenant, je vais régler ça en cinq minutes."

Je suis donc descendu de l'avion et j'ai marché jusqu'à l'autobus où ils m'ont fait monter à la pointe d'un revolver.

Qu'est-ce que vous chercher?" "Nous voulons juste que vous nous ouvriez votre coffre fort et si vous faites ce qu'ont dit, il n'y aura pas de malheur." "Mais il n'y a rien dans ce coffre." "Allez faire accroire ça à d'autres qu'à nous, un coffre de plusieurs milliers et rien dedans."

"C'est vrai ça Gilles, il nous prend pour des fous. Ah, ah, ah." "Est-ce que vous fumez les gars?" "Ouais, surtout le cigare de Cuba. Oh la belle boite, donne-moi ça, mais c'est de l'or pur."

"Tu n'y connais rien, ce n'est que du plaqué. Laisse-moi voir ça. Moi je pense que c'est du plomb plaqué d'or." "Il n'y a qu'un moyen de le savoir, passe-moi ton couteau une minute." "Vous ne pouvez pas fumer une cigarette d'abord et vous obstiner plus tard?" "Très bonne idée, as-tu du feu?" "Tiens, mais tire, ne sais-tu pas fumer. Toi, tu sais fumer ou pas? Dormez bien mes agneaux et laissez-moi le volant maintenant, voulez-vous?

Laissez-moi parler avec Laurent, je vais lui donner la combinaison du coffre fort." "Laurent, est-ce qu'on écoute ce que je dis?" "Oui!" "Dis-leur que je ne te la donnerai pas s'ils écoutent." "Ils ont compris et ils se sont éloignés." "Dis-moi, ils sont combien?" "Deux!" "Sont-ils armés?" "Une seul l'est." "Essaie d'ouvrir la porte du garage, puis prends ton temps et fait n'importe quelle combinaison. Si ça n'ouvre pas, recommence en disant que tu t'es trompé." "J'ai compris.

Je suis donc entré dans la maison et je me suis dirigé à la course vers mon monte-charge et je suis monté au deuxième étage attendant comme m'ouvre gentiment la porte.

"C'est ouvert les gars, prenez ce que vous voulez."

Ils se sont précipités tous les deux vers la porte du coffre avec un sac que l'un deux tenait et l'autre après avoir rangé son arme dans sa ceinture est accouru dans l'espoir de pouvoir l'aider à emballer tout ce qu'il pouvait. Mais surprise, surprise, il y avait quelque chose d'autre qui les attendait. Ça faisait assez longtemps que je ne mettais pas servi de mes arts martiaux, mais je ne me souviens pas avoir eu autant de plaisir à le faire.

"Tu as bien tous les talents qui existent." "Pas tout à fait Laurent. Ça fait longtemps qu'ils sont là?" "Depuis hier soir. Je leur ai dit que je n'étais que le locataire et que je ne connaissais pas la combinaison de ce coffre. Ils m'ont dit qu'ils me couperaient en morceaux jusqu'à ce qu'ils l'obtiennent s'il le fallait. C'est là que je leur ai dit pour gagner du temps que tu venais aujourd'hui. Ils ont donc décidé te t'attendre avant d'agir. J'aurais souhaité une meilleure bienvenue pour vous tous." "Ce n'est pas de ta faute, mais par où sont-ils entrés." "Je pense qu'ils sont venus par la plage, ils ont sûrement un bateau là tout près." "Il me faudra donc renforcer la sécurité de ce côté-là. Tu veux m'aider à nettoyer cette merde avant que les autres ne se pointent." "Qu'est-ce que tu vas en faire et qu'est-ce que tu as fait des deux autres?" "Je les ai tout simplement endormis. Je t'expliquerai un peu plus tard. Il faut ligoter ces deux-là avant de les descendre dans l'autobus. Nous les emmènerons à la plage et je reviendrai plus tard avec Bernard pour les mener sur leur bateau, mais je veux aller chercher tous les autres pour commencer. Tu veux bien garder un œil sur eux en attendant?" "Ça me fera plaisir." "Nous reviendrons aussitôt que possible. À tout à l'heure!"

"Bernard, tout va bien. Prépare tout le monde à descendre et fais-toi aider avec les bagages, je serai là dans quelques minutes." "Que s'est-il passé?" "Je t'expliquerai plus tard, si tu veux, il faut se concentrer à installer tout le monde pour le moment." "Je comprends."

"Nous ne connaîtrons donc jamais la paix peu importe où nous allons." "Cinq à dix minutes d'attente n'est pas la fin du monde Danielle." "C'était plutôt cinq à dix minutes d'inquiétudes mon chéri et ce n'est pas drôle du tout. Qui sont-ils ces trouble-fête?" "Ce n'était que des intrus qui pensaient devenir riche en dévalisant la maison d'un homme fortuné, c'est tout. Ils ont maintenant plus de mal que de bien et ce n'est pas fini, ils ne sont pas encore au bout de leurs peines. Mais ce qui importe pour le moment c'est de nous installer dans notre maison le plus vite possible. Jésus a bien parlé quand il a dit de ne pas amasser des trésors sur la terre où les voleurs veulent dérober, mais il a omit de dire ce qui peut arriver aux voleurs. Moi je peux dire que ceux-ci non pas eu de chance et qu'ils ont frappé à la mauvaise porte. Nous voilà enfin rendus, affairez-vous à tout ranger, Bernard et moi nous avons une petite corvée." "Elle est la réplique exacte de notre maison du Québec." "Oui, il y a très peu de changement, je ne voulais pas que vous soyez dépaysés en venant ici. Il faut qu'on y aille, je vous verrai dans quelques minutes."

"Vous allez nous tuer?" "Vous le mériteriez peut-être, mais ça doit être votre jour de chance, nous ne sommes pas des tueurs, heureusement pour vous." "Qu'est-ce qu'ils ont ces deux-là?" "Ils dorment paisiblement pour l'instant." "Comment êtes-vous venus?" "Nous avons un petit bateau là tout près." "À qui appartient-il?" "Il est à moi." "Où sont vos papiers?" "Sur le bateau!" "Il vous a coûté cher?" "Dix milles dollars!" "L'as-tu payé avec des recettes du vol?" "Non, je travail dans la construction et je l'ai payé avec de l'argent gagné honnêtement." "Qu'est-ce qui vous a pris de faire une telle chose aujourd'hui?" "Un de nous a tout planifié et nous a dit que c'était une affaire absolument sûr et je me suis laissé embobiner." "Ton arme, est-elle enregistrée?" "Non, elle a été achetée sur le marché noir. Nous ne voulions pas blesser personne, elle n'est pas chargée." "Ça, c'est un bon point en ta faveur. Je veux les noms et prénoms de chacun de vous."

"Bernard, tu écris s'il te plaît."

"Je veux vos adresses aussi et vos numéros de téléphone." "Êtes-vous de la police?" "Qu'est-ce qui vous fait penser ça?" "Vous posez beaucoup de questions." "Je suis toujours intéressé à mes visiteurs, qu'ils aient été invités ou pas." "Qu'est-ce que vous allez faire de nous?" "Je pourrais vous mettre sur ton bateau, vous envoyer en mer après l'avoir coulé, mais je l'ai dit, je ne suis pas un tueur. Que penses-tu je devrais faire de vous?" "La chose normale serait d'appeler la police." "Oui, mais je n'aime pas les procès, même si ce n'est que pour témoigner. Est-ce qu'il y en a un parmi vous qui a un dossier judiciaire?" "Je ne suis pas sûr des autres, moi je n'en ai pas." "Je vais vous laisser aller en vous faisant une promesse que je tiens toujours. Si jamais je vous revois aux alentours d'ici ou si j'entends dire que vous avez commis un autre crime, je viendrai vous chercher moi-même et je vous ferai payer pour ce crime-ci aussi. C'est toi le chef, tu es donc responsable des trois autres aussi. Que penses-tu de ça?" "Je dirais que nous n'en méritons pas tant." "Savez-vous nager?" "Nous nageons comme des poissons monsieur." "Je vais donc vous détacher et vous emmènerez vos copains avec vous, mais je garde ton arme, en principe tu n'en auras plus jamais besoin." "J'apprécie ce que vous faites monsieur, je vous dis merci et je parle au nom de tous." "Tiens, tu donneras ça aux deux endormis à leur réveil."

"Allons-y les gars, ils ne reviendront plus jamais ici ceux-là." "Pourquoi fais-tu ça Jacques?" "Bernard, il y a des gens sur terre qui n'ont besoin qu'une seule chance dans la vie, j'espère qu'ils sont de ceux-là."

"Moi je m'attendais à tout sauf peut-être à ça. C'est sûrement parce que tu es qui tu es qu'on veut tant te faire mourir Jacques, ça me dépasse." "S'il n'y a qu'une seule chance que ces hommes se détournent du mal, ils l'ont obtenu aujourd'hui et si je me trompe, je les aurai une prochaine fois. Je leur donne une chance de m'aimer au lieu de me haïr et comme je l'ai déjà dit, je déteste aller en cour et aussi les procès."

"Lorsque tu es venu à mon procès cela a porté fruit. Il y a maintenant des milliers de personnes qui ne jurent plus." "Tu l'as dit, ce message-là est déjà passé, je me concentre donc sur d'autres messages à passer et il y en a des centaines."

"Jacques, tu ne m'as jamais vraiment dit ce que tu étais." "Je ne suis qu'un disciple de Jésus Laurent et Bernard aussi, ainsi que Danielle et Jeannine."

"Oh non, moi je ne suis qu'un apprenti encore." "Que dis-tu là? C'est toi le premier qui s'est aperçu qu'il y avait de quoi qui n'allait pas ici." "C'est juste mon travail de m'assurer de pouvoir atterrir en sécurité." "C'est ce que je disais, tu es un disciple aussi."

"Je croyais qu'il fallait être pauvre pour être un disciple." "Il nous faut surtout être capable de suivre les recommandations de Jésus, savoir reconnaître ses messages et à notre tour les transmettre à d'autres qui espérons-le deviendront des disciples à leur tour. Un pauvre même avec toute la volonté du monde ne peut pas donner beaucoup, puisqu'il n'a rien à donner, sauf spirituellement, tandis que le riche peut faire beaucoup de mal et aussi beaucoup de bien. Il y a une histoire absolument stupide dans Luc 16 de 19 à 31 où l'on dit que le riche est dans le séjour des morts parce qu'il a reçu des biens durant sa vie. Dans cette histoire on dit qu'il y a un grand abîme entre les deux, mais ils communiquent entre eux sans problème apparent et pire encore, le riche en enfer appelle Abraham père et Abraham de son côté appelle un être en enfer son enfant. En plus, celui de l'enfer demande à Abraham de sauver ses frères, ce qui est complètement en l'encontre de la politique du diable. Jésus à dit qu'un royaume pour subsister ne peut pas être divisé. C'est écrit dans Matthieu 12, 26. 'Si Satan chasse Satan, il est divisé contre lui-même; comment donc son royaume subsistera-t-il?'

Je ne crois pas que l'auteur de cette histoire a déjà rencontré Jésus. Nous savons tous que jusqu'à ce jour la force du mal existe encore. Nous venons juste d'en avoir la preuve." "Je vais suivre tes chroniques à partir de ce jour Jacques." "J'aimerais que tu suives les actualités de près aussi." "Compte sur moi, je vais garder l'œil ouvert."

"Bernard, tu devrais emmener Pauline pour quelques jours de vacances quand tu emmèneras Jeannine au prochain voyage. Maintenant je dois avoir un sérieux entretien avec Laurent."

"Tu me disais que la matière de cette bombe venait d'ailleurs?" "Oui, c'est une substance inconnue et elle n'existe pas sur terre. Elle a coûté plusieurs millions aux nouveaux propriétaires." "Je peux te dire que ça n'en prend pas une grosse quantité pour faire un grand trou. Une batterie de la grandeur d'un vingt-cinq sous m'a presque arraché la vie à quarante-cinq mètres de distance et je sais qui a voulu s'en servir contre moi." "Je croyais que c'est moi qui allais te l'apprendre. La patente est enregistrée au nom d'une église bien connue basée à Rome. Le gouvernement italien a tout fait sans succès pour se l'approprier. Je pense qu'ils veulent faire accroire au monde après l'explosion que c'est le bras de Dieu qui a frappé." "Ça leur ressemble beaucoup et ça ne sera pas la première fois qu'ils auront menti à leurs fidèles. Nous devrions en avoir la confirmation dans les nouvelles prochainement. Tu vas avoir de la visite à Trois-Rivières dans les prochains jours aussi et il serait bon que tu les laisses tout voir de l'avant plan. Ils voudront savoir si j'étais encore dans les parages avant mon décès. Ça serait un bon mensonge si tu leur dis que tu ne m'as pas vu depuis très longtemps et que tu étais en vacances, mais que tu es revenu pour les funérailles." "Je pense que je peux bien faire ça pour toi." "Il nous faut maintenant réunir tout le monde pour un meeting de sécurité. Nous irons tous dans le sous-sol de Danielle."

"J'ai besoin de l'attention de tous sans exception. Je veux tout le monde dans la salle de quilles dans les cinq minutes qui suivent, c'est très important." "Qu'est-ce qu'il y a de si spécial Jacques?" "Il y a qu'il y a du danger ici aussi et que tout le monde a besoin d'être sur ses gardes."

"C'est bon, les enfants nous avons ici une très belle plage, mais il est absolument défendu d'aller se baigner." "Quoi?"

"Quoi?"

"Quoi?"

"Quoi?" "Nous avons plusieurs canards ici aujourd'hui. Il est absolument défendu de se baigner seul ou sans la présence d'un adulte. Il est défendu également d'aller au-delà de la clôture qui est installée pour empêcher les requins d'entrer. Je vais maintenant céder la parole à monsieur Charron qui est celui qui connaît le mieux cet endroit. Ne vous gêner surtout pas pour lui poser des questions."

"Monsieur Charron, pensez-vous aussi qu'il y a du danger à se baigner à la plage?" "Tout ce que je peux vous dire c'est que j'ai perdu un chien que j'adorais à la gueule d'un requin et c'est pour cette raison que j'ai fait installer une clôture dans la mer à trois cents pieds du rivage. Ça fait très mal de voir son animal préféré, son meilleur ami se faire dévorer et je suis sûr que ça serait pire encore de voir son enfant ou son frère ou sa sœur partir de cette façon sans pouvoir rien faire pour l'aider."

"Voulez-vous nous dire ce qui s'est passé ici plus tôt avec ces étrangers qui nous empêchaient de descendre de l'avion?"

"Est-ce que je peux Jacques?" "Vas-y Laurent, ils vont peut-être te prendre au sérieux."

"Et bien, il y avait quatre brigands qui m'ont tenu en otage depuis huit heures hier au soir à la pointe d'un revolver et qui me demandaient de leur ouvrir le coffre-fort, mais comme je ne connais pas la combinaison ils ont menacé de me couper en morceaux. J'étais très heureux de savoir que votre père venait aujourd'hui, ce qui m'a sans aucun doute sauvé la vie une première fois." "Que voulez-vous dire par-là, il vous a sauvé la vie?" "Je leur ai dit que votre père venait aujourd'hui et cela me permettait de gagner du temps, mais j'étais loin de penser que votre père les mettrait hors ne nuire en moins de dix minutes. J'avais plutôt cru en une sorte de négociation."

Samuel qui comme toujours est plus curieux que les autres et comme il voulait tout savoir dans les moindres détails continuait à poser des questions.

"Qu'est-ce qu'il a fait pour se débarrasser d'eux?"

"Ça suffira pour les questions concernant cet incident, il faut passer aux choses sérieuses maintenant."

"Il y aurait-il autre chose dont il faudrait se méfier ici Laurent?" "Oui, le soleil est très chaud et il faut se méfier, car il peut causer le cancer de la peau en plus des brûlures. Il y a aussi les pirates de mer qui sont très fréquents. Il y a de grandes possibilités qu'on cherche à vous kidnapper dans l'espoir d'obtenir une rançon, parce que vous êtes des gosses de riche. Il n'y a pas beaucoup de risques qu'ils puissent entrer par la voie de la terre, mais par contre nous avons la preuve maintenant qu'ils peuvent venir par la voie des eaux."

"C'est pour cette raison que dès cet après-midi, je vais donner des ordres pour qu'on vienne renfoncer la sécurité de ce côté-là. Soyez certain que je ne négligerai rien consciemment pour assurer votre sécurité à tous."

"Vous pouvez faire confiance à votre père pour ça, nous en sommes presque prisonniers, je veux dire, de sa sécurité." "Ça vaut mieux que des pleurs et des grincements de dents."

"Elle est bonne celle-là Jacques, où l'as-tu pris?" "Dans Matthieu 13, 42 de la Bible! C'est Jésus qui l'a dit."

"Est-ce qu'il y aurait lieu de s'armer Jacques?" "Je ne le pense pas Charles. Il suffit de s'aider et Dieu fera le reste."

Je ne voulais pas entrer dans les détails devant toute ma famille, mais pratiquement presque tout le périmètre de cette île est armé pour une autodéfense. Il n'y avait qu'une seule faille et nous venions juste de la découvrir. Il y a même un antimissile enfoui sur cette île. Il y a aussi plusieurs garages contenants des lances roquettes et des chars d'assauts. IL y a aussi huit canons pointant dans toutes les directions et qui sont très bien camouflés et des radars pour m'indiquer trente milles à la ronde la venue de gros navires qui ne sont pas autorisés à s'approcher à moins de dix milles. J'envisage aussi d'échanger notre avion ou de faire ajouter des mitraillettes comme ils ont sur les f-18 ou encore les f-35.

J'ai obtenu de ce gouvernement moyennant un super gros montant l'autorisation de tirer à vue tout intrus quel qu'il soit, même s'il était de la police ou de l'armé. Tout a un prix ici bas si nous avons de quoi payer, mais rien n'est trop cher quand il s'agit de la protection des miens.

"Est-ce que tu vois autre chose Laurent?" "Pas pour le moment!"

"Y a-t-il d'autres questions?" "Moi je voudrais bien pouvoir parler avec monsieur Charron en privé de quelques idées qui je pense pourraient être de bonne inventions."

"Toi tu es?" "Samuel!"

"C'en est un autre qui a des idées fertiles ça Laurent, il faudra l'introduire à ton fils."

"Monsieur Charron, peut-on patenter des moulures?" "Bien sûr mon gars nous le pouvons, mais il y a de fortes chances pour que tout le monde triche et que tu ne reçoives rien pour ton idée. Il faudra que tu fasses enregistrer le dessin de la mèche avec laquelle la moulure sera fabriquée et alors tu pourras recevoir une part sur chaque mèche vendue dans le monde entier, mais absolument rien sur les imitations de ta mèche." "Est-ce que c'est dispendieux de faire enregistrer une idée comme ça?" "Ça dépend beaucoup de qui le fait pour toi. Il y a des avocats qui sont pires que les requins de la mer. Avec un tel ça peut être dix milles et avec un autre ça peut être cent milles pour le même travail. Moi j'ai centuplé ma fortune avec les inventions de votre père, ce qui me permet de profiter de la vie aujourd'hui."

"Maintenant vous connaissez tous ceux qui sont ici présents et si jamais vous voyez quelqu'un d'autre sur notre propriété, vous ne lui parlez même pas, vous courrez à toute vitesse à la maison et vous alarmer les autres, parce que s'il est là il y a de fortes chances qu'il vous veuille de mal, peu importe la façon qu'il a ou l'état qu'il semble être et surtout s'il tient sa tête au-dessous de son bras. Est-ce que c'est bien compris? Je n'ai pas besoin que quelqu'un joue aux héros. Ça sera tout, à moins que vous ayez d'autres questions sur notre sécurité."

"Quand est-ce qu'on va en bateau?"

"Oh, moi aussi je veux y aller."

"Moi aussi!" "Je vais d'abord aller faire le tour de l'île avec Danielle et m'assurer que tout est bien aux alentours, mais pour commencer il me faut appeler quelqu'un pour faire sécuriser la plage d'avantage."

"J'te dis que si j'avais mes chiens ici, nous n'aurions besoin de rien d'autre." "C'est vrai qu'on a de bons chiens, mais je ne pense pas que ça serait suffisant, puis il y a toujours le risque qu'ils se fassent tuer, ce qui me déplairait beaucoup?"

"Comment te sens-tu Bernard?" "Un peu endormi, mais j'aime mieux résister et passer une bonne nuit avant de repartir." "Veux-tu t'occuper des travaux?" "Est-ce que tu sais ce que tu veux?" "Je veux la même chose qu'il y a sur notre petite rivière au Québec." "Sais-tu si tu peux te la procurer par ici?" "Je vais voir et sinon, je vais la commander et tu me l'amèneras à ton prochain voyage. Garde l'œil ouvert sur tout ce qui se passe ici, je vais aller faire un tour avec Danielle."

"Laurent, est-ce que le plein est fait sur le bateau?" "Je fais toujours le plein en entrant d'une randonnée." "Très bien, comme ça nous serons de retour dans quelques heures."

Le soleil était des plus radieux, la mer était calme et Danielle aussi attirante qu'à notre première rencontre. Nous avons fait le tour de notre île et de quelques autres dans les alentours. J'étais heureux de constater que nous étions encore isolés de la civilisation. Il nous aurait été facile de croire que nous étions au paradis. Il est sûrement réconfortant de savoir que nous sommes sous la protection de notre Créateur.

"Est-ce que ça te tente autant qu'à moi?" "Moi, ça me tente chaque fois que je te vois, voyons chérie. Je suis toujours obligé de me retenir afin de faire étirer le plaisir jusqu'à mes vieux jours." "As-tu peur de manquer d'énergie ou de puissance?" "Que dirais-tu si l'homme avait une limite comme un stylo, disons dix milles mots et pour l'homme dix milles éjaculations?" "Ça prend quand même une bonne pompe, non?" "Ça voudrait dire que tous les travaux faits à la main seraient une session manquée à deux?" "Ça voudrait dire aussi que l'homme aurait environs quatre sessions par semaine sur une durée de cinquante ans avec deux semaines de vacances par année." "À cent piastres la shoot tu aurais un million." "Aie, tu es bonne avec les chiffres toi aussi. Voyons si tu es aussi bonne au lit. Il faut faire vite pour ne pas inquiéter tous les autres. La prochaine fois nous ne donnerons pas une heure de retour. Descends, je te rejoins dans quelques minutes. Je vais juste laisser le bateau flotter au neutre et nous laisser bercer par les flots. Tu ne voulais pas que je te déshabille moi-même?" "Tu ne veux pas que les autres s'inquiètent, ne perds pas de temps." "Je me demande si tu réalises à quel point je t'aime?" "Oui, mon chéri, tu n'as jamais cessé de me le dire et si tu y manquais je serais inquiète." "C'était encore merveilleux, habillons-nous et retournons avant qu'ils ne lancent un avis de recherche." "Qu'est-ce qu'ils font là ces trois hommes?" "Ils semblent bien dormir et je me demande ce qu'ils voulaient. Fouille celui-là, vois s'il a des papiers d'identifications." "Il a une boite de cigarettes qui semble en or. Il a aussi un gros couteau et une arme à feu." "Cette boite m'appartient, ce sont donc des voleurs, peut-être même des pirates de mer. Regarde, ça doit être leur bateau là-bas. Je vais aller voir ce qu'il en est." "Es-tu sûr que tu devrais monter à bord de ce bateau? Ça l'air malsain. Ces gars-là pus l'enfer, ça doit faire des mois qu'ils ne sont pas lavés." "Je vais juste jeter un coup d'œil rapide."

C'est vrai que c'était malsain. Il y avait des cadavres à bord qui commençaient à puer terriblement.

C'était évident qu'ils étaient des pirates. Il y avait à bord de ce bateau des centaines d'objets divers que personne ne peut rassembler avec toute l'imagination du monde. Nous avons été extrêmement chanceux de ne pas se faire prendre les culottes baissées. J'en suis ressorti avec trois ceintures de sauvetages.

"Fais attention un peu Danielle, je vais lancer ça à bord." "Serais-tu devenu voleur toi aussi?" "Penses-tu vraiment, comique? Aide-moi un peu, je vais leur mettre ça sur le dos et les jeter à la mer." "Tu n'as pas peur qu'ils se fassent manger par les requins?" "Franchement chérie, je m'en fous complètement. Des voleurs et assassins comme eux, méritent-ils vraiment de vivre?" "C'est la première fois que je t'entends parler de la sorte." "Penses-tu que Dieu va être plein de tendresse et de compassion pour des personnes comme celles-là? Ils puent tellement que même les requins pourraient les rejeter. Dans la boite là, il y a des pilules de réveil, nous allons leur en enfoncer une dans le gosier." "Tu es trop généreux, pourquoi gaspiller pour eux?" "Pas du tout, c'est pour empêcher que les enquêteurs remontent jusqu'à moi. Ils sont prêts, aide-moi à les jeter par-dessus bord. Non attends un peu, nous allons s'éloigner de leur bateau avant pour ne pas qu'ils puissent revenir trop tôt, puis je vais appeler la marine. Voilà, ça doit suffire. Aide-moi, veux-tu?" "Non, je ne veux pas, mais je vais le faire quand même. Il est lourd ce gros cochon." "C'est un gros poids mort. Attends, je vais le glisser là-bas et juste le rouler par-dessus bord."

"Ici J.P. à la marine! Ici J.P. à la marine!" "Ici la marine, qu'est-ce que nous pouvons faire pour vous aider?" "Il y a trois hommes à la mer et un bateau abandonné qui ressemble étrangement a un bateau de pirate près d'une île." "Qu'elle est votre position? Je répète, qu'elle est votre position?" "La position est quatre milles Nord, Nord Est de l'île Pointe Blanche." "Bien reçu, j'envoie une vedette sur les lieux immédiatement. Ça prendra quand même un peu plus d'une heure avant l'arrivée des forces maritimes." "Je regrette, je ne peux pas attendre, il y a urgence pour moi de déguerpir. La sécurité de ma famille est en jeu." "C'est reçu, merci pour votre aide, nous apprécions."

J'ai poussé les machines à pleine puissance et nous sommes entrés chez-nous. Bernard nous a reçu avec un regard inquiet.

"Quelque chose ne va pas Jacques?" "Ce n'est rien de grave, juste un bateau de pirates. Il y avait trois hommes, mais ils dorment tous les trois en prenant un bain d'eau salée présentement." "Tu ne connaîtras donc jamais la paix?" "Il faut croire qu'il y a quelqu'un qui ne veut pas que je m'ennuie. Mais bien au contraire Bernard, ce sont mes ennemis qui ne connaissent pas la paix. Je ne voudrais certainement pas être dans la position de tous ceux qui m'ont attaqué dernièrement." "Tu as raison, tu es en bien meilleure position." "Ne vas pas penser que le travail de Jésus pour régner mille ans sera de tout repos. Aussi bien m'y habituer si je veux régner avec lui." "À te voir aller, on dirait bien que ce soit déjà commencé, les méchants connaissent l'enfer et les bons sont bien traités." "C'est un peu de ma faute je crois." "Comment cela pourrait être de ta faute?" "J'ai prié Dieu de m'utiliser comme Il l'entendait. J'ai souvent eu l'impression en grandissant de porter le monde sur mes épaules." "Tu n'as pourtant pas une grosse corpulence." "Tu connais bien l'expression; 'les petit pots, la.'" "Oui, oui, je sais, la meilleure onguent." "Si nous allions faire un tour de bateau avec tout le monde maintenant?" "Allons les chercher." "Va faire le plein, je vais y aller."

"Allô tout le monde, êtes-vous prêts pour une petite croisière de trois ou quatre heures?" "Oh oui!."

"Oui!"

"Oui!"

"Oui! Où allons-nous?" "Nous allons juste faire le tour de quelques îles voisines au cas où l'un de vous voudrait devenir mon voisin éventuellement. J'aimerais beaucoup en acheter quelques-unes de plus."

"Oui, ça c'est quelque chose qui m'intéresse papa." "C'est curieux, mais je me doutais bien que ce soit quelque chose qui t'exciterait Sam. Tu n'as peut-être pas encore assez d'argent, mais ça ne sera pas bien long."

"S'il y en a un autre à qui cela intéresse, je peux toujours vous avancer l'argent pour un dépôt. Levez la main ceux à qui cela intéresse." "Moi j'en veux une qui contient beaucoup de bois." "Ça se pourrait que ce soit difficile à trouver Jon, mais nous pouvons toujours chercher."

"Toi aussi Bernard, tu es intéressé? On en parlera ensemble un peu plus tard si tu veux, mais tu peux toujours en spotter une. Quand tu le pourras, parles-en avec Raymond, vous pourriez peut-être en partager une à vous deux." "C'est une bonne idée, je vais lui en parler et j'en parlerai aussi avec Pauline." "Allons faire le tour pour voir combien d'îles il y a dans les parages." "Si je me souviens bien, j'ai cru en voir une vingtaine du haut des airs qui sont toutes assez rapprochées les unes des autres. Il y en a de plus petites et de très grandes. Moi j'en voudrais une petite, question de pouvoir me reposer quand les choses se calment et vivre une vie de famille. Je dois admettre que cela m'a beaucoup manqué." "C'est très vrai que tu n'as pas été gâté de ce côté-là. Il te faudra peut-être commencer à entraîner quelqu'un pour te remplacer un jour." "Oh, je ne donnerai jamais ma place, j'aime beaucoup trop ça, mais un assistant serait bienvenu pour me remplacer de temps à autres." "Samuel sera prêt dans moins de trois ans et il devrait être inscrit le plus tôt possible dans une école de pilote. Il a toutes les bonnes aptitudes pour faire le travail."

"Regarde celle-là papa, elle est superbe." "C'est vrai qu'elle est très belle, mesurons-la pour voir sa superficie. Elle fait trois quarts de mille par un demi, elle est vraiment superbe et elle n'est qu'à un mille environs de la nôtre. Qui est-ce qui veux celle-là?" "Moi!"

"Moi!"

"Moi!" "Je me doutais bien que cela serait le cas, dix preneurs pour une seule île. Il va falloir jouer à la bouteille. Voici ce que nous allons faire. Nous allons survoler tous les alentours et photographier toutes les îles. Je vais probablement toutes les acheter et les départager par la suite. Je veux que celles des extrémités soient bien armées et qu'elles appartiennent à deux personnes alertes et les deux plus responsables de tous. Nous en discuterons plus tard à la maison."

"IL y en aura donc une pour chacun de nous papa?" "Tu aimerais avoir la tienne aussi Isabelle?" "Bien sûr, il n'y a pas que les gars qui peuvent faire de grandes choses, les filles aussi si on nous en donne la chance." "Tu as bien raison ma belle fille et oui tu auras la tienne aussi, puis je voudrais que tu sois le plus près de moi que possible, que dis-tu de ça?" "Tu es un papa en or, je t'aime tellement." "As-tu déjà pensé à ce que tu voulais faire plus tard?" "Bien sûr et ça depuis très longtemps." "Et qu'est-ce que tu veux faire?" "Je veux faire un médecin et avoir mon propre hôpital." "Et tu ne m'en as jamais rien dit." "Tu sais papa, je n'ai pas souvent l'occasion de discuter avec toi." "Et je le regrette tellement ma chérie, heureusement que nous avons ces vacances. Mais ce sont de grandes ambitions dont tu parles ici." "Je sais et je sais aussi que j'en serai capable." "Serais-tu prête à passer tes vacances d'été à faire des stages à l'hôpital?" "Je ne demande pas mieux papa." "Mais tu n'as que douze ans." "C'est ce que je veux faire papa." "Alors tu demanderas à ta mère pour une application dès ton retour à la maison."

"Est-ce que je peux faire ça moi aussi papa?" "Dans un an si tu y penses encore Mariange, rappelle-le moi, veux-tu?" "T'inquiète pas, je n'oublierai pas."

"Toi René, sais-tu ce que tu veux faire?" "Bin oui je le sais, je veux faire comme toi." "Tu ne trouves pas que j'en fais trop?" "Peut-être, mais je veux faire comme toi." "Tu dois être le plus ambitieux de tous."

"Toi Jérémie, tu veux faire quoi?" "Moi je veux enseigner tout ce qu'on a besoin de savoir." "C'est quoi tout pour toi?" "Je veux enseigner tout ce que tu sais papa." "Tu ne penses pas que c'est un peu beaucoup?" "C'est ce que je veux faire toute ma vie."

Là je me suis posé un tas de questions à savoir, quelle sera la durée de sa vie avec tous ceux qui veulent s'en prendre à la mienne? Jusqu'à quand échapperais-je à ces attaques qui surviennent et qui se succèdent l'une à la suite de l'autre? Combien de temps se déroulera-t-il avant que l'on sache où je me cache? Quelle arme se servira-t-on la prochaine fois? Qui sera mon prochain assaillant? Qui le premier me trahira? À qui s'attaquera-t-on pour pouvoir me piéger? Toi seul a toutes les réponses mon Dieu Tout-Puissant. Je remets ma vie entre tes mains et que ta volonté soit faite.

"Papa, tu regardes où tu vas?"

"Qu'est-ce qui se passe Jacques, tu vas bien?" "Oui, oui, je vais bien." "On aurait presque dit que tu t'étais endormi." "J'étais perdu dans mes pensées, c'est tout." "Il faut faire attention quand on tient le volant et qu'on a la vie de plusieurs personnes entre les mains." "Tu as raison Bernard, veux-tu prendre les commandes un peu?" "Où veux-tu aller?" "Je voudrais mesurer la distance de l'extérieur de la dernière île à l'extérieur de la première et puis entrer pour souper avant que les enfants ne souffrent de la faim." "À mon retour du Québec, je voudrais tenter ma chance à la pêche." "C'est un rendez-vous Bernard, moi aussi j'aimerais ça." "Alors vois à ce que tous les enfants soient bien agrippés à bord, je vais accélérer un peu." "Ça va Bernard, vas-y."

Les enfants ont trouvé ça excitant de la vitesse sur l'eau et nous étions de retour à la maison à une heure raisonnable pour le souper. Charles et Henri-Paul ont préféré attendre un peu plus tard dans la semaine pour donner la chance à tous les enfants d'être ensemble pour cette première sortie.

"Jacques, il y aurait environs vingt-deux milles de distance en longueur et une quinzaine de milles de largeur pour englober toutes ces îles." "C'est presque la superficie de l'île Ville Marie." "Tu veux dire

Montréal?" "Nous pouvons donc y cantonner plusieurs personnes."
"Tu penses à les peupler?" "C'est une possibilité éventuelle. Il ne faudra
pas s'échapper, car si jamais ça se savait, ça serait une fortune perdue
et tout serait à recommencer." "Ça ne sera pas facile." "Tandis que j'y
pense, il faut que je te dise; je veux que tu t'informes si tu peux armer
notre avion et ce bateau. Il faudra aussi voir à les faire blinder ou même
à les échanger pour des blindés. Fais toujours sûr que tu n'es pas suivi.
N'en parle pas aux enfants, mais vois si tu peux emmener le chien
préféré de Samuel et celui de Jonathan. Ils seront plus patients de cette
façon. Maintenant je dois passer un peu de temps avec Laurent, il aura
fort à faire lui aussi là-bas."

"Charles, comment ça va?" "Je vais bien Jacques. Comment a été
la randonnée?" "Ça bien été, les enfants ont très apprécié. Ça va pour
toi dans les airs maintenant, ne me dis pas que tu as peur de l'eau?"
"Non, tu n'auras pas à m'endormir pour m'emmener à la pêche. Tu
vas descendre souper avec nous?" "Avec plaisir. Donne-moi seulement
cinq minutes pour me débarbouiller la figure." "Nous mangeons chez
Danielle.

Nock, nock, nock." "Henri-Paul, es-tu réveillée?" "Non, je dors
profondément et je rêve à toi, ne me réveille pas s'il te plaît?" "Je ne
peux pas t'empêcher de rêver, alors je n'essayerai même pas, mais on
ne vie pas que d'amour et d'eau fraîche et c'est pour ça que je t'invite à
venir souper avec nous. Danielle nous attend, ne la faisons pas attendre
trop longtemps, OK?" "Juste le temps de m'habiller et je descends."

Puis, je suis allé dans ma chambre pour inviter Laurent aussi qui ne
s'est pas fait prier un seul instant.

"Tu viens souper avec nous Laurent?" "Pour une fois qu'il y a
une cuisinière dans cette maison, je ne manquerai pas ça pour toute
ma fortune." "Parlons-en de ta fortune, ne peux-tu pas te payer une
cuisinière?" "En trouver une qui se contenterait de cuisinier, ça serait
chouette, mais elle peut cuisinier pour six mois et réclamer la moitié
de ma fortune justement et le juge se ferait un plaisir farouche de me
déposséder." "Tu n'as qu'à lui faire signer un arrangement nuptial et

le tour serait joué." "Il y en a qui sont très rusées et qui savent très bien manipuler la justice. C'est à croire qu'elles couchent avec le juge pour obtenir ce qu'elles veulent." "Tu veux dire comme celle qui a obtenu trois millions pour une tasse de café qu'elle s'est mise elle-même entre les jambes?" "Exactement?" "Je pense que tu as été trop longtemps près des inventeurs et que tu t'inventes des histoires, tu te fais des peurs pour rien. Elles ne sont pas toutes mauvaises, tu sais? Moi j'en ai deux bonnes présentement et une belle troisième qui me court après." "Est-ce que tu vis sur la viagra?" "Ha, ha, pas encore du moins, tant qu'il y a de l'amour, il y a du désir et ça semble me suffire jusqu'à présent. Viens souper, nous parlerons plus tard." "Je te trouve bien chanceux et je ne suis pas jaloux, mais il y a des fois où j'envie ta situation." "Tu n'as pas besoin d'être envieux Laurent. Il te suffit d'en faire autant et tu peux te le permettre. Avoir une fortune et personne avec qui la partager, c'est beaucoup de peines perdues. Va faire un tour en Chine ou aux philippines et tu trouveras une femme qui te servira comme un dieu si tu as peur de nos canadiennes." "Il faudra que je coupe avec le passé complètement avant d'envisager l'avenir avec une autre." "Ça c'est vrai, tu ne peux pas traîner le passé dans une relation nouvelle, ce n'est jamais bon. Par contre avoir une bonne compagne c'est le bonheur, mais vivre seul comme tu le fais, ce n'est pas bon du tout." "Je n'ai qu'un seul conseil à te donner." "Je suis réceptif, lance." "Tu gardes l'œil ouvert, tu fermes ta gueule, tu ouvres très grande tes oreilles, tu fermes la porte au passé et tu ouvres ton cœur très grand quand tu as trouvé." "Ça fait cinq." "Ça fait cinq quoi?" "Ça fait cinq conseils." "Oui, mais ils sont tous les cinq dans la même phrase." "Ça veut dire quoi tout ça?" "Ça veut dire que tu te présentes là où il y a des femmes, tu en trouveras toujours qui s'intéressent à toi, tu ne dis pas grand chose, mais tu écoutes ce qu'elles ont à dire, c'est la seule façon de les connaître. Tu veux surtout écouter celles qui te plaisent autrement tu perds ton temps. Tu oublies complètement ce qui s'est passé auparavant, c'est une toute nouvelle relation que tu cherches et non pas une comme celle qui t'a déplu.

Quand tu as trouvé celle qui te plaît vraiment physiquement, qu'elle te plaît intellectuellement et qu'elle t'a montré un intérêt indéniable, alors tu la fais rire, tu lui fais jouir de la vie, tu lui donnes ce qu'elle attend de la vie. Tu auras gagné son cœur et elle croira que c'est elle qui a gagné le tien. Elle sera heureuse et toi aussi." "C'est un bon plan, mais il faut d'abord y croire." "J'ai rêvé et j'ai cru à mon avion avant d'en avoir un et c'est vrai pour presque tout ce que j'ai." "À quoi n'as-tu pas rêvé?" "Je n'avais jamais rêvé ni cru de vivre avec deux femmes avant d'y être plongé à tête première, mais je n'avais jamais pensé vivre un tel bonheur." "Malgré toutes tes mésaventures, je ne connais personne sur cette terre qui a reçu autant de bénédictions que toi et j'ai fait le tour du monde plusieurs fois et j'ai rencontré plus de personnes que quiconque." "Les grands patriarches qui marchaient avec Dieu ont connu les mêmes bénédictions." "C'est donc ça le secret de tes réussites." "Dieu est mon pourvoyeur et mon bouclier. Il travail pour moi et je travail pour Lui, nous faisons équipe et je ne serais absolument rien sans Lui. Je sais que s'Il m'abandonnait, je deviendrais aussi pauvre que Job. Mais nous sommes attendus à la table, il faut y aller." "Merci Jacques, c'est une courte conversation qui m'a fait beaucoup de bien." "Tu es bienvenu chaque fois que le cœur t'en dit Laurent. Ne te gêne surtout pas avec moi."

Chapitre 13

"*T*iens, vous voilà vous deux, le repas a commencé à refroidir." "Les affaires sont les affaires et il faut c'qui faut. Excusez-nous, mais tout ce qui est le plus important vient en premier."

"Approcher monsieur Charron, j'espère que vous aimerez ce modeste repas." "Ça modeste? Vous devriez voir ce que je mange depuis des mois." "Vous ne vous gâtez pas monsieur Charron, pourtant vous en avez les moyens." "Oui mais vous savez, lorsqu'on a été échaudé, on dirait qu'on devient frileux."

"Moi je ne comprends pas qu'on puisse être frileux dans un endroit de la terre où il fait aussi chaud." "Ha, ha, ah, ha!

Comme de raison tout le monde autour de la table s'est éclaté de rire!

"René, être frileux au sens figuré ça veut aussi dire être craintif."

"Ma tante Danielle, nous n'avons pas appris ça à l'école." "Il y a encore beaucoup de choses que tu devras apprendre René, c'est d'ailleurs pour ça que tu dois continuer tes études." "Écoute ton professeur, elle a raison et on apprend beaucoup plus à écouter qu'à parler."

"Un gros et grand monsieur comme lui être craintif, c'est un peu fort quand même." "Je ne sais pas, moi je suis craintif presque tout le temps." "Toi papa tu es craintif?"

"Ça veut bien dire avoir peur, en madame Dion?" "Oui Jérémie, c'est ce que ça veut dire." "Moi je crois que mon père n'a pas peur de rien."

"Jérémie, si nous sommes tous ici aujourd'hui c'est parce que j'ai très peur qu'il vous arrive quelque chose de fâcheux. Ça l'air de rien comme ça, mais nous sommes ici pour nous cacher de ceux qui nous veulent du mal, puis j'aurai toujours peur qu'il vous arrive du mal. Je pense que celui ou celle qui n'a peur de rien n'est pas vraiment humain ou consciencieux."

"C'est extrêmement bon ça, qu'est-ce que c'est?" "C'est une fricassée que mon cher mari m'a montré à faire il y a bien longtemps." "Il faudra me montrer comment faire, j'adore ça."

"Il ne faut adorer que Dieu." "Je t'ai déjà dit Mariange que ce n'est pas bien de reprendre les adultes, même si tu penses avoir raison. Excuse-toi maintenant."

"Je m'excuse monsieur Charron."

"Tu as probablement raison au sujet d'adorer, mais je pense qu'adorer veut aussi dire aimer beaucoup au sens figuré." "Monsieur Charron a raison, mais lorsqu'on dit; adorer que Dieu, veut dire adorer personne d'autre et surtout pas des objets. Je suis sûr que monsieur Charron aime beaucoup notre repas sans pour autant être en adoration devant lui. Vous ne l'avez pas vu se mettre à genoux et priez son repas de lui donner la lune, n'est-ce pas? Adorer veut aussi dire aimer plus que soi-même. Je suis persuadé que même si monsieur Charron aime cette fricassée beaucoup, il ne donnerait pas sa vie pour l'avoir. Maintenant c'est un sujet qui est clôt pour aujourd'hui. Vous ne voulez quand même pas embarrasser notre invité, n'est-ce pas?"

"Je vais vous écrire la recette monsieur Charron et ça me fera plaisir."

"Moi aussi j'aimerais bien l'avoir." "J'en ferai plusieurs copies, comme ça chacun pourra en avoir une et ne l'adorer pas s'il vous plaît, surtout pas devant les enfants."

"Ils sont tous si charmants, tu as une chance inouïe Jacques."

"Merci madame Prince pour ce fameux souper." "Vous êtes plus que bienvenu monsieur Charron." "Appelez-moi Laurent, je vous prie." "Moi c'est Danielle."

"Tu as bien mangé Charles, Henri-Paul?" "Très bien Danielle, merci!" "Moi aussi, mais je ne voudrais pas en avoir tous les jours, je deviendrais grosse, j'ai trop mangé, c'était si bon."

"Qui veut du désert?" "Moi!"

"Moi!"

"Moi!" "Rien que les enfants? Qu'est-ce que vous avez les grands? Vous avez peur de prendre du poids."

"Moi je vais prendre un petit morceau de ta belle tarte ma chérie avec un peu de crème glacée."

"Qui d'autre?" "Moi aussi je vais y goûter."

"Moi aussi!"

"Et moi aussi! Mmmmm, qu'elle est bonne."

"Elle est superbe."

"Si jamais tu cherches une job de cuisinière, fais-moi signe."

"Non, je regrette Laurent, mais celle-là je la garde pour moi." "Oh, je ne voulais pas te la voler Jacques."

Henri-Paul m'a regardé avec des yeux reprocheurs et je me suis dit, tu as beaucoup de chemin à faire si tu penses pouvoir remplacer Danielle. En fait, jamais une autre femme ne remplacera ni Danielle ni Jeannine dans mon cœur ni ailleurs, ça j'en étais certain.

"Monsieur Charron, voulez-vous venir vous asseoir avec nous au salon, nous aimerions vous poser quelques questions, si cela ne vous ennuie pas trop." "Ça me fera plaisir mes garçons. Qu'est-ce que vous voulez savoir?" "Moi je voudrais savoir comment mon père s'est débarrassé des deux hommes qui vous tenaient prisonnier." "Ça mon gars je ne peux pas te le dire, parce que tout s'est passé trop vite. Je n'ai rien pu voir du tout. Ils m'ont pousser pour entrer dans le coffre-fort et dix secondes plus tard ils étaient par terre suppliant votre père de ne pas leur briser le poignet. Je n'y comprenais rien du tout quoique j'étais très content d'être libéré de ces truands. Je croyais qu'on ne voyait ces choses-là que dans les films. Votre père est un homme très, très spécial, le savez-vous?" "Oui, nous le savons, mais la barre est très haute pour nous." "Moi, j'ai fait plus que mon père, votre père fait plus que son père a fait et vous pouvez faire beaucoup vous aussi si vous voulez. Vous avez la chance d'avoir un exemple sous les yeux tous les jours. Vous ne pouvez pas faire autrement que d'apprendre à bien faire les choses, seulement il faut vous en donner le temps. Tenez par exemple, je suis sûr que vous en faites plus aujourd'hui que votre père en faisait à votre âge." "Je n'avais jamais pensé à ça, mais vous avez probablement raison, un jour je lui demanderai." "Faites confiance à votre père et vous serez des grands hommes comme lui."

"Pouvez-vous me dire comment procéder pour faire patenter mes idées sur les moulures." "On ne peut pas patenter des idées, on ne peut que patenter quelque chose de tangible. Si tu dessines un outil qui n'existe pas et que tu penses que beaucoup de gens aimeraient se le procurer, alors là tu as quelque chose à offrir. Il te faut donc le faire patenter avant d'en parler à qui que ce soit dont tu ne fais pas confiance. Je suis sûr que ton père peut d'aider avec ça, il a plusieurs inventions qui continuent à l'enrichir. Ne montre surtout pas tes moulures à quelqu'un qui pourrait voler tes idées, parce que tu te retrouverais le bec à l'eau. Si tu veux je pourrai regarder ce que tu as fait et je serai mieux en mesure de pouvoir t'informer de tes possibilités. Il se peut aussi que quelqu'un d'autre a déjà eu la même idée et qu'il l'ait enregistré, on ne sait jamais. Tu peux demander à ton père pour voir si tu peux me faire confiance, en fait, je te le conseil."

"Henri-Paul et Charles, voulez-vous monter avec moi, s'il vous plaît? J'aurais à vous parler d'un sujet qui me tient très à cœur." "Bien sûr Jacques, nous te suivons." "Assaillez-vous voyons, faites comme chez-vous." "Jacques, nous n'avons plus de chez-nous, nous sommes comme des vagabonds errants." "Alors considérez-vous chez vous ici. Vous n'êtes pas trop mal et si quelque chose vous tracasse, vous me le faites savoir et je verrai à vous accommoder, si c'est raisonnable bien entendu." "Merci Jacques, c'est bon te ta part." "Vous m'avez dit que vous étiez bon en musique et en chant. Il y a-t-il un style particulier qui vous intéresse ou si la musique en général vous convient?" "Toi Charles pour commencer." "Moi, si je devais faire que de la musique sur une base continuelle, j'aimerais faire du classique, mais pour un travail par exemple, je ferais un peu de tout."

"Toi, Henri-Paul, peux-tu enseigner le chant par exemple?" "C'est ce que j'ai toujours fait." "Qu'est-ce que vous prendriez comme salaire pour être satisfaits?" "Je ne sais vraiment pas ce qui serait juste, trois, quatre cents par semaine."

"Toi Charles, combien?" "Moi aussi, ça me va." "Je vous donne quatre milles par mois chacun pour quarante heures par semaine et nous renégocierons dans un an. Vous aurez les vacances d'été payés plus deux semaines aux temps des fêtes. Je vous paye en argent content à chaque fin de mois et vous êtes nourris et logés." "Es-tu sérieux?" "Je suis toujours sérieux quand je parle d'affaires. Dans un an il vous sera plus facile de décider si vous voulez rester ou partir. Vous ne prendrez vos ordonnances de moi seul et vous ne reportez qu'à moi seul, à moins que vous en décidiez autrement. Je vous construirai chacun une cabine avec toutes les commodités des temps modernes. Avant que Bernard ne quitte demain, j'ai besoin qu'il obtienne de vous deux toutes les informations possibles pour mener à l'arrestation de ceux qui ont attenté à ma vie. Ne craignez pas, je ne vous exposerai jamais au danger, faites-moi confiance. Nous ne ferons que les tourmenter jusqu'à ce qu'ils préfèrent se rendre d'eux-mêmes." "Qu'est-ce que nous aurons à faire?" "Je veux que tous les enfants apprennent à lire et à écrire la musique. Je veux que vous vous attardiez à pousser ceux ou celles qui ont un talent particulier. Je veux la même chose pour le chant. Je veux que vous soyez très attentif, car moi on m'a dit que je n'avais pas d'oreille pour la musique et je joue cinq instruments aujourd'hui et j'ai composé plus de deux cents chansons. J'aimerais bien vous entendre chanter pour savoir si mon style vous va." "Quels instruments joues-tu?" "Je joue du violon, de la guitare, du banjo, de la mandoline et le clavier électronique." "Nous chanterais-tu une de tes chansons?" "Je manque de pratique et je ne chante pas trop bien, c'est pourquoi je fais demande à quelqu'un comme vous." "Cela importe peu pour connaître le genre de chansons que tu fais." "Je vais donc faire celle-ci.

Tango Pour Maman

On a tous besoin de maman, pour nous montrer en grandissant
Toutes les choses de la vie, que l'école ne m'a pas appris.
T'as toujours su me conseiller de marcher dans l'intégrité.
Oui de toi j'ai appris tout ça, tu as su diriger mes pas.
Refrain

Toute ta vie, tu l'as donné à tes enfants.
À mon avis il n'y a pas de meilleure maman.
Et c'est pourquoi nous sommes ici aujourd'hui.
Tous réunis pour te dire un grand merci.

2
Depuis que je suis tout petit, toi tu es ma meilleure amie.
Chaque fois qu'j'ai besoin de toi, oui tu es toujours là pour moi.
Aussi loin et je me souviens, tes paroles me faisaient du bien.
T'as toujours su m'encourager, t'as toujours su me consoler.
Refrain

3
Une mère comme toi il n'y en a pas deux, qui sait faire tant avec si peu.
Tu n'as jamais rien eu à toi, car tu donnes tout avec joie.
On n'a pas tous les jours vingt ans, mais toi tu n'as pas vu le temps.
Et malgré toutes ces années, tu n'as jamais vraiment changée.
Refrain

4
On n'a pas tous les jours vingt ans, mais toi tu n'as pas vu le temps.
Et malgré toutes ces années, tu n'as jamais vraiment changée.
Tu as joliment grisonnée. Tu n'as jamais vraiment changée.

Ils m'ont applaudi comme je ne l'avais jamais été de toute ma vie, mais j'étais très conscient que c'était la chanson qu'ils applaudissaient et non le chanteur.

"C'est la plus belle chanson pour les mères que j'ai jamais entendu de toute ma vie." "J'aurais tant aimé que Céline Dion la chante pour sa mère, il me semble que toutes les mères du monde pourraient l'entendre." "Tu en as d'autres chansons de ce genre?" "Disons que j'ai plusieurs belles chansons." "Tu veux nous en faire une autre, s'il te plaît?" "Vous aimeriez chanter ce genre de chansons?" "Je suis sûre que Charles deviendrait une vedette en peu de temps avec des chansons comme celle-là."

"C'est justement là le problème, je ne peux pas me permettre d'aller public. Il y a des centaines de personnes qui me reconnaîtraient." "Avec un bon maquillage et un nom fictif, il y a de bonnes chances pour passer inaperçu." "On reconnaîtrait ma voix, elle je ne peux pas la maquiller." "Vous pouvez toujours travailler les chansons et nous verrons plus tard ce que nous en ferons. Les gens pourraient aussi dire que ta voix ressemble à la tienne sans pour autant penser que c'est toi. De toutes façons, il faudra ressusciter un jour ou l'autre."

"Allez Jacques, fais nous en une autre."

"Ce Parfum De Rose
Merci mon Dieu, merci mon Dieu, merci mon Dieu

Merci mon Dieu pour ce doux parfum de rose.
Merci mon Dieu d'avoir fait tant de belles choses.
Quand sous les cieux un jour Tu créas la femme!
En me donnant pour elle une fervente flamme.

Te reconnaître, Toi grand Seigneur.
Moi petit être à qui Tu as donné la fleur.
Elle est fanée qu'à n'à-t-on fait?
Toi seul pourrait la ramener comme elle était.

C'est nous l'arôme, le jardin de ton royaume.
Ta création fait de ta main, ton ambition.
Ton ennemi celui qui détruit le monde.
Il a fané ma belle fleur, cet être immonde.

Tu nous bénis, Tu nous as dit.
'Soyez féconds et remplissez toute la terre.
Multipliez et dominez les animaux
Et tous les poissons de la mer.'

Merci mon Dieu pour ce doux parfum de rose.
Merci mon Dieu d'avoir fait tant de belles choses.
Quand sous les cieux un jour Tu créas la femme!
En me donnant pour elle une fervente flamme.
Merci mon Dieu de m'avoir fait à ton image."

"Mais elle est superbement belle Jacques. Ce sont de très belles chansons et je serai très heureuse d'y ajouter la musique et l'harmonie."

"Toi Charles, qu'en dis-tu?" "C'est une très belle chanson, mais je ne suis pas si sûr qu'elle me convienne."

"Oh, tu veux toujours être un prêtre et continuer à prêcher le mensonge? C'est sûr que tu ne peux plus rester dans l'église catholique et prêcher la vérité. Tu serais encore plus en danger que tu l'es en ce moment." "Tu as raison, je suis mieux de faire une croix là-dessus." "Tu sais autant que moi que tu ne peux pas servir deux maîtres." "J'ai vu ça quelque part." "Oui c'est Jésus qui l'a dit; Matthieu 6, 24." "Il n'y a pas à dire, tu connais les écritures." "Je connais surtout la vérité et ce n'est pas dans votre église qu'on la trouve, bien au contraire." "Je sais, nous l'avons supprimé et pas rien qu'un peu." "Tu viens juste de dire qu'il te faut mettre une croix là-dessus. C'est ici qu'est la croisée des chemins pour toi. Je sais que tu n'es pas un moineau, mais il faudra quand même te brancher. Ou bien tu es avec nous ou contre nous, mais c'est à toi seul que revient la décision."

"Charles, comment peux-tu encore hésiter entre servir Dieu et le diable?" "Henri-Paul, ce n'est pas qui je veux servir, mais comment."

"Si tu ne sais pas comment Charles, lis ici Matthieu 28, 20." "'Allez, faites de toutes les nations des disciples, et enseignez-leur à observer tout ce que je vous ai prescrit. Et voici je suis avec vous tous les jours jusqu'à la fin du monde.'" "Ça, c'est ce que Jésus veut de nous et ce qu'il a prescrit est la vérité et la vérité est que le seul moyen de se rendre à Dieu c'est par la repentance. Lis Matthieu 4, 17." "'Dès ce moment Jésus commença à prêcher, et à dire; repentez-vous, car le royaume des cieux est proche.'" "Si je traduis ça en français, ça veut dire tournez-vous vers Dieu et demandez-lui sincèrement pardon pour vos péchés si vous voulez avoir accès au royaume des cieux. Ça ne veut pas dire de se tourner vers un homme." "Tu ne crois pas en la confession?" "Je crois en la parole de Dieu qui dit, Jérémie 17, 5: 'Maudit soit l'homme qui se confie dans l'homme, qui prend la chair pour son appui, et qui détourne son cœur de l'Éternel.'" "Comment ai-je pu être aussi aveugle?" "Il fallait la chercher la vérité pour la trouver, sinon Jésus n'aurait pas eu à dire: 'Chercher et vous trouverez.' Matthieu 7, 8."

"J'ai souvent eu des doutes à savoir si j'étais dans la bonne voie, maintenant je réalise que j'étais complètement perdu et que je perdais les autres." "Jésus a traduit ça en disant: 'Ce sont des aveugles qui conduisent des aveugles.'

C'est pour ça que tu t'es ramassé dans une fosse." "Comment pourrais-je un jour me reprendre et ramener tous ceux que j'ai perdu sur la bonne voie?" "La plupart de ceux que tu as perdu te condamneront, c'est ce qu'ils ont appris à faire de toi.

Si tu décides de te tourner vers Dieu, tu Lui laisses aussi le soin de guider ton avenir. Tu mets ta vie entre ses mains et aussi ton passé et ton avenir. Rappelle-toi aussi que lorsque Dieu a pardonné, Il l'a aussi oublié et tu dois t'efforcer d'en faire autant. Avoir la foi en Dieu c'est aussi de croire que lorsque tu t'es repenti, tu as été pardonné et si tu demandes pardon deux fois pour le même péché, c'est que tu n'as pas cru la première fois. Si quelqu'un s'excuse une deuxième fois pour une faute que j'ai déjà excusé, il m'insulte et il perd mon temps." "Il me faut tout refaire mon éducation en ce qui concerne l'évangélisation." "Prends ça un jour à la fois Charles, un jour à la fois. Dieu n'en demande pas plus de toi et moi non plus." "Je vais me rendre disponible le plus souvent possible pour vous deux ou mieux encore, je vais vous laisser lire mon livre, Le Vrai Visage De L'Antéchrist. Il y a là-dedans une quantité énorme d'informations qui vous mettront sur la bonne voie. Est-ce que ça vous va?" "Nous ne pouvons pas demander plus, c'est très généreux de ta part." "Dieu n'en demande pas moins de moi.

Vous devez m'excuser maintenant, j'ai encore quelques mises au point à faire avec Bernard, en qui en passant vous pouvez avoir confiance tout autant qu'à moi. Comme ça je peux compter sur vous pour un an?" "C'est beaucoup plus que nous l'avions espéré."

"Papa, enfin te voilà! Tu viens faire une partie avec nous?" "Je le voudrais bien mes agneaux mais . . . ." "Pas la peine, on a compris." "Je suis vraiment désolé, je ne peux pas faire autrement, mais nous avons trois semaines de vacances et je suis sûr de pouvoir me reprendre. Bernard et monsieur Charron partent demain matin et j'ai pour eux plusieurs recommandations à leur faire avant leur départ." "Nous comprenons que c'est plus important qu'une partie." "Vous êtes gentils et je vous aime tous tellement."

"Tu es un papa extraordinaire, moi aussi je t'aime papa." "Tu es gentille ma fille." "Savez-vous où sont Bernard et monsieur Charron?" "Ils sont allés prendre une marche sur l'île." "Je vais aller à leur recherche, le temps nous manque."

"Jacques, tout va bien?" "Oui, c'est juste que nous avons tellement à mettre au point avant ton départ. Il faut que tu ailles parler avec Charles et Henri-Paul pour obtenir toutes les informations qui nous permettront de faire arrêter les coupables de cet attentat contre moi. Il sera difficile de tous les avoir, mais si nous pouvons en avoir quelques-uns, ça apeura peut-être les autres."

"Laurent, sais-tu s'ils en ont beaucoup de cette substance et quelle est son nom?" "C'est de la 'kryptonite' qui ressemble beaucoup au plutonium et comme tu le sais déjà, ça n'en prend pas beaucoup pour faire beaucoup de dommages." "Il faudra essayer de trouver qui fabrique les capsules qui la contiennent. Cela nous conduira directement aux propriétaire. Il m'a semblé que c'était de l'acier inoxydable. Je suis persuadé qu'elles sont fabriquées totalement dans l'illégalité." "Tu as sûrement raison. Je vais demander à mon fils s'il peut nous fournir quelques informations. Je sais qu'il est tenu par le secret professionnel, mais lorsqu'il s'agit d'instrument aussi meurtrier que celui-là, ça devient un cas de conscience aussi. S'il sait quoique ce soit il me le dira. En fait, si tu me le permets je vais l'inviter, lui et sa famille à venir passer quelques temps à ta demeure du Québec." "Vas-y, tu es chez toi quand tu es chez moi. Tu connais toutes les règles de prudence qui s'imposent. Ça serait une bonne idée de faire connaître à la police et aux médias que c'est bien toi qui possède cette propriété." "Je comprends ton point de vue. Je me demande bien ce que tout ce beau monde ferait si tu n'étais pas là." "Ils ont appris beaucoup de moi, et ils sauront se débrouiller, crois-moi, puis je ne suis pas vraiment mort encore. Tu veux venir avec moi, les enfants veulent faire une partie, ils seront heureux de t'avoir toi aussi?" "À quoi jouent-ils?" "Je pense que c'est le monopoli." "Personne n'aura une chance contre toi." "Tu veux rire, je n'ai jamais gagné contre eux à ce jeu."

"Nous voilà les enfants, vous voulez toujours faire une partie?" "Ouais!"

"Ouais!" "Vous êtes juste à temps, nous commençons une nouvelle partie." "Maman ne voulait pas jouer?" "Elle a dit qu'elle a un peu mal à la tête et elle est allée s'étendre." "Ça doit être le soleil." "Tiens, voilà ton argent papa."

"Monsieur Charron."

"Jonathan."

"Mariange."

"Isabelle."

"Jérémie."

"René, et moi je ferai le banquier."

"Fais attention de ne pas faire faillite." "Ne vous inquiétez pas, j'ai de bons amis." "Ton meilleur ami en affaire, ce sont tes économies et si tu ne me crois pas demande à monsieur Charron."

"Ton père a raison et j'ajouterai les économies de tes meilleurs amis." "Les banques aussi peuvent aider, non?"

"Les banques vont t'aider pour s'aider elles-mêmes. Le crédit est une lame à deux tranchants, il a sauvé plusieurs personnes dans le besoin et il a calé un grand nombre de personnes également. Le crédit, il faut surtout savoir s'en servir intelligemment. Il ne faut surtout pas utiliser plus qu'on peut se le permettre." "Que dirais-tu d'emprunter tout ce que tu peux lorsque tout est perdu? Le risque serait réduit à presque à néant, n'est-ce pas?" "Si c'est le cas, comment peux-tu emprunter tout en demeurant honnête? Il faudrait qu'il soit un idiot ou encore quelqu'un qui a de l'argent à perdre pour t'avancer l'argent." "Il se pourrait que ce soit un ami qui a une confiance aveugle comme moi papa. Je n'hésiterais pas une seule seconde à te prêter même si je savais risquer tout ce que j'ai." "C'est très gentil à toi mon garçon, mais sache que je ne risquerais pas ton bien ni le bien des autres, à moins bien sûr d'être absolument certain de réussir ce que j'entreprends."

"Moi j'ai risqué l'argent de presque toute ma famille à mes débuts." "Est-ce qu'elle était consciente des risques?" "Pour la plupart oui, mais quand même, le risque était très grand." "Heureusement tu as réussi. Il y a beaucoup d'individus qui ont ruiné leur famille entière de cette façon, ce qui a conduit à plusieurs suicides." "Tous ceux qui m'ont aidé à mes débuts ont reçu plus de cents fois leur mise." "Ils doivent être heureux de t'avoir tenu en scelle." "Tu peux le voir de cette façon, parce que c'était plutôt chancellent, mais tout a bien tourné."

"Moi je veux un prêt de deux cent milles pour acheter la Caroline du Nord." "Il faudra voir si tu as assez de collatéral papa. Le prêt est

risqué, je devrai te prendre au moins dix pour cent d'intérêts." "Je te
rembourserai le tout avec les intérêts, mais je me souviendrai de ton
attitude au moment où tu auras besoin d'argent."

"La Caroline du Nord reçoit vingt milles." "Merci Laurent!" "À toi
Mariange!" "Encore sur la Caroline du Nord." "As-tu de quoi payer?"
"Il me manque trois milles." "Garde-le pour l'instant, moi je te fais
confiance."

"À toi de jouer le banquier." "Pas encore cette mosusse de
Caroline!" "Crache le banquier, c'est vingt milles."

"Vas-y René." "Celle-là, elle lui appartient."

"Toi Isabelle, tu as beaucoup d'argent, tu pourrais t'arrêter chez
nous, c'est dispendieux, mais la beauté se paye. Vas-y, ça te prend
cinq." "Un quatre et un . . . . un." "Allez s'il te plaît, vingt milles."

"Aie banquier, crois-tu toujours que j'étais un risque?" "C'était
certes une bonne acquisition." "Il faudra arrêter à neuf heures précises,
au premier coup de l'horloge." "Il nous reste donc quinze minutes à
jouer."

"À toi Jon, tu pourrais toi aussi t'arrêter chez moi avec un neuf."
"Papa, il doit y avoir du sorcier en toi, il te suffit de demander et tu
l'obtiens." "Celle-là ne paye pas autant, mais cinq milles se prend bien
quand même."

"La banque est presque à sec, il faudrait qu'on la rembourse." "Je
pense être en mesure de rembourser maintenant. Tiens, voilà deux
cents vingt milles."

"Il t'en reste encore plusieurs cent milles." "Oui, Jérémie, j'ai fait
quelques bons coups." "C'est sûr que c'est lui qui gagne, il pourrait
prêter de l'argent à tous les autres." "Oui, et à du cinq pour cent
seulement."

"Félicitations Jacques, tu as certainement une bonne stratégie." "Ça
marché pour moi ce soir enfin pour faire changement."

"C'est vrai ça papa, c'est la première fois que tu gagnes à ce jeu."
"Ça me disait d'être agressif en affaire ce soir, ça été payant. Je n'aurais

pas gagné sans ce gros prêt de la banque. Il faut ramasser tout ça maintenant, il y en a qui sont dus pour le lit."

"Jérémie, aimerais-tu coucher dans le lit de ta mère?" "Oh oui papa, je peux?" "Si je te le dis, c'est que tu peux." "Est-ce que je pourrais moi aussi?" "Non, c'est un spécial pour Jérémie et j'ai mes raisons qui ne sont pas discutables pour le moment. Maintenant je sais que nous sommes en vacances, mais même en vacances on doit faire quelque chose. Vous commencez tous dès demain à raison de deux heures par jour dans l'avant-midi des leçons de musique et de chant qui vous seront donnés par monsieur Grégoire et mademoiselle Toupin. Vous aurez aussi les cours habituels pour deux heures dans l'après-midi, parce que je ne veux pas que votre année d'étude ne soit compromise." "Ah, tu parles de vacances."

"Wain, moi aussi j'avais une toute autre idée des vacances." "Que faites-vous des miennes?"

"Toi papa, ce n'est pas pareil, tu as des res-pon-sa-bi-li-tés." "Tu as raison et il est temps que vous tous, vous commenciez à prendre les vôtres. À dix heures demain matin au sous-sol pour votre première leçon. Vous pouvez donc quand même faire la grâce matinée. À deux heures de l'après-midi vous aurez vos cours habituels. Moi je vais emmener vos professeurs à la pêche demain matin et vos professeurs de musique dans l'après-midi, comme ça tout le monde aura son tour. Ça sera tout, au lit maintenant, bonne nuit."

"Je peux te faire la bise quand même papa, même si je suis responsable maintenant?" "Mais Isabelle, c'est l'une de tes responsabilités voyons." "Oui je sais, honore ton père et ta mère." "Ça aussi, si tu veux vivre vielle. Bonne nuit ma chouette."

"Bonne nuit papa, je t'aime." "Je t'aime aussi ma belle fille."

"Bonne nuit papa, j'étais très contente que tu joues avec nous, tu sais?" "Ça m'a fait plaisir aussi, bonne nuit ma chérie, dors bien."

"Bonne nuit Jérémie, j'espère que ça va résoudre ton problème temporairement, ta chambre sera prête à notre retour au Québec."

"Comment feras-tu, tu n'es même pas là?" "Je n'ai pas beaucoup de vacances, mon gars."

"René, ça ne te dérange pas trop de coucher tout seul?" "Bien au contraire papa, Jérémie me dérangeait souvent dans son sommeil, c'est pour ça que je ne lui en voulais pas." "Tu es un petit homme mon gars et je l'apprécie beaucoup, surtout ta discrétion, bonne nuit."

"Bonne nuit papa, c'était une très belle journée."

"Samuel et Jonathan, j'ai à vous parler de choses très importantes, mais j'aurai besoin que vous usiez de beaucoup de diplomatie envers vos frères et sœurs." "Ça dont bin l'air sérieux papa, mais tu peux compter sur nous, j'en suis sûr." "Je suis très fier de Jon, il a su garder le secret. Samuel, il y a une raison très grave pour lequel nous sommes tous ici en ce moment." "Mon Dieu, mais qu'est-ce que c'est papa?" "On a essayé de m'assassiner mon gars et la semaine passée on a kidnappé un ami à moi pour savoir qui j'étais et où j'étais." "Mais qui peut en vouloir tant à ta vie et pourquoi?" "Ce sont des ennemis de la vérité que j'enseigne surtout à travers mes chroniques. À l'heure qu'il est le monde entier croit que je suis mort avec ta mère ainsi que Charles et Henri-Paul qui seraient nos assassins, c'est-à-dire un meurtre suicide. Tant et aussi longtemps qu'on nous croira morts, ils n'essayeront pas de nouveau et je pense que cela ne cessera jamais." "C'est pour ça qu'on a plus de télévision." "Imagine-toi la situation si les enfants avaient appris la nouvelle sans y être préparés." "Mais ils doivent être à la recherche de tes enfants présentement ainsi que la police?" "C'est l'une des principales raisons pour lequel vous êtes tous ici." "Comment va-t-on expliquer notre disparition et notre absence à l'enterrement?" "C'est très simple, il fallait assurer votre sécurité et mes principaux agent s'en sont chargés." "Est-ce que les hommes qui étaient ici ce matin ont quelque chose à voir avec cette affaire?" "Non, ils ne sont que des amateurs sans expérience qui espéraient dévaliser la résidence d'un homme riche. Ils ne sont pas prêts de recommencer, du moins je ne le pense pas. Dès cette semaine, je ferai renforcer la sécurité du côté de la plage par où ils sont entrés." "Mais comment as-tu pu éviter la catastrophe?" "Charles et Henri-Paul ont voulu me sauver la vie et ils se sont portés volontaires pour y arriver. Je dois maintenant les protéger aussi et c'est pourquoi je les ai embauchés pour faire ce qu'ils sont qualifiés et ça c'est d'enseigner la musique et le chant. C'est quelque chose que je souhaitais pour vous tous et pour moi-même de toutes façons." "Que feras-tu si nous n'avons pas de talent?" "J'aimerais que vous deux, vous preniez les cours très au sérieux, ne serait-ce que pour encourager et influencer les autres dans la bonne direction. Puis, on ne sait jamais, vous êtes peut-être des virtuoses à venir."

"Papa, pour ça il faudrait qu'on ait au moins du talent." "Tu sais Jonathan, on a dit de moi que je n'avais pas d'oreille pour la musique et que j'étais complètement démunie de talent. Je joue cinq instruments et j'ai composé plus de deux cents chansons, pas mal pour un gars sans talent, ne penses-tu pas? Puis comme vous le savez très bien, je peux enseigner la danse. Je suis sûr que vous pouvez tous en faire tout autant. Chaque personne est unique et reçoit des idées que d'autres n'ont pas, ça je le sais et je vous l'affirme."

"Nous ferons de notre mieux papa si cela peut te rassurer." "Je n'en demande pas plus ni moins mes garçons. Je sais juste que vous avez une grande influence sur les autres. Ils vous regardent comme des génies, c'est pour cette raison que je veux compter sur vous. Je vous verrai donc demain soir, bonne nuit à vous aussi." "Bonne nuit papa!"

"Bonne nuit papa."

"Bernard, as-tu bien noté toutes les informations? Ça commence à faire du bagage." "J'ai une très bonne mémoire et j'ai pris une quantité énorme de notes." "C'est une très belle femme cette Henri-Paul et elle me donne l'impression d'être affamée. Je crois comprendre qu'elle a un faible pour toi." "Peut-être, mais moi je suis déjà très bien servi." "Ça, c'est quelque chose que personne ne va argumenter, excepté elle peut-être." "Elle peut toujours argumenter, je ne suis pas libre, c'est tout. Sors ton carnet de notes, j'ai encore quelque chose à te demander de faire pour moi." "Vas-y, je suis prêt." "Est-ce que tu as fait le plein

de l'avion?" "Oui, c'est fait." "Je veux que tu prennes des photos
des îles demain matin et que tu me les envoies par courriel dès ton
retour à Trois-Rivières." "Il n'y a pas de problème là, ça sera fait." "J'ai
besoin que tu parles avec Raoul et que tu l'informes de la situation,
mais seulement après les funérailles. Informe-le de ma nouvelle adresse
courriel pour que nous puissions communiquer par ce moyen. La
même chose va en ce qui concerne Roger. As-tu obtenu le nom de
mon assassin?" "Oui, c'est un évêque du nom de Vladino Gomez et
il est dans la région de Sherbrooke." "J'ai besoin que tu trouves une
personne fiable, Roger peut-être fera l'affaire, pour aller à la grande
messe de cet évêque pour y déposer une enveloppe contenant une
petite note que je vais t'envoyer par courriel. Nous allons forcer cet
homme à faire un examen de conscience plutôt sérieux. Jésus, le vrai
prophète a dit une chose qui se concrétise de plus en plus souvent de
nos jours." "Il a dit beaucoup de choses, mais de quoi parles-tu?" "Il
a dit qu'il était nécessaire que les scandales arrivent, mais malheur à
l'homme par qui le scandale arrive!" "C'est sûr que ce n'est pas drôle
pour qui que soit de se faire prendre la main dans le sac ou les culottes
baissées." "Il a l'argent pour attaquer et c'est heureux que moi j'en
aie assez pour me défendre." "La dernière fois qu'on en a parlé, tu en
étais à un milliard aux douze jours, à combien en es-tu aujourd'hui,
si ce n'est pas trop indiscret?" "J'en suis au milliard aux trois jours et
ça augmente toujours. Il y a plus de cent cinquante milles personnes
à mon service dans le monde et plus l'économie est mauvaise, plus
la demande s'accroît. Plusieurs pourraient dire que c'est moi qui
mène tout ça, mais ils se tromperaient, c'est Lui là-haut qui est en
contrôle. Personne ne pourra me toucher tant et aussi longtemps que
Lui ne le permette pas. Tu sais la mort ne touche pas les enfants de
Dieu." "Pourtant tout le monde meurt?" "Non Bernard, Jésus l'a dit,
ceux qui le suivent ont la vie éternelle." "Il faut quand même qu'ils
meurent avant et il est mort lui-même sur la croix." "Jésus non plus
n'est jamais mort." "Veux-tu dire que c'était une supercherie comme
plusieurs semblent vouloir le dire?" "Pas du tout Bernard, mais vois-tu,

à l'instant même où tu meurs tu es avec Dieu et plus vivant que tu l'es présentement, pour la simple raison qu'à partir du moment où ton âme quitte ton corps, le temps n'existe plus. Pour nous mille ans ou dix milles ans c'est long, mais enlève le temps entre il y a dix milles ans et maintenant et il reste absolument rien, la réponse est zéro temps. Il y a zéro temps entre la mort, (façon de parler) et le jugement dernier." "Mais jamais personne n'a expliquer ça avant, même pas Jésus." "Peut-être, je ne le sais pas, mais Jésus a dit une autre chose très importante dont je me souviens et je sais que c'est une chose qui me concerne." "Ça serait quelque chose d'assez spécial, qu'est-ce que c'est?" "Il a dit dans Matthieu 13, 35: 'Je publierai des choses cachées depuis la création du monde.'

Jésus a aussi dit que d'autres viendront et accompliront de plus grandes choses qu'il a accompli lui-même. Voir Matthieu 17, 20 et Jean 14, 12.

Je ne prétends pas avoir fait ou de faire plus que Jésus a fait, mais je dis connaître des choses qui ne me sont jamais été dites.

Ça, c'est l'une d'elles et je ne l'ai appris de personne d'autre que de Dieu ou de l'un de ses anges. J'ai écris une chanson qui en fait sourciller plusieurs.

Je Suis Dieu

Je suis Jésus de Nazareth, celui qu'on a crucifié.
Je suis lui le vrai prophète, qui nous dit la vérité.
Je suis le Dieu d'Israël, Celui qui a tout créé.
Je suis son enfant fidèle, je suis tou'la loi donnée.

Il me faut faire attention, on va me mettre en prison,
Pour dire cette vérité, on va me persécuter.
D'ailleurs Jésus l'a prédit à tous ceux qui l'on suivi.
Nous sommes comme des brebis parmi des loups qui envient.

Me faudra fuir comme la peste cette race qui empeste.

Et pour aller jusqu'au bout il faut que j'aime beaucoup.

Ne pas craindre pour mon corps, je ne verrai pas la mort.

Car Celui qui a mon âme, l'a déjà sauvé des flammes.

Fait attention quand tu lis tous les mots qui sont écrits.

Ils peuvent être bien trompeurs, il nous l'a dit le Seigneur.

Écoutez-le, soyez prêts, car sa venue est tout près.

On ne sait ni jour ni l'heure, il nous l'a dit le Seigneur.

Je suis Jésus de Nazareth, celui qu'on a crucifié.

Je suis lui le vrai prophète, il nous dit la vérité.

Je suis Jésus de Nazareth.

"C'est vrai que ça peut porter à confusion, surtout si on ne fait pas attention à ce qui est écrit. C'est vrai aussi qu'il nous faut être prêts, puisqu'il est écrit qu'il viendrait comme un voleur." "C'est sûr qu'il faut connaître sa langue et ne pas juger trop vite.

Moi, j'aurais préféré qu'ils disent qu'il viendra comme un cheveu sur la soupe ou encore, comme un patron à l'improvise. Je n'aime pas tellement le fait que Jésus, (le fils de l'homme) soit comparé à un voleur, comme on le dit dans l'Apocalypse 3, 3 et 16, 15." "C'est vrai que ce n'est pas très flatteur." "On a souvent voulu lui faire perdre du crédit, comme le déshabiller flambant nu à son souper avec les douze apôtres, voir Jean 13, 4 et aussi lorsqu'il aurait été suivi par un homme nu dans Marc 14, 52. Jésus était humble, mais il n'était pas un pervers. Qu'est-ce qu'une histoire comme celle-là vient faire dans la Sainte Bible de toutes façons?

Il y a aussi celui que Jésus aimait, comme s'il était le seul à être aimer. C'est ce qu'il veut faire accroire ou encore que Jésus avait un amant. Quelle honte d'écrire de telles abominations dans la Sainte Bible, mais soyez sûr d'une chose, ce n'est pas le Jean de Jésus qui a écrit de telles choses. C'est un autre Jean, un ennemi de Jésus qui l'a fait.

Celui qui est comme in voleur n'est pas mieux qu'un voleur et Jésus est trop honnête pour en être un.

Pierre n'a pas dit que le Seigneur viendrait comme un voleur, mais que son jour, lui viendrait comme un voleur, ce qui n'est pas exactement la même chose. Et oui, il faut faire attention quand on lit, comme Jésus nous l'a dit. Voir 2 Pierre 3, 10 et Matthieu 24, 15.

CHAPITRE 14

Il faut que je te laisse Bernard. je te verrai avant ton départ demain matin."

"Danielle, dors-tu?" "Plus maintenant!" "Tu vas bien? Tu n'as pas l'habitude de te coucher aussi tôt ni de laisser tout le monde en plan comme ça. Tu n'es pas malade?" "J'ai juste un petit mal de tête, c'est tout." "Pourquoi ai-je donc l'impression que tu me caches quelque chose?" "Tu sais que je n'aime pas à me plaindre, mais c'est comme si j'avais perdu tout sens de vie privée et je n'aime pas ce que Jeannine doit vivre ces derniers jours." "Ça ne changera jamais entre vous deux et j'en suis heureux, c'est toujours comme qui dirait; à la vie, à la mort pour vous deux, n'est-ce pas?" "Elle est plus qu'une sœur pour moi, tu le sais." "Ne t'inquiète pas, elle va s'en tirer comme une grande qu'elle est." "Je sais mais quand même, ce n'est pas drôle tout ça." "Elle sera ici dans quelques jours et bien heureuse de l'être. Tu veux lui parler aussi? Je vais lui envoyer un courriel tout de suite?" "Les lignes téléphoniques sont coupées." "Elle peut nous recevoir sur son laptop. Veux-tu monter avec moi et lui parler par courriel aussi? En même temps tu pourras souhaiter une bonne nuit à nos protégés?" "C'est vrai que je n'ai pas été trop courtoise avec eux et je n'ai pas vraiment d'excuse." "Je suis sûr qu'ils comprendront tout notre surmenage. Il faut que je te dise que je les ai embauchés pour enseigner la musique et le chant." "Tu veux former des vedettes parmi nos enfants maintenant?” “Non, je veux devenir une vedette moi-même, ah, ah. Je veux tout simplement qu'ils développent leur plein potentiel et il me faut tenir ces deux-là occupés.” “C'est une merveilleuse idée, mon chéri. Tu développes toujours le plein potentiel de tout ce que tu entreprends.” “Il se peut que ce soit un de mes talents. Allons leur dire bonne nuit pour commencer.”

“Charles, comment sont les choses pour toi?” “Tout est pour le mieux Jacques, on ne peut se plaindre pour quoique ce soit. Nous avons eu un souper formidable et nous avons un travail assuré pour un an. C'est presque autant de sécurité que la prêtrise en plus d'avoir un ticket pour le royaume des cieux. Tout est bien qui fini bien, on ne peut pas demander mieux.” “Sais-tu si Henri-Paul est endormie?” “Sûrement pas, elle vient tout juste de me quitter.” “Et bien bonne nuit Charles, ton premier cours est à dix heures demain matin et les enfants sont anxieux de commencer.”

“Bonne nuit Charles, j'espère que tu aimeras ton nouveau travail.” “Je vais certainement lui donner un grand effort.”

Nock, nock, nock. “Entre c'est ouvert. Jacques, tu en as mis du temps.” “Oui mais, Danielle et moi tenaient à vous dire bonne nuit à tous les deux. As-tu préparé ton cours de demain?” “Je n'ai pas besoin de préparer quoique ce soit, j'ai fait ça toute ma vie.” “Les enfants vous attendront pour dix heures et n'oublie pas qu'ils sont encore très jeunes pour la plupart.” “Je sais, je vais les débuter doucement et je ferai en sorte que le cours leur soit agréable.”

“Est-ce que cela t'ennuierait d'enseigner aux adultes également?” “Pas du tout Danielle, mais il vaudrait mieux que ce soit séparément des enfants, pour qu'ils se sentent libre de toutes influences.” “Je comprends, alors nous formerons un cours pour adultes aussi.”

“Toi Jacques, viendras-tu aussi?” “Je ne suis pas sûr de toujours pouvoir y assister, mais des leçons de chant me feraient sûrement du bien.” “Tu chantes assez bien, mais des leçons sûr la diction te seraient bénéfiques.”

"Quand l'as-tu entendu chanter?" "Plus tôt dans la soirée, lorsqu'il nous a offert cet emploi. Il a chanté deux de ses compositions, de très belles chansons d'ailleurs qui m'ont fait frissonner de partout." "Je vois, il ne faisait pas très chaud dans la pièce." "Mais Danielle, n'as-tu pas entendu ses chansons?" "Oui, une fois, je n'avais pas été impressionnée."

"Ça devait être une de mes premières, une chanson un peu quétaine ou encore avec le nom d'une fille que j'ai connu avant elle. De toutes façons, je n'ai jamais plus voulu chanter en sa présence. Je choisis mon publique depuis." "De mauvaises critiques peuvent démolirent de grands artistes avec de très grands talents."

"Je n'ai certainement pas voulu détruire sa carrière de chanteur." "Il n'est peut-être pas un chanteur de grand talent, mais je crois sincèrement qu'il est un compositeur hors paire. Nous allons le savoir très bientôt, puisque Charles et moi nous allons mettre les accompagnements sur ses deux chansons et les enregistrer, puis avec sa permission nous allons les faire parvenir à une maison de disques. Nous verrons bien ce qu'ils en pensent. Je suis sûr que ça sera un succès." "Quoi qu'il en soit, moi je vous souhaite bonne chance. Bonne nuit Henri-Paul!" "Bonne nuit Danielle!"

"Bonne nuit!" "Bonne nuit Jacques."

"Elle a l'air de penser que tu es un Mozart." "Elle pense seulement que j'ai du talent pour écrire des chansons. Laissons-la faire, nous verrons bien.

Moi je pense qu'elle s'y connaît. Il doit commencer à faire jour chez-nous, voyons si nous pouvons contacter Jeannine."

"Salut beauté, comment te débrouilles-tu là-bas avec toute cette merde? Ici nous avons eu une journée très mouvementée en commençant par des intrus qui avaient violé nos droits de propriété, mais rien de grave, on a vite fait de se débarrasser d'eux. Les enfants ont bien apprécié leur promenade en bateau et ils ont tous envie de s'acheter une île eux aussi. Ils ont tous très hâte de faire de la pêche maintenant. Demain ils commenceront des cours de chant et de musique avec Charles et Henri-Paul. Bernard et monsieur Charron seront là-bas demain soir et si tu fais des funérailles rapides, tu pourras nous rejoindre sous peu. Tu nous manques une affaire terrible, tant et si bien que Danielle ne tient plus en place. Elle va t'adresser quelques mots elle aussi. Je te la passe, je t'aime de tout mon cœur, Jacques."

"Jeannine mon amie, cette séparation me brise le cœur et je te plein d'avoir à passer à travers une telle situation sans mon aide. Je me sens tellement impuissante ici. S'il te plaît enterre nous au plus sacrant et viens nous rejoindre au plus tôt. As-tu ramassé un peu de nos cendres, je crois que le publique apprécierait un tel geste, mais fait en sorte que les journalistes et la police en soient témoins. Sois prudente et ne bouge surtout pas seule à travers tous ces loups qui nous courent après. La mère de Jacques doit être dévastée et toute sa famille aussi. J'espère qu'un jour nous pourrons tous les emmener ici dans ces îles qui sont très invitantes. Il y a toujours le risque d'être trahi par l'un ou l'autre de nos proches. Je sais cependant que nous ne pourrons qu'emmener ceux qui suivent Jésus. Les autres auront à faire face aux tribulations, mais cela aura été leur propre choix. Jacques aura fait le maximum pour tous les prévenir et nous aussi. As-tu pu parler avec mes parents et mon frère? J'aimerais tant que tu sois ici avec nous présentement. Je te laisse sur ces mots, parce que j'ai trop de larmes dans mes yeux pour continuer à écrire et ce n'est pas le moment de t'attrister avec ma peine, à bientôt, Danielle."

C'était un scénario que je n'avais pas envisagé du tout. J'aurais dû penser que ces deux-là étaient inséparables. Heureusement que ce n'est que pour quelques jours, sinon la vie deviendrait insupportable. Ce sont par contre des moments qui me font mieux comprendre leur décision de notre première soirée ensemble. Je n'aurais pas pu les séparer jadis, pas plus que je ne peux le faire aujourd'hui.

Les parents de Jeannine sont encore réticents à recevoir la parole ainsi que quelques-unes de mes sœurs et mon frère et pourtant, la vérité est si belle. Ma mère me l'a souvent répété qu'un prophète n'est pas bien reçu dans sa famille et un disciple de Jésus non plus.

Les uns m'ont demandé de secouer la poussière de mes pieds et de ne plus les embêter avec mes histoires bibliques. D'autres m'ont tout simplement demandé de ne plus leur parler du tout. D'autres me demandent de parler de tout sauf de Dieu et de Jésus et c'est pour cette raison que j'ai dû me tourner vers les chroniques du journal et de risquer la vie de mes amis pour le faire. Heureusement que Dieu m'a donné les moyens de protéger tous ces gens qui m'aident dans mon ministère contre mes ennemis. Je suis conscient que huit de mes ennemis sont morts d'une crise cardiaque dernièrement et qu'un autre est mort assassiné. Je sais aussi que Dieu est Maître de la vie et de la mort. Mon plus grand souhait bien sûr soit que tous mes proches se réveillent à temps. Je dois avouer que c'est très difficile d'ouvrir les yeux de ceux qui ne veulent pas se les ouvrir. Jésus en a parlé avant moi, selon Matthieu 13, 15. 'Car le cœur de ce peuple est devenu insensible; ils ont endurci leurs oreilles, et ils ont fermé leurs yeux, de peur qu'ils ne voient de leurs yeux, qu'ils n'entendent de leurs oreilles, qu'ils ne comprennent de leur cœur, qu'ils ne se convertissent et que je ne les guérisse.'

Encore une fois c'était la parole de Dieu qui disait ces choses et la guérison dont il est question est celle de l'âme perdue. C'est ce qui me permet de dire; je guéris les malades et je ressuscite les morts. Lorsqu'une personne écoute la parole de Dieu elle reçoit le médicament et lorsqu'elle l'a reçu, qu'elle l'a accepté et qu'elle cesse de pécher, elle est guérie et ressuscitée des morts. Jésus n'a pas pu le faire sans risquer sa vie et moi non plus je ne le peux pas. C'est quand même triste et étrange que ce soit ainsi avec tous ces gens chrétiens et autres qui disent aimer Dieu, mais qui refusent de voir et d'entendre la vérité.

"Tu viens te coucher chérie, nous aurons sûrement une réponse à notre réveil? Elle est j'en suis sûr encore au lit à cette heure-ci." "J'aurais tant voulu avoir de ses nouvelles avant d'aller au lit." "Il n'est que cinq heures là-bas, viens dormir un peu, soit raisonnable. Souviens-toi que les enfants aussi ont besoin de toi. Eux aussi ont du mal à vivre sans ton sourire et la présence de leur mère." "Tout est survenu si rapidement, c'est comme si nous étions projetés dans un autre monde." "Sois heureuse que ce soit un monde meilleur. c'est comme le paradis ici et cette sécurité est un bouclier de Dieu." "Je le sais bien, mais je voudrais tant que toute ma famille soit avec nous." "Veux-tu que je fasse venir tes parents aussi? j'ai bien peur que nous allons manquer de place pour tous." "Il fait tellement beau ici, ils pourraient même coucher dans une tente à la belle étoile ou même sur le bateau." "Ça ne serait pas facile de les réveiller de bonheur quand je veux emmener les invités à la pêche. Que dirais-tu si je faisais bâtir un gros hôtel près de la piste d'atterrissage pour nos invités à venir?" "Tu ferais ça pour moi?" "Je ferais n'importe quoi d'honnête pour toi mon amour, un hôtel ce n'est rien si ça peut faire ton bonheur. Nous ne pourrons jamais dépenser notre argent ni nos générations à venir de toutes façons." "Tu es un amour et tu trouves toujours une solution à tout." "C'est bon, je vais faire bâtir un hôtel, mais ça ne sera pas facile de trouver un personnel fiable et discret." "Je suis sûre que tu trouveras un moyen." "Tu viens te coucher maintenant, allons finir cette discussion sur l'oreiller?"

Au matin à la première heure j'étais à l'ordinateur et Danielle n'était pas loin derrière moi. Aucun message de Jeannine n'était encore entré. Ça n'a pas été facile pour moi de me montrer rassurant devant un tel fait, puisque j'étais des plus intrigués moi-même.

"Elle a dû quitter la maison et elle a oublié son laptop, il n'y a pas d'autre explication, j'en suis sûr." "J'espère que tu dis vrai." "Bernard et Laurent seront là dans quelques heures et nous en aurons le cœur net, t'en fais pas." "Pourvu qu'il ne lui soit rien arrivé!" "Ne dis pas de sottises, il ne lui arrivera rien du tout." "Comment peux-tu en être aussi sûr?" "Parce que lorsque je ne suis pas là, c'est Dieu qui veille pour moi, il n'y a rien à craindre." "Je voudrais en être aussi sûre que toi." "Tu ne veux donc plus me faire confiance à présent." "C'est vrai que tu sais presque tout, excuse-moi." "Il n'y a pas de quoi ma chérie, mais tout va bien aller, crois-moi. J'emmène les profs à la pêche ce matin, veux-tu te joindre à nous?" "Pas cette fois, il y a neuf enfants qui réclameront leurs petits déjeuners sous peu et quatre d'entre eux n'ont pas leur mère, souviens-toi." "Je ferais mieux de ramener un paquet de morues et de maquereaux pour le souper." "Prends-moi donc des crevettes fraîches si tu peux." "Je ne peux certes pas te le promettre, mais je vais certainement essayer." "Tu es un vrai gentleman, mais ne va quand même pas risquer ta vie pour me faire plaisir." "Il vaut mieux que je me prépare maintenant et je veux déjeuner avant d'y aller. J'y retourne cet après-midi avec Charles et Henri-Paul, tu pourrais peut-être alors te joindre à nous?" "Ça se peut, je verrai. Tu n'as pas besoin d'une réponse immédiate?" "Non, ce n'est pas une cassure." "Que veux-tu pour déjeuner?" "Juste un œuf et deux toasts." "Ont-ils déjà fait de la pêche?" "Je ne le pense pas." "Tu auras donc de l'entraînement à leur faire." "Sûrement, mais cela s'apprend très vite." "Iras-tu loin?" "Pas nécessairement, je pense qu'il y aura tout le poisson qu'on a besoin près des îles, juste ici dans les alentours." "C'est sûr que la mer a beaucoup à offrir." "La terre aussi, je ferai venir prochainement un voyage de fruits et légumes de nos terres et tous les matériaux nécessaires pour un hôtel de deux cent chambres. J'envisage aussi d'acheter toutes les terres fertiles et abandonnées de la Saskatchewan et de les faire produire à leur plein potentiel. Cela offrira du travail à des centaines de personnes et nourrira des milliers d'autres à travers le monde." "Personne ne pourra dire que tu ne fais pas ta part." "Tu veux rire, on dira plutôt que j'ai donné des miettes pour des raisons fiscales." "Je suppose que c'est dans la nature des gens de juger sans vraiment savoir." "C'est surtout dans la nature des gens de vouloir causer du trouble par tous les moyens imaginables." "L'opposition et le bloc font tout en leur pouvoir pour faire rapatrier Omar Khadr j'ai entendu sur les nouvelles." "Ils se démènent comme des diables dans l'eau bénite pour un présumé meurtrier. Je me demande s'ils pouvaient en faire autant pour un présumé innocent. Ils aiment tellement contrarier les actions du gouvernement que moi je donnerais un petit truck à Harper." "Tu es drôle, qu'est-ce que c'est?" "Il suffirait pour lui de proposer le contraire de ce qu'il veut faire passer, laisser l'opposition s'y opposer et de revenir avec ce qu'il voulait en premier lieu avec l'approbation de toute la chambre." "Et tu dis n'être pas bon en politique." "Je n'ai jamais dit une telle chose, mais je ne voudrais pas avoir à débattre avec une bande d'imbéciles qui ne comprennent absolument rien au bon sens ou du moins c'est l'impression qu'ils donnent. Pour te dire franchement, je pense que l'opposition est une dépense totalement inutile de nos jours, puisque les médias ont le nez fourré partout et encore plus avertis que l'opposition, en plus ils ont le moyen de détruire n'importe quel gouvernement. L'état pourrait sauver des millions et avoir de meilleurs résultats.

As-tu déjà pensé ce qui arriverait si Dieu se présentait comme Premier ministre? Il serait pour le moins accusé de dictature et ça même s'Il veut le bien de tous et qu'Il a laissé le monde entier et de tous temps libre de leurs actions. Je serais surpris s'Il obtenait plus d'un pour cent des suffrages. Le pape qui est selon moi un charlatan aurait plus de chances de l'emporter. Il est dit qu'il est le représentant de Dieu sur la terre, mon œil. Les représentants de Dieu prêchent du moins la parole de Dieu et qui peut prétendre à un tel titre?" "Tiens, voilà tes pêcheurs. Je vous ai préparé un petit snack au cas où vous retardiez à revenir." "C'est très gentil à toi chérie, nous devrions être de retour aux environs de midi."

"Vous êtes prêts pour la grande aventure? La mer est calme, ça devrait être formidable pour la pêche." "Nous sommes tout fin prêts, mais nous ne savons pas vraiment à quoi nous attendre. Nous vous faisons confiance les yeux fermés, ça nous a bien servi jusqu'à présent." "Vous n'avez rien à craindre et puis nous n'allons pas très loin. Allons-y, il est un peu tard, mais quand même, nous devrions pouvoir prendre quelque chose. Allez montez, je monte derrière vous."

Nous avons tenté notre chance près de quelques îles sans succès, mais près de la quatrième tout était différent. Nous avons prix deux pleines cuves de morues et il va sans dire que l'odeur n'est pas la meilleurs de toutes. Puis nous nous sommes mis à la recherche d'un autre espèce. Nous avons pris quelques poissons qui me sont inconnus et duquel je me suis proposé d'en faire la recherche. Puis nous sommes tombés sur un banc de maquereaux qui mordaient à trois sur la même ligne. Trop tard hélas, il était temps de revenir au bercail, mais non pas avant d'avoir étendu quelques cages à homard dans lesquelles j'avais espéré capturer quelques crevettes pour Danielle et Jeannine.

"Est-ce que vous vous êtes posé des questions à propos de vos vacances prématurées?" "Un peu, mais nous savons que vous ne faites rien pour rien. Il y a sûrement une raison importante pour nous avoir déplacés de la sorte." "Vous avez raison, on a attenté à ma vie et je devais changer de place ainsi que ma famille et ça sans perdre de temps. Ça ne vous ennuie pas trop?" "Au contraire, c'est plutôt agréable, vos malheurs mis à part. Il n'y a pas de problème pour les enfants, ils ont tous de l'avance sur les autres classes conventionnelles." "Vous apprendrez sûrement par les nouvelles que moi et Danielle sommes décédés dans une explosion avant hier et il est très important que cela demeure secret, au moins pour un temps." "Nous comprenons très bien la situation, vous pouvez compter sur nous." "Sachez que j'apprécie votre compréhension et faites-moi savoir si vous manquez de quoique ce soit." "Tout va bien pour le moment." "Vous devriez écrire à vos familles pour leur expliquer que vous avez dû vous déplacer avec mes enfants et que vous êtes bien portants avant qu'ils ne lancent des avis de recherches. Ont-ils un ordinateur?" "Oui, il suffirait de leur envoyer un courriel." "Nous ferons ça dès notre retour à la maison. Que pensez-vous de la pêche?" "Je peux comprendre que les pécheurs aiment ça, mais moi je préfère enseigner et de loin." "Ça sent moins fort. Heureusement que la morue ne goûte pas ce qu'elle sent. Moi je préfère le doré et l'achigan. La perchaude aussi est très bonne au printemps. Quoi qu'il en soit, je vous ferai un bon souper aux poissons que vous avez vous-même pris." "Ça semble être prometteur."

Ça n'avait peut-être l'air de rien, mais je mourrais d'impatience au sujet de Jeannine. C'est la première chose que je fis en entrant à la maison, me diriger vers mon ordinateur et de vérifier mes courriels. Encore pas de nouvelle!

Je suis donc descendu au sous-sol pour voir comment se déroulait le cours de musique.

"Papa, quelle bonne idée que ce cours, il n'y a rien de plus plaisant au monde." "Tu aimes ça ma fille?" "On aime tous ça et Henri-Paul est tellement gentille, on dirait un ange." "Ça, je n'en suis pas aussi sûr que vous." "Comment trouvez-vous Charles?" "Il est plus sévère, mais il connaît bien sa matière." "Qui parmi vous tous aime à chanter?" "Il n'y a que Jonathan qui ne semble pas aimer trop ça." "C'est donc lui le meilleur de tous." "Qu'est-ce qui te fait dire ça papa, il n'a pas ouvert la bouche?" "C'est parce qu'il ne veut pas vous décourager, je suis sûr qu'il a une très belle voix. S'il apprend à la contrôler, il fera fureur. Comme ça vous êtes prêts à continuer demain?" "Oui!"

"Oui!"

"Oui!"

"Oui!"

"OK, vous avez deux heures de répit, allez prendre votre dîner et soyez prêts pour vos cours habituels à deux heures."

"Vous avez fait une grande impression sur eux, bravo. Henri-Paul, je pense que tu devras prendre Jonathan à part des autres pour obtenir quelque chose de lui, il se peut que ce soit de la timidité ou encore la peur du ridicule. J'ai aussi besoin que tu me fasses une faveur." "Tout ce que tu voudras patron." "C'est Jacques mon nom." "Qu'as-tu de besoin?" "J'ai besoin que tu fasses quelques appelles pour trouver Jeannine. Elle ne répond pas à mes courriels." "Bien sûr que je peux faire ça pour toi." "Allons dans mon bureau là-haut."

"Charles, ne te gène pas, va dîner avec les enfants. Nous vous joindrons dans quelques minutes."

"Appel d'abord chez ma mère et demande pour parler avec Jeannine en disant que tu es une amie de longue datte et que tu ne peux plus la rejoindre."

"Allô, je suis bien chez les Princes de Trois-Rivières. Je peux parler à Gertrude s'il vous plaît?" "C'est moi Gertrude." "Je cherche Jeannine, l'amie de Danielle depuis quelques jours et je ne peux pas la trouver, est-ce que vous pouvez m'aider?" "Je ne suis pas sûre si je dois vous donner cette information." "Dites-moi seulement si elle est chez-vous." "Elle n'est pas ici." "Merci madame Prince et toutes mes condoléances."

"Tiens, c'est le numéro chez les parents de Jeannine."

"Allô, pourrais-je parler à Jeannine s'il vous plaît?" "Jeannine, mais elle n'est pas ici, elle prépare les funérailles de ses amis, nous partons ce soir pour Trois-Rivières." "Merci beaucoup monsieur St Louis."

"Elle n'est pas là non plus." "Je suis presque sûr qu'elle est chez ma mère et la ligne téléphonique doit être surveillée. Allons manger veux-tu?" "Oui, tu me donnes l'appétit. Si tu me laissais faire, je te ferais connaître du bonheur." "Henri-Paul, ne me force pas à être dur avec toi, veux-tu et je n'ai pas besoin d'être tourmenter non plus, p'tit ange cornu." "Si seulement tu me désirais autant que Samuel, il me dévore des yeux." "Ne t'avise surtout pas, tu finirais dans une situation peu enviable." "Tu ne peux pas m'en vouloir de te désirer autant, je t'aime." "Si tu n'étais pas aussi égoïste tu comprendrais et tu ne me mettrais pas dans cette fâcheuse situation. J'aime mon Dieu beaucoup trop pour me permettre de commettre l'adultère et cesse de me tourmenter." "Mais!" "Allons manger et arrête ta comédie, elle ne me plaît pas du tout."

"Vous en avez mis du temps vous deux." "Oui, j'ai demandé à Henri-Paul de faire quelques appels pour moi. Je n'arrive pas à rejoindre Jeannine." "Pourquoi vos rougeurs?" "Oh, nous avons eu un petit argument, c'est tout." "Qu'est-ce qui se passe?" "C'est entre Henri-Paul et moi, sujet clôt." "Ce n'est pas la peine de te fâcher, j'ai le droit de savoir." "Je sais, je m'excuse, mais ce n'est pas un sujet qui est discutable devant les enfants et les invités, s'il faut tout te dire." "Pardonne-moi, je ne pouvais pas savoir." "Est-ce que le poisson est bon?"

"Il est vraiment délicieux et c'est vrai que la morue ne goûte pas ce qu'elle sent."

"C'est toi Samuel qui l'a apprêté? Tu as bien réussi les filets." "Tu devrais à ton tour enseigner aux autres à le faire." "Mais c'est déjà fait papa, Jonathan et René m'ont aidé à le faire cette fois-ci. Jérémie lui préfère ne pas se salir les mains." "Il ne faut pas le forcer à faire une chose qu'il déteste en espérant qu'il ne soit jamais obligé de le faire pour sa propre survie."

"À la prochaine batch, je vais apprendre comment et je suis sûr que je ne l'oublierai jamais." "Bravo mon gars, je te trouve courageux et tu n'auras pas à attendre très longtemps, je retourne à la pêche après le dîner." "Mais nous avons beaucoup de poissons papa." "Nous sommes aussi beaucoup de personnes autour de la table." "C'est vrai ça aussi."

"Vous nettoyez la table les enfants et occupez-vous de la vaisselle, nous partons tout de suite. Viens Charles, Henri-Paul, toi aussi Danielle, j'ai peut-être une surprise qui t'attend." "Une surprise pour moi, elle est bonne du moins?" "Et bien, je l'espère."

Nous sommes montés à bord et je me suis dirigé vers les cages que j'ai étendu un peu plus tôt.

"Laisse-moi remonter cette flotte." "Qu'est-ce que c'est?" "Remonte-la, tu verras bien." "C'est trop lourd, aide-moi. C'est une cage et elle est pleine de crevettes et de homards. C'est ça ta surprise?" "Ce n'est pas mal pour ta première prise." "Il y en a pour quelques mois là-dedans." "Pas s'ils aiment tous ça autant que toi. Attends juste que Jeannine soit ici pour t'aider et elles vont disparaître comme de la glace au soleil. Il y a une autre cage un peu plus loin." "Une personne pourrait vivre de la pêche autour d'ici." "Certainement, je pense que cette région n'a jamais été pêchée."

"Toi Charles, as-tu déjà fait de la pêche?" "Un peu, c'était dans mon enfance, mais c'était tout en lisant un livre."

"Toi Henri-Paul, c'est ta première expérience?" "C'est ma première, mais j'espère que ce n'est pas la dernière."

"Si tu es sage, tu pourras peut-être revenir." "Ah, je vois." "J'espère que tu vois juste." "Je pense avoir compris."

"De quoi parlez-vous, vous deux?" "Nous, nous comprenons, t'en fais pas. Nous voilà à l'autre cage."

"Veux-tu la monter Charles?" "Bien sûr Jacques, si tu m'en crois capable." "Les femmes pourront t'aider si tu as besoin. Mets les gants, comme ça, ça sera plus facile." "Je n'arrive pas à la bouger." "Voyons dont, ce n'est seulement qu'une cage." "Je te dis que je n'arrive pas à la bouger." "Qu'est-ce que ça peut bien vouloir dire?" "Donne-moi ça pour voir. Tu as bien raison." "Mais le bateau bouge." "Non, le bateau ne peut pas bouger. Il y a donc quelque chose qui tire sur la cage." "Qu'est-ce que cela peut bien être, un requin?" "Si c'est ça, il vaudrait mieux dire adieu à cette cage. Aide-moi Charles à attacher le câble à ce crochet, nous allons voir qui tire le plus fort. Tenez-vous bien, nous allons s'éloigner un peu d'ici."

"Si c'est un requin, j'espère qu'il n'est pas de la taille de celui qui est dans Jaws."

"Tiens, prends ce couteau Charles et s'il nous donne du trouble coupe le câble à toute vitesse. Je vais m'approcher de l'île. Je pense qu'il a abandonné maintenant, j'ai senti un relâchement. Vite Charles remontons ce câble, dépêchons-nous. La voilà et le requin est juste derrière elle. Ah, le vilain, il voulait manger ma prise." "Il y en a presque autant que dans la première." "Ne vous privez surtout pas d'en manger à volonté, nous savons où les trouver maintenant. Allons faire un tour pour la morue, je n'aime pas tellement les requins."

"Oui, oui, j'en ai une grosse. Jacques, viens m'aider s'il te plaît, elle est trop pesante." "Vas-y Charles, j'en ai une moi aussi."

"Tu as raison, elle est grosse, j'espère que ce n'est pas un requin."

"Qu'est-ce qu'on fait si c'est un requin Jacques?" "Attends d'en être sûr et si c'est le cas, tu coupes la ligne." "Ce n'est pas un requin, main je ne sais pas ce que c'est." "Faites juste de le retenir pour l'instant, je viendrai aussitôt que j'aurai sorti la mienne. Laisse-moi voir ça. Ah oui, c'est une grosse morue. On m'a dit que les petites ont meilleur goût, mais je voudrais m'en assurer par moi-même, ce qui fait que nous allons essayer de la sortir de là. Je vais sortir le pince queux."

"Tu m'as appelé Jacques?" "Non, Henri-Paul, à moins que tu puisses sortir cette grosse morue par la queux." "C'est vrai qu'elle a une grosse queux." "Esprit mal tourné!"

"Viens ici ma grosse, tu feras plusieurs repas." "Aie, c'est moi qui l'ai pris." "Tu as parfaitement raison et si tu continues comme ça, tu vas remplir le bateau en peu de temps. Tu veux bien prendre une photo avec elle. Elle doit faire plus de cinquante livres."

"Et, j'en ai un moi aussi." "Peux-tu t'arranger avec elle?" "Non, je vais avoir besoin d'aide moi aussi." "Tu es sûre de ne pas juste faire la capricieuse?" "Mais non, elle est très lourde."

"Tu veux aller lui aider Charles?" "Non, j'en ai une moi aussi."

"Tiens bon, je viendrai dans une minute, je veux d'abord prendre cette photo. Et voilà la grande pécheresse, je veux dire pêcheuse." "Tu fais bien de te reprendre, pécheur, je veux dire pêcheur."

"Qu'est-ce que tu as là Henri-Paul? Laisse-moi regarder. Ah, ah, ah, ah, mais ce n'est qu'un petit mené." "Ne te moque pas de moi, elle est aussi grosse que celle de Danielle, sinon plus grosse." "Vous me tenez tellement occupé que je n'ai plus le temps de pêcher moi-même. Tiens bon, je vais prendre le pince queux une autre fois."

"Toi ça va Charles, tu peux sortir la tienne?" "J'en ai une grosse moi aussi." "Il faudra changer de place, on dirait que nous sommes sur un banc que de grosses morues ici et on a aura assez avec ces trois-là. Il n'y a que moi qui n'en a pas de grosse, ce n'est vraiment pas juste." "Voyons donc Jacques, tu sais très bien que la grosseur n'a pas d'importance." "C'est vrai que nous ne sommes pas dans une compétition."

"Moi j'en ai assez pour aujourd'hui, tu veux venir Henri-Paul, je vais te faire visiter la cabine."

"L'as-tu à la surface Charles?" "Ici aussi nous aurons besoin de ta perche, dépêche-toi, j'ai mal aux bras." "Oui, c'est une belle prise celle-là aussi. Attendez un peu les filles, je vais prendre une photo de vous trois avec les trois grosses et ma petite. Nous allons changer d'endroit, faites attention là en bas."

"As-tu déjà monté à bord d'une vedette Henri-Paul?" "Non, je suis passée directement de ma pauvre famille au couvent où on m'a promis que je n'aurai jamais faim. Elles ont tenu parole, je n'ai jamais manqué de nourriture, mais par contre j'ai eu soif de vérité et aussi ma nature de femme m'a souvent fait défaut. J'ai passé beaucoup trop de temps au confessionnal à me le faire reprocher par mon confesseur." "Cela a dû lui donner des idées?" "Je n'en sais rien, Il a bien su me faire sentir coupable." "Tu ne ressens rien pour Charles?" "Pas du tout, mais j'aime un homme énormément, qui lui est déjà marié." "Alors ça, ce n'est pas bien. Tu es appelée à souffrir et à faire souffrir. La première fois que je t'ai vu j'ai tout de suite pensée que tu aurais pu faire une bonne épouse pour Jacques." "Mais il a déjà une bonne épouse ou deux." "Je pensais juste que si jamais il voulait en prendre une autre, tu serais l'idéale." "Je te remercie, dommage que lui ne penses pas comme toi." "Il est sûrement amoureux de sa femme pour refuser une belle femme comme toi." "Je pense qu'il n'est pas seulement fidèle à sa femme, il est aussi fidèle à Dieu." "Aurais-tu voulu des enfants?" "Si ma santé me le permettait, j'en voudrais au moins une demi-douzaine." "Ça, c'est quelque chose qui plairait à Dieu." "Penses-tu que c'est mal de désirer un homme que tu aimes?" "Pas si c'est ton mari." "Je voudrais pouvoir aimer sans désirer, mais cela me semble impossible." "Tu devrais peut-être en parler à sa femme, elle est peut-être du genre à partager. Jeannine et moi nous nous partageons Jacques depuis plus de dix-sept ans sans problème. En fait, nous ne l'aurions pas voulu autrement ni l'une ni l'autre." "Vous êtes très chanceuses vous deux, ça tient presque du miracle tellement c'est rare." "Toi, pourrais-tu partager ton homme?" "Je n'en sais rien, peut-être si c'était la seule façon d'avoir une partie de lui." "Moi je peux te dire qu'il te faut être ni possessive ni jalouse et être heureuse pour l'autre quand c'est son tour de l'avoir. C'est à bien y penser tu sais. L'égoïsme est aussi à proscrire dans une telle relation. N'oublie pas non plus qu'il ne suffit pas d'aimer, il faut être aimer en retour, sinon il te serait grandement préférable de ne plus y penser." "Ça, c'est beaucoup plus facile à dire qu'à faire." "Je sais, je ne veux même pas y penser. S'il fallait que je sois forcer d'oublier Jacques, cela me serait impossible." "Comme ça, on se comprend bien."

"Je pense qu'on en a assez Charles, qu'en dis-tu?" "Moi je suis prêt à rentrer en tout temps Jacques." "Veux-tu apprendre à faire des filets?" "Je veux bien apprendre, mais je ne guarantis pas que ça sera mon activité préférée. Il ne faut pas oublier que les déchets sont excellents pour le jardin, mais il faut les enterrer pour ne pas attirer les prédateurs."

"Oh non, tout ça à arranger?" "Nous allons t'aider Samuel si tu nous amènes les couteaux et les chaudières." "Ça s'peut pas, elles sont presque aussi grosses que moi."

"On est tombé sur un banc de grosses et on a dû changer de place, parce qu'on dit que la petite est meilleure à manger, par contre, je voulais m'en assurer moi-même. Je vais cependant vérifier mes courriels pour commencer."

"Viens-tu avec moi Danielle?" "Oui, je viens. Vas-y je te suis." "Il n'y a encore rien de Jeannine, par contre j'en ai un de Bernard."

"Nous sommes bien rendus sans problème. Laurent est installé dans tes cartiers. Jeannine est absente, nous ne savons pas où elle est. Raymond va très bien, Pauline aussi et elle est anxieuse de prendre son premier envole. Tout va bien à la Couverte, encore de grandes commandes surtout pour les bottes, les casques et les sacs à couchages. Il y a beaucoup de pain sur la planche pour moi dans les heures qui viennent. À bientôt, B!"

"Il a écrit, il y a quinze minutes. Il est peut-être encore sur place.

Allô Bernard, je suis heureux du bon voyage, mais très inquiet à propos de Jeannine. S'il te plaît va voir si son laptop est chez-elle, elle ne retourne pas mes courriels. Prends-le avec toi et va voir chez ma mère pour voir si elle s'y trouve. Si elle n'est pas là, lance un avis de recherche immédiatement. C'est la priorité. J . . . ."

"Tu es inquiet toi aussi?" "Je suis sûr qu'elle va bien et qu'elle a dû sortir de la maison, peut-être à cause des journalistes. Elle a dû partir vite et oublié son laptop. La question est; où est-elle allée?" "Reste ici Danielle, veux-tu? Je dois aller aider avec les poissons, sinon on ne me fera plus jamais confiance."

"Vous m'en avez gardé j'espère?" "Oh, tu peux toutes les faire si tu veux papa, surtout ces grosses-là." "Celles-là, nous les ferons différemment." "Un poisson c'est un poisson, il n'y a pas cent façons de faire des filets." "Nous allons en faire des filets mignons." "T'es drôle, c'est quoi ça?" "Nous allons faire des steaks de poisson comme on fait avec du saumon. Il faut bien la nettoyer pour commencer et après en avoir enlevé la tête il suffit de couper des tranches comme si c'était du pain. Tant qu'à la peau on peut l'enlever maintenant ou dans notre assiette. Beaucoup de personnes aiment la peau lorsqu'elle est bien cuite. Et voilà le tour est joué." "Elle est tellement grosse qu'on peut nourrir trois personnes avec une seule tranche."

"Viens Jacques, on a des nouvelles de Jeannine." "Sont-elles bonnes?" "Oui et non, viens. Bernard l'a trouvé en larmes dans la cabine de la rivière. Il y avait une meute de journalistes à la barrière et elle n'avait pas de téléphone pour même appeler la police." "Cette maudite bande de sauvages, il faudra bien leur montrer à vivre un jour. Ils ont fait la même chose à Princesse Diana. Je vais pousser pour faire passer une loi contre cette forme d'harcèlements. Le droit à l'information ne devrait pas supplanter le droit à la vie privée."

"Tiens bon ma chérie, encore deux jours et ce cauchemar ne sera qu'un mauvais souvenir. Tu n'avais pas de téléphone, mais tu aurais pu te servir de ton laptop pour demander de l'aide." "Je suis sortie en vitesse en pensant qu'ils pouvaient briser la barrière." "Ils sont tous sur vidéo et je vais les poursuivre en justice. Ça leur apprendra à forcer les propriétés privées." "Est-ce que Bernard est encore près de toi?" "Oui, il est là tout près."

"Bernard, je veux que tu prennes tout en charge avec Raymond. Remmène Jeannine à la maison, elle sera en sécurité là avec Laurent.

Organise les funérailles pour demain et ne laisse pas Jeannine d'un pas. Si on te pose des questions tu leur dis qu'il ne reste même pas des os à enterrer et qu'on a déjà les cendres. Appelle tous les médias pour la nouvelle, comme ça tous le sauront. Donne à coucher à tous ceux que tu pourras, mais pas plus. Jeannine en a assez vu comme ça. Amène la cassette sur laquelle les sauvages sont filmés à la police et demande à Laurent de porter plainte contre eux pour invasion de propriété privée. Ils n'auront pas besoin d'autres témoins, ils auront toute la preuve nécessaire. Va voir ma mère et fais-lui comprendre qu'elle ne devrait pas s'en faire plus qu'il ne le faut, que je vais très bien, mais après l'enterrement seulement. Si cela ne suffit pas, emmène-la-moi ici. N'oublie pas de mettre Raoul, Raymond et Michel en communication avec moi, dès le lendemain avant de revenir. Donne-leur mon adresse de courriel en leur précisant la discrétion. Il faudrait que tu aies une conversation personnelle avec les parents de Danielle aussi. Informe-toi chez mon notaire pour voir si quelqu'un s'est informé de mon testament, je suis curieux de savoir qui souhaite ma mort le plus dans ma famille. Maintenant repasse-moi Jeannine."

"Je suis là Jacques." "Chérie, j'ai hâte de te tenir dans mes bras, si tu savais combien." "Moi aussi mon amour, tu sais que tu n'as jamais été aussi loin de moi." "Je suis déjà venu ici, mais tu n'en savais rien, c'était pour planifier ce qu'on vie maintenant et j'ai voulu faire cela sans vous inquiéter. J'avais fait juste un aller retour. S'il te plaît ne t'habille pas en noire demain et souri à tout le monde que tu rencontreras en leur disant que je suis avec Dieu et Lui est avec moi et Danielle, comme Il l'a toujours été. Si on te demande de parler, n'oublie pas de leur dire que les chroniques vont continuer à faire le tour du monde et que seul Dieu pourrait y mettre fin. Tant qu'à y être, dis-leur donc que je suis toujours vivant comme Jésus nous l'a dit, nous aurons la vie éternelle. Je veux être tenu au courant de tous les détails. Moi je resterai près de mon ordinateur jusqu'à ce que vous soyez sur votre départ. Tu vas peut-être trouver ça étrange, mais je te demande d'espionner sur ma famille. Je veux connaître qui sont sur notre côté. Plus on connaît son ennemi, plus on est fort. Je vous laisse maintenant, vous avez beaucoup à faire."

"Salut Jacques, comment vas-tu? Ici les choses progresse à grand pas. Pour commencer, il faut que je sache s'il est prudent de discuter de nos affaires sur Internet." "Ça va Raymond, j'ai un programme qui ne laisse aucune trace." "La formule est au point dans une seule unité pour le publique en général et j'ai le sentiment que tu vas devenir encore plus riche. La viagra fera pitié à côté de notre produit." "Parlant de s'enrichir, il vaudrait mieux que tu commences à faire des enfants, car tu ne pourras jamais dépenser tout ton argent toi-même. Ta part sur cette formule te rapportera beaucoup." "T'en fais pas pour moi, comme toi je connais beaucoup de pauvres à travers le monde. Il ne faudra pas promouvoir notre formule dans ces coins-là du monde, ils ont assez de misère comme ça." "Comment vont les travaux à l'hôpital?" "Ils avancent, mais pas assez vite à mon goût." "Je veux tripler les effectifs, s'il le faut nous ferons venir des menuisiers de France, mais c'est de plus en plus pressant. Es-tu prêt pour ton séjour à Haïti?" "Oui, je suis cédulé pour dans six jours et j'ai trouvé un assistant qui demeurera dix jours sur place avec mon assistante. Tout est organisé et il est très anxieux d'entreprendre sa première mission. C'est ce qu'il voulait faire de toutes façons en tant que volontaire. Il ne pensait jamais être rémunérer pour ça. Il est très heureux et je pense qu'il va faire un bon travail." "Tu l'as bien prévenu contre les corrupteurs?" "Oui, il est parfaitement au courant de la situation, en plus il ne sera pas seul et mon assistante a beaucoup d'expérience maintenant." "Il est absolument nécessaire que tu rencontres Raoul avant ton départ. Il me faut rajouter deux nouveaux bungalows aux résidences des professeurs pour Charles et Henri-Paul. Ils vont enseigner eux aussi. Je te ferai parvenir le plan sous peu. J'ai aussi besoin qu'il fasse calculer par la firme d'architectes habituelle tout ce qui est nécessaire pour un hôtel à quatre étages et de deux cents chambres que je vais faire bâtir sur une île près d'ici. Il faut que les travaux soient terminés en moins d'un an. Je vais voir si je peux trouver de la main-d'œuvre autour d'ici. Tout devra venir par bateau, il faudra donc faire construire un quai pour commencer. Il faut que je te laisse Raymond, Michel a besoin de me parler." "OK, je te rappelle aussitôt que j'ai du nouveau, chow."

"Patron, comment allez-vous?" "Je vais bien mon ami et toi, tu te maintiens?" "Je vais bien et tous les animaux aussi. J'aurais voulu par contre connaître votre adresse courriel pour pouvoir aider madame St Louis. J'ai pensé qu'il valait mieux ne pas mêler la police à tout ça et je la savais en sécurité dans la cabine. J'avais décidé d'utiliser les chiens s'ils avaient réussi à entrer." "Si jamais quelque chose du genre se reproduit, prends avec toi quelques-uns de ceux qui ont l'air les plus féroces et emmène les près de la barrière, cela découragera la plupart j'en suis sûr. J'aimerais que tu donnes un bon bain au préféré de Samuel et de celui de Jonathan pour qu'ils fassent le voyage avec Jeannine. J'ai peur que ces deux-là s'en ennuient un peu trop." "Pas de problème patron, mais je dois savoir, c'est pour quand le départ?" "C'est aujourd'hui mardi, tiens les prêts pour jeudi midi." "Ils seront comme des sous neufs, patron, lavés, séchés et coiffés." "C'est tout, en ce qui me concerne Michel, fais attention aux journalistes toi aussi quand tu sortiras." "Ne vous en faites pas patron, de toutes façons j'ai tout ce qu'il me faut pour un mois et je suis bien ici." "Va rencontrer monsieur Charron à la maison, il est un gentilhomme et offre lui une partie d'échecs, il sera content et il est un bon ami pour ses amis." "Merci patron, je n'y manquerai pas."

"Jacques, je suis heureux de savoir que tu vas bien." "Raoul, champion, comment te débrouilles-tu avec tout ce chambardement." "Il va sans dire que je suis très occupé, mais on s'ennuie surtout de Jonathan ici." "Je suis sûr qu'il s'ennuie de ses travaux lui aussi. Ses moulures sont toute sa vie, il est un vrai passionné. Comment vont les travaux à l'hôpital?" "Nous sommes un peu retardés par les électroniciens, il semble y avoir un peu de confusion." "Il faudra qu'ils s'enlèvent les doigts de leur nez, parce que je veux tripler les effectifs immédiatement. Ça presse plus que je l'avais prévu. S'ils ne sont pas capables de s'aligner, nous trouverons une autre firme, peu importe le prix." "Je leur parlerai dès demain matin." "Demain c'est aussi l'enterrement, on te l'a dit." "Je me demandais si je devais y aller vu les circonstances." "Il est important que tous mes proches y soient pour laisser croire à mes ennemis qu'ils m'ont eu." "Je vois." "Quelques heures de votre temps ne feront pas tellement de différence non plus." "Tu voudrais donc que toute l'équipe y soit?" "Tu m'as bien compris. Que dirais-tu de venir dans le Sud pour un an?" "Je ne peux pas me le permettre voyons, j'ai une famille." "Disons que tu emmènerais toute ta famille aussi." "Toi, tu as encore un gros projet en vue." "Un hôtel de deux cent quelques chambres, ça t'intéresse?" "Je te connais trop bien pour ne pas savoir que tu es sérieux. Il faudra que j'en discute avec ma femme et les enfants." "Penses-y bien mais vite, c'est une année au soleil nourri et logé pour toute ta famille, l'éducation gratuite pour les enfants à l'école privée et cent milles clair d'impôt à ton retour." "C'est oui, quand partons-nous?" "Aussitôt qu'ils n'ont plus besoin de toi à l'hôpital et que les deux bungalows seront terminés." "Quel deux bungalows?" "Deux autres résidences sur mes terres près des autres maisons des professeurs." "C'est un petit village que tu auras là bientôt." "On l'appellera le village des profs." "Ça ne sera peut-être pas facile, ils ont fait la grimace la dernière fois." "J'aurai toujours droit à autant de résidences que j'ai d'employés. C'est dans la loi et ils ne peuvent rien n'y faire. S'ils te donnent du trouble, dis-leur que ma succession est prête à débattre le problème devant les tribunaux. Ils comprendront très vite qu'il ne sert à rien d'argumenter. S'ils te demandent les noms de ceux qui vont les habiter, tu leur dis que ce sont des professeurs à venir et qu'ils doivent avoir leurs résidences pour accepter l'embauche. Nous leur fournirons les noms aussitôt que possible. Je vais t'envoyer le plan dès demain et peut-être même aujourd'hui. Je vais t'envoyer un schéma de ce que je veux comme hôtel aussi. Réserve un architecte pour ce projet aussitôt que possible." "Que vas-tu faire pour l'eau?" "La même chose qu'on a fait pour la maison, je suis persuadé de pouvoir en trouver, sinon je trouverai le moyen de changer l'eau salée en eau douce." "Rien ne t'arrête, n'est-ce pas?" "Dieu seul peut faire ça." "Je le crois, tu es sûrement devenu l'homme le plus puissant du monde." "J'accomplis seulement la volonté de Dieu, pour le reste, je suis très impuissant. Je suis heureux de pouvoir aider et protéger mes frères et sœurs de la famille de Dieu. Je te laisse maintenant, Bernard entre en communication avec moi."

"Je t'envoie la photo des îles que tu as demandé, je pense que c'est une vraie merveille. Regarde-moi ça. Peux-tu me dire leur prix approximatif?" "Nous parlons de plusieurs millions pour chacune d'elles, voir même des milliards pour l'ensemble. Les bâtisseurs de centres de villégiatures font monter les enchères et le gouvernement en profite. Il y en a combien, les as-tu compté?" "Il y en a vingt et un à part la tienne." "Il faudra les départager de façon stratégique pour assurer la défense de l'ensemble." "C'est une bonne idée et je sais que tu feras pour le mieux." "Oui, je vais planifier tout ça dans les prochains jours. Je viens juste d'avoir une idée superbe." "Oh, oh, c'est un autre milliard qui s'envole. Qu'est-ce que c'est?" "J'avais pensé à un quai en ciment pour recevoir les matériaux de construction pour l'hôtel, mais là je pense qu'il vaudrait mieux avoir un quai flottant et motorisé, comme ça nous pourrons l'amener d'une île à l'autre au besoin." "C'est une superbe idée en effet." "Prends contact avec Bombardier aussitôt que tu le pourras, c'est une cassure. S'ils ne peuvent pas agir immédiatement, nous contacterons un autre bâtisseur. Ils ont peut-être un plan autour d'ici, cela accélérera la livraison. Il faut qu'il soit motorisé de trois à cinq cents pieds de longueur et de quatre-vingt pieds de largeur. Informe-toi de tout et rapporte-le-moi dans les plus brefs délais. Il faut aussi qu'il ait des gardes très solides, puisqu'il transportera des ready-mix, une grue et d'autres machineries. Le bateau qui amènera les matériaux pour l'hôtel pourra peut-être le remorquer jusqu'ici." "Tu pourrais t'en servir pour les transporter jusqu'aux îles, si tu peux acheter les matériaux par-là, ça serait beaucoup plus rapide." "Tu as raison, il me faudrait quelqu'un qui pourrait magasiner pour moi autour d'ici. Je te laisse, je dois contacter Raymond, je te parlerai plus tard."

"Raymond, connaîtrais-tu quelqu'un qui pourrait performer une chirurgie plastique avec discrétion?" "Oui bien sûr, moyennant les rémunérations appropriées." "Qu'est-ce que tu as en tête cette fois-ci, tu ne veux quand même pas changer ta pretty face? Tes femmes n'aimeront peut-être pas ça." "Non, je pensais plutôt à Charles qui a besoin de se tenir occupé. Il en aura besoin tôt ou tard de toutes façons. Informe-toi le plus tôt possible et rends-moi compte, veux-tu? Il faudra refaire les identités des ces deux-là aussi et ça le plus tôt possible." "Je m'informe de ce qui est possible." "Si tu peux aider à Raoul en ce qui concerne l'électronique de l'hôpital, fais-le veux-tu?" "Bien sûr, je ferai de mon mieux." "Tu sais, je veux que toutes les portes s'ouvrent avec trois combinaisons différentes, c'est-à-dire la carte, plus l'emprunte du pouce et de l'œil." "Es-tu sûr que tu n'en fais pas trop?" "La vie de mes épouses est plus importante que tout le reste Raymond." "Excuse-moi, c'était une question stupide." "Tu as raison, mais tu es quand même excusé. Il faut que j'aille m'entretenir avec Charles pour savoir ce qu'il pense de tout ça, à plus tard!" "À plus tard Jacques!"

"Charles comment te portes-tu?" "Je me porte très bien Jacques." "J'ai une suggestion à te faire, mais je veux que tu demeures libre de prendre la décision qui te convient. Tu es assez vieux pour décider pour toi-même. Tu sais que la photo de nous quatre a été diffusée dans pratiquement tous les pays du monde et que si quelqu'un te reconnaissait, c'en serait fait pour nous?" "C'est une évidence certaine." "Que dirais-tu d'une minie chirurgie plastique pour changer ton allure?" "Tu ne veux pas dire que je suis sans allure, quand même?" "Je n'ai pas dis; te donner une allure, mais bien de changer ton allure, ce n'est pas la même chose." "C'est vrai et j'avais très bien compris." "Si tu ajoutais à ça une paire de lunettes sans vison, une moustache et une nouvelle identité, tu pourrais même obtenir une prêtrise quelque part." "Ne me parles plus de prêtrise, veux-tu? Je l'avais accepté, mais c'était plutôt l'idée de ma famille." "J'ai connu un très mauvais prêtre dans mon enfance pour qui c'était un cas semblable." "Je suis d'accord, mais c'est quand même quelque chose de dispendieux." "T'en fais pas pour ça, je peux me le permettre. Je vais savoir sous peu quand l'opération pourra avoir lieu et n'en parle pas à personne, comme ça, ça sera un bon test quand tu reviendras. C'est bon, il se peut que tu retournes avec Bernard dans quelques jours. Si c'est vraiment réussi, tu pourras peut-être même visiter ta famille discrètement. Si ta propre mère ne te reconnaît pas, personne ne le fera." "Je verrai, cela ne m'importe pas tellement. Il faut que tu pardonnes à tes parents si tu veux vivre longtemps, tu sais cela." "Oui, je sais, mais ce n'est pas facile." "Personne n'a prétendu que ça l'était, demande à Dieu la force, Il te la donnera. Tu me fais penser à un message important." "Lequel, tu m'intrigues?" "C'est écrit dans Matthieu 23, 3. "Car ils disent et ne font pas." "Tu as raison. Matthieu 23 m'a toujours hanté et c'est une vérité qui m'a toujours fait mal. Pour te dire la vérité, j'avais honte de nous, tous les prêtres. Surtout lorsque Jésus parle des fardeaux que nous mettons sur les épaules des hommes sans que nous les remuions du doigt. C'est vrai surtout en ce qui concerne la famille. Nous avons forcé les hommes à procréer sans cesse quand nous, on ne s'est même pas mouillés. Du moins, c'est ce que nous disons." "Tu sais ce que Jésus a fait à un arbre qui ne produisait pas?" "Oui, il l'a maudit." "Ça, ce n'est pas la version de Matthieu. Dans Matthieu Jésus a dit: 'Que jamais fruit ne naisse de toi!'

Maintenant, les disciples dans Matthieu 21, 20 ont dit: 'Comment ce figuier est-il devenu sec en un instant? Dans Marc 11, 21, c'est différent: 'Pierre, se rappelant ce qui c'était passé, dit à Jésus: Rabbi, regarde, le figuier que tu as <u>maudit</u> a séché.'

Qui a dit vrai? Si tu veux mon avis, je te dirai que je doute fortement que le mot maudit se soit déjà retrouvé dans la bouche de Pierre ou de Jésus." "C'est vrai que ce sont deux versions bien différentes l'une de l'autre de la même histoire." "Matthieu était un disciple de Jésus, ça j'en suis certain." "Crois-tu que ce Marc était un imposteur?" "Je sais seulement qu'il n'était pas un apôtre de Jésus et je ne crois pas qu'il était son disciple non plus.

Je ferais mieux de retourner à mon ordinateur maintenant, c'est plutôt achalandé aujourd'hui. Bernard et Laurent se sont bien rendus. Bernard et Jeannine devraient être ici dans quelques jours."

"Tu vas quand même prendre le temps de venir manger?" "Non chérie, il est important que je demeure disponible pour plusieurs personnes là-bas. Je suis sûr que tu trouveras quelqu'un pour me l'apporter. Je suis désolé, ce n'est pas parce que je ne veux pas manger avec vous tous." "Je le sais, j'ai bien vu moi-même toutes tes communications et j'en comprends l'importance. J'espère que ça ne sera pas toujours comme ça." "Si cela ne t'ennuie pas trop, j'aimerais prendre une journée sur la mer seule avec Jeannine." "Pourquoi est-ce que cela m'ennuierait? Elle est ta femme tout comme moi. Ne pars pas le jour de son arrivée, c'est tout ce que je te demande." "Tu sais très bien que je ne ferais pas une telle chose." "Je sais seulement qu'elle te manque beaucoup." "Toi aussi tu me manques lorsque tu n'es pas près de moi." "Je sais chéri, tiens, tu as un autre courriel." "C'est Raymond."

"Jacques, j'ai trouvé le chirurgien. Il peut opérer aussitôt que Charles sera ici et il n'aura rien à craindre. Il pense pouvoir tout accomplir en deux jours et il ne prend que dix milles, tous frais inclus, mais pour ça, il faudra que ce soit de l'argent comptant. C'est la seule façon de pouvoir garder l'anonymat." "Je suis d'accord et Charles aussi. Il retournera avec Bernard et il devra aller directement de la piste d'atterrissage à la clinique en limo pour être vu de personne. Ce n'est pas le temps de saboter notre couverture." "C'est compris et je vais l'aviser immédiatement."

"Jacques, l'enterrement est pour dix heures demain matin et cela a fait les manchettes de la journée dans tous les médias. La plainte a été formulée en cour contre les journalistes qui ont forcé la barrière et le chef de police qui les connaît bien a applaudit notre action. As-tu une limite pour les cinq milles que tu veux distribuer?" "Je dirais de te limiter aux parents et amis sincères. Qu'en penses-tu?" "Est-ce que cela m'inclus?" "Oui, si tu es un ami sincère." "Cela t'importe peu s'il a les moyens ou pas?" "Tu as tout compris. Ça sera un enterrement unique dont on parlera longtemps." "Cela risque de s'élever à plusieurs milliers de dollars." "C'est justement là la clé du succès. On dira que mon héritage a été distribué à des gens sincères qui m'aimaient pour ce que j'étais et non pas pour ce que j'avais. Tu n'auras probablement jamais rencontré autant de menteurs de toute ta vie, incluant ton temps en dedans." "Dis-moi, pourquoi ton système de moufette n'a pas fonctionné?" "Tout simplement parce qu'il n'était pas activé." "Je vois." "Avez-vous installé des haut-parleurs en quantité? Je prévois un grand nombre de personnes et n'oublie surtout pas les caméras, car je suis extrêmement curieux de voir tout ce beau monde. Je vais essayer de capter tout ça sur le satellite. Ne laisse surtout pas ni prêtre ni évêque parler sur ma tombe, sinon j'en sortirai moi-même pour les chasser. Jésus a dit de chasser les démons. Matthieu 10, 8. Il ne nous a pas dit avec quelle arme nous devions chasser ce gibier, cependant je pense que c'est seulement qu'avec la parole de Dieu que cela est possible et efficace. Jésus lui-même lorsqu'il fut tenté dans le désert a eu du mal à se débarrasser du diable, quoique j'ai du mal à croire qu'il s'est laissé transporter par ce dernier. Matthieu 4, 8."

"La parole est vraiment avec toi, n'est-ce pas? Tu en parles à chaque occasion." "Quand Dieu est avec toi, sa parole l'est aussi. Tiens-moi au courant de tous les développements, je resterai disponible autant qu'il est possible, même que je vais demander à Danielle de me relever pour me permettre de dormir un peu. Est-ce que Jeannine va mieux?" "Elle est allée se coucher, elle est exténuée et elle aura besoin beaucoup de repos pour demain qui sera pour elle, j'en suis sûr une journée peu ordinaire." "Je voudrais que tu demandes la protection de la police pour elle et s'ils refusent, engage des gardes du corps. Je crains qu'on puisse attenter à sa vie. Tu peux prévenir le chef aussi que les assassins seront sur place. Dis-lui de surveiller surtout ceux qui veulent se mettre en évidence en voulant la parole sans y être invités. Il est écrit dans Matthieu 23, 6: 'Ils aiment la première place dans les festins.'

"Je commence à croire que tu es plus qu'un simple disciple, je pense que tu es un voyant." "C'est ainsi qu'on appelait les prophètes anciennement, mais je le répète encore une fois, je ne suis qu'un disciple de Jésus. As-tu pu trouver la clôture qu'on a besoin ici pour la plage?" "Elle est déjà à bord de l'avion." "Pour l'armement de l'avion et de la vedette, as-tu quelque chose?" "On m'a dit qu'il vaudrait mieux les échanger pour des unités déjà équipées." "Tu es conscient que ton travail sera de plus en plus dangereux, n'est-ce pas?" "Il est aussi de plus en plus excitant." "N'oublie pas qu'entre tous les membres de mon entourage tu es celui qui serait le plus difficile à remplacer. Tu ne dis rien?" "Je pense que personne n'est irremplaçable, quoique je me demande bien qui pourrait te remplacer toi." "Vous vous débrouillez pas si mal que ça là-bas. Vous connaissez ma ligne de pensées et je suis sûr que vous pourriez continuer mon œuvre." "Nous serions très vite à court d'idées." "Il y en a quelques-uns qui poussent derrière moi et qui ne manquent pas d'imagination." "Tu parles du jeune millionnaire?" "De lui et du maître des moulures! Les autres ne sont pas à dédaigner non plus. Ils sont encore jeunes, mais ils promettent. Je suis persuadé qu'Isabelle fera de grandes choses. Je vais te laisser maintenant, je dois dormir quelques heures pour pouvoir êtres à votre disposition quand le besoin se fera le plus sentir."

"Est-ce que j'ai dormi tout ce temps?" "Oui, un gros cinq heures. J'ai surveillé tes messages et il n'y a rien d'important." "Je vais allumer la télé pour voir si nous avons une bonne réception." "Tu as manqué aux enfants, ils ne comprennent pas pourquoi tu t'isoles de la sorte, surtout après leur avoir dit que nous étions en vacance. J'ai bien essayé de leur expliquer du mieux que je peux, mais ce n'est pas comme si tu leur parlais toi-même." "Je sais et j'espère que tout va rentrer dans l'ordre après ce foutu enterrement. Voilà, c'est radio-Canada. Nous devrions pouvoir tout voir peut-être même mieux que si nous y étions en personne." "Que dis-tu là mon chéri, nous y sommes en personne.

Après tout ce qu'on a passé ne me dis pas qu'on a fait tout ça pour rien." "Je dois te prévenir mon amour, nous allons voir des personnes qui nous aiment pleurer sur nous, ça ne sera pas facile. Raymond et Bernard vont leur parler aussitôt qu'ils le pourront." "Je suis consciente qu'il fallait le faire même si c'est très pénible." "Je devrais aller manger, il y a deux heures avant le commencement de la cérémonie." "Veux-tu que je te fasse des crêpes?" "Ça, ça serait merveilleux chérie." "Vas-tu descendre ou tu veux que je te les amène." "Tu pourrais les faire juste ici dans ma cuisine." "Ah, je préfère ma propre cuisine, je m'y retrouve plus facilement. Elles seront prêtes dans vingt minutes." "Je serai là juste à l'heure à moins que survienne quelque chose de spécial."

J'ai remonté le volume de la télé pour écouter les nouvelle du Québec.

'C'est dans un peu plus de deux heures qu'aura lieu les plus célèbres funérailles des récentes années. Nous vous rappelons qu'il y a quelques jours un des hommes les plus riches du monde, monsieur Jacques Prince aurait été selon toutes vraisemblances assassiné ainsi que sont épouse, une infirmière très connue des services médicaux de l'hôpital de Trois-Rivières, madame Danielle Prince. L'enquête piétine toujours, mais selon nos dernières informations la puissante bombe aurait été déposée par un prêtre du nom de Charles Joseph Grégoire accompagné d'une religieuse nommée sœur Henri-Paul Toupin. Nous avons reçu des centaines d'appels de personnes nous disant que cela est une chose complètement impossible et ridicule. Néanmoins tous les indices recueillis jusqu'ici semblent contredire ces témoignages. Il ne sera certes pas facile de démêler tout ça, puisque aucune trace des personnes concernées ni même une seule parcelle du hangar où le crime a eu lieu n'a été retrouvée. Certain disent même qu'il s'agirait du crime parfait. D'après quelques membres du clergé, il vaudrait mieux attendre la fin de l'enquête avant de spéculer sur un sujet aussi sérieux.

L'évêque du diocèse de Sherbrooke, lui pense qu'il est possible qu'il s'agisse d'une toute nouvelle religion qui consiste pour les pratiquants à emmener autant de vies que c'est possible avec la leur. Il dit qu'on le voit surtout au Moyen-Orient, mais que ces dernières années on le voit aussi un peu partout dans le monde en particulier aux États Unis et au Canada. On a qu'à se rappeler les meurtres suicides qui malheureusement ce sont produits à l'intérieur des écoles et il y en a de plus en plus. Nous vous invitons donc à suivre cet événement sur nos ondes à partir de neuf heures quarante-cinq. C'est tout pour le moment. Mesdames et messieurs, soyez des nôtres pour notre prochain reportage.'

Je vais lui en faire une nouvelle religion. Quoique cela fait beaucoup de sens ce qu'il dit. Bien sûr il fera tout en son pouvoir pour créer de la diversion. Ce peut-il qu'il existe une religion aussi diabolique? Elle ne vient pas de Judas, lui s'est suicidé, mais il n'a tué personne.

"Je suis là, est-ce que c'est prêt? Tout est prêt, je termine la dernière à l'instant même." "Il semble que nous aurons tout le déroulement des funérailles à la télévision. Ce n'est pas impossible que nous y voyions Jeannine avant qu'elle n'arrive." "Tu ferais mieux de prier pour qu'il ne lui arrive rien de fâcheux." "Je ne cesse jamais de prier, je suis en conversation avec Dieu presque continuellement. Il faut quand même que je Le laisse s'occuper des autres." "Tu sembles être en paix en ce qui concerne Jeannine." "J'ai pris toutes les précautions possibles et nécessaires, le reste est entre les mains de Dieu justement." "Elles sont bonnes tes crêpes chérie, mais je suis plein maintenant. Est-ce que tu viens regarder la cérémonie avec moi?" "Un bout de temps, mais je ne pense pas la suivre jusqu'au bout. Ce fut une longue journée pour moi." "Je comprends, tu n'aimes pas te voir enterrer vivante." "C'est un peu ça, ce n'est pas tout le monde qui peut se voir enterrer." "Ça va commencer bientôt, tu viens?" "Oui, je te suis." "Viens ici que je t'embrasse. Que dirais-tu de passer quelques mois de plus ici qu'on ne l'avait prévu? Les enfants semblent s'y faire." "Tu as toujours une raison pour tout, quelle est celle-ci?" "Je voudrais demeurer ici jusqu'à ce que l'hôpital soit terminé et prêt à recevoir les patients, ça serait plus sûr pour vous deux et puis cela me permettrait de voir à ce que les travaux de l'hôtel soient bien démarrés avant notre départ." "Ça semble être de bonnes raisons raisonnables." "Alors, tu es d'accord?" "Oui, les vacances me feront du bien je pense." "Je dois aller en Israël très bientôt, voudrais-tu m'y accompagner?" "En Israël, tu veux faire un pèlerinage?" "Non, je laisse ça aux païens, moi je dois rencontrer le Premier ministre pour discuter d'affaires." "Laisse-moi deviner, tu veux rebâtir le temple?" "Non chérie, ce sont des Juifs qui doivent faire ça, moi je veux juste y apporter ma contribution financièrement." "Et Dieu te le rendra au centuple." "Rendu là, je n'aurai plus besoin de rien. Voilà ça commence"

CHAPITRE 15

*B*onjour mesdames et messieurs. Bienvenu à notre reportage spécial. Il semble y avoir déjà une foule immense sur le terrain, voir des milliers de personnes. Il y a en a à perte de vue. Nous avons plusieurs reporters sur les lieux et nous allons vous faire entendre quelques témoignages de personnes qui y assistent.

"Julien Masseau, vous m'entendez?" "Oui, oui, je vous entends très bien." "Avez-vous recueilli des témoignages de ceux qui sont venus à la célébration?" "Jusqu'à présent ceux qui m'ont parlé sont indignés qu'on puisse assassiner un couple aussi généreux."

"Monsieur, monsieur, pouvez-vous me donner quelques commentaires, s'il vous plaît?" "Tout ce que je peux dire c'est que c'est très triste. Il paraît que c'était lui le chroniqueur des messages de Jésus. C'est sûrement pour cette raison qu'on l'a tuer. Il le disait lui-même que la vérité n'était bienvenue dans le monde, c'est pour ça qu'on a tué le maître aussi." "De qui parlez-vous quand vous parlez du maître?" "Ne savez-vous pas que Jésus est le maître?" "Qui pensez-vous a fait une telle chose?" "Tous ceux qui ont souhaité sa mort sont responsables de ce crime monsieur. Je dois y aller maintenant." "Merci monsieur, merci pour ce témoignage."

"Et bien voilà Marie-Claude, c'est un peu l'opinion de tous ceux que je rencontre ici."

"Nous irons maintenant de l'autre côté de la foule à la rencontre de Mario pour un autre reportage."

"Vous m'entendez Mario?" "Je vous entends très bien Marie-Claude. C'est une foule immense, je ne sais pas à combien de milliers de personnes on l'a évalué, mais je suis certain que c'est énorme." "Avez-vous recueilli des commentaires?" "Il y a plusieurs personnes qui ne crois pas qu'un prêtre et une religieuse puissent avoir commis un tel crime. Par contre, il y en a d'autres qui ont entendu l'abbé Grégoire dans un sermon la semaine dernière prêcher pour l'élimination de ce chroniqueur du journal. C'est assez incriminant ce qu'on dit. Il disait vouloir protéger son église. Les avis sont très différents les uns des autres et aussi très partagés." "Merci Mario."

"Nous allons maintenant à la partie centrale de cette cérémonie où nous allons recueillir les témoignages des proches de la famille. C'est Jérôme qui est là."

"Vous êtes là Jérôme?" "Oui, je suis là Marie-Claude, mais je ne peux pas vous parler maintenant, je pense qu'une personne de l'entourage de monsieur Prince est sur le point de prendre la parole. J'avais raison, il est là, on l'écoute."

"Bonjour, bonjour mesdames et messieurs. Je ne suis pas un grand orateur. Je ne suis pas du tout habitué à parler en publique, mais je vais vous dire quand même quelques mots sur mon patron et ami qu'est monsieur Jacques Prince. Il est un homme qui m'a donné un travail magnifique alors que je sortais de prison. J'étais un tout nu et il a fait de moi un millionnaire. Il m'a introduit à Dieu alors que j'étais complètement perdu, en fait, il m'a sorti de l'enfer. Juste avant de mourir ironiquement parlant, il m'a fait comprendre un mystère caché depuis le commencement du monde. Tenez-vous bien, cela pourrait en choquer plusieurs. Je parle du mystère de la vie éternelle. Comment se fait-il que ceux qui suivent Jésus ne mourront jamais, alors que tous ses disciples sont morts et que lui-même est mort sur la croix. C'est qu'entre la mort d'un individu et son jugement, il n'y a pas de temps pour lui. Mille ans, dix milles ans pour nous c'est long, mais pour celui qui a rendu l'âme, c'est zéro temps. Z-é-r-o égale rien. C'est pourquoi les enfants de Dieu, ceux qui suivent sa loi comme Jésus l'a demandé ne connaissent pas la mort et de ce fait Jacques et Danielle sont toujours vivants. Jamais, pas une seule fois en dix-sept ans je n'ai vu Jacques faire quoique ce soit de mal. Je ne l'ai vu que faire le bien et ça à des milliers de personnes et ce n'est pas fini. Je demande à tous ses parents et amis sincères, riches ou pauvres de venir signer le livre des condoléances après la cérémonie. Une surprise de Jacques vous y attend. Merci de m'avoir écouté. Je cède maintenant la parole à Jeannine St Louis Prince, une épouse fidèle de feu Jacques Prince."

"Les gens chuchotent dans la foule Marie-Claude. Il se peut fort bien que beaucoup de personnes ne savent pas que monsieur Prince avait deux épouses. Il faut dire qu'il avait les moyens de les entretenir. Voilà, la très jolie dame va adresser la parole à la foule. Chose curieuse, elle n'est pas vêtue de noire, bien au contraire, on dirait qu'elle est habillée pour fêter la Pâque."

"Bonjour, je tiens en premier lieu à vous remercier pour vous être déplacés en si grand nombre. Il y aurait tant à dire que c'est difficile de savoir où commencer. Jacques est un mari comme on veut souhaiter à sa meilleure amie et c'est ce que j'ai fait, il y a déjà dix-huit ans passés. Et comme ma meilleure amie pensait la même chose, elle aussi a souhaité ce même bonheur pour moi. Si toutes les femmes du monde avaient notre chance, les avocats s'ennuieraient à mourir et changeraient de métier. Jacques a été pour moi on ne peut être plus merveilleux et Danielle la meilleure amie qui existe. Il n'y a pas plus sincère que lui. Il n'y a pas plus généreux que lui. Il n'y a pas plus amoureux que lui. Il n'y a pas plus paternel que lui. Il n'y a pas plus avenant que lui. Plusieurs vous diront qu'il n'y a pas plus intelligent que lui. Et je pourrais continuer longtemps, mais je ne veux pas vous ennuyer. Les enterrements le sont suffisamment. Ne gaspiller pas vos énergies et votre temps à prier pour eux, comme Bernard l'a si bien dit, leur jugement est déjà prononcé et ne craignez pas, ils sont confortablement assis près du bon Dieu. Moi non plus je ne l'ai jamais vu commettre le mal. C'est pour cette raison qu'on a voulu le supprimer. Le diable ne pouvait pas le gagner à sa cause. Souvenez-vous de la tentation de Jésus, le diable aurait bien voulu s'en débarrasser avant qu'il instruise ses apôtres. Vous savez: 'Jette-toi en bas du temple.'

Jacques a commencé un ministère avec ses chroniques pour faire connaître la vérité à la grandeur du monde et prenez ma parole, ce ministère n'a pas pris fin avec lui, bien au contraire, il continuera et ça deux fois plus vite qu'avant. Si on essaye de le faire mourir encore, nous doubleront une autre fois et quoi que vous fassiez, les coupables de ce crime, il y en aura toujours un autre pour continuer cette œuvre. Cette une œuvre qui se terminera avec le retour de Jésus, la parole de Dieu. Que Dieu soit avec vous, ceux et celles qui l'aiment de tout votre cœur!"

"Monsieur Sinclair, il y un homme ici qui voudrait adresser la parole au publique." "Ah oui, et comment s'appelle-t-il?" "C'est L'évêque du diocèse de Sherbrooke, Monseigneur Gomez." "Je regrette, mais ce sont les funérailles de disciples de Jésus qui se déroulent ici, aucun chef d'église quelle qu'elle soit n'a quelque chose en commun avec celui et celle qu'on enterre aujourd'hui, surtout en ce qui concerne la parole de Dieu." "Je ne comprends pas, c'est un saint homme." "Est-ce que c'est Jésus qui a dit ça?" "Ces hommes remplacent Dieu sur la terre, ils ont reçu le saint sacrement." "Ceux qui ont abusé des enfants aussi. Ceux qui ont mené les croisades et les inquisitions aussi. Ceux qui sont homosexuels et qui commettent ces abominations aussi. Ceux qui ont accusé les personnes comme Jacques de sorcellerie et les ont condamné au bûché aussi. Ceux qui ont tout fait pour faire condamner Louis Riel aussi. Ceux qui ont approuvé la tuerie d'Hitler contre les Juifs aussi. Voulez-vous que je continus?" "Non, merci, ça va faire." "Jésus a déclaré qu'il n'y en avait qu'un seul qui était bon et il ne parlait pas de lui-même, va lire Matthieu 19, 17 et ouvre-toi les yeux, veux-tu?"

"Bonjour Bernard!" "Monsieur Courrois, quel plaisir de vous revoir. Comment allez-vous?" "Je vais très bien Bernard." "Et votre épouse, va-t-elle bien?" "Elle est au septième ciel depuis, (pause) vous savez." "Je suis heureux pour vous deux et je suis content que vous soyez venu." "Est-ce que je pourrais adresser la parole à la foule? Je veux leur parler et les rassurer à propos des chroniques." "Venez, je vais vous introduire."

"Excusez-moi, mesdames et messieurs. Il y a ici un ami de Jacques qui voudrait vous adresser quelques mots d'importance capitale. Il est le directeur général du journal et la personne responsable de la supervision des chroniques du disciple de Jésus. Veillez tendre l'oreille s'il vous plaît?" "Monsieur Courrois, à vous la parole"

"Bonjour mesdames et messieurs. Je ne serai pas long, je n'aime pas les longs discours non plus. Je voulais juste dire que les chroniques vont continuer tout comme avant. Pour commencer, je dois dire quelques mots sur Jacques. C'est un homme qui m'a sauvé la vie, il y moins d'une semaine. Il a aussi opéré un miracle à l'intérieur de mon mariage dont mon épouse pourrait vous en dire plus que moi. C'est un homme qui à l'aide de ses chroniques a doublé le volume de nos ventes au journal et ses chroniques sont en demandent dans cinquante-trois pays du monde à l'heure où je vous parle et c'est toujours croissant. Il y a en ce moment près de dix milles courriels de personnes qui demandent une réponse à leurs questions. Cela n'inclue pas les milliers de lettres que nous recevons chaque jour. Il y a une seule explication à tout ça, c'est que le monde a soif de vérité et je suis l'un d'eux moi aussi. J'ai appris plus en quelques mois de lui que je l'ai fait dans toute mon existence. Ce n'est pas peu dire. Comment pourrais-je laisser tomber un si grand nombre de personnes qui veulent savoir? Nous allons donc passer d'une chronique par semaine à une par jour afin de nous rattraper sur ce courrier qui prend du retard. Si je dois continuer à risquer ma vie pour que s'accomplisse la volonté de Dieu et bien qu'il en soit ainsi. Nous allons tout simplement renforcer la sécurité de notre immeuble, mais rien ne nous arrêtera. Je peux vous dire qu'aux dernières nouvelles la police était sur la piste des assassins et que ce n'est qu'une question de temps avant que le ou les coupables ne soient sous arrêts. Quelqu'un m'a même dit à l'oreille, il y a quelques minutes que ce monstre est ici présent dans la foule. Il y a une autre chose très importante que je dois vous dire, Jacques a fait don de tous ses revenus du journal qui lui reviennent à des œuvres de charités et cela continuera tant et aussi longtemps que sa succession ne m'avisera pas autrement. C'est tout, merci beaucoup."

Il fut applaudit sans arrêt durant une bonne dizaine de minutes pendant que les caméras se promenaient sur toute la foule.

"Regarde ici à gauche Danielle, ces deux hommes semblent très pressés de sortir de la foule, comme s'ils voulaient fuir quelque chose." "Tu as raison, mais c'est un homme d'église, il a une grande robe blanche." "Je me demande bien quelle mouche l'a piqué." "Il a peut-être besoin des toilettes." "D'après les enseignes les toilettes sont dans l'autre direction. C'est quand même curieux qu'ils s'empressent à sortir de la foule quand tout le reste du monde pousse dans l'autre direction, vers le centre de la cérémonie." "Sais-tu quoi Jacques? Je pense que nous venons juste de voir le visage de notre assassin." "Il se peut que tu aies raison, je vais le signaler à Bernard dès notre prochaine conversation. Ils vont reprendre la parole sous peu."

"Es-tu là Marie-Claude? As-tu déjà été témoin d'un tel spectacle?" "Jamais de ma courte carrière, je n'ai vu une telle chose. C'est une mer de monde et elle s'étant à perte de vue." "Je pense que nous allons voir la mère de monsieur Prince maintenant. Je la vois monter sur scène au moment où je vous parle. Nous l'écoutons."

"Moi je voudrais adresser la parole aux meurtriers de mon fils. Je tiens surtout à vous dire que vous avez éliminé de la terre le meilleur homme que la terre ait porté après la venue de Jésus et je pense qu'il avait épousé la meilleure femme de toutes. Cependant, je suis venue vous dire que je vous ai pardonné votre crime et que si je peux vous le pardonner, Dieu le peut d'autant plus, mais de grâce, détournez-vous de votre mal et tournez-vous vers Lui. Il est miséricordieux et de toute bonté. Il peut si vous le voulez vous sortir de votre marasme. Que vous le sachiez ou pas, rien n'est impossible à Dieu, exception faite de commettre le mal. De tout mon cœur je vous demande de vous repentir et de vous rendre aux autorités avant de faire pire encore. Je tiens dans un petit bocal les cendres présumées de mon fils et de son épouse, car personne ne peut réellement dire où elles sont. Il m'a dit un jour qu'il voudrait qu'elles soient jetées dans un lac où il y a beaucoup de dorés, son poisson préféré. Si Jeannine est d'accord, c'est ce que je ferai. Merci à tous d'être venus et de grâce, rappelez-vous du premier commandement de Dieu. Pour ceux qui ne le savent pas, il se trouve dans Exode 20 de la Bible. Ne faites pas de Jacques une idole, Dieu n'aimerait pas ça et Jacques non plus. Merci de votre attention."

Une autre fois les applaudissements fusaient de partout. Je l'ai bien reconnu celle qui lorsque j'étais encore jeune a fait entrer mon ennemi d'enfance dans notre maison pour qu'il se réchauffe les mains gelées alors que lui ne pensait qu'à me casser la gueule. Il faut dire qu'à ce moment-là je me suis bien demandé de quel côté elle était. Elle lui a demandé pourquoi il voulait toujours s'en prendre à moi et il lui a répondu que c'était parce que je savais me battre et cela lui plaisait d'avoir de la concurrence. Dommage qu'il n'y avait pas un centre de boxe pour nous en ces jours-là. Comme plusieurs de mes ennemis il est mort jeune sans que je leur souhaite aucun mal et sans que j'aie à bouger le petit doit. Est-ce que c'était justement parce qu'ils étaient mes ennemis? Je n'en sais rien, mais je trouve quand même la chose étrange.

"À toi la parole Marie-Claude, je pense que la cérémonie tire à sa fin." "Merci Jérôme. Tu as raison, les gens commencent à se disperser un peu partout sur le terrain." "Est-ce qu'on sait à combien de personne on évalue cette foule?" "Selon mon expérience, je pense qu'il y avait ici plus de vingt milles personnes ce qui est je pense un record pour un enterrement au Canada, il faudra voir." "Attendez, il y a quelque chose autre qui se passe là près du centre. Monsieur Sinclair, le bras droit de monsieur Prince a mentionné dès le début de la cérémonie une surprise pour les parents et amis proches de l'inventeur. Je suis curieux de savoir de quoi il s'agit." "Ne manquez pas de nous tenir au courant dès que vous apprenez quelque chose

Jérôme." "Je me rends sur les lieux immédiatement Marie-Claude. Voilà, je vois des gens qui en ressortent à l'instant avec le sourire, ce qui est incontestablement assez surprenant vue les circonstances."

"Allô madame. Pouvez-vous nous dire ce qui se passe présentement?" "Non monsieur, j'aimerais mieux ne pas en parler." "Merci quand même madame."

"Allô, allô monsieur, monsieur. Pouvez-vous me dire, s'il vous plaît ce qui se passe?" "Bonjour, que voulez-vous?" "Je veux juste savoir ce qui se passe là à l'intérieur?" "J'ai tout simplement signé le livre de condoléances et j'ai reçu une prime de cinq milles dollars. J'ai toujours su que monsieur Prince était généreux, mais ça, ça me dépasse." "Est-ce que vous savez pourquoi vous recevez ce montant?" "Il paraît que c'est parce que je suis son ami et que je suis venu aux funérailles." "Pensez-vous que si j'y allais je pourrais recevoir ce montant aussi?" "Peut-être, si vous pouvez prouver que vous êtes son ami, mais j'en doute." "Pourquoi?" "Étiez-vous de ceux qui ont forcé la barrière de son ami, monsieur Charron?" "Je n'ai pas forcé la barrière, mais j'étais là avec les autres." "À votre place je n'essayerais pas, ils ont tout sur caméra et votre face y est sûrement." "Dommage, c'est un montant qui aurait pu me faire du bien." "Moi je suis très heureux d'être son ami et cet argent n'a rien à voir avec ça. Il est le meilleur homme qu'il m'est arrivé de connaître." "Merci monsieur. Pouvez-vous me dire votre nom?" "Je m'appelle Michel Larivière." "Que faites-vous dans la vie?" "Je travaille pour lui comme cent cinquante milles autres personnes." "Vous en avez de la chance." "Oui, surtout qu'il soit mon ami."

"Et bien voilà Marie-Claude, maintenant nous savons. Il paraît que tous les amis proches et parents de monsieur Prince reçoivent une partie de leur héritage simplement pour avoir assisté aux funérailles. C'est selon moi une idée toute nouvelle. Je me demande à combien s'élève ce nombre." "Nous le saurons peut-être et peut-être jamais. C'est quand même une affaire privée." "C'est tout pour moi Marie-Claude. Je vais maintenant plier bagage, à la prochaine." "Merci Jérôme, ce fut encore une fois très intéressant de travailler avec vous."

"Voilà mesdames et messieurs, c'est tout pour nous en ce qui concerne ce reportage peu commun. Nous vous souhaitons une belle journée, à bientôt."

"Et bien chérie, voilà que nous commençons à tomber dans l'oublie et ça ne sera pas une si mauvaise chose." "Tu penses vraiment qu'on va nous oublier aussi vite que ça?" "Mais c'est ce qui arrive à tous ceux qui sont disparus. On se souvient d'eux soit à leur anniversaire de naissance ou soit à l'anniversaire de leur décès." "Je voudrais que mes parents soient mis au courant de notre condition le plus tôt possible." "Bernard s'en charge aujourd'hui même avant qu'ils partent pour le Nord." "J'aimerais tant qu'ils puissent venir passer quelques temps ici avec nous." "Il faudrait que quelqu'un couche sur le bateau, il n'y a plus un seul lit de libre. Ils pourraient prendre notre chambre et nous prendrons le bateau." "Je vais envoyer un courriel à Bernard tout de suite pour qu'il ne les laisse pas partir au moins pas avant qu'ils ne reçoivent l'offre. Je voudrais bien pouvoir offrir la même chose aux parents de Jeannine, mais je ne peux pas faire confiance à sa mère. Il n'y a jamais eu moyen de la faire taire celle-là." "Je suis sûr que Jeannine sera d'accord avec toi." "Bernard en aura pour plusieurs heures encore." "C'est un enterrement qui va te coûter plusieurs millions." "Peut-être, mais j'ai le sentiment que cela en vaut la peine." "Crois-tu qu'ils vont attraper le coupable?" "J'en suis certain et ça ne sera pas très long. J'ai l'impression qu'il va célébrer sa dernière messe dès dimanche qui vient. Nous allons mettre le chef de police sur sa trace et d'ailleurs c'est probablement déjà fait. Je vais justement envoyer un courriel à Bernard tout de suite."

"Salut Bernard! Voici la note que Roger devra placer dans l'assiette lorsqu'on passera la quête dimanche qui vient. 'Un acte de Dieu mon œil! Nous connaissons l'identité de l'assassin de monsieur et de madame Prince, puisque l'abbé Charles Grégoire et sœur Henri-Paul Toupin ont parlé avant de disparaître. IL ne vous reste qu'un seul moyen de sauver votre salut, rendez-vous à la justice pour répondre de vos actes. Il vaut mieux payer sa dette en ce monde que dans l'autre, la peine sera moins longue ainsi. Quelqu'un qui veut votre bien!'

Il faudra mentionner au chef que s'il veut connaître l'identité du criminel, il fera bien d'assister à la messe de l'évêque et de bien fouiller ses cartiers afin de trouver les explosifs dévastateurs qu'il a fait fabriquer.

N'oublie pas de l'avertir de ne pas exposer ces petits engins au soleil ni à aucune source de chaleur, sinon je ne donne pas cher de sa peau. Réponds-moi aussitôt que possible." "Salut Jacques! Message bien reçu. Nous en sommes à 1.2 millions avec ces cinq milles, qu'est-ce que je fais?" "Continue, rends-toi à 2 millions, puis commence à scruter un peu plus profondément la sincérité de leur amitié, peut-être en leur demandant où ils m'ont connu. Rappelle-toi que j'ai assurément plus d'ennemis que d'amis." "D'accord et je vais demander à Jeannine de m'aider à les identifier." "Bonne idée, je pense qu'elle sera d'un bon jugement. Rappelle-toi aussi de ce que Jésus a dit à ce sujet dans Matthieu 24, 9 et Matthieu 10, 22. 'Vous serez hais de tous et de toutes les nations à cause de mon nom.'

Le nom de Jésus veut justement dire: La parole de Dieu."

Ce fut une très longue journée pour Jeannine et Bernard et pour tous ceux qui les assistaient dans cette tâche. Tous mes employés de la construction et de la couverte à poils en revenaient pas de ce superbe bonus inespéré. Je suppose que plusieurs d'entre eux souhaiteraient que je meure plus souvent.

"Jacques, c'est finalement terminé et la donation s'élève à 2.5 millions. Je me demande si tu pensais avoir autant d'amis. Certains sont venus de très loin et ils étaient loin de s'attendre à une chose du genre en affirmant être ton ami. D'autres ont tout simplement refusé d'accepter ce montant en demandant de le remettre à une œuvre de charité. Je leur ai suggéré de le faire eux-mêmes, mais ils disent ne pas en connaître. Il y en avait bien une bonne vingtaine. Quand le tout a pris fin, j'ai pu parler avec le chef qui apprécie notre aide dans son enquête. Il m'a affirmé qu'il assisterait au prochain service de l'évêque en question et qu'il sera assis à la première rangée de bancs et qu'en plus il sera en uniforme. Il m'a confirmé que la maison de la rue St-Euchetache a été incendiée dans la soirée d'hier soir et que c'était très suspect. J'ai vérifié avec ton notaire et deux personnes sont venues s'informer de ton testament. Il s'agit de ton frère et de l'une de tes sœurs. Je ne sais pas trop quelle c'était. Je m'attends à ce qu'ils viennent réclamer leurs cinq milles d'une minute à l'autre. Tu me diras ce qu'il faut faire." "Bernard, tu connais déjà les conditions pour y avoir droit et l'une d'elles était d'assister à l'enterrement, s'ils avaient été là, ils l'auraient su. C'est bien dommage pour eux, mais il n'y a pas de passe droit pour personne." "Lui-même, le notaire m'a dit qu'il aurait bien voulu y assister, mais trop d'obligations l'en ont empêché." "Alors tu lui feras parvenir le cinq mille ainsi qu'à sa secrétaire. Je sais qu'ils sont des amis à moi et sincères aussi. Je rentrerai en contact avec lui un peu plus tard. Je te laisse, Raymond vient d'entrer en contact avec moi. Emmène-moi Jeannine le plus tôt possible. Qu'est-ce qu'ont dit les parents de Danielle?" "Ils ont dit être trop attristés pour faire quelques voyages que se soient. Jeannine doit leur parler présentement, je pense. Ils auront sûrement du mal à croire que vous êtes encore vivants." "Je te laisse, à bientôt."

"Oui Raymond, tu as du nouveau?" "Oui Jacques! La firme électronique m'a assuré de leur pleine collaboration et affirme que tout sera terminé dans deux mois tout au plus. Nous avons été obligés d'offrir de meilleurs salaires aux menuisiers et aux plombiers, mais nous en avons plus que doublé les effectifs. Les travaux devraient être terminés dans six à sept semaines." "Raymond, j'aimerais que tu fasses une offre sur la propriété du 666 St-Euchetache. Je pense que cet endroit sera idéal pour construire une maison d'accueil pour les paralytiques. Ce n'est pas très loin du nouvel hôpital et c'est un grand terrain. Qu'en dis-tu?" "Tu as raison, ça serait l'endroit idéal, si nous pouvons se le procurer." "Je te laisse ça entre les mains, je sais que tu feras pour le mieux."

J'avais très envie de tenir Jeannine dans mes bras de nouveau. J'avais aussi le sentiment de pouvoir reposer en paix pour un certain temps, ce qui devrait être normal, puisqu'on venait de m'enterrer. Mais la vie n'est jamais aussi simple qu'on le voudrait. Un des individus qui avaient tenté de me déposséder a reconnu ma photo sur la télévision et a averti les autorités antillaises. Heureusement Bernard était là sur les lieux quand la police s'est présenté à notre porte.

Ils sont descendus par hélicoptère sur la piste d'atterrissage où Bernard est allé à leur rencontre. Durant ce temps moi, Danielle, Charles et Henri-Paul, nous sommes montés sur le bateau et nous avons ni plus ni moins pris la fuite, après avoir préparé les enfants à vivre notre deuil. Une grande partie de notre destin était entre leurs mains. Nous avons prié pour que leur premier acte soit le meilleur de leur vie. Les parents de Danielle et Jeannine se sont dépassés en tant que metteurs en scène, mais quand même le truc a bien réussi. Ils sont repartis satisfaits de l'explication que Bernard leur a fourni. Je m'étais néanmoins résigné à soudoyer les membres du gouvernement s'il le fallait. Heureusement cela n'a pas été nécessaire et j'ai plutôt envoyé une offre de un milliard pour l'achat des vingt et une îles voisines.

Roger et le chef de police de Trois-Rivières ont assisté à la messe de l'évêque qui s'est terminée en drame pour plusieurs personnes. Roger m'a fait parvenir un enregistrement du dernier sermon de cet homme que voici.

'Mes biens chers frères. Je vous parlerai aujourd'hui de la puissance de Dieu sur la terre. De tous les temps, il y a des gens qui s'en sont pris à notre sainte église et à son saint enseignement, mais il est écrit que les portes de l'enfer ne prévaudront point contre elle. Tous les scientifiques du monde ne trouvent pas d'explication à ce qui s'est passé dans un hangar de la ville de Trois-Rivières la semaine dernière. Laissez-moi vous dire que lorsque le bras de Dieu frappe, il ne reste plus rien. On a qu'à se souvenir de Sodome et Gomorrhe. J'ai le regret de vous dire qu'un de nos frères et qu'une de nos sœurs ont été sacrifiés dans cette opération du Saint-Esprit. Que Dieu ait leurs âmes! Priez pour eux, mes biens chers frères. Priez et donnez généreusement pour que notre église continue de grandir et à sauver des âmes perdues à travers le monde.'

Dès la fin de son sermon on a passé la quête et l'enveloppe a été déposée dans l'assiette à ma demande. Puis l'enveloppe a été remit à son destinataire, qui lui après en avoir pris connaissance s'est retiré et au bout de quelques minutes la détonation s'est fit entendre. L'homme s'est tiré une balle dans la tête. Le chef s'est empressé d'aller voir ce qui se passe et a constaté les dégâts. Il a annoncé que le service était terminé pour la journée et il a fait venir le coronaire. Il a par la suite fait fouiller les cartiers du défunt pour y trouver trois autres bombes et une note indiquant que le journal était une cible visée. Notre maison de Trois-Rivières en était une autre. Je venais de réaliser que ma petite enveloppe avait sauvé la vie de plusieurs personnes. Il restait cependant une grande question sans réponse. Combien y avait-il de complices dans cette affaire? Qui autre était impliqué dans ce complot désastreux? Connaîtrais-je un jour la fin de cette menace pour moi et ma famille? Est-ce que c'était le plan d'un seul homme ou celui de toute une organisation?

La police devait faire son enquête et moi aussi. Selon les dires de Laurent, cette bombe était beaucoup trop dispendieuse pour que seul un officier de l'église puisse se la permettre. Il me faudra donc fouiller au-dessus dc la tête de l'évêque. Il fallait sans faute trouver la tête de la bête et si possible la terrasser avant qu'elle ne me terrasse. Ma force contre cette bête était quand même la parole de Dieu et ce n'est pas réellement contre moi qu'ils en ont, mais contre la parole de Dieu qui les condamne. C'est vrai que cette parole tranche comme l'épée.

Je voulais cependant prendre quelques jours à l'abri de tout ça sur le bateau avec Jeannine. Elle en avait bien besoin et moi aussi. Danielle était très heureuse de retrouver ses parents et eux encore plus de retrouver leur fille vivante. Bernard avait plusieurs voyages à faire et Pauline était heureuse d'envisager son avenir avec lui. Raymond en avait plein les bras avec l'hôpital et les missions. Samuel et Jonathan étaient très contents de retrouver leurs chiens. Tous les enfants sont emballés avec leurs cours de chant et de musique. Charles devrait nous rejoindre dans quelques jours en tant qu'homme tout nouveau. Raoul et sa famille étaient aux as avec le nouveau projet de l'hôtel à construire. Jean Courrois, lui est ravis que j'ai fait renouveler la sécurité de l'immeuble du journal et que j'assure une surveillance constante de sa maison. Michel me dit qu'il sera heureux tant et aussi longtemps qu'il pourra garder son emploie. Roger est heureux d'être tenu occupé avec toutes les enquêtes que je lui propose. Laurent envisage de se trouver une nouvelle compagne, peut-être même deux. Il a été d'un grand secours dans notre dernière enquête, à savoir qui produit ces bombes si dangereuses.

Roger a cru que le cardinal allait s'évanouir lorsqu'il a sorti de sa poche une petite batterie en acier inoxydable durant une conversation au sujet du suicide de l'évêque. Il en a donc conclu que lui aussi était impliqué. Le reste a été relativement facile. Il a cependant ajouté une phrase fameuse de Jésus: 'Il aurait mieux valu pour lui qu'il ne soit pas né.'

Cela peut s'adresser à plusieurs personnes, puisque Jésus a déclaré qu'il y avait peu d'élu. Dommage, car il s'est donné corps et âme pour enseigner la vérité au monde, ce monde qui le crucifie toujours. Dans son temps il y avait beaucoup de pauvres ignorant la vérité, aujourd'hui il y a beaucoup de riches ou de gens en moyen qui refusent de recevoir cette même vérité. Pourquoi tant de gens qui prétendent aimer Dieu préfèrent suivre l'ennemi de Dieu? Cela me dépasse.

Lorsque Charles est revenu personne ne l'a reconnu. Une légère opération a été pratiquée à l'intérieur de sa bouche et personne n'a pu reconnaître sa voix. Il a expliqué aux enfants qu'il voulait un nouveau look. Je vais le financer dans sa nouvelle carrière de chanteur et lancer une cinquantaine de mes chansons, qui j'en suis persuadé connaîtront du succès. Au retour de notre petit voyage, Jeannine et moi se laissions surprendre par une chanson que les enfants ont composé, supervisés par Charles et Henri-Paul.

Ils Sont Mes Parents

C'est mon papa, c'est ma maman.
Sont toujours là, c'est important.
Sont amoureux, parlent du bon Dieu.
Prennent soin des gens presque en tous temps.

Prennent soins de nous le jour la nuit.

Prennent soin de tout, ils sont gentils.

Ils se dévouent pour moi, pour lui.

Chacun de nous vous dit merci.

Moi je vous aime de tout mon cœur.

C'en n'est de même pour mes frères et sœurs

Il y a toujours dans notre maison

Des preuves d'amour jusqu'au pignon.

Pour toi papa, pour toi maman

Nous chanterons, nous prierons.

Pour que tu sois, là en tous temps.

Que tu sois là pour tes enfants!

Une longue vie, nous te souhaitons

Pour tes chéries que nous aimons.

Elles t'aiment tant, c'est évident.

C'est parce qu'elles sont, sont nos mamans.

Nous n'en finissions plus de les applaudir et c'est dans des moments pareils que je me dis que tout ça en valait la peine. Est-ce la peine de dire qu'ils m'ont amené l'arme à l'œil?

"Vous savez les enfants, j'ai fais une chanson dernièrement aussi et je peux la chanter si vous voulez l'entendre." "Mais papa, tu ne chantes pas très bien." "Peut-être, mais j'aime quand même à chanter et vous devriez me laisser la chance de le faire quand l'occasion se présente. Ma chanson ne dure que trois minutes et demi, ça ne devrait quand même pas être un si grand sacrifice pour vous de l'écouter."

"Votre père compose de très belles chansons, moi je meurs d'envie de l'entendre cette petite dernière." "Si Henri-Paul le dit, c'est que c'est vrai, elle, elle connaît ça." 👍

"Vas-y papa." "Je ne suis plus sûr de vouloir chanter maintenant, je suis un peu embarrassé et chagriné aussi, vous savez?" "Vas-y papa. Si tu veux, nous n'écouterons que les paroles." "Dans ce cas je peux y aller sans risque, n'est-ce pas? Je l'ai intitulé;

Quand Avez-vous Dansé Avec Moi?

Quand avez-vous dansé pour la dernière fois?
Quand avez-vous dansé avec moi?
Sont loin mes souvenirs
Je ne pourrais vous dire
Quand avez-vous dansé avec moi?

Je me souviens du bonheur
Vous serrer près de mon cœur
C'était là oui de la joie pour moi.
Souvenez-vous du soir
Où j'ai voulu vous revoir
Mais un autre vous emmena loin de moi.

Une peine j'ai dû guérir.
J'ai décidé de partir
J'ai eu mal très longtemps pour ça.
J'ai voulu revenir.
Vous revoir pour vous dire
Quand avez-vous dansé avec moi?

Danserez-vous ce soir? Pour que je puisse voir
Si vous pouvez faire battre mon cœur.
Tout comme au premier soir
Je suis venu m'asseoir
Près de vous pour connaître le bonheur.

Quand avez-vous dansé pour la dernière fois?

Quand avez-vous dansé avec moi?

Sont loin mes souvenirs

Je ne pourrais vous dire

Quand avez-vous dansé avec moi?

Quand avez-vous dansé avec moi?

"Mais quand as-tu appris à chanter comme ça papa?" "Depuis que j'ai échangé des cours de chants pour des cours de danse avec Henri-Paul. C'est vrai qu'elle connaît ça." "Mais papa, tu es méconnaissable."

"Cela ne fait pas si longtemps que nous n'avons pas dansé." "Ça me semble une éternité." "Depuis quand tu me vouvoies?" "Depuis que vous êtes deux dans ma vie, voyons." "Mais jamais un autre ne nous a éloigné de toi." "Que fais-tu du travail?" "Tu dis avoir eu de la peine et d'être parti, je dirais que c'est inexact." "Chérie, il fallait bien que je finisse cette chanson de quelques manières. Voudrais-tu danser maintenant?" "Ça, ce n'est pas de refus. Elle est quand même belle ta chanson, Jacques." "Merci chérie. Ce n'est pas ma plus belle, mais je l'aime bien, parce qu'elle me lie à vous deux d'avantage. Merci Danielle!" "C'est moi qui te remercie, mon chéri."

"Est-ce que mon bel amour voudrait danser avec moi?" "Il faudrait que je sois bien malade pour refuser une telle offre."

"Maestro, un mambo pour la jolie dame, s'il te plaît?" "Je suis si heureuse d'être ici avec vous tous, je ne pourrais pas m'imaginer la vie sans toi. Seulement quelques jours et c'était l'enfer." "Il faut oublier ce cauchemar ma chérie, tu ne m'enterreras pas deux fois. Si tu permets je vais faire danser Henri-Paul maintenant, elle a fait beaucoup de progrès, mais elle n'est encore qu'une débutante. À tantôt Jeannine."

"Tu viens danser Henri-Paul?" "Moi, mais je ne suis pas prête à m'exhiber devant tout le monde." "Tu es aussi prête à danser que je l'étais à chanter, donne une leçon de courage aux enfants, viens."

"Maestro, une cha, cha, s'il te plaît?"

"Ne sois pas nerveuse, ce n'est pas un mariage, ce n'est qu'une danse." "Je serais sûrement moins nerveuse à t'épouser que de danser en ce moment." "Tiens, vois-tu, ce n'était pas si pire que ça. Allons-y pour une autre."

"Samuel, veux-tu mettre un foxtrot s'il te plaît?"

"N'insiste pas Jacques, ça suffit pour une première fois."

"OK, quelqu'un d'autre veut danser avec moi? Moi je veux bien papa."

"Moi aussi je veux danser avec mon père."

"Viens Isabelle, c'est toi qui fera le foxtrot."

"Ça ne sera pas long Mariange, sois patiente."

"Jonathan, tu pourrais la faire danser en attendant."

"Toi Charles, tu ne danses pas? Tu ferais mieux d'apprendre, tu sais que les femmes aiment à danser avec les chanteurs." "Danielle, s'il te plaît? Ne me décourage pas avant mes débuts, je ne suis pas Jacques et je ne serai jamais un Fred Aster." "La plupart d'elles ne se préoccuperont pas de tes pas, tu sais ça, n'est-ce pas?" "Oui, je me demande même si ce n'est pas là un chemin de perdition." "Il faut juste savoir se tenir en tous lieux, c'est tout. Garde Dieu dans ta vie et Il ne te laissera pas tomber." "J'essayerai de ne pas l'oublier."

"Papa, je pense que je vais commencer à prendre des leçons moi aussi." "Tiens, tiens, c'est Henri-Paul qui t'en donne le goût?" "J'avoue que je voudrais bien la faire danser comme tu l'as fait." "Danser c'est une chose, le sexe en est une autre. N'oublie pas ça mon fils et si c'est ce que je pense, n'oublie pas qu'elle a plus de deux fois ton âge. Tu peux la trouver belle et tu peux la trouver gentille, je te donne raison là-dessus, mais si tu penses à autre chose, alors là je dois te mettre en garde, car c'est un terrain très dangereux. Il y a de beaux jeunes hommes qui ont fait tomber leurs institutrices et elles se sont retrouvées en prison. Tu ne voudrais quand même pas que cela lui arrive, n'est-ce pas?" "C'est bien beau tout ça, mais des filles de mon âge, il n'y en a pas aux alentours." "Elles viendront bien assez vite mon gars, prends ma parole. J'avais vingt-sept ans lorsque j'ai rencontré ta mère et toutes celles que j'ai rencontré avant elle, même si elles étaient belles, elles en n'ont pas valu la peine. Il faut du temps pour savoir reconnaître la bonne personne et tous ceux qui pensent avoir bien du fun à sauter l'une et l'autre ne savent pas que cela jouera contre eux. Ils seront incapables de vivre à l'intérieur d'une relation commune et ils sauteront la barrière à la moindre occasion, parce que c'est ce qu'ils ont toujours fait. J'aimerais que tu ailles lire Ecclésiaste 12, 1." "Je te fais confiance, qu'est-ce que ça dit?" "Ça dit: 'Jeune homme, réjouis-toi dans ta jeunesse, livre ton cœur à la joie pendant les jours de ta jeunesse, marche dans les voies de ton cœur et selon les regards de tes yeux; mais sache que pour tout cela Dieu t'appellera en jugement.'

"Ça veut dire quoi tout ça? Amuse-toi maintenant et paye plus tard?" "C'est comme je t'ai dit mon garçon, si tu as une jeunesse de fou, tu auras une vie adulte de fou et tout l'argent ne pourra pas t'acheter le bonheur. Si tu veux comme nous avoir la bénédiction de Dieu, il te faut la mériter. Beaucoup trop de personnes oublient que nous sommes sur terre pour servir Dieu et pas l'inverse. Par contre, si tu sers Dieu comme il se doit, tu auras du mal à compter toutes tes bénédictions, puisqu'elles seront comme le sable de la mer." "C'est ce que je vois chez toi papa." "Sache que je t'en souhaite tout autant mon fils." "C'est quand même vrai qu'elle est désirable." "Qui ça, Henri-Paul?" "Le moins qu'on puisse dire, c'est que tu as du goût." "Tu la trouves jolie toi aussi?" "Est-ce que je peux te confier quelque chose?" "Bien sûr que tu peux papa, tu me connais." "Ça fait deux semaines que je suis obligé de la repousser régulièrement. Elle dit m'aimer, mais je ne suis pas certain qu'elle sait vraiment ce que c'est d'aimer. Je pense personnellement que c'est de l'engouement, la même chose que tu récents pour elle." "Ça veut dire quoi tout ça?" "Ça veut dire que si elle t'insultait par exemple, tu pourrais te mettre à la détester immédiatement. Cela serait impossible si tu l'aimais vraiment." "Elle est trop gentille pour faire une chose pareille." "C'est là ton erreur mon gars. Tu l'as mise sur un piédestal et tu penses qu'elle est un ange, mais détrompe-toi, elle est loin d'être un ange, crois-moi."

"Je ne te comprends pas papa, comment peux-tu repousser une telle beauté?" "La beauté n'est que superficielle mon garçon. Imagine là à quatre-vingt ans, que reste-t-il si elle n'est pas belle intérieurement?" "Tu as raison, de la vielle peau et des vieux os." "Mais Henri-Paul n'est pas méchante." "J'ai connu pire et j'ai connu mieux. Elle se doit de faire ce qu'on a tous dû faire, Jésus y compris, c'est-à-dire de manger de la crème et du miel jusqu'à ce qu'elle sache choisir le bien et rejeter le mal." "Jésus a fait ça, lui le fils de Dieu?" "C'est ce que disent les écritures. On peut le lire dans Ésaïe 7 de 14 à 16. 'C'est pourquoi le Seigneur Lui-même vous donnera un signe, voici la jeune fille deviendra enceinte, elle enfantera un fils et elle lui donnera le nom d'Emmanuel. Il mangera de la crème et du miel, jusqu'à ce qu'il sache rejeter le mal et choisir le bien.'

"Il a donc vécu sa jeunesse lui aussi." "Certaines personnes ont voulu dire qu'il s'agissait de quelqu'un d'autre, mais les références mènent à Matthieu 1, 23, directement à la naissance de Jésus. Puis dans Matthieu la référence nous dirige à Ésaïe 7, 14. Dans un endroit on parle d'une jeune fille et à l'autre on dit la vierge, c'est la seule différence." "Comment t'as fait pour trouver toutes ces choses?" "Dieu m'a guidé, même s'il y a des personnes y compris des pasteurs qui ont voulu prétendre que c'était le diable qui me guidait. Selon Jésus, le diable qui voudrait détruire le diable, ça ne tient pas debout. Une chose est certaine, il y a des milliers et des milliers qui ont prêché et qui continuent à prêcher le mensonge et je ne voudrais pas être dans leurs souliers à l'heure du jugement. Il est écrit que celui qui observe les commandements et enseigne à les observer sera appelé grand dans le royaume des cieux. Dieu seul sait combien d'hommes ont enseigné et enseignent toujours que nous n'étions plus sous la loi, mais que nous sommes sous la grâce. C'est un énorme mensonge que malheureusement trop de personnes ont cru et y croient toujours. Ils disent qu'ils sont tous sous la grâce et ils disent aussi qu'ils ont tous péché. Quelle grâce! Vois ce que Jésus a dit de ceux qui sont sous la grâce et qui continuent de pécher dans Matthieu 7, 23. 'Alors je leur dirai ouvertement; je ne vous ai jamais connus, retirez-vous de moi, vous qui commettez l'iniquité.'

Apprends mon fils, apprends à connaître la vérité de sorte que lorsque tu entendras un mensonge tu sauras que tu as affaire à un menteur. Il vaudrait mieux rejoindre les autres maintenant avant qu'ils se demandent si nous les avons abandonnés pour le reste de la soirée."

"Que diriez-vous maintenant d'entendre notre chanteur dans une de mes compositions? Il a une nouvelle identité aussi et je vous présente monsieur Réjean Houlet dans l'interprétation de l'une de mes chansons préférées. Prêtez l'oreille s'il vous plaît?

Un Long Chemin

C'est un long chemin du début à la fin.
Il faut faire son train et c'est souvent pour rien.

Que la vie soit le plus long des chemins!
Je me suis très souvent égaré.
J'ai causé à beaucoup du chagrin.
Je vous demande de me pardonner.
Si c'est fait viens donc me serrer la main.
S'il te plaît ne te fais pas prier.
Car sait-on ce qu'arrivera demain?
Moi j'ai mis mon orgueil de côté.

C'est un long chemin.
Viens je te tends la main.
Tout comme un long train
J'ai ponté les ravins.

J'ai traversé rivières et les plaines.
J'ai parcouru mon pays si long.
Faut dire que j'ai bien eu de la vaine.

Traversant les montagnes et vallons.

En laissant derrière moi ceux que j'aime

Je n'ai pas demandé permission.

Pour aller vers la vie qui m'entraîne.

Je suis parti loin de ma maison.

C'est un long chemin du début à la fin.

Moi j'ai fait mon train et c'est souvent pour rien.

Que la vie soit le plus long des chemins!

Je me suis très souvent égaré.

J'ai causé à beaucoup du chagrin.

Je vous demande de me pardonner.

Si c'est fait viens donc me serrer la main.

S'il te plaît ne te fais pas prier.

Car sait-on ce qu'arrivera demain?

Moi j'ai mis mon orgueil de côté.

Oui j'ai mis mon orgueil de côté.

Car la vie est un bien long chemin.

Après les applaudissement qui n'en finissaient plus j'ai pu entendre quelques commentaires.

"Quelle belle voix!"

"Quelle belle chanson!"

"C'est toi papa qui a composé ça, mais quand as-tu traversé le pays?" "Avant d'épouser votre mère, j'ai vécu un petit peu, vous savez?"

"C'est une très belle chanson papa, j'ai du mal à croire qu'elle est de toi."

"Comment se fait-il qu'elle ne s'est pas retrouvée à la radio?" "Et bien moi je ne chante pas assez bien pour vendre mes chansons et je garde précieusement les cadeaux que Dieu me fait. Je n'ai pas voulu la donner à personne. Mais tout ça va changer maintenant que j'ai trouvé quelqu'un qui peut les chanter pour moi et en qui je peux avoir confiance.

Si le public les aime autant que vous, Réjean aura du travail pour longtemps, parce que j'en ai plusieurs, toutes aussi belles les une que les autres."

"Celui ou celle qui n'aimera pas une aussi belle chanson manque certainement de goût." "Tu as sûrement déjà entendu dire que les goûts ne se discutent pas ma fille, mais merci quand même pour ton encouragement."

"Et bien mon mari, tu ne cesseras donc jamais de nous surprendre. Y a-t-il quelque chose que tu ne fasses pas?" "Maintenant j'ai bien du mal à faire bien du mal." "Il n'y a pas à dire, tu sais composer." "Moi j'aimerais entendre Réjean dans une autre de mes chansons, qu'en dites-vous?"

"Oui!"

"Oui!"

"Oui!"

"Oui!" "Ça serait difficile de refuser à mes premiers fans une si fervente acclamation. J'en ai appris une autre que j'aime beaucoup et celle-là est plutôt spirituelle. Elle s'intitule:

Dernière Alerte

J'ai une grande nouvelle à vous annoncer
Moi je l'ai trouvé belle, car j'étais préparé.
Elle m'est venue de Celui qui a tout créé
Ciel et mer et la terre et tous ses abonnés.
'Je vous ai donné Noé pour le démontrer
J'ai inondé la terre pour la nettoyer.
Avec Abram mon enfant, Moi J'ai négocié
Il a sauvé des justes de deux villes brûlées.

2

Rappelle-toi de Joseph que J'ai exilé
Puis vendu à des passants et emprisonné
Pour sauver tout Israël, mon peuple bien-aimé
D'une famine mortelle qui dura sept années
Rappelle-toi de Moïse, J'ai sauvé des eaux
Pour traverser la crise et beaucoup de fléaux
Il descendit ma parole du mont Sinaï
À des enfants rebelles tous les jours J'ai nourri.

3

Sagesse de Salomon, force de Samson
Ne peuvent sauver ton âme de brûlants tisons
Et seul Jésus le sauveur plein de compassion
Il laissa sa demeure, on l'a pris pour rançon
J'ai envoyé mon cher fils pour vous informer
Et si vous vous me dites que vous le rejetez
Moi Je vous le dis que Je ne peux rien de plus
Car J'ai vraiment tout fait tout pour votre salut.

4

Maint'nant Je n'ai plus de temps, Je n'ai plus de sang
Car il a été pris de bien trop d'innocents
Des bons amis de Jésus et de ses apôtres
Celui de ses disciples et celui de bien d'autres
Voici venir la fin de ces tourments enfin
Il est temps de couronner mon fils bien-aimé
Toi seras-tu perdu ou seras-tu sauvé?
Quelle est ta destinée pour toute l'éternité?'

J'ai une grande nouvelle à vous annoncer
Moi je l'ai trouvé belle, car j'étais préparé.
Elle m'est venue de Celui qui a tout créé
Ciel et mer et la terre et tous ses abonnés.
Oui je l'ai trouvé belle cette belle nouvelle.
De me savoir sauvé pour toute l'éternité.

Merci mon Dieu."

"Mais qu'avez-vous tous à pleurer?" "Elle est tellement belle papa, c'est sûr que Dieu te parle et si quelqu'un en doute, moi je leur dirai qu'ils sont dans les patates." "Merci ma petite chérie, tu es très gentille. Mais comme toutes bonnes choses a une fin, pour plusieurs d'entre vous, il est temps d'aller au lit." "Ah, s'il te plaît papa, laisse-nous veiller encore peu."

"Il est déjà tard, mais qu'en disent les mamans?" "Donnons-leur encore quinze minutes si tu veux. Ce n'est pas tous les jours que nous avons un tel spectacle."

"Tu as bien raison et qu'en pensent mes beaux-parents?" "Je pense qu'avec un tel chanteur tes chansons vont faire un long chemin. Elles vont traverser plusieurs frontières. Il est bel homme et il a une voix d'or, tout ce qu'il faut pour réussir. Puis tes chansons sont très touchantes Jacques. Elles sont destinées à plaire à des milliers de personnes à travers le monde." "Et bien belle-maman, je t'aime un cran de plus qu'hier." "C'est ce que tu m'as dit hier." "Et que je te dirai peut-être encore demain."

"Aie là, je suis ici moi aussi." "Ne crains rien beau-père, j'ai déjà atteint ma limite, mais je te comprends de garder un œil sur elle."

Henri-Paul n'a pas eu l'air d'aimer ce que je venais de dire. Je ne sais toujours pas de quelle façon je devrai m'y prendre pour lui faire comprendre que je suis déjà grandement comblé avec mes deux épouses actuelles. Je crains également qu'elle cherche à m'atteindre à travers Samuel. Je me souviens que dans ma jeunesse, n'ayant pas pu m'approcher de celle qui me plaisait, je m'étais accolé à sa sœur, ce qui en quelques sortes était une partie de l'autre. Sans le savoir ni le vouloir j'avais causé beaucoup de commotions dans leur famille. C'était pour moi le seul moyen d'être près de celle que je voulais, même si ce n'était pas trop honnête. Et oui, moi aussi j'ai commis des erreurs de jeunesse et celle-là n'était pas la pire. Je les ai cependant regrettées et je me suis repenti, puis Dieu me dit qu'Il oublie mes fautes. Cependant, il y en aura toujours un ou une, comme un démon pour venir dire: 'Hin, hin, il n'est pas mieux que les autres.'

Je me suis déjà posé la question à savoir; comment pouvons-nous regretter une chose qu'on a tant voulu, comme coucher avec celle qu'on aime plus que soi-même? La réponse fut toute simple.

Pour le faire il faut aimer Dieu de tout son cœur, de toute son âme et de toute sa pensée. Mais oui, c'est la recette que Jésus nous a donné pour être en paix avec Dieu. Si l'on a ça et qu'en plus on aime son prochain comme soi-même, tous les commandements sont faciles à observer et Dieu n'a pas d'autre choix que de bénir ces enfants-là et Il le fait.

"Vous faites ce que vous voulez vous tous, mais moi je prends mon épouse et je m'en vais au lit et ne nous cherchez pas, nous serons sur le bateau. Nous vous verrons vers huit heures demain matin pour le petit déjeuner. Bonne nuit à tous." "Bonne nuit à vous deux aussi."

"La mer est calme, nous devrions bien dormir." "C'est ce que tu veux faire, dormir?" "Ne commence pas quelque chose que tu n'as pas l'intention de terminer." "Voyons dont Danielle, tu me connais mieux que ça." "Oui chéri, je te connais bien et je sais que tu termines toujours ce que tu entreprends, mais ce soir je suis exténuée et je voterais pour une petite vite si tu es d'accord." "Ce que femme veut, je le veux aussi. Dis-le-moi quand tu en auras assez."

Le lendemain on parlait encore de mes chansons et de la façon dont les messages portaient. J'ai réalisé qu'il était grand temps que le monde en prenne connaissance, qu'elles soient aimées ou pas. Je suis conscient qu'on ne peut pas plaire à tous. Même la plus grande dame de la chanson de nos jours et que j'aime beaucoup, Céline Dion n'y arrive pas. L'important c'est d'essayer. Je ferai mon grand possible pour apparaître à tout le monde en parle, justement pour que tout le monde en parle. Bien sûr après que le complot contre moi soit élucidé.

Je suis persuadé que l'église fera de son mieux pour étouffer toute l'affaire. Son déclin n'est pas terminé, en fait, il ne fait que commencer. La description de sa perte est étalée dans l'apocalypse 17, 18 et 19. Celle qui est assise sur sept montagnes c'est Rome, Apocalypse 17, 5. Celle qui a inscrit sur son front le nom mystère; Babylone la grande, la mère des impudiques et des abominations de la terre, celle qui a poursuivit, persécuté et assassiné les disciples de Jésus, qui est assoiffée du sang des saints et des témoins de Jésus, c'est Rome. Elle a même essayé de faire mourir le sauveur avant qu'il ne sache marcher. Voir Apocalypse 17, 5-6.

Malheur à ceux qui ne s'en détournent pas.

Deux mois plus tard, le quai flottant chargé des matériaux nécessaires pour la construction de l'hôtel était en route pour nos îles dont je me suis procurées pour la somme de quatre milliards de dollars. Le gouvernement antillais était heureux et moi encore plus. L'achat incluait une entente, une permission d'armer les îles pour la défense contre toutes attaques navales ou aériennes.

Notre hôpital aussi sera terminé d'un jour à l'autre et tous les employés qui ont participé aux travaux ont un dossier spécial et sont assujettis au secret professionnel. D'ailleurs tous les codes électroniques seront changés dès la mise en marche des opérations.

Les chroniques n'ont jamais cessé de paraître au contraire, elles paraissent maintenant cinq fois par semaines et les avis sont toujours partagés. Les lettres de menaces les plus prononcées sont acheminées à un bureau d'enquêtes où elles sont scrutées à la loupe. C'est un fait véritable qu'une grande partie de la population a soif de vérité et ce n'est pas surprenant, puisqu'elle en a été privée pendant presque deux milles ans.

Le chef de police a avisé la famille que l'enquête connaissait un dénouement heureux. Ils ont remonté jusqu'à la tête et une quantité importante de petites batteries ont été saisies. Les fabricants de cette arme illégale sont sous arrêt et les installations sont sous la garde de l'armé. Je pense pouvoir sortir de ma tombe sous peu. J'ai bien peur que cela fera les manchettes une autre fois. Je souhaite de tout cœur que mes épouses penseront à la retraite aussitôt qu'elles auront entraîné un personnel capable de faire fonctionner l'établissement à la perfection. Ça ne sera pas facile, car elles ont la mission dans l'âme.

Je termine mon histoire aujourd'hui, mais ce n'est pas fini. La vie continue et je ne suis pas au bout de mes peines, ça j'en suis certain.

"Jeannine, Danielle, pouvez-vous monter me voir quelques minutes, s'il vous plaît? J'ai un projet à vous présenter qui me tient très à cœur." "De quoi s'agit-il?" "Montez, vous verrez bien."

"Est-ce qu'il t'a dit quelque chose à toi?" "Pas un mot, à toi non plus?" "Non, pas un mot!" "Je me demande bien ce qu'il tient dans son sac ce coup-ci. Allons-y, nous verrons bien."

"Entrez, c'est ouvert." "Qu'est-ce que tu nous réserves cette fois-ci?" "C'est peut-être une grande surprise pour vous deux." "Attends un peu, ce n'est pas une mauvaise nouvelle, j'espère?" "Moi je pense qu'elle est plutôt bonne, mais je ne sais vraiment pas ce que vous en penserez."

"Faut-il s'asseoir? Je ne voudrais pas tomber sur le cul." "Assois-toi juste au cas, je ne voudrais pas que tu abîmes ton beau derrière." "Voilà, qu'est-ce que c'est?" "C'est notre histoire à partir du soir où je vous ai rencontré jusqu'à cette minute même. J'ai tout écrit presque dans tous les moindres détails. J'ai besoin de votre permission pour pouvoir le publier." "T'es pas sérieux, tu n'as pas fait ça?" "J'ai un manuscrit pour chacune de vous si vous voulez revivre notre vie depuis le début." "Il a plus de quatre cent pages. Nous vivons une vie très mouvementée." "Je n'en crois pas mes yeux ni mes oreilles. En ce qui me concerne tu fais ce que tu veux Jacques, ce n'est pas moi qui vais te mettre du bois dans les roues." "Merci Jeannine, je l'apprécie beaucoup."

"Oui, Oui, moi non plus je ne mis opposerai pas, mais je t'avoue que je suis stupéfaite. Où dans ce monde as-tu trouvé le temps d'écrire tout ça?" "Par-ci, par-là, cela me tenait à cœur et j'ai pensé que notre histoire était peu commune et plutôt spéciale."

"Toi, tu es spécial. Je suis presque sûre que tu es unique au monde. Tu n'es certes pas un homme ordinaire. Que dirais-tu d'une troisième épouse?" "Pourquoi voudrais-tu que j'aie une autre épouse? Est-ce que l'une de vous voudrait prendre congé de moi?" "Pour rien au monde nous donnerions notre place, mais nous pensons que tu mérites ce qu'il y a de mieux dans ce monde. Ni tes enfants ni tes petits enfants ni tes arrières petits enfants ni tes arrières, arrières petits enfants ne pourront dépenser même les intérêts de ton argent même s'ils étaient tous les plus grands dépensiers du monde. Nous pensons toutes les deux que tu devrais prendre une autre femme et obtenir d'elle beaucoup d'autres enfants." "Vous êtes spéciales vous deux et probablement uniques au monde également, mais vous savez très bien que je n'ai pas besoin d'une autre femme." "Dieu a dit d'être féconds, de multiplier et de remplir la terre, il vaudrait mieux qu'il y en aient plus de ta race." "Je vous connais trop bien pour ignorer que vous êtes sérieuse." "Je suppose que vous l'avez déjà choisi pour moi." "On ne peut rien te cacher." "Vous êtes certaines de savoir dans quoi vous vous embarquez." "Nous garderons la main haute sur tout ce qui se passe." "Ça ne vous ennuie pas de sauter votre tour au profit d'une autre?" "Si c'est pour la cause de Dieu, pour faire sa volonté, nous sommes prêtes. De toutes façons avec ta portion magique que tu viens de mettre sur le marché, tu pourrais nous servir toutes les trois la même journée." "Allez-vous me dire finalement qui vous avez en tête?" "Son nom est Marianne, elle est très jolie, elle aime les enfants et elle est folle de toi." "Je ne connais pas de Marianne. Et d'où vient-elle?" "Elle vient de Richelieu et c'est son anniversaire demain. Nous avons pensé que tu lui ferais un beau cadeau. Je veux bien lui faire un cadeau si c'est votre amie, mais de là à en faire mon épouse, il y a du chemin à faire." "Nous pensons qu'elle te fera une bonne épouse et aussi une bonne mère pour tes enfants." "La connaissez-vous depuis longtemps? Vous ne m'en avez jamais parlé." "Nous la connaissons depuis près de trois mois, mais elle est vraiment quelqu'un de bien. Elle est presque vierge et elle n'a jamais connu d'homme." "Arrêtez une minute là, vous ne me prenez quand même pas pour Joseph, le père de Jésus?" "T'es trop drôle Jacques, qu'est-ce que tu en dis?" "Je dis que vous êtes à côté de la track et que vous me faites marcher." "Non, nous sommes aussi sérieuses que nous l'étions le soir de notre première rencontre. Nous en avons discuté longuement et nous pensons que c'est une bonne chose pour tout le monde." "Est-ce que je la connais?"

"Jeannine, veux-tu aller la chercher?" "Voulez-vous dire qu'elle est ici dans notre maison. Écoutez, vraiment je ne veux pas d'une autre épouse." "Alors là tu me déçois beaucoup, depuis toujours tu prêches la parole de Dieu et que tu dis qu'il faut faire sa volonté. En plus c'est la seule prière que Jésus nous a enseigné: 'Que la volonté de Dieu soit faite sur la terre comme au ciel!'

Tu sais mieux que nous que Dieu veut que l'homme soit fécond. Ce n'est pas parce que Jeannine et moi nous ne pouvons plus avoir d'enfant que toi tu dois cesser de produire et gaspiller tout ton sperme." "Vous me tordez les bras et j'espère de tout cœur que vous ne regretterez jamais ce que vous me proposez. Il semble après tout que j'aurai d'autres pages à ajouter à ce manuscrit." "Voilà que Jeannine revient avec notre proposition. S'il te plaît, demeure calme et ne réagis pas trop vite. Prends le temps de digérer tout ça et pense à la demi-douzaine de merveilleux petits bouts de choux qui pourraient connaître le jour si tu te plies à notre plan." "Mais c'est Henri-Paul." "Alias Marianne Toupin! Henri et Paul étaient les prénoms de son père et de son grand-père. Henri-Paul est le nom qu'elle a choisi quand elle a décidé d'entrer au couvent." "J'aime mieux Marianne, c'est un peu plus féminin. Vous voulez vraiment que je la prenne pour épouse?" "Elle est follement amoureuse de toi, tout comme nous deux et même les enfants l'ont observé. Moi je l'ai su le soir où tu l'as fait danser. Elle te dévorait des yeux. Nous allons vous laisser seuls et vous pourrez en discuter entre vous à votre guise. Demain nous aurons une autre proposition à te faire." "S'il vous plaît, pas une autre, ça suffit."

"Attends, tu verras. Bonne nuit, ne vous arrachez pas les cheveux." "Tu viens Jeannine?"

"Aie, je n'ai plus droit aux câlins maintenant?" "Nous ne renonçons à rien du tout." "Bonne nuit!" "Bonne nuit Jeannine!"

"À nous deux maintenant. Je ne sais pas par quelle magie tu as obtenu leurs consentements, mais je ne suis pas dupe au point de croire à toute cette comédie. C'est une sorte de chantage que tu exerces sur elles?" "Mais pas du tout, elles ont constaté que je suis amoureuse de toi et j'imagine qu'elles préfèrent te partager avec moi que de te voir commettre l'adultère." "Elles savent très bien que je commettrai jamais l'adultère avec qui que soit. Il y a une autre raison avec laquelle tu les tiens et je finirai par le savoir, je te le garantis. Sais-tu ce que je vais faire? Je vais t'expédier en Afrique où tu auras très peu de chance d'en sortir." "Tu commets une grave erreur." "C'est ce qu'on verra, moi je ne crois pas en ton amour une seule miette. Je pense que tu es l'instrument du diable pour me tourmenter, voilà ce que je crois. Quoi qu'il en soit, il me faut me débarrasser de toi. Tu n'es pour moi qu'une épine dans le pied, pour ne pas dire autre chose." "En anglais on dit: 'Pain in the ass.'" "Tu as raison, de la douleur au cul. Je n'ai pas besoin de ça. Dès demain tu vas préparer tes effets personnels et moi je ferai venir Bernard immédiatement pour qu'il t'emmène dans un endroit qui est peu civilisé. Tu es beaucoup trop dangereuse pour rester autour de ma famille." "Tu es complètement injuste envers moi, ce n'est pas de moi que tu as peur, mais de toi-même. Tu as tous les pouvoirs et tu peux faire pratiquement ce que tu veux de moi. Tu pourrais aussi me jeter aux requins quant à y être. Personne n'en saurait jamais rien." "C'est une très bonne idée, tu veux venir faire un tour de bateau demain matin avant que quiconque ne soit levé? Maintenant débarrasse, je t'ai assez vu." "Tu commets une grave erreur." "Pourquoi ne termines-tu pas ta pensée et ne me fais-tu pas part de ta menace?" "Je ne fais pas de menace. Tu te trompes à mon sujet, je t'aime vraiment." "Je m'excuse, mais j'ai plutôt la tendance de croire la vérité et je ne te crois pas du tout. Dis-moi alors pourquoi je le reçois comme une menace? Je commets une grave erreur pour qui? Est-ce une erreur pour moi, pour toi ou pour mes épouses ou encore pour toute ma famille?" "Je dis seulement que tu commets une grave erreur de jugement à mon égard." "Et bien, laisse-moi te dire que je suis prêt à en subir les conséquences, quelles qu'elles soient." "Tu le regretteras?" "Encore une menace?" "Tu sembles oublier que j'ai contribué à te sauver la vie." "Et voilà, je l'attendais celle-là. Dis-moi combien je te dois?" "Rien, rien d'autre qu'un peu de reconnaissance." "Tu ne m'as toujours pas dit comment tu as gagné Danielle et Jeannine en ta faveur." "Oui je te l'ai dit, elles sont moins aveugles que toi et elles ont compris que je t'aime plus que tout au monde, plus que ma pauvre vie." "Désolé, je voudrais bien pouvoir te croire, mais je n'y arrive pas. Il faut que tu t'en ailles avant de causer un désastre dans ma famille, que malheureusement je vois venir à grand pas." "Je m'attendais à de la résistance concernant notre union, mais je n'aurais jamais pensé qu'elle viendrait de toi. Fais de moi ce que tu voudras, plus rien n'a d'importance désormais. Je m'en irai et tu n'entendras plus jamais parler de moi, je te le promets. Je regrette surtout pour tes enfants que j'ai adopté dans mon cœur et ils m'avaient adopté eux aussi. Ils sont très intelligents et ils progressent à une allure effarante. Je ne comprends pas ton attitude envers moi, mais j'espère sincèrement que toi tu te comprends. Je suis prête et je veux partir avant d'avoir à confronter les enfants. Ils ne méritent pas la peine qui les attend." "C'est très touchant tout ça, mais ça ne colle pas avec moi. Va, je te verrai avant ton départ au petit jour."

Elle était dans un état avancé de dépression et ça se voyait à l'œil nu, mais je n'étais certainement pas pour me lancer dans une aventure amoureuse avec une femme qui avait le potentiel de détruire tout ce que j'avais bâti en vingt ans. Je me suis rendu au bateau pour discuter plus longuement avec Danielle. Elle n'était pas inquiète, puisqu'elle dormait déjà comme une bûche. Je l'ai quand même réveillé malgré tout, car la situation était trop grave pour attendre jusqu'au jour.

"Danielle, réveille-toi. Danielle, il faut que je te parle." "Quoi? Laisse-moi dormir, s'il te plaît?" "Il faut que je te parle tout de suite." "Pourquoi? Ça ne pourrait pas attendre à demain?" "Non, demain il sera peut-être trop tard." "Qu'est-ce que c'est?" "J'ai congédié Henri-Paul, elle partira d'ici l'aube." "Pourquoi as-tu fait une chose aussi stupide? Les enfants vont t'en vouloir pour le reste de leur vie." "Ils ne m'en voudront pas si mon jugement est juste." "Mais de quoi parles-tu?" "Je parle du complot qui s'est manigancé dans mon dos." "De quel complot parles-tu?" "Tu ne vas quand même pas me faire accroire que vous la jetez dans mes bras et dans mon lit si vous n'êtes pas contraintes de le faire." "Jacques, Jacques mon amour. Ce que nous t'avons dit plus tôt est la pure vérité. Jeannine et moi pensons vraiment que Marianne est follement amoureuse de toi, qu'elle sera bonne pour toi, qu'elle te donnera de bons enfants et que tu peux être heureux avec nous tous." "Mais Danielle, j'ai de la peine à trouver assez de temps pour les enfants que j'ai présentement." "Tu consacres plus de temps pour eux que la majorité des pères dans le monde le font avec leurs enfants et tu as même trouvé le temps d'écrire ta vie en plus de tout ça. Faire des enfants ne prend pas tellement de temps et nous seront trois mères pour en prendre soin." "Mais toi et Jeannine vous travaillerez à plein temps à partir de la semaine prochaine." "Nous devions te l'annoncer demain, mais puisque nous y sommes, je vais te le dire maintenant. Jeannine et moi allons prendre six mois pour organiser l'implantation du personnel de ce nouvel hôpital et lorsque tout sera sur pieds, nous nous retirerons définitivement. Nous garderons seulement un œil sur les opérations, ce qui ne demandera que très peu de notre temps. Ça ne sera qu'un jour ou deux par mois à tour de rôle. Nous voudrions que Raymond soit le directeur général si tu es d'accord bien attendu, il est ton employé. Ces quelques mois de vacances nous ont fait réaliser que notre famille valait plus que tous les malades du monde et il y en aura toujours.

Nous allons créer un centre d'entraînement pour les infirmières. Il en manque tellement que le centre ne cessera jamais d'être en demande. Crois-moi, nous ne le faisons pas pour l'argent non plus. Pour ce qui est de Marianne, commence à lui faire des enfants et reste ici pour t'occuper des grands développements que tu as entrepris. Jeannine et moi nous irons travailler quatre jours par semaine et nous serons ici pour notre nanane les fins de semaine. Ne te sent jamais obligé de nous faire l'amour, nous n'aimerions pas ça, tu le sais." "Vous êtes certaines que c'est ce que vous voulez?" "Oui mon chéri, nous l'aimons comme une sœur et les enfants l'aiment comme une bonne mère. Va la retrouver avant qu'elle ne s'ouvre les poignets." "Vous l'aurez voulu et sache bien que je n'avais pas besoin de ça."

Je suis retourné dans mes cartiers et j'ai allumé les moniteurs pour voir comment Marianne se comportait. Elle pleurait à chaudes larmes et elle tenait, tenez-vous bien, une petite batterie en acier inoxydable dans la main. J'ai conclu sans hésitation que c'était là la menace qui pesait sur notre famille et sur tout le contenu de notre maison. Je ne voyais aucun briquet ni d'allumette à proximité. Je l'avais poussé au bout de ses nerfs, ça je le réalisais. Il était très difficile de savoir qu'elles étaient ses intentions. Si elle avait une source de feu elle pouvait nous éliminer tous en quelques secondes. Seule Danielle était en sécurité sur le bateau. Elle était dans un tel état et peut-être même irresponsable de ses actes. Je n'ai pas le choix, je me suis dit, il faut que j'aille lui parler. Ça ne sera pas facile de rester naturel.

Nock, nock, nock. "Entre, ce n'est pas barré. Est-ce que c'est déjà l'heure?" "Permets-tu que je m'assoie près de toi?" "Tu es chez toi, tu fais ce que tu veux." "Non, quand je donne une chambre à quelqu'un, ce n'est plus la mienne. Je suis allé parler avec Danielle et il paraît que je me suis largement trompé sur ton compte. Je ne pouvais pas croire que ces deux-là te poussaient vers moi sans y être contraintes. Il faudrait être un imbécile pour ne pas être attiré par toi, tu es plus belle que belle, plus belle que le jour." "Avant que tu en dises plus Jacques j'ai quelque chose à te remettre. Il ne faudra pas paniquer, elle est inoffensive sans source de chaleur." "Voyons si tu ne fais pas de fièvre." "Tu peux être comique quand tu veux." "Tiens, toi tu sauras quoi en faire." "Quoi? Quand t'es-tu procurée cette abominable chose?" "On me l'a donné presque en même temps que celle de Charles." "Pourquoi ne me l'as-tu pas remis plus tôt?" "Je savais qu'elle était inoffensive et j'attendais l'instant favorable pour te la remettre, mais tu peux croire ce que tu veux, tu en as l'habitude." "Peux-tu t'imaginer si un enfant l'avait trouvé et était allé s'amuser au soleil avec un tel engin? Tu ne penses pas que c'était irresponsable de ta part?" "Il était impossible pour un enfant de la trouver." "Comment ça?" "Il n'y a qu'une seule personne au monde qui aurait pu mettre la main sur elle." "Je ne comprends pas? Elle était si bien cachée?" "Elle était tout ce temps à l'intérieur de moi et je n'aurais laissé personne autre que toi me pénétrer. Plusieurs fois je t'ai offert de la découvrir, mais tu ne m'as pas voulu." "Ce n'est pas seulement que je ne t'ai pas voulu, c'est que je ne le pouvais pas. Maintenant c'est différent, on me tord les bras. Nous irons faire un tour de bateau au levé du jour et laisser cet engin exploser sur l'eau de la mer." "Ne penses-tu pas qu'elle pourrait t'être utile un jour?" "Peut-être, mais elle est tellement meurtrière que j'en ai des frissons juste à la regarder." "Penses-y bien, tu pourrais détruire un bateau ennemi juste avec une fronde." "En autant qu'elle ne tombe pas à l'eau. Et qu'arrivera-t-il si une tortue la prenait et la déposait sur une plage ensoleillée bondée de centaines de personnes ou encore près de notre bateau?" "Je pense quand même que tu devrais la garder bien en sécurité. Si moi j'ai pu le faire, tu le peux le faire aussi." "Je ne me vois pas marcher avec un tel engin dans le cul. Tu es encore plus belle quand tu souris. Quand je pense que si tu étais l'ennemi, tu aurais pu tous nous faire sauter. Nous ne sommes jamais assez prudents, même les plus avertis. Sauras-tu me pardonner un jour pour avoir été aussi dur avec toi?" "Je t'ai déjà pardonné tout le mal que tu peux me faire avant même que cela n'arrive." "Tu veux combien d'enfants?" "Tant que je pourrai en porter." "Quand veux-tu commencer?" "Il y a trois mois passés. À suivre, par Jacques Prince